화용론
PRAGMATICS

Yan Huang 지음 | 이해윤 옮김

HU:iNE

화용론

초판 1쇄 발행 2009년 12월 30일
초판 2쇄 발행 2016년 2월 26일
초판 3쇄 발행 2021년 9월 3일

지은이 Yan Huang
옮긴이 이해윤
발행인 윤성우 Director, University Knowledge Press
편집장 신선호 Executive Knowledge Contents Creator
도서편집 이근영 Contents Creator
장혜정 Contents Creator
재무관리 조아라 Managing Creator
정윤경 Managing Creator
전자책 · 사전 장지혜 Contents Creator
발행처 한국외국어대학교 지식출판콘텐츠원
02450 서울특별시 동대문구 이문로 107
전화 02)2173-2493~7
FAX 02)2173-3363
홈페이지 http://press.hufs.ac.kr
전자우편 press@hufs.ac.kr
출판등록 제6-6호(1969. 4. 30)
디자인 · 편집 (주)이환디앤비 02)2254-4301
인쇄 · 제본 (주)케이랩 053)583-6885

ISBN 978-89-7464-593-9 93700 정가 20,000원

* 잘못된 책은 교환하여 드립니다.

HU:NE 은 한국외국어대학교 지식출판콘텐츠원의 어학도서, 사회과학 도서, 지역학 도서 Sub Brand이다. 한국외대의 영문명인 HUFS, 현명한 국제전문가 양성(International+Intelligent)의 의미를 담고 있으며, 휴인(携引)의 뜻인 '이끌다, 끌고 나가다'라는 의미처럼 출판계를 이끄는 리더로서, 혁신의 이미지를 담고 있다.

역자 서문

한때 '언어학의 쓰레기통'으로 여겨졌던 분야가 이제는 화용론이란 이름으로 언어학의 한 영역을 확고히 자리매김하고 있다. 언어철학에서의 연구를 토대로 하여 그간 진행되어 온 언어학적 연구의 결과로, 화용론 내의 주제로 간주되어 온 많은 현상들이 밝혀졌고, 또한 새로운 현상들이 발굴되어 왔다. 화용론 분야의 이러한 활발한 연구는 이제 자신의 고유한 영역에만 머무르지 않고 통사론, 의미론 등의 다른 영역들과도 소통하게 되어, 그간 영역들간의 경계면에 놓여있어서 연구의 관심을 받지 못하던 현상들도 새롭게 조명되고 있다. 이러한 순수 이론적인 연구 외에도 전산 응용 분야에서도 화용론적 연구를 활용한 시스템 개발이 시도되고 있다. 특히 자연언어처리 분야에서는 기존의 정태적인 처리수준에서 벗어나 화용론적 추론 등을 포괄하는 보다 고차원의 자연언어처리 기술들이 선보이고 있어서, 머지않은 장래에 인간과 유사한 언어능력을 갖춘 컴퓨터의 등장도 바라볼 수 있을 것으로 생각된다.

화용론의 이러한 이론적, 응용적 발전에도 불구하고 화용론에 대한 체계적인 이해를 돕는 개론서가 언어학의 다른 영역들에 비해 부족하다고 볼 수 있다. 비록 1983년에 출판된 Levinson의 『Pragmatics』가 많은 대학들에서 그간 교재로서 이용되어 오고 있지만, 학부생을 위한 화용론의 입문서로서는 그 내용이 어렵다고 볼 수 있으며, 또한 출판된 이후 많은 세월이 흘러 그간의 연구 결과들이 빠져있어 또 다른 보충 교재들이 필요한 상황이었다. 그러던 차에 우연히 본 저서를 접하게 되었고, 다음의 이유들로 인해서 다른 입문서들에 비해 본 저서가 화용론의 입문서로 더 적당하다고 판단하게 되었다. 첫째, 본 저서는 전통적인 화용론의 주제들인 대화함축, 전제, 화행, 직시에 대해 기본 개념들 및 관련 논의들을 체계적으로 정리해 놓음으로써 화용론에 대한 이해를 손쉽게 해준다. 둘째, 각 소주제들에 대한 초기 이론부터 최근 이론들까지 제시하고 있어서 각 주제들에 대한 연구 흐름을 파악할 수 있게 해준다. 셋째, 전통적인 주제들 외에도 화용론이 관련하는 다른 영역들과의 경계 현상들도 다루고 있어 연구의 지평을 열어준다고 할 수 있다. 넷째, 각 주제들에 대한 적절한 연습문제들을 담고 있어서 그 주제에 대한 이해도를 체크할 수 있게 해준다. 이러한 이유로 역자는 본 저서가 화용론 입문서로 적합하다고 판단되어, 몇 학기에 걸쳐 이 저서를 화용론 강의 교재로 사용해왔으며, 한글 번역본이 있으면 학생들이 좀 더 쉽게 화용론에 접할 수 있을 것이라는 기대 하에서 번역작업에 착수해 왔다.

많은 사람들이 공감하듯이 번역작업은 지루한 과정이다. 역자에게 관심 있는 주제는 재미있게 번역한 반면, 관심도가 떨어지는 어떤 주제는 의무감을 갖고 작업을 한 것임을 고백하지 않을 수 없다. 그럼에도 불구하고 미진하나마 읽을 수 있는 책 모습을 갖추게 된 데에는 여러 사람의 도움이 있었다. 먼저 초벌의 거친 번역본에 대해 피드백을 준 한국외국어대학교 언어인지과학과의 화용론 수강생들, 그리고 부분적으로 거친 글을 잡아주고 예문들을 타이핑해준 대학원생 전수은에게 감사한다. 또한 원고를 처음부터 끝까지 자세히 읽어주고, 여러 차례에 걸친 교정 작업들을 불평 없이 해준 대학원생 이유리에게 이 자리를 빌려 감사한 마음을 표한다. 끝으로 본 역서의 출판을 허락해준 한국외국어대학교 지식출판원과 탁경구 선생님께도 감사의 마음을 전한다. 그리고 본 역서는 2009학년도 한국외국어대학교 교내연구비 지원에 의해 이루어졌음을 밝혀둔다.

용인에서
2009년 12월
이 해 윤

서 문

이 책은 현대 화용론에 대하여 권위있으면서도 손쉬운 최신 입문서를 목표로 하고 있다.

현대 화용론에는 앵글로 아메리카 학파와 유럽 대륙 학파의 두 진영이 있다고 볼 수 있다. 언어학과 언어 철학에 대한 전자의 견해에서 화용론은 언어 사용에 의하여 또는 언어 사용에 의존하여 의미를 체계적으로 연구하는 것으로 규정된다. 함축, 전제, 화행, 직시가 이 학파의 연구 핵심 주제들이다. 이는 화용론에 대한 구성소 견해, 즉 화용론이 음성학, 음운론, 형태론, 통사론, 의미론 등과 동등하게 언어 이론의 핵심 구성소로 다루어져야 한다는 견해로 알려져 있다. 이와는 달리 인류 언어학, 응용 언어학, 심리 언어학 등은 이 핵심 구성소들의 집합 밖에 위치하는 것으로 본다. 대륙 전통의 견해에서 화용론은 가령 사회 언어학, 심리 언어학, 담화 분석 타이틀 하에 들어가는 많은 것들을 포함하여 보다 광범위한 방식으로 규정된다. 대륙 학파는 화용론에 대한 조망적 견해, 즉 화용론이 언어 행태의 모든 면에 대해 기능적 조망을 제시하는 것으로 간주되어야 한다는 견해를 표방하고 있다. 그러나 사회 언어학, 심리 언어학, 신경 언어학 등과 같이 상대적으로 잘 정립된 다른 학제적 영역들에서 다루어지고 있는 현상들에서 중복된 정도를 고려해 보면, 보다 넓은 대륙적 전통 내에서 화용론에 대한 정연한 연구 목록을 만들어 내는 것은 오히려 어렵다. 이와는 달리 분석 철학의 전통적인 관심거리에서 나오는 주제들에 초점을 두고 있는, 보다 좁은 앵글로 아메리카의 구성소 견해에서는 학문 분야의 영역을 보다 정연하고 체계적이며 원칙적인 방식으로 규정한다. 그러므로 이 책에서 화용론에 대한 논의는 주로 앵글로 아메리카의 구성소 견해를 따를 것이다.

이 책은 일차적으로 화용론에 대한 선 지식이 없는, 언어학을 전공하는 학부 2-3 학년생과 대학원생을 위해 쓰여졌다. 또한 언어학을 부전공으로 선택하는 개별 언어, 인문학, 사회 과학 전공 학생들에게도 적합할 것이다. 게다가 언어학뿐만 아니라 인류학, 인공지능, 인지과학, 문학, 철학, 심리학 연구자들도 흥미를 느낄 수 있을 것이다.

이 책은 다음과 같이 구성된다. 1 장은 도입 장이다. 그리고 나머지 장들은 두 부분으로 나뉘어 있다. I 부는 화용론 교재에서 표준적으로 포함하고 있는 주제들을 포괄하고 있다. 2 장은 함축에 대한 고전 화용이론과 신그라이스식 화용이론에 관련한다. 3 장은 전제에 초점을 두고 있다. 4 장은 화행을 다루면서, 오스틴과 써얼의 고전적인 작업에 집중하고 있다. 5 장에서는 다양한 유형의 직시에 대한 심도깊은 기술적 분석을 제시하고 있다. 이 장들 중에서 2 장, 4 장, 5 장은 상대적으로 완전하여 독립적으로 다루어질 수 있다. 그러나 3 장은 이상적으로 보면 2 장 이후에 다루어져야 하고, 1.2 절과 같이 1 장의 어떤 소절들은 2 장과 8 장을 다룬 이후에 다시 다루어야 한다. II 부는 화용론에서 새로운 영역에 해당하지만, 기존의 화용론 교재들에서는 제대로 다루어지지 않은 주제들을 다룬다. 특히 여기서는 화용론과 다른 연구 영역 간의 다양한 경계면들에 초점을 둔다. 6 장은 적합성 이론에 집중하면서 화용론과 인지 간의 경계면에 대해 논의한다. 그리고 화용론과 의미론 간의 경계면은 7 장에서 다룬다. 끝으로 8 장에서는 대용현상과 결속현상에 초점을 두면서, 화용론과 통사론 간의 상호작용과 작업 분담을 논의한다. II 부의 자료들은 I 부보다도 더 고급과정이다. II 부의 세 개 장들 중에서 6 장은 2 장 이후에, 7 장은 2 장과 6 장 이후에 다루어야 한다. 또한 6 장, 7 장, 8 장은 인지과학, 의미론, 통사론 같은 과목들과 연결되어 있다. 이 책의 각 장들은 광범위한 연습문제들을 포함하고 있으며, 이에 대한 모범 답안이 참고문헌 뒤에 제시되어 있다. 그리고 용어집이 참고문헌 뒤에 수록되어 있다.

이 책에서 제시하고 있는 개관 및 분석은 풍부한 범언어적 자료들에 기반하고 있다. 영어가 주요 예제 언어이지만, 또한 (적절하고 가능한 곳에) 다양한 세계 언어들로부터 가져온 많은 자료들이 제시되어 있다. 특히 4 장, 5 장, 8 장이 그렇다.

옥스퍼드, 레딩에서
1995년 9월
Y. H. 黃衍

감사의 말

나는 화용론의 스승인 Steve Levinson에게 가장 큰 지적인 빚을 지고 있다. 또한 매우 다행스럽게도 나는 캠브리지에서 John Lyons, Peter Matthews, Nigel Vincent로부터 사사를 받을 수 있었다. 위대한 학자이자 영감을 주는 이 네 분의 선생님들로부터 받은 영향은 심오한 것이었다. 그리고 이분들과 Anna Morpurgo Davies이 수년 동안 나에게 보여주었던 지도, 격려, 지원에 대해서도 감사한다. 이 책의 초판 전체를 읽어주고 내용과 형식면에서 많은 귀중한 조언을 해준 David Cram과 Sophia Marmaridou에게 특별히 감사한다. 특히 전제 장을 읽어준 Jay Atlas, 적합성 이론 장을 읽어준 Deirdre Wilson과 Robyn Carston, 화용론-의미론 경계면 장을 읽어준 Kent Bach, François Recanati에게 감사하고 싶다. 그들이 해준 조언으로 각 장들의 내용이 더 좋아졌다. 그리고 어떤 식으로든 나에게 도움을 준, Eva Clark, Jonathan Cohen, Gerald Gazdar, Larry Horn, Jim Miller, Carita Paradis, Dingfang Shu, Ken Turner, Junju Wang, 그리고 옥스퍼드 출판사의 여러 익명의 심사위원들에게 감사의 말을 하고 싶다. 그라이스에 대한 일화를 말해준 Peter Strawson을 고맙게 여기며, John Searle과 함께 'the John Searle - Yan Huang Symposium'(Shanghai, 2002)을 열게 되어 영광이었다.

이 책이 포함하고 있는 자료 일부, 특히 2, 7, 8 장에서 사용된 자료 일부는 다음과 같은 대학들에서 여러 청중들에게 발표되었다. the Universiteit Antwerpen, the Universitat de Barcelona, Beijing Normal University, the University of Cambridge, Charles University in Prague, the National Chengchi University, the National Chungcheng University, Cornell University, the École des Hautes Études en Sciences Sociales Paris, the University of Essex, the University of Exeter, Fudan University, Georgetown University, the Rijks Universiteit Groningen, Harvard University, Heinrich Heine Universität Düsseldorf, the

University of Hong Kong, the Humboldt-Universität zu Berlin, Johns Hopkins University, the Universität zu Köln, the University of Lancaster, the Rijks Universiteit Leiden, the Linguistics Institute of the Academia Sinica, the Linguistics Institute of the Chinese Academy of Social Sciences, the Max-Planck-Institut für Evolutionäre Anthropologie Leipzig, the University of Lisbon, University College London, Lund University, Lunghwa University of Science and Technology, the Universität Mainz, the University of Manchester, the University of Maryland, MIT, the University of Massachusetts at Amherst, Middlesex University, the University of Nanking, the Nanking University of Aeronautics and Astronautics, the Nanking University of Science and Technology, the University of Newcastle upon Tyne, the Occean University of China, the Occean University of China, the University of Oxford, the Université de Paris 6, the Université de Paris 8, the Université Pierre et Marie Curie, Providence University, the University of Reading, the Universität des Saarlandes, the Shanghai International Studies University, the Universidad de Sevilla, Shandong University, the Southeast University, SOAS, the University of Surrey, the National Taiwan Normal University, the Universiteit Utrecht, the University or Wales at Bangor, the University of York, the University of Wolverhampton, the Zentrum für Allgemeine Sprachwissenschaft Typologie und Universalienforschung Berlin, Zhejiang University. 이곳들에서 받은 코멘트가 큰 도움이 되었다.

이 책 대부분은 본인이 1989년 이래로 캠브리지 대학교, 옥스퍼드 대학교, 리딩 대학교에서 언어학과 학부생과 대학원생들을 대상으로 한 일련의 화용론 강의들에서 탄생하였다. 여러 세대의 내 학생들에게 큰 빚을 졌고, 그들이 보여준 대단한 열정, 적극적인 토론, 유익한 코멘트와 비평은 이 책이 형태를 갖추는데 도움을 주었다. 최근엔 Sophia Marmaridou와 Carita Paradis가 이 책의 원고 일부를 아테네 대학과 룬트 대학에서 각각 강의 교재로 사용했다. 위 두 사람과 그 학생들에게 감사한다.

나는 옥스퍼드 대학교 출판부의 John Davey가 보여준 조언과 인내심에 대해 그에게 감사하고 싶다. 특히 교정 작업을 훌륭하게 해준 Alison Kelly에게 감사한다. 이 책에서 밝히고 있는 연구는 부분적으로 'the Arts and Humanities Research Board'의 'Research Leave Award'로부터 지원받았는데, 집필을 완성하는 데 필요한 많은 시간을 제공해주었다. 게다가 'Grant and Travel Fund'에서 많은 기금을 제공해준 리딩 대학의 연구팀에게 감사한다.

다시 한 번, 이 책을 나의 딸, 아내, 부모에게 바친다. 그들의 사랑이 없었다면, 이 책을 완성할 수 없었을 것이다.

출판된 내 연구물들에서 자료들을 재인쇄하도록 허락해준 Blawell Publishing Ltd., Cambridge University Press, Elsevier Science Publishers B.V., Oxford University Press에게 감사한다.

기호 및 축약어

기 호

~	부정
+>	대화상 함축한다
~ +>	대화상 함축하지 않는다
+>>	고정 함축한다
~ +>>	고정 함축하지 않는다
>>	전제한다
~ >>	전제하지 않는다
‖-	함의한다
~ ‖-	함의하지 않는다
< >	Q/혼-등급
[ ]	I-등급
{ }	M-등급
K	화자가 ...을 안다
*	통사상 비적형이거나 의미상 이상한 문장
?	화용론상 이상한 발화

축약어

ACC	accusative case
ADDR	addressee pronoun

AFF	affirmative
AGR	agreement
ART	article
ASP	aspect
AUX	auxiliary
CAUS	causative
CL	classifier
CLI	clitic
CMP	comparative
CNJ	conjunctive
COMP	complementizer
CTR	contrastive
DAT	dative
DECL	declarative
DEF	definite
DEM	demonstrative
DIR	directional
DUL	dual
DUR	durative
EMPH	emphatic
ERG	ergative
EVD	evidential
F	feminine gender
FOC	focus
FUT	future
GEN	genitive
GER	generic
HON	honorific

IMPF	imperfective
IMPV	imperative
INDEF	indefinite
INDIC	indicative
INF	infinitive
INS	instrumental
IRR	irrealis
LF	Logical Form
LOC	locative
LOG	logophor/logophoric
M	masculine gender
MOD	modality
N	neuter gender
NEG	negative
NOM	nominative/nominalizer
NP	noun phrase
OBJ	object
OBV	obviative
PASS	passive
PAST	past tense
PERF	perfective
PF	Phonological Form
PL	plural
POSS	possessive
PRES	present tense
PREP	preposition
PROG	progressive
PRON	pronoun

PROX	proximate
PRT	particle
PURP	purposive
Q	question marker
REAL	realis
REFL	reflexive
REL	relative marker
SBJV	subjunctive
SBOR	subordinator
SEQ	sequential
SG	singular
SIM	simultaneous
SUBJ	subject
TNS	tense
TOP	topic
1	first person
2	second person
3	third person

차 례

I 부: 화용론의 중심 주제들

제2장 함 축 ·· 27

제3장 전 제 ·· 79

II 부: 화용론과 그 경계면들

제7장 화용론과 의미론 ·· 259

제8장 화용론과 통사론 ·· 303

제 1 장

도 입

1.1 화용론이란 무엇인가?

1.1.1 정의

화용론(pragmatics)은 현대 언어학에서 급격히 성장하는 분야이다. 최근 화용론은 언어학과 언어 철학에서 큰 관심 대상이 되어왔고, 인류학자, 인공지능 연구자, 인지과학자, 심리학자, 기호학자들로부터도 상당한 관심을 받아왔다.

그러면 화용론이란 무엇인가? 이 질문에 대한 대답이 까다롭다는 것은 익히 알려져 있다. (여러 정의들과 그 정의들이 갖는 문제점들에 대한 철저한 논의는 Levinson 1983:5-35 참조.) 본장에서는 레빈슨의 논의를 반복하지 않을 것이며, 다만 다음과 같은 실용적인 정의를 제안하고자 한다(Levinson 2000).

(1.1) 화용론의 정의

화용론은 언어의 사용에 의존하는, 혹은 언어의 사용에 의한 의미에 대한 체계적 연구이다. 화용론 연구의 주요 주제들로는 함축, 전제, 화행, 직시 등이 있다.

화용론을 어떻게 정의할 것인가 하는 문제는 7장에서 다시 다룰 것이며, 이외에도 화용론과 의미론의 영역구분, 접경문제 등도 다룰 것이다.

1.1.2 화용론의 간략사

언어학 연구의 현대적인 분야인 화용론은 언어 철학에 그 기원을 두고 있다. 그 철학적 뿌리는 1930년대의 철학자 모리스(Charles Morris), 카르납(Rudolf Carnap), 퍼스(Charles Peirce) 등의 작업까지 거슬러 올라갈 수 있다. 예를 들면, 퍼스에게서 영향을 받은 Morris(1938:6-7)는 기호에 대한 일반 학문인 기호학(semiotics) 내에 통사론, 의미론, 화용론 등의 세 영역을 구분하였다. 이 분류에 따르면, 통사론은 기호들 간의 형식적 관계를, 의미론은 기호와 기호의 지표 간의 관계를, 그리고 화용론은 기호와 기호의 사용자/해석자들 간의 관계를 다룬다(Levinson 1983: 1, Horn and Ward 2004a).[1] Carnap(1942)은 이 삼분법을 받아들여 추상화 정도에 따라 세 영역들의 순서를 제시했다. 즉, 통사론은 가장 추상화된, 화용론은 가장 덜 추상화된, 그리고 의미론은 그들 중간 어딘가에 위치하는 영역이다. 이에 따르면, 통사론은 의미론에 입력 자료가 되고, 의미론은 다시 화용론의 입력 자료가 된다(Recanati 2004b).

1950년대에 들어서자 언어 분석철학 내에 서로 상반된 견해를 갖는 두 학파, 즉 이상 언어 철학파(ideal language philosophy)와 일상 언어 철학파(ordinary language philosophy)가 나타났다. 이상 언어 철학파의 중심 견해는 철학자 프레게(Gottlob Frege), 타스키(Alfred Tarski), 러셀(Bertrand Russell) 등에서 기원한다. 이들은 인공언어의 논리체계 연구에 우선적으로 관심을 두었다. 이 이론과 방법론은 1950년대와 1960년대에 몬테규(Richard Montague), 도널슨(David Donaldson), 루이스(David Lewis) 등 이 학파 추종자들에 의해 자연언어에 일부분 성공적으로 적용되었고, 이는 오늘날의 형식 의미론으로 발전되었다.

이와는 대조적으로 일상 언어 철학파는 논리학자에 의해 연구된 형식언어보다는 자연언어에 강조점을 두었다. 일상 언어 철학파는 오스틴(J. L. Austin)의 주도아래 1950년대와 1960년대에 옥스퍼드에서 주로 번성하였다. 이 학파의 다른 주요 철학자들로는 그라이스(H. P. Grice), 스트로슨(Peter Strawson), 써얼(John Searle) 그리고 후기 비트겐슈타인(Ludwig Wittgenstein)을 들 수 있다(Huang 2003, Recanati 2004a, 2004b).[2] 오스틴이 화행 이론을, 그라이스가 대화함축 이론을 발전시킨 것도 바로 이 일상 언어 철학의 전통 내에서였다. 이이래로 두 이론은 언어사용에 대한 철학적 영감을 받은 체계적인 화용론의 발전가도에 이정표가 되었다.

언어학 진영에서는 1960년대 후반 그리고 1970년대 초반 촘스키에 불만을 품은 몇몇 학생들이 생성 의미론(generative semantics)의 기치를 들고서, 언어를

1) Stalnaker(1972: 383)의 정의 참조: '통사론은 문장을, 의미론은 명제를 연구한다. 그리고 화용론은 언어 행위와, 그 행위가 수행되는 문맥을 연구한다.'

2) Recanati(2004b)에 따르면, 그라이스는 두 학파가 비양립적이 아니라 상호 보충적이라는 견해를 취했다는 점에서 특이하다.

그 기능과 사용에서 벗어난 추상적이고 정신적인 장치로 바라보는 스승에 도전하는 캠페인을 벌였다. 그런 학생들로는 카츠(Jerry Katz), 로스(J. R. Ross), 레이코프(George Lakoff) 등이 유명하다. 촘스키의 입장을 약화시킬 수단을 찾고 있던 생성 의미론자들은 오스틴, 그라이스, 스트로슨, 써얼 등의 철학적 연구에 매력을 느껴서 바히렐(Yehoshua Bar-Hillel)이 '화용론적 쓰레기통'이라 불렀던 통을 비우는 데 일조하였다. (그들이 벌였던 '언어학 전쟁'에 대한 논의는 Harris 1993 참조.) 그 결과 1970년대에 혼(Laurence Horn), 필모어(Charles Fillmore), 개즈다(Gerald Gazdar) 등의 언어학자들에 의해서 '[화용론적] 쓰레기통의 내용물을 정리하는' 상당히 중요한 연구들이 행해졌으며, 그리고 당시 그들이 Bar-Hillel(1971: 405)의 조언을 따른 것은 현명한 일이었다. 1983년에 유명한 교과서인 레빈슨(Stephen Levinson)의『화용론』(Pragmatics)이 출판됨으로써 이 분야의 체계가 잡혔고, 엄연히 언어학의 한 분야로 자리 잡은 화용론의 시대가 도래했음을 알렸다.

그 이후 화용론 연구 분야는 지속적으로 확장되었고 풍성해졌다. 지난 20년 동안 혼과 레빈슨의 신 그라이스식 화용이론, 스퍼버(Dan Sperber)와 윌슨(Deirdre Wilson)의 적합성 이론, 그리고 아트라스(Jay Atlas), 바흐(Kent Bach), 르까나티(François Recanati) 등 철학자들의 중요한 작업들과 같은 새로운 발전이 이루어졌다. 최근에 출판된『화용론 편람』(Handbook of Pragmatics)의 편집자가 선언한 바와 같이, '최근 화용론에서의 작업은 통사론과 의미론을 그들 나름의 불필요한 복잡성으로부터 구해내려는 시도에서 시작하여 이제는 언어연구의 다른 영역들로 즉, 역사 언어학에서 어휘부 이론까지, 언어습득에서 전산언어학까지, 억양구조에서 인지과학까지 포괄하는 영역들로 확장되었다'(Horn and Ward 2004a: xi). 이제 한 가지는 확실하다: 화용론의 미래는 밝다는 점이다.

1.1.3 화용론의 두 가지 주요 흐름: 앵글로 아메리칸 학파 대 유럽 대륙 학파

Huang(2001a)에서 지적한 바와 같이 현대 화용론은 두 주요 학파들, 앵글로 아메리칸(Anglo-American) 학파와 유럽 대륙(European Continental) 학파로 구분할 수 있다. 언어학과 언어 철학에 대한 앵글로 아메리칸 학파의 견해에 따르면, 화용론은 언어 사용에 의존하는 (혹은 언어 사용에 종속된) 의미를 체계적으로 연구하는 것으로 정의된다. 그리고 주요 연구 주제로서 함축, 전제, 화행, 직시 등을 들고 있다. 이러한 생각은 화용론이 음성학, 음운론, 형태론, 통사론, 의미론과 동등하게 언어학의 핵심 영역으로 다루어져야 한다고 보는 구성요소(component) 견해로 알려져 왔다. 그리고 이와는 대조적으로 인류언어학, 응용언어학, 심리언어학 등과 같은 영역들은 핵심 집합들의 밖에 위치한다고 본다. 다른 한편 대륙적 전통에서 보면, 화용론은 사회언어학, 심리언어학, 담화분석 등의 제목 하에 들어가는 많은 것들을 포괄하여 보다 광범위하게 정의된다. 예를 들어, '화용론은 행동의 형태로서의 언어 용법과 관련된 언어적 현상에 대해 일반적인 기능적 (즉, 인지적, 사회적, 문화적) 조망으로 구성된다.'라는 Verschueren(1999: 7, 11)의 정의를 참조하시오. 이러한 정의는 화용론이란 언어적 행태의 모든 면에 대한 기능적 조망을 제시하는 것으로 간주되어야 한다는 이른바 화용론의 조망적(perspective) 관점을 나타낸다. 구소련과 동유럽 전통 내에서 제시된 화용론 정의에서도 이와 유사한 견해가 나타난다. 이러한 접근법 하에서 화용론은 일반적으로 구두 메시지를 통해 사람들에게 어떻게 영향을 끼치는가를 포함하는 언어적 커뮤니케이션 이론으로 간주된다(Prucha 1983).

두 학파의 견해들 중 어느 것이 보다 개념적으로 우아하고, 방법론상으로 견고한가? 대륙적 전통은 모리스에 의해 표현된 다음과 같은 화용론의 정통적 견해에 가깝다. 즉 화용론은 '기호와 해석자 간의 관계'를 연구해야 하고, '전부는 아니더라도 대부분의 기호들은 생명체로서의 해석자와 관련하기 때문에 화용론이 기호현상의 생체적 면들, 즉 기호의 기능에서 나타나는 심리적, 생물학적, 사회학적 현상들을 다룬다고 말하는 것은 화용론에 대해 충분히 정밀하게 표현한 것이다'(Morris 1938: 30). 그러나 '모든 것'에 대한 연구는 결코 실행 가능한 학문적 계획이 아니다. 사회언어학, 심리언어학, 신경언어학 등 상대적으로 안정된 다른 학제적 분야들에서 다루어지는 현상들과 중첩되는 면이 있다면, 보다 광범위한 대륙적 전통 내에 화용론만의 연구목록을 설정하는 것은 오히려 어렵다. '모든 것이 화용론이다'라고 말하는 것은 '아무 것도 화용론이 아니다'라고 말하는 것과 같다. 그런 전통 내에서의 화용론은 그 후원 아래 다양한 언어학적 연구 분야들이 기껏해야 일시적인 지적 연합을 형성할 수 있는, 편리한 기치로서 이용될 수 있다(Levinson 1987a). 이와는 대조적으로 좀 더 좁은 의미의 앵글로 아메리칸 견해, 즉 화용론을 구성요소로 보는 견해에서는 분석철학의 전통적 관심사들에서 나타나는 주제들에 연구 초점을 맞추고, 이 분야의 영역을 보다 정연하고, 체계적이며 원칙적인 방법으로 제한하고 있다. 이 책에서 제기하는 화용론에 대한 논의는 주로 앵글로 아메리칸 견해, 즉 구성요소 견해를 따라 진행된다.

1.2 화용론은 왜 필요한가?

통합된 언어이론 내에 화용론을 포함시키는 이유들은 많지만, 여기서는 두 가지만 다루기로 한다.

1.2.1 언어학적 미결정성

문장의 의미와, 그 문장을 발화함으로써 실제 전달되는 메시지 간에 거대한 공백이 있다는 점은 널리 받아들여 왔다. 즉, 언어학적으로 부호화된 문장의 의미는 화자가 그 문장을 발화했을 때 화자가 표현하는 명제를 매우 불분명한 상태로 남겨둔다(Austin 1962, Atlas 1997, 1989, 2005, Searle 1979,1992, 1996, Travis 1981, 1997, Sperber and Wilson 1986, Recanati 1989, 1994, 2004a, 2004b, Bach 1999a, Levinson 2000, Carston 2002, Horn 2004). 이는 일반적으로 문헌들에서 언어학적 미결정성 논제(linguistic underdeterminancy thesis)로 알려졌다. 이해를 돕기 위해 (1.2)-(1.5)를 살펴보도록 하자.

(1.2) You and you, but not you, stand up!

(1.3) a. The authorities barred the anti-globalization demonstrators because they advocated violence.

b. The authorities barred the anti-globalization demonstrators because they feared violence.

(1.4) John is looking for his glasses.

a. glasses = 안경

b. glasses = 잔

(1.5) (Levinson 2000: 174)

They are cooking apples.

a. What are they doing in the kitchen?
They are cooking apples.

b. What kind of apples are those?
They are cooking apples.

(1.2)에서 직시표현으로 불리는 대명사 you의 세 가지 용법은 그 문장이 발화되는 발화사건의 물리적 면들을 매 순간 직접 관찰할 때에만 적절히 해석될 수 있다. 달리 말하면, 직시적 매개변수들은 직시표현들에 언어외적인 물리적 문맥을 요구하는 (제스처나 눈 접촉 등과 같은) 어떤 종류의 신체적 행동이 동반될 때만 값을 얻을 수 있다. 직시에 대한 기술적 분석은 5 장에서 제시하겠다. 다음 (1.3)에서 대용어 they에 대한 지시체 할당은 누가 폭력을 가장 옹호할 것 같은가 혹은 가장 두려워할 것 같은가에 대한 우리의 배경 전제에 의존한다. 이러한 언어외적 정보로 인해 they는 the anti-globalization demonstrators(1.3a), 혹은 the authorities(1.3b)를 가리키는 서로 대립되는 두 개의 해석을 갖게 된다. 끝으로 (1.4)는 어휘적 중의성의 경우이고, (1.5)는 통사적 중의성의 경우이다. 중의성을 해소할 때, 화자가 의도했던 해석을 선택하기 위해서는 문맥 지식 혹은 현실 세계의 지식이 필요하다. 6 장과 7 장에서 중의성 해소에 대한 화용론을 논의하도록 하겠다. 이상으로 어떤 언어학적 현상들은 문맥, 현실 세계의 지식, 추론 등과 같은 언어외적인 화용론적 요소들에 의존해서만 다루어질 수 있음을 보여준다. 달리 말하면, 언어학적 미결정성에 의해 야기된 공백을 채우기 위해서는

언어 능력에 관한 전반적 이론의 한 구성성분으로서 화용론이 포함되어야 한다.

1.2.2 의미론과 통사론 간소화

화용론 분야가 필요한 두 번째 이유는 언어능력에 관한 전반적 이론 내에 화용론을 포함시킴으로써 의미론, 통사론과 같은 다른 핵심 분야들을 급격히 간소화할 수 있다는 데 있다.

의미론부터 시작해 보자. 문장 (1.6)은 아리스토텔레스 이래로 체계적으로 구분되는 두 가지 해석을 갖는 것으로 알려져 있다. 즉, 한방향의 하계적 해석 '적어도' (1.6a)와, 쌍방향의 상계적이자 하계적인 해석 '정확히' (1.6b)가 있다.

(1.6) John has had nine girlfriends.
a. John has had at least nine girlfriends.
b. John has had exactly nine girlfriends.

의미론자들은 (1.6)과 같은 문장들을 어떻게 다룰 수 있을까? 그들은 이런 문장들을 어휘적 혹은 논리적 중의성으로 처리해야 한다. 그러나 이런 중의성 분석의 핵심에는 심각한 문제가 있다. 즉, 개체들이 필요 이상으로 증가될 수 없다는 '오캄의 면도날'(Occam's razor)로 알려진 상위이론적 원리의 정신에 직접 위배된다. 오캄의 면도날 변이형인, Ziff(1960: 44)의 '오캄의 지우개'(Occam's eraser)와 Grice(1978, 1989: 47)의 '수정된 오캄의 면도날'(modified Occam's razor)에 따르면 의의나 사전 표제어는 배가되어서는 안 된다. 이 원리들에 의하면, 모든 조건이 같다면 두 어휘 항목을 제안해야만 하는 설명은 그렇지 않은 설명에 의해 배제되어야 한다. 그러므로 의미론적 분석이 채택된다면, nine 같은 기수뿐만 아니라, warm 같은 형용사, some 같은 양화사, 그리고 영어의 대부분 어휘 항목들이 중의적으로 처리되지 않을 수 없다. 이는 분명히 경제적인 분석방법이 아니다.

그러나 통합된 언어 이론 내에 화용론 분야를 설정한다면, 사정은 달라진다.

Horn(1972)에서 제안되고 Gazdar(1979)에서 형식화된 다른 분석에서 보면, 한방향의 하계적 해석인 '적어도'는 의미론에서 오고, 한방향의 상계적 해석인 '기껏해야'는 대화함축이라 불리는 화용론적 추론에서 온다. 달리 말하면, 이 설명에서 문장 (1.6)은 '적어도 아홉 명의 여자친구들'이라는 한방향의 하계적 해석을 주장하고 (혹은 함의하고), '기껏해야 아홉 명의 여자친구들'이라는 한방향의 상계적 해석을 대화상 함축한다. 그리고 이 주장과 함축의 결합으로 '정확히 아홉 명의 여자친구들'이라는 쌍방향의 상계적이자 하계적인 해석을 얻게 된다. 화용론과 의미론의 이러한 분업은 불필요한 의미론적 중의성을 피하게 해주고, 영어 사전의 규모를 절반가량 줄임으로써 의미론적 검약성을 유지하게 해준다(Levinson 1983: 37-8, Horn 1988, 2004, Huang 2001a, 2004b, 2005). 화용론과 의미론 간의 관계는 7 장에서 논의할 것이다.

다음은 화용론에 의한 통사론의 단순화 가능성을 살펴보자. Chomsky(1981, 1995)는 원리와 매개변항 이론과 그 이후의 최소주의 이론에서 명사구에 대해 두 유형의 추상적 자질들, 즉 대용어와 대명사류를 구분한다. 대용어(anaphor)는 지시상 의존적이어서 적절히 정의된 최소 통사 영역 내에서 결속되어야 하는 명사구의 자질 표현체인 반면에, 대명사류(pronominal)는 지시상 의존적이지만 그런 영역 내에서 자유로워야만 하는 명사구의 자질 표현체이다. 촘스키는 대용어와 대명사류를 독립적인 두 개의 양가 자질들로 해석하면서, 이상적으로 보면 한 언어에서 네 유형의 명사구들을 -명시적 명사구와 비명시적 명사구- 발견할 수 있다고 가정하였다.

(1.7) 촘스키의 명사구 유형론

	명시적	비명시적
a. [+anaphor, -pronominal]	어휘적 대용어	NP-흔적
b. [-anaphor, +pronominal]	대명사	*pro*
c. [+anaphor, +pronominal]	-	PRO
d. [-anaphor, -pronominal]	고유명사	*wh*-흔적/변항

네 유형의 공범주들을 제외하면,[3] 어휘적으로 실현되는 명시적인 세 유형의 명사구들은 (1.8)에서 설명될 수 있다.

(1.8) 명시적 명사구들

a. 어휘적 대용어

The composers admire *themselves/each other.*

b. 대명사

He is Italian enough to understand the culture, and yet foreign enough to see its peculiarities.

c. 고유명사

Jonathan Swift wrote an eighteen-century satire called *Gulliver's Travels.*

(1.8)에 나열된 세 유형의 명시적 명사구들 중에서 대용어, 대명사류, 지시표현 (r[eferential]-expression) 등은 각기 결속조건(binding conditions) A, B, C를 따른다.

(1.9) 촘스키의 결속조건

A. 대용어는 국지적 영역에서 결속된다.

---

3) 공범주의 네 유형은 아래에 설명된다.

(i) NP-흔적

Susan's brother was killed *t* in the Asian tsunami.

(ii) *pro* (스페인어)

Carreras sabe que *pro* es estimado por Domingo.

Carreras knows that is esteemed by Domingo.

'카레라스는 도밍고에 의해 존경받는 것을 알고 있다.'

(iii) PRO

John tried PRO to pass his driving test on the first attempt.

(iv) *wh*-흔적/변항

What do you love *t*?

공범주에 대한 논의는 Huang(1992, 1994, 1995, 2000a) 등을 참조하시오.

B. 대명사류는 국지적 영역에서 자유롭다.
C. 지시표현은 자유롭다.

결속은 성분통어, 지배, 국지성 등의 순수한 구조적 개념들에 의존한 형상적 용어들에 의해서 대용어 표현들에 적용되고, 결속이론은 (1.8)에 나열된 세 가지 유형의 명시적 명사구들에 대한 통사적 분포를 설명해준다. 예를 들어, 영어의 예 (1.10)을 살펴보자.

(1.10) a. $Bach_1$ adored $himself_1$.
b. $Bach_1$ adored him_2.
c. $Bach_1$ adored $Bach_2$.

촘스키의 관점에서 (1.10a)의 himself는 대용어이다. 이 대용어는 그 자체가 결속조건 A를 적용받아, 국지적 선행어 Bach에 결속된다. (1.10b)에서 대명사류인 him은 결속조건 B의 적용을 받는다. 결속조건 B에 의하면 그 대명사는 자신의 국지적 영역 내에서 결속될 수 없고, 따라서 그 대명사와 Bach는 서로 다른 지시체를 갖는다. 끝으로 (1.10c)에서 두 번째 Bach는 지시표현이다. 결속조건 C에 의거하여 그 표현은 첫 번째 Bach와 공지시 관계를 가질 수 없다. 이런 예들로부터 촘스키는 대용어, 대명사류, 지시표현의 통사적 분포가 각각 결속조건 A, B, C에 따라 설명된다는 결론을 내린다. 그러나 영어 이외의 여러 다른 언어들을 보게 되면, 이러한 결속조건들은 심각한 어려움에 빠지게 된다. (이에 대한 자세한 논의는 Huang 1991, 1994, 2000a, 2004a, 2006c 참조.)

최근 그 대안으로 Levinson(1987a, 1987b, 1991, 2000)과 Huang(1991, 1994, 2000a, 2000b, 2004a, 2006c)은 대용어에 대한 신 그라이스식 화용이론을 발전시켜 왔다. 이 이론에 따르면, 결속조건 B와 C는 화용론으로 축소된다. 간단히 설명하면 다음과 같다. 결속조건 A가 영어에서 문법적으로 명시된다면, 결속조건 B는 (2 장에서 자세히 설명하게 되는) Q-원리(Q-principle)라고 부르는 화용론적 원리를 직접 적용한 결과물이다. 이런 원리가 있으면, (1.10b)에서 보는 바와 같이 의미론적으로 보다 강한 재귀대명사가 나타날 수도 있는 곳에서 의미론적으로 보다 약한 대명사를 사용한 것은 재귀대명사의 사용과 관련된 보다 정보적이고 공지시적인 해석을 부정한다는 대화함축을 유발한다. 동일한 방식으로 우리는 결속조건 C를 제거할 수 있다. 재귀더명사가 사용될 수 있는 곳에서 의미론적으로 보다 약한 고유명사를 사용하는 것은 그 재귀대명사의 사용과 관련된 보다 정보적이고 공지시적인 해석이 적용될 수 없음을 Q-함축하게 된다. 이는 (1.10c)에서 살펴볼 수 있다. 이상으로 Horn(1988: 15)이 지적한 바와 같이, '독립적으로 동기 부여된 화용 이론(혹은 세부적인 관점에서 보면, 그런 몇몇 이론들)은 언어에 대한 전반적 기술을 행할 때 다른 영역에 단순화와 일반화를 제공해야만 한다.' 화용론과 통사론 간의 관계를 다룰 8 장에서 대용어와 결속의 화용론을 다시 다룰 것이다.

1.3 의미론과 화용론의 몇 가지 기본 개념들

지금까지 화용론이란 무엇인가와 왜 화용론이 필요한가를 논의하였다. 다음으로 의미론과 화용론에서 중요한 몇 가지 기본 개념들을 살펴보겠다.

1.3.1 문장, 발화, 명제

먼저 의미론과 화용론 두 분야에 기본적으로 중요한 구분인 문장(sentence)과 발화(utterance)간의 차이를 가지고 시작해 보자. 문장은 한 언어의 문법규칙들에 따라 조합된 적형의 일련 단어들이다. 언어 체계의 한 단위로서 문장은 문법 이론 내에 규정된 추상적 개체 혹은 구성물이다. 예를 들어, (1.11)은 영어 문장이지만, (1.12)는 그렇지 않다. (본 절에서 문장은 이탤릭으로, 발화는 겹따옴표로, 그리고 명제는 대문자로 표현한다.)

(1.11) *Lance Armstrong won the centenary Tour de France.*

(1.12) *Lance Armstrong the centenary Tour de France won.

그러면 문장 의미(sentence-meaning)는 추상화된 문장, 즉 어떤 구체적인 형태로의 실현과는 무관한 문장에 속하는 의미의 양상들을 가리킨다. 문장 의미에 관한 연구는 보통 의미론에 속한다.

이와는 대조적으로 발화(utterace)는 특정한 경우에 특정한 화자에 의해서 언어의 특정 조각-단어, 구, 문장, 문장의 연쇄체-을 사용하는 것이다. 예를 들어, (1.13)-(1.16)은 모두 영어 발화들이다. (인용부호 사이에 있는 표현들은 특정 사용 경우에 특정 문맥으로부터 가져온 것임을 표시한다.)

(1.13) "Hello!"

(1.14) "A cappuccino, please."

(1.15) "Lance Armstrong won the centenary Tour de France."

(1.16) "Some books are to be tasted, others to be swallowed, and some few to be chewed and digested; that is, some books are to be read only in parts; others to be read but not curiously; and some few to be read wholly, with diligence and attention. Some books also may be read by deputy, and extracts made of them by others." (Francis Bacon)

물론 (1.15)는 문장 (1.11)을 구현한 것이다. 이런 경우, 발화는 문장과 문맥, 즉 문장이 발화되는 상황의 쌍이라는 견해가 널리 가정되어 왔다. 발화 의미(utterance-meaning) 혹은 화자 의미(speaker-meaning)는 화자가 발화를 함으로써 전달하고자 의도하는 것으로 정의할 수 있다. 발화 의미의 연구는 보통 화용론에 속한다.

마지막으로 명제(proposition) 개념이 있다. 명제란 문장이 진술을 하는데 사용될 때, 즉 외부 세계의 어떤 사태에 대해 무엇인가를 -참이든 거짓이든- 말할 때 그 문장에 의해서 표현되는 바이다. 달리 말하면, 진술을 하기 위해 문장을 발화할 때 그 문장은 명제를 전달한다고 본다. 예를 들어 (1.19)는 두 문장 (1.17)과 (1.18)에 관련된 명제이다.

(1.17) *Liszt adored Chopin.*

(1.18) *Chopin was adored by Liszt.*

(1.19) LISZT ADORED CHOPIN

한 문장의 명제 내용(propositional content)이란 명제인 문장 의미의 한 부분이다. 이 개념으로 인해, 서로 다른 유형의 문장들은 그 밖의 의미 양상들이 다르다 할지라도 동일한 명제 내용을 공유할 수도 있다고 의미론자들은 주장한다. 예를 들어 의문문 (1.20)은 능동 서술문 (1.17), 수동 서술문 (1.18) 등과 동일한 명제 내용, 즉 (1.19)를 가진다고 볼 수 있다. 양자의 차이는 다음과 같다. 화자가 (1.17)과 (1.18)을 말함으로써 상응하는 명제를 주장하는 반면에, 즉 화자가 그 명제의 진리치를 확신하는 반면에, 문장 (1.20)을 말함으로써 화자는 그 진리치에 의문을 갖는다.

(1.20) *Did Liszt adore Chopin?*

명제는 (아래에서 논의될 개념인) 참/거짓일 수 있고, 아는/믿는/의심하는/주장하는/부정하는 대상일 수 있다. 그리고 명제는 풀어쓰기와 번역시에도 일정하게 유지될 수 있다. 예를 들어 중국어(1.21), 영어(1.22), 이태리어(1.23)는 동일한 명제를 표현한다고 본다.

(1.21) *xia yu le.*

(1.22) *It is raining.*

(1.23) *Piove.*

문장과 명제 간의 관계에 대하여 살펴보면, 위 (1.17)과 (1.18)에서 보여준 바와 같이 동일한 명제는 다른 문장들에 의해 표현될 수 있다. 다른 한편으로는 동일한 문장이 경우에 따라서는 다른 명제들을 전달하는 데 사용될 수 있다. 적절한 예로서 (1.24)를 살펴보라.

(1.24) *In his last years, my uncle fell victim to Alzheimer's disease.*

각기 다른 화자들이 문장 (1.24)를 발화한다면, 그들은 각각 외부 세계의 어떤 사태에 대해 전혀 다른 것을 말할 수 있다. 만약 메리가 자기 삼촌 존에 대해서 문장 (1.24)를 말했을 때는 헨리가 자기 삼촌 알버트에 대해서 말하고자 그 문장을 사용했을 때 의미하는 것과는 완전히 다른 어떤 것을 의미할 수 있다. 즉 두 경우에서 동일한 문장이 사용되지만 상이한 두 명제가 표현될 수도 있다.

☞ 연습문제 1

끝으로, 문장, 발화, 명제 간의 관계를 도식적으로 나타내면 수형도 (1.25)와 같다(Hurford and Heasley 1983: 23). 수형도 (1.25)가 기본적으로 말해주는 바는 다음과 같다. 세 개념들 중 가장 추상적인 명제는 다른 문장들로 표현될 수 있고, 그 다음으로 추상적인 문장은 그 자체가 가장 덜 추상적인 다른 발화들로 실현될 수 있다는 것이다.

(1.25) 문장, 발화, 명제 간의 관계

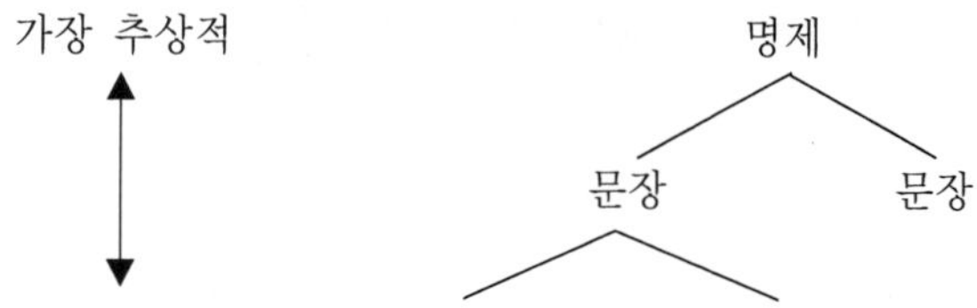

1.3.2 문맥

다음은 문맥(context)으로 넘어가 보자. 문맥은 언어학 문헌에서 매우 폭넓게 사용되는 개념들 중의 하나이지만, 정확한 정의를 내리기가 어려운 개념이다. 하지만 비교적으로 언어중립적인 관점에서 본다면, 문맥이란 임의의 언어 단위가 체계적으로 사용되는 역동적인 무대 혹은 환경 등과 관련된 자질들을 가리키는 것으로 폭넓게 정의될 수도 있다. 또한 문맥은 세 가지 다른 출처들로 구성되는 것으로 볼 수 있는데, 이는 문맥의 '지리적' 구분으로 알려진 견해이다(Ariel 1990). 첫째, 발화의 물리적 무대를 지시하는 물리적 문맥이 있다. 예를 들어 (1.26)의 해석은 그 발화의 물리적 문맥으로부터, 즉 그 발화의 시공간적 위치로부터 계산해낼 수 있는 지식에 의존한다.

(1.26) *He*'s not the chief executive; *he* is. *He*'s the managing director.

둘째, 동일한 담화 상에서 주변 발화를 가리키는 언어학적 문맥이 있다. 예를 들면, (1.27)에서 메리가 사용한 생략구문을 이해하는 데 있어서는 이전 담화에서 언급해오고 있는 것들이 중요한 역할을 행한다.

(1.27) John: Who gave the waiter a large tip?
Mary: Helen.

셋째로는 일반지식 문맥을 들 수 있다.[4] 이런 유형의 문맥으로부터 이끌어내는 정보에 의하여 우리는 왜 (1.28a)가 화용론적으로 적합하고, (1.28b)는 화용론적으로 이상한지 설명할 수 있다. 즉, 우리는 우리의 현실세계 지식에 의해 북경에는 자금성이 있고, 파리에는 자금성이란 관광 명소가 없다는 사실을 알기 때문이다.

(1.28) a. I went to Beijing last month. The Forbidden City was magnificent.
b. ?I went to Paris last month. The Forbidden City was magnificent.

분명히, 여기에서 관련하는 것은 화자와 청자가 공유하는 배경 가정들의 집합이다. Stalnaker(1974)는 이를 공통 토대(common ground)라 일컬었다. 공통 토대의 개념은 Clark(1996)에 의해서 더 발전되어 왔다. 그는 공동체의 공통

4) 다른 용어로는 배경, 일반상식, 백과사전적 지식, 실세계 지식 문맥 등이 사용된다.

토대와 개인의 공통 토대를 구분하였다. 전자는 공동체의 구성원들에 의해서 공유된 배경 가정들의 집합을 가리키며, 후자는 임의의 공동체에 속하는 두 구성원들이 그들 상호간의 과거 경험으로부터 공유하는 배경지식의 실체를 가리킨다. (담화표상이론(Discourse Representation Theory: DRT), 역동 몬테규 문법(Dynamic Montague Grammar), 서류철 변동 이론(File Change Semantics) 등의 다수 형식 의미론에서 행해지는 문맥의 역동적 처리에 대한 개관은 Roberts 2004를 참조하시오.)

1.3.3 진리치, 진리조건, 함의

드디어 진리치, 진리조건, 함의 등의 세 가지 주요 개념들을 말할 단계에 이르렀다.

[진리치와 진리조건]

진리치(truth value)의 개념은 명제의 개념과 연관되어 있고, 진리조건(truth condition)의 개념은 문장의 개념과 연결되어 있다.

이미 언급한 바와 같이, 명제는 참 또는 거짓일 수 있다. 그러나 명제의 참/거짓은 발화 경우에 따라서 달라질 수 있다. 예를 들어, 문장 '*The book is on the desk*'이 진술로서 발화될 때 표현되는 명제는 특정 책이 실제로 책상 위에 놓여 있는 상황에서 참이지만, 그 책이 책상 위에 없는 상황에서는 거짓이다. 그러나 특정한 경우에서 하나의 명제는 특정한 진리치, 즉 참 혹은 거짓을 갖는다. 즉 명제는 그 경우에 나타나는 어떤 사태에 부합하면, 그리고 그런 경우에 한에서만 참이고, 그렇지 않으면, 그리고 그렇지 않은 경우에 한에서만 거짓이다. 이는 진리의 '대응적', '현실적', 또는 '단순' 이론으로 다양하게 알려져 왔다. (예를 들어 Bradley and Swartz 1979 참조.)

다른 한편, 문장은 그런 특정 용법 이외에서는 진리치를 갖지 않는데 반해 진리조건들은 가지고 있다. 그렇다면 진리조건은 무엇인가? 그것은 문장이 참이 되기 위해 세계가 만족시켜야만 하는 조건들이다. 다음 (1.29)는 논리학자

타스키에서 유래한 고전적 예이다.

(1.29) *Snow is white* is true if and only if snow is white.

영어 문장 '*snow is white*'이 외부 세계에 대한 참인 진술을 하기 위해서는 어떤 조건들 하에서 사용될 수 있는가에 대해 (1.29)는 말해주고 있다. 달리 말하면, 영어 문장 '*snow is white*'에 의해서 표현된 명제가 참이 되기 위해서 그 세계에 대해 어떤 조건들이 적용되어야만 하는지 말해준다.

(1.29)를 단순화하면, 우리는 진리 이론에 대한 타스키식 기본 공식을 다음 (1.30)으로 표현할 수 있다.

(1.30) *S* is true if and only if *p*

여기서 *S*는 어떤 언어의 어떤 문장 이름이고, *p*는 그 문장이 참이 되는 조건들의 집합이다.

이제 진리조건의 개념이 문장의미에 어떻게 기여하는지에 대한 설명을 살펴보자. (1.31)을 보도록 하자.

(1.31) a. Only John_1 voted for John_1.
b. Only John_1 voted for himself_1.

존이 투표를 한 유일한 사람이 아니라고 가정하면, 제기될 수 있는 질문은 (1.31a)와 (1.31b)가 동일한 진리조건들을 공유하는가의 문제이다. 대답은 부정적이다. (1.31a)가 참이기 위해서는 존이 단 한 표, 즉 자신의 한 표만을 얻어야만 하지만, (1.31b)에서는 그런 진리조건이 없다. (1.31b)가 참이기 위해서는 존이 자신의 한 표를 포함하여 모든 표들을 얻었을 수 있다(Huang 2000a: 242). 그러므로 (1.31a)와 (1.31b)는 그 진리조건들이 다르기 때문에 그 의미들도 다르다.

다른 한편, 진리조건의 용어로 설명될 수 없는 의디의 양상들이 있다. 아래

(1.32)는 이 점을 설명해주는 간단한 예이다.

(1.32) a. We want peace and they want war.
　　　b. We want peace but they want war.

(1.32a)와 (1.32b)는 정확히 동일한 진리조건들을 갖는다. 그러나 (1.32b)에서 but의 사용은 첫 번째 접속문에 포함된 정보와 두 번째 접속문에 포함된 정보간의 대조의미를 전달해준다. but의 사용으로 표현된 그 의미는 (일반적으로 고정함축(conventional implicature)으로 불리며, 2 장에서 더 자세히 논의한다) 진리조건의 개념으로는 포착되지 않는다.

[함의]

함의(entailment)의 의미적 관계는 다음과 같이 진리치에 의해 정의될 수 있다.

(1.33) 명제 (또는 명제를 표현하는 문장) *p*가 명제 (또는 명제를 표현하는 문장) *q*를 함의하기 위한 필요충분조건은 *p*의 진리치가 *q*의 진리치를 보장하는 경우이다.[5)]

(1.33)이 기본적으로 말해주는 바는 다음과 같다: *p*가 *q*를 함의하기 위해서는, *p*가 참일 때마다 *q*도 참이다. 몇몇 예들로 설명하여 보자.

(1.34) a. The guerrillas killed the American ambassador.
　　　b. The American ambassador died.

위 문장 쌍에서 (1.34a)는 (1.34b)를 함의한다. 게릴라들이 특정 미국 대사를 죽였다는 것이 참이라면, 그 미국 대사가 죽었다는 것은 반드시 참이기 때문이

5) Saeed(2003), Cruse(2004) 등의 몇몇 학자들은 함의에 대해 보다 좁은 의미의 정의를 취한다. 그러한 정의는 다음과 같다(Saeed 2003: 98): '첫 번째 문장 *p*의 참이 두 번째 문장 *q*의 참을 보장하고, 두 번째 문장 *q*의 거짓이 첫 번째 문장 *p*의 거짓을 보장할 때, 문장 *p*가 문장 *q*를 함의한다.'

다. 다음 (1.35)도 동일하게 설명된다.

(1.35) a. There's a horse on the grassland.
b. There's an animal on the grassland.

말이라는 어떤 개체가 존재할 때마다 그것은 또한 반드시 동물이므로, (1.35a)는 (1.35b)를 함의한다. 끝으로 (1.36)을 보자.

(1.36) a. All of the company's employees got a pay rise.
b. Some of the company's employees got a pay rise.

위 문장들 중 (1.36a)는 (1.36b)를 함의한다. 그 이유인즉, 그 회사 직원들 모두의 임금이 인상되었다면, 그 회사 직원 일부의 임금이 인상되었다는 것이 사실이라는 결론을 피할 수 없기 때문이다.

☞ 연습문제 2

끝으로 함의의 가장 중요한 성질들 중 하나는 취소(defeasible) 불가하다는 점이다. 즉 함의는 어떤 언어학적 혹은 비언어학적 문맥에서도 사라질 수 없다는 점이다. 이 점이 바로 함의를 그 속성상 의미론적이라고 하는 이유이다. 사실 등가성, 모순성 등의 여러 다른 의미적 관계들이 이 함의에 의해 정의될 수 있다.

1.4 이 책의 구성

이 책의 나머지는 두 부분으로 구분된다. I 부는 화용론 교재에서 표준으로 포함하고 있는 주제들을 포괄한다. 2 장에서는 대화함축과 고정함축에 대한 고전적 화용이론과 신그라이스식 화용이론을 다룬다. 3 장의 초점은 전제이다. 4 장은 오스틴과 써얼의 고전적 작업에 초점을 두고서 화행 이론을 다룬다.

5 장은 다양한 유형의 직시현상에 대한 기술적 분석을 제공한다.

II 부는 화용론의 새로운 토대를 제시하지만, 기존의 화용론 교재들에서는 미완으로 제시된 주제들을 다룬다. 특히 이 부분에서는 화용론과 다른 (핵심) 탐구영역들 간의 다양한 경계면에 초점을 둔다. 6 장은 스퍼버와 윌슨의 적합성 이론에 초점을 두고서 화용론-인지 경계면을 논의한다. 그리고 7 장의 주제는 화용론과 의미론 간의 경계면이다. 끝으로 8 장에서는 대용어와 결속에 초점을 두면서 화용론과 통사론 간의 작업분담과 상호작용을 살펴본다.

주요 개념들

화용론
통사론
의미론
이상 언어철학
일상 언어철학
앵글로-아메리칸 구성성분 견해 대 유럽 대륙주의 조망 견해
언어학적 미결정성
오캄의 면도날
오캄의 지우개, 수정된 오캄의 면도날
문장
문장 의미
발화
발화 의미
화자 의미
명제
명제 내용
문맥
물리적 문맥
언어적 문맥

일반 지식 문맥
공통배경
진리치
진리조건
함의

연습문제

1. 다음 문장들의 명제 내용은 무엇인가?
   (1) The shopkeeper had reduced the prices.
   (2) The price had been reduced by the shopkeeper.
   (3) It was the shopkeeper who had reduced the prices.
   (4) It was the prices that the shopkeeper had reduced.
   (5) Had the shopkeeper reduced the prices?
   (6) Had the prices been reduced by the shopkeeper?
   (7) If only the shopkeeper had reduced the prices!
   (8) If only the prices had been reduced by the shopkeeper!

2. 아래 문장들 중 문장 a가 문장 b를 함의하는가?
   (1) a. Susan is always complaining.
       b. Susan is often complaining.
   (2) a. Our neighbour's cat has a big mouse.
       b. Our neighbour's cat has a big animal.
   (3) a. It's raining.
       b. It's cold.
   (4) a. Everyone likes an apple.
       b. Everyone likes a piece of fruit.
   (5) a. All birds should be protected by the law.
       b. All puffins should be protected by the law.

(6) a. Some of my friends got promoted.

b. Not all of my friends got promoted.

(7) a. John was not cooking the fish.

b. John was not frying the fish.

(8) a. Henry and Jane are married.

b. Henry and Jane are married to each other.

3. 언어이론 전반에서 화용론이 필요한 다른 이유들을 생각해 보아라!

4. 문장과 발화간의 차이가 있다면 무엇인가?

5. 문맥은 무엇인가? 이 개념이 화용론에서 왜 중요한가?

더 읽을거리

Levinson(1983). 1장

Ⅰ부: 화용론의 중심 주제들

제 2 장

함 축

2.1 대화함축에 관한 그라이스 고전 이론
2.2 대화함축에 관한 신 그라이스식 두 이론
2.3 고정함축
2.4 요약

(대화 conversational/고정 conventional) 함축(implicature) 개념은 옥스포드 철학자 그라이스(H. P. Grice)로부터 출발한다.[1] 주요 개념들은 1967년 하버드 대학교의 윌리엄 제임스 강연시리즈에서 발표되었고, 그 일부가 모아져 Grice(1989)로 출판되었다. 이 강연에서 그라이스는 의미와 커뮤니케이션에 대한 일련의 생각들을 제시했다. 그는 이 생각들을 언어 사용에 대한 체계적이고 철학적인 화용 이론으로 나아가는 '비틀거리는 걸음'(Grice 1989: 4)이라고 불렀는데, 바로 이것이 그 이후 그라이스 화용 이론으로 알려지게 된다. 이 이론이 태동한 이래로 그라이스 패러다임은 화용론적 이론화에 대변혁을 가져왔으며, 오늘날까지 언어학의 화용론 분야와 언어철학 분야에서 현대적 사고의 초석을 이루고 있다.

본 장은 다음과 같이 구성된다. 2.1 절에서는 대화함축에 관한 그라이스의 고전 이론을 논의한다. 2.2 절에서는 대화함축에 관한 두 개의 신 그라이스 화용 이론을 제시한다. 마지막으로 2.3 절에서는 대화함축과 비교하여 고정함축의 개념을 살펴본다.

2.1 대화함축에 관한 그라이스 고전 이론

의미와 커뮤니케이션에 관한 일반적인 그라이스 설명에는 두 이론, 즉 비자연적 의미(meaning$_{n[on]n[atural]}$) 이론과 대화함축 이론이 있다. 비자연적 의미 이론에서 Grice(1957, 1969, 1989)는 외부 세계에서의 자연적 의미와, 발화가 갖는 비자연적인 언어적 의미 간의 개념적 관계를 강조하였다.[2] 그는 화자의 의도를

1) 그라이스의 원래 아이디어 일부분은 적어도 14세기의 웅변가 세르비우스(Servius)와 도나투스(Donatus)로 거슬어 올라갈 수 있고, 이후 19세기 영국 철학자 밀(J. S. Mill)과 드 모르간(A. De Morgan)에서 다시 나타난다(Horn 1988, 2004). 그라이스의 삶과 업적에 대해서는 Chapman(2005) 참조.

2) Grice(1957, 1969, 1989)에 의하면, 자연적 의미의 경우 *x means that p* 구문은 *p*를 함의한다. 이는 아래 (ii)가 의미론적으로 왜 이상한지 설명해준다.

Grice(1989: 213)
(i) Those spots meant measles.

사용하여 비자연적 의미의 축소 분석법을 발전시켰다.

(2.1) 그라이스의 비자연적 의미 이론

*S*는 *A*에게 *U*를 '발화'함으로써 *p*를 비자연적으로 의미하기 위한 필요충분조건은 *S*가 다음을 의도하는 것이다:

(i) *A*가 *p*를 생각한다.

(ii) *S*가 (i)을 의도한다는 사실을 *A*가 인식한다.

(iii) *S*가 (i)을 의도하고 있음을 *A*가 인식하는 것이 *A*가 *p*를 생각하는 일차 이유가 된다.

여기서 *S*는 화자를, *A*는 청자를, *U*는 발화를, *p*는 명제를 표현한다(Levinson 2000: 13).

이렇게 정의된 비자연적 의미의 핵심은 의도한 바대로 인식되기를 의도하는 것이 커뮤니케이션이라는 점이다. 달리 말하면, 비자연적 의미나 화자 의미는 의도를 인식하고 표현하는 문제이다. (이와 다른 견해로는 Gauker 2003 참조.) 여기서 이론적으로 흥미로운 것은 Levinson(2000: 13)에서 지적한 바와 같이 '비자연적 의미'(또는 그런 종류의 어떤 것)는 커뮤니케이션 이론이 담당하고 있는 커뮤니케이션 효과와는 외부적으로 구분된다는 점이다.

2.1.1 협력의 원리와 대화 격률들

Grice(1961, 1975, 1978, 1989)는 언어를 최대한 효율적으로 사용하여 커뮤니

(ii) *Those spots meant measles, but he hadn't got measles.

이와 비교해보면, 비자연적 의미의 경우 *x means that p* 구문은 *p*를 함의하지 않는다. 아래 (iii)~(iv)를 위의 (i)~(ii)와 비교하시오.

Grice(1989: 214)

(iii) Those three rings on the bell (of the bus) mean that the bus is full.

(iv) Those three rings on the bell (of the bus) mean that the bus is full. But it isn't in fact full - the conductor has made a mistake.

케이션에서 이성적 상호작용을 효과적으로 달성할 수 있는 방식을 결정해 주는 기본 원리가 존재한다고 자신의 대화함축 이론에서 제안했다. 그는 모든 것을 포함하는 이 언명을 협력의 원리(co-operative principle)라 불렀고, 이를 질, 양, 관련성, 태도 등의 네 범주로 분류되는 9 개의 대화 격률(maxims of conversation)로 다시 구분하였다. 네 범주의 명칭은 독일 철학자 칸트로부터 빌려왔다(Grice 1989: 26). 협력의 원리와 그 구성요소인 격률들로 인해 대화 시에 올바른 양의 정보가 제공되고, 상호작용이 진실되게, 그리고 관련성있게 분명하게 수행된다.

(2.2) 그라이스의 대화함축 이론

a. 협력의 원리

네가 참여하고 있는 대화에서 수용되는 방향 혹은 목적에 따라 요구되는 만큼, 대화가 일어나는 단계에서, 대화상 기여해라.

b. 대화 격률들

질: 너의 기여한 바가 사실이도록 노력해라.

(i) 거짓이라고 믿는 것을 말하지 마라.

(ii) 타당한 증거가 부족한 것을 말하지 마라.

양:

(i) 너의 기여가 (대화의 현재 목적에서) 필요한 만큼 정보적이 되라.

(ii) 너의 기여를 필요 이상 정보적으로 만들지 마라.

관련성: 관련된 것을 말하라.

태도: 명료해라.

(i) 모호한 표현을 피하라.

(ii) 중의성을 피하라.

(iii) 간략히 해라 (불필요한 장황설을 피하라).

(iv) 순서를 지켜라.

(2.2)에 제시된 그라이스의 협력의 원리 및 부속 격률들은 (2.3)과 같이 단순화될 수 있다(Huang 2000a: 206).

(2.3) (단순화된) 그라이스의 대화함축 이론

a. 협력의 원리

협력적이어라.

b. 대화 격률들

질: 진실되라.

(i) 거짓말을 하지 마라.

(ii) 증거가 부족한 말을 하지 마라.

양:

(i) 필요 이하로 말하지 마라.

(ii) 필요 이상으로 말하지 마라.

관련성: 관련된 것을 말하라.

태도: 명료해라.

(i) 모호성을 피하라.

(ii) 중의성을 피하라.

(iii) 간략히 해라.

(iv) 순서를 지켜라.

2.1.2 화자와 격률들 간의 관계

격률들과 관련하여 화자는 무엇을 할 수 있을까? 첫째, 화자는 이 격률들을 곧이곧대로 준수할 수 있다. 둘째, 화자는 격률을 위반할 수 있다. 예를 들어 화자는 의도적으로 거짓말함으로써 질의 첫 번째 하위격률을 위반할 수도 있다.[3] 셋째, 화자는 격률을 지키지 않아도 된다. 화자가 대화상에서 방어책을 사용하는 경우이다.

(2.4) 영어에서 탈퇴 방어책들

a. 질:

As far as I know,

3) 물론 화자가 격률들을 따르지 않을 것으로 예상되는 상황들이 있다. 예를 들어 법정에서 증인은 종종 정보를 자발적으로 제공하도록 요구되지 않기 때문에 양의 격률을 위반한다.

I'm not sure if this is true, but...

I may be wrong, but...

b. 양:

As you probably already know,

I can't say any more,

I probably don't need to say this, but...

c. 관련성:

Oh, by the way,

I'm not sure if this is relevant, but...

I don't want to change the subject, but...

d. 태도:

I'm not sure if this is clear, but...

I don't know if this makes sense, but...

This may be a bit tedious, but...

이로써 화자는 그 격률들을 알고 있을 뿐 아니라, 그것들을 준수하려고 노력한다는 것을 알 수 있다. 넷째, 바로 설명하겠지만 화자는 어떤 격률을 과시적으로 무시하거나(flout) 악용(exploit) 할 수 있다(Grice 1989:30).

☞ 연습문제 1~2

2.1.3 준수된 대화함축과 무시된 대화함축

대화상에서 화자와 청자 양측이 보통 협력의 원리와 그 격률들을 준수한다고 가정하고 있는 그라이스는 또한 대화함축, 즉 엄격한 의미에서 말해진 바의 일부가 아니지만 의도되어진 전달 메시지를 포함하는 비논리적 추론들의 집합인[4] 대화함축은 격률들을 엄격히 준수하거나(observing) 혹은 과시적으로 무시

4) 대화함축을 '말해진 것의 일부가 아니면서 화자의 발화 내에서 의도된 것의 일면을 형성하는 화자 의미의 한 구성성분'으로 정의하는 최근 Horn(2004: 3)을 참조하시오.

함으로써(flouting) 일어난다고 제안하였다. 그 격률들을 직접 준수함으로써 일어나는 대화함축을 준수된 대화함축(conversational implicature$_{O}$)이라 부르자. (2.5)-(2.8)을 가지고 설명해 보자. (기호 '+>'는 '대화상으로 함축한다'를 표현한다.)

(2.5) 질:
Tim Berners-Lee invented the World Wide Web in 1989.
+> The speaker believes that Tim Berners-Lee invented the World Wide Web in 1989, and has adequate evidence that he did.

(2.6) 양:
John has six credit cards.
+> John has at most six credit cards.

(2.7) 관련성:
John: What's the time?
Mary: The museum hasn't opened yet.
+> It's at least before whenever the museum normally opens.

(2.8) 태도:[5]
John went to a McDonald's and bought two hamburgers.
+> John first went to a McDonald's and then bought two hamburgers.

질의 두 번째 하위격률과 관련하여, 화자가 어떤 주장을 하면, 화자 자신이 그것을 믿는다는 것을 대화상으로 함축하게 된다. 따라서 (2.5)는 대화함축과 관련된다. 이 하위격률은 또한 Wittgenstein(1953: 190)의 '무어의 역설'(Moore's paradox) 현상을 설명할 수 있다. 이 역설은 (2.9)와 같은 발화가 화용론적으로 왜 비정상적인가라는 질문에 관련되며, 그 대답은 다음과 같다: (2.9)는 화자가 주장하는 바에 대한 인식론적 규범을 위반한 것이다(Levinson 1983: 105, Grice

---

5) 물론 (2.8)은 또한 아래 (i)을 대화상 함축할 수 있다.

(i) John went to a McDonald's in order to buy two hamburgers.

1989: 42, Austin 1962, Gazdar 1979, Atlas 1993, Bach 2004).

(2.9) ?Tim berners-Lee invented the World Wide Web in 1989,
but I don't believe he did.

(2.6)은 양의 첫 번째 하위격률이 수행됨을 보여준다. 화자는 동일한 간결성을 지니면서 의미론적으로 보다 강한 표현(예, 기수 7)을 사용할 수 있는 곳에서 의미론적으로 보다 약한 표현(즉, 기수 6)을 사용했기 때문에, 만약 의미론적으로 보다 강한 표현이 적용되었더라면 화자는 양의 첫 번째 하위격률을 위반했을지도 모른다. 따라서 화자는 의미론적으로 보다 강한 진술이 적용되지 않는다고 믿는다. 또한 화자는 자신이 그렇게 생각한다고 청자가 생각하지 않도록 어떠한 방해도 하지 않았다. 따라서 진리조건상 발화 (2.6)이 예를 들어 존이 사실 일곱 장의 신용카드를 가지고 있을 가능성과 양립할 수 없는 것은 아니라 할지라도, 존이 기껏해야 여섯 장의 신용카드를 가지고 있다는 것을 화자는 대화상 함축한다.[6)]

(2.7)에서 일어나는 대화함축은 관련성 격률을 준수하는 데서 나타난다. 이 격률이 만족된다면 메리의 발화는 관련있는 것으로 간주되어야 한다. 존이 질문을 했기 때문에 메리는 대답을 해야만 한다. 메리가 무엇인가를 발화할 때 존의 질문에 협력적으로 대답하고 있다고 가정하면, 우리는 다음과 같이 추론할 수 있다. 즉, 메리는 직접적인 답변을 할 수는 없지만, 그럼에도 불구하고 박물관이 아직 열리지 않았다는 내용은 존이 부분적인 답변을 얻는데 도움을 줄 수 있을 것으로 메리는 생각한다.

마지막으로, (2.8)에서 대화함축은 태도의 네 번째 하위격률을 준수하는 데서 나타난다. 우리는 이 하위격률에 의해서 사건들이 발생하는 순서대로 배열할 것으로 화자에게 기대하고, 또한 청자에게도 그런 식으로 추론을 이끌어낼 것으

6) Fretheim(1992)에서는 노르웨이어의 기수에 대한 '기껏해야' 해석은 그 기수가 문맥상 현저한 경우에만 대화상 함축될 수 있다고 주장한다. 이는 그 언어의 어떤 억양 패턴에 의해서 알 수 있다. 그렇지 않은 경우에 그 기수는 '정확히 n'을 의미한다. 이 책의 한 논평자는 영어의 경우에도 동일하게 적용된다고 믿는다.

로 기대한다. (2.8)은 또한 도상성(iconicity)의 경우이다. 즉 언어적 요소들의 순서는 도상적으로 사건의 순서를 반영한다.

둘째, 보다 흥미로운 것은 화자가 의도적으로 격률들을 무시함으로써 대화함축이 생성될 수 있다는 점이다. 이런 식으로 이끌어낸 대화함축을 무시된 대화함축(conversational implicature$_F$)이라 부르자.

앞서 언급한 바와 같이 그라이스가 제안한 대화 격률들은 공공연하게 그리고 노골적으로 위반될 수 있다. 화자가 격률들을 명백하게 무시하는 경우, 청자는 두 가지 선택권을 갖는다. 하나는 협력의 원리가 포기되었다고 생각할 수 있다. 그러나 청자는 두 번째 것을 선택할 수 있고, 실제로 이것을 선택한다. 즉, 화자가 명백히 대화상에서 협력하지 않음에도 불구하고, 여전히 협력의 원리를 준수하고 있다고 청자는 가정할 수 있으며, 대략 그런 식으로 추론한다. 화자가 여전히 협력적이라면, 그리고 화자는 청자가 그 위반사실을 인식해야만 하는 방식으로 그 격률을 악용한다면, 화자는 어떤 다른 메시지를 전달하기 위해서 그렇게 하고 있는 것이며, 이는 보다 깊은 수준에서 보면 협력의 원리를 따른다고 볼 수 있다. 게다가 화자는 그 메시지가 무엇인지 청자가 계산해낼 수 있다는 것을 안다. 다음의 몇몇 예들은 이런 무시된 대화함축을 충분히 설명해 준다.

(2.10) 질:

Chomsky is a great sociolinguist.

+> Chomsky is no sociolinguist at all

(2.11) 양:

War is war.

+> 예) Terrible things always happen in war. That's its nature, and it's no use lamenting that particular tragedy

(2.12) 관련성:

John: Susan can be such a cow sometimes!

Mary: Oh, what a lovely day today!

+> 예) One shouldn't speak ill of people behind their back

(2.13) 태도:

a. John smiled.

b. The corners of John's lips turned slightly upward.

+> John did not exactly smile

언어학 전공자라면 누구나 (2.10)이 분명히 틀렸다는 것을 안다. 그러므로 질의 격률을 명백히 그리고 공공연하게 무시하고 있는 것이다. 그렇지만 협력의 가정을 준수하기 위해서는, 화자가 자신이 실제 이야기한 바와는 다른 어떤 것, 즉 그 문장의 글자 그대로의 의미와는 반대인 반어적 해석을 전달하고자 한다고 가정해야만 한다. 이와 비슷한 분석들이 은유법, 곡언법, 과장법 등의 다른 '수사법' 유형들에도 적용될 수 있다. (그러나 이와 다른 견해로는 Sperber and Wilson 1986 참조.)

(2.11)은 항진명제로서, 피상적으로 보면 그 자체로는 정보적이지 않다. 이와 같은 양의 격률을 노골적으로 위반하는 경우에 부딪히면, 청자는 화자가 실제로는 협력하고 있다고 가정하고, 화자가 왜 그런 분명히 비정보적인 발화를 했는지 밝혀내야만 한다. 이렇게 하는 유일한 방법은 그 발화를 사실 매우 정보적이라고 해석하는 것이다. 이로써 저자가 제시한 대화함축 내용이 설명된다.7)

7) Wierzbicka(1987, 1991)에 따르면, (2.11)은 불어, 독일어, 스페인어, 러시아서, 폴란드어, 일본어, 한국어 등에 직접 사용될 수 없다고 한다. 이러한 관찰을 토대로 하여, 그녀는 (2.11)과 같은 항진명제 구문은 개별 언어적 특수성을 보이며, 따라서 그라이스의 양 격률은 언어 보편적으로 설명될 수 없다고 한다. 그러나 (2.11)에서 설명된 유형의 항진명제 관련 예들은 사실 (i)과 (ii)에서 보는 바와 같이 불어에서 가능하다고 익명의 한 논평자가 지적해주었다.

(i) La guerre, c'est la guerre.
'전쟁은 전쟁이다.'

(ii) À la guerre comme à la guerre.
'전쟁은 전쟁이다.'

다른 익명의 논평자에 따르면 러시아어에도 동일하게 적용된다고 하면서, 러시아어 문법책에서 취한 다음 예를 제시하였다.

(iii) delo delom a ljubov' ljubov'ju.
'사업은 사업이고 사랑은 사랑이다.'

(2.12)에서 수잔을 험담하는 존의 말에 대한 메리의 답변은 관련성 격률을 위반하는 것처럼 보이는 데 어떻게 관련될 수 있을까? 메리가 여전히 협력적이라는 가정이 유효하다면, 우리는 분명히 그녀의 대답을 피상적이지 않은 다른 수준에서 상당히 관련된다고 해석해야만 한다. 그렇게 해석하는 가능한 방법들 중 하나는 다음과 같다. 즉, 상대방이 없는 곳에서 존이 그 상대방을 험담하는 것에 메리는 동의하지 않는다는 대화상 함축으로 이해하는 것이다.

단순한 문장 (2.13a)을 사용할 수 있고, 일반적으로는 그런 문장을 사용하는 상황에서 장황한 문장 (2.13b)을 사용하는 것은 태도의 세 번째 하위 격률에서 분명히 벗어난다. 그러나 화자가 협력적이라고 가정한다면, 화자는 여기서 '미소짓다' 단어를 사용할 처지가 아니거나, 전달하고자 하는 바가 '미소짓다'보다 약한 어떤 것이라고 대화상 함축해 낼 수 있다.

우리는 지금까지 준수된 대화함축과 무시된 대화함축이라는 그라이스의 첫 번째 구분법을 보았다. 즉, 화자가 협력의 원리와 격률들을 준수한다는 단순한 가정으로부터 이끌어내는 대화함축과, 화자가 어떤 격률을 무시하지만 그럼에도 불구하고 협력의 원리는 준수한다는 토대 하에 보다 복잡한 방식으로 일어나는 대화함축을 구분하였다. 여기서 그라이스의 주요 업적은 두 유형에 대해 통합된 분석을 제시했다는 점이다.

☞ 연습문제 3~5

2.1.4 일반 대화함축 대 특정 대화함축

첫 번째 구분법과는 독립적인 그라이스의 두 번째 구분법은 어떤 특정한 문맥 조건들 없이도 일어나는 대화함축과, 그런 조건들을 요구하는 대화함축 간의 구분이다. 그라이스는 (2.14)에서와 같은 전자 유형을 일반 대화함축(generalized conversational implicature), 그리고 (2.15)와 같은 후자 유형을 특정 대화함축

Fraser(1988)과 Ward and Hirschberg(1991)을 참조하시오.

(particularized conversational implicature)이라 불렀다.

(2.14) Most of John's friends believe in marriage.
+> Not all of John's friends believe in marriage.
(2.15) John: Where's Peter?
Mary: The light in his office is on.
+> Peter is in his office

(2.14)의 함축은 매우 널리 통용된다. 'Most x are Y' 형태의 발화는 'Not all x are Y'이라는 무표적 해석을 할 수 있다. 이러한 해석은 어떤 특정 문맥을 요구하지 않고서도 일어날 수 있다. (most에 대한 보다 자세한 논의는 Ariel 2004 참조.) 이와는 대조적으로 (2.15)의 함축은 그 발화의 언어적 문맥에 전적으로 의존한다. 메리의 대답은 피터 사무실의 불빛과 그의 위치 간에 가능한 연관성을 알려준다. 즉, 피터 사무실의 불이 켜져 있으면, 그는 아마도 그의 사무실에 있을 것이다. 그런 특정 문맥이 없다면, 우리는 (2.15)에서 그런 함축을 얻지 못할 것이다. 그라이스의 이런 이분법에 대한 이론적 중요성은 최근 열띤 토론의 대상이 되어 왔다. 예를 들면, Hirschberg(1991: 43-4), Welker(1994: 21-3), Carston(2002) 등은 그런 구분법이 유지될 수 있는지 의심하는 반면에, Levinson(2000)은 이 구분법을 엄격히 옹호하고 있다. (이에 대한 자세한 논의는 Grice 1975, 1981, 1989: 37-8 참조.)

☞ 연습문제 6

2.1.5 대화함축의 속성들

대화함축은 특유의 속성들을 다수 지니고 있다(Grice 1975, 1989, Sadock 1978, Levinson, 1983, 2000, Huang 1991, 1994: 4-5, 2000a: 206-7, 2003). 먼저 취소 가능성(defeasibility/cancellability)을 들 수 있다. 즉 대화함축은 특정 언어

적 혹은 비언어적 문맥 하에서 가볍게 사라질 수 있다. 어떻게? 그 함축이 (i) 의미상 함의내용, (ii) 배경 가정들, (iii) 문맥, (iv) 우선시되는 다른 대화함축 등과 상반되면 취소된다.[8)] 이를 하나씩 살펴보자. ((iv) 경우는 2.2.3절에서 다루기로 한다.)

첫째, (2.17)의 발화가 보여주는 바와 같이 대화함축은 의미상 함의내용과 상반되면 사라진다. (기호 '~ +>'는 '대화상 함축하지 않는다'를 표현한다.)

(2.16) His wife is often complaining.

+> His wife is not always complaining

(2.17) a. His wife is often, in fact/indeed always, complaining.

b. His wife is often, and perhaps/maybe/possibly/even always, complaining.

c. His wife is not only often but always complaining.

d. His wife is often, or perhaps/maybe/possibly/even always, complaining.

e. His wife is often, if not always, complaining.

~ +> His wife is not always complaining

(2.17)의 모든 발화들은 (2.16)에 제시된 대화함축을 잠재적으로 지닌다. 그러나 (2.17)의 모든 문장들은 in fact always 구의 존재로 인해 그의 부인이 항상 불평한다는 내용을 의미적으로 함의한다. 따라서 잠재적인 대화함축 내용은 이와 모순되는 함의내용에 의해 취소된다.

둘째, 대화함축은 배경지식 혹은 온톨로지 상의 전제들 (종종 실세계 지식을 지칭)과 조화를 이루지 못하면 유보된다. (2.19)가 그런 경우이다.

(2.18) John and Mary bought an apartment near the Louvre in Paris.

+> John and Mary bought an apartment near the Louvre in Paris together, not one each

8) 이외에도 Q-함축은 상위언어적 부정에 의해서도 취소될 수 있다. 이에 대해서는 2.2.2절에서 논의할 것이다.

(2.19) The Americans and the Russians tested an atom bomb in 1962.

~ +> The Americans and the Russians tested an atom bomb in 1962 together, not one each

역사지식이 있으면, 미국과 소련은 1962년 당시 적대관계이었으므로 그해 양국이 공동으로 원자폭탄을 실험한다는 것은 불가능하다는 것을 알고, 따라서 '공동으로'라는 잠재적 대화함축은 사라지게 된다.

셋째, 대화함축이 현재 발화의 직전 언어적 문맥이 말해주고 있는 바와 모순을 일으키면 취소된다. 레코드 가게에서 일어나는 다음 대화를 상상해 보아라.

(2.20) John: This CD is eight euros, and I haven't got any money on me.

Mary: Don't worry, I've got eight euros.

~ +> Mary has got only eight euros

메리 답변발화의 직전 언어적 문맥이 주어지면, 메리의 답변으로부터 그녀가 단지 8 유로만 가지고 있다는 일반적인 대화함축을 이끌어낼 수 없다. 여기서 필요한 정보는 그녀가 실제 가지고 있을 돈의 정확한 액수라기보다는 존이 그 CD를 살 수 있을 정도로 그녀가 충분한 돈을 갖고 있는가 하는 점이기 때문이다.9)

대화함축이 보여주는 두 번째 속성은 비분리성(nondetachability)이다. 즉, 동일한 의미적 내용을 갖는 언어표현들은 동일한 대화함축을 전달하는 경향이 있다. (이에 대한 원론적인 예외로서는 후에 논의하게 될 태도 격률에 의해 일어나는 대화함축이 있다.) 대화함축이란 말해진 바의 언어적 형태보다는 그 의미 내용과 결부되어 있기 때문이다. 그러므로 그 언어표현을 동의어로 단순히 대치함으로써 대화함축을 그 발화로부터 떼어낼 수는 없다. 예 (2.21)에서 보면,

---

9) 다음에 제시되는 농담은 대화함축의 취소가능성에 기초한다(Leech 1983: 91).

Steven: Wilfrid is meeting a woman for dinner tonight.
Susan: Does his wife know about it?
Steven: Of course she does. The woman he is meeting is his wife.

almost와 동의어인 어떤 언어표현을 사용해도 동일한 대화함축을 유발한다.

(2.21) The film almost/nearly won/came close to winning an Oscar.
+> The film did not quite win an Oscar

세 번째 속성, 계산 가능성(caculability)에 의하면, 대화함축은 협력의 원리와 그 구성요소인 격률들에 의해 투명하게 유도될 수 있다. 그리고 네 번째 속성, 비고정성(non-conventionality)에 따르면, 대화함축은 기호화된 것의 발화에 의존하고 있음에도 불구하고 본질적으로는 기호화되어 있지 않다(Grice 1989: 39, Bach 1994a: 140). 달리 말하면, 대화함축은 말해진 것의 발화에 의존하지만, 말해진 것의 일부는 아니다. 즉, 화자나 발화에 관련하지, 명제나 문장에 관련하지는 않는다. 다섯 번째로, 강화(reinforceability) 원리에 따르면 대화함축은 명시적으로 표현되어도 잉여적인 느낌을 주지 않는다. 대화함축이란 어떤 발화의 고정된 의미 일부가 아니기 때문이다. 예를 들면, (2.22)에서의 대화함축은 (2.23)에서 명시적으로 표현된다. 그러나 예 (2.23)이 의미론적으로 잉여적이라고 느껴지지는 않는다.

(2.22) The soup is warm.
+> The soup is not hot
(2.23) The soup is warm, but not hot.

마지막으로 보편성(universality)을 들 수 있다. 즉, 대화함축은 자의적이라기보다는 동기부여된, 보편적인 경향을 띤다. 다른 언어의 예들 (2.24)-(2.28)은 몇몇 젊은이들이 팝 음악을 좋아한다고 주장하고, 또한 모든 젊은이들이 팝 음악을 좋아하는 것은 아니다라고 대화상 함축한다. 말라가시어 예 (2.29)는 몇몇 젊은이가 유행가들을 좋아한다고 주장하고, 또한 모든 젊은이들이 유행가를 좋아하는 것은 아니다라고 대화상 함축한다. 이 모든 예들에서 보면, 어떤 언어가 '모든'과 '몇몇' 표현을 가지고 있으면, 의미론상으로 약한 '몇몇' 표현을 사용하는 것은 언어 보편적으로 '모든... 아니다'의 대화함축을 수반할 것으로 보인다.

(2.24) 아랍어

Ba'ag al-Shababal-yafian al-musiqa al-Harkia.

some young people like-PL the-music the-pop

'몇몇 젊은이들이 팝 음악을 좋아한다.'

(2.25) 카탈로니아어

A alguns joves els agrada la música pop.

to some young people to them like the music pop

'몇몇 젊은이들이 팝 음악을 좋아한다.'

(2.26) 중국어

yixie nianqing ren xihuan liuxing yinyue.

some young people like pop music

'몇몇 젊은이들이 팝 음악을 좋아한다.'

(2.27) 현대 그리스어

Se merikus neus aresi i pop musiki.

to some young people is pleasing the pop music

'몇몇 젊은이들이 팝 음악을 좋아한다.'

(2.28) 카슈미르어

kanh-kanh noujawan chu pop musiki pasabd karan.

some young people be-3SG pop music like

'몇몇 젊은이들이 팝 음악을 좋아한다.'

(2.29) 말라가시어

Misy tanora tia ny hira malaza.

exist young like the song famous

'몇몇 젊은이들이 유명한 노래들을 좋아한다.'[10][11]

---

10) 대화함축의 언어 보편성 주장에 대한 잘 알려진 명백한 반례는 Keenan(1976)에서 제시하고 있다(Sarangi and Slembrouck 1992, Rundquist 1992, Haviland 1997, Marmaridou 2000: 241). 키넌의 주장에 따르면, 마다가스카르국의 말라가시어 사용 문화권은 그라이스의 협력의 원리, 특히 양의 첫 번째 하위 격률이 지켜지지 않는 언어 사회라고 한다.

☞ 연습문제 7

2.2 대화함축에 관한 두 가지 신 그라이스식 이론

대화함축에 대한 그라이스의 고전 이론은 태생 때부터 다수의 재해석, 수정, 재구성 등을 유발하면서 화용론적 이론화에 혁명을 불러 일으켜 왔다. 예를 들면, 협력의 원리와 그 구성소인 격률들로 이루어진 그라이스 장치 전반을

예를 들어 한 말라가시 엄마는 자기 아들에게 말할 때 자기 남편, 즉 아이의 아버지를 지칭할 경우 아래 문장을 사용할 수 있다고 한다.

Mbola mator y ve ny olana?
'Is the person still asleep?'
+> the person in question is not the speaker's husband/the boy

이러한 반례로 인해 키넌은 그라이스의 이론이 언어 보편적이라기보다는 문화 특수적이라고 결론을 내린다. 그러나 Brown and Levinson(1987: 288-9)과 Horn(1988)에서 지적한 바와 같이 이 경우를 좀 더 정밀하게 조사해보면, 그라이스의 양의 첫 번째 하위 격률을 따르고 있을 뿐만 아니라, 이 경우가 해석되기 위해서는 이 하위 격률의 존재를 필요로 한다는 사실을 알게 될 것이다. 키넌 자신이 인지하는 바와 같이, 그라이스의 양의 첫 번째 하위 격률은 (2.29)에서 주장하는 바와 같이 말라가시어 문화권에서 일반적으로 적용된다. (이는 키넌의 논문이 발표된 이후 그녀와 함께 이 사실을 검토한 혼이 (개인적인 대화로) 확인시켜 주었다.) 키넌이 보여준 것은 마다가스카르 문화권에서 양의 첫 번째 하위 격률이 '죄짓지 마라'와 같은 어떤 사회 언어학적 원리에 의해 무효화될 수 있다는 점이다. 즉, 엄마가 자기 남편을 지칭하기 위해서 '너의 아버지'와 같은 좀더 정보적인 용어 사용을 회피하는 것은 정확한 지칭에 대한 마다가스카르권 특유의 금기에 의한 것이다. 양의 첫 번째 하위 격률이 보다 깊은 어떤 수준에서 작동되지 않는다면, 그 아이는 의도된 지시체를 인식하지 못할 것이다. 그러므로 이는 '이유없이 규범 탈피 금지'라는 한 경우이다. 여기서의 탈피는 정확한 지칭에 대한 마다가스카르권의 금기이다. 그러나 그 규범은 양의 언어보편적인 첫 번째 하위격률이다(Huang 2004b).

11) 이외에도, 어떤 대화함축은 미결정적일(indeterminate) 수 있다. 아래는 Levinson(1983: 118)에 제시된 예이다.

John's a machine.
+> John's cold, or/and
+> John's efficient, or/and
+> John never stops working, or/and
+> ...

축소시키고자 하는 다양한 시도들이 있었다. 초기의 시도로서 Harnish(1976)가 있는데, 그는 '너의 증거에 의해서 증명할 수 있는 바, 관련성있는 가장 강한 주장을 해라'는 격률을 내세움으로 그라이스의 질 격률과 양 격률을 하나의 격률로 통합시켰다. 그리고 Kasher(1976)에서는 그라이스의 장치 전반이 '최소 노력, 최대 효과'라는 일종의 이성적 원리를 따르는 것으로 볼 수 있다고 주장하였다. 보다 최근에 Welker(1994)에서는 화자가 생성해낼 수 있는 어떤 다른 발화들보다도 더 좋은 발화를, 또한 대화상 목표에 좀 더 접근하는 공통 배경을 만들어내는 그런 발화를 하도록 화자에게 요구하는 초화용론적 원리를 사용하고자 하였다. 그러나 모든 축소주의 모형들 중에서 가장 영향력있는 것은 다음에 살펴보게 될, 두 원리를 가정하는 혼의 화용 이론과, 세 원리를 가정하는 레빈슨식의 신그라이스 화용 이론이다.12)

12) 영향력 있는 다른 축소주의자 모형으로는 6 장에서 자세히 논의하게 될 Sperber and Wilson(1986)의 적합성 이론이다. 그리고 축소주의자 접근법과는 완전히 다른 연구로서 Leech(1983)는 그라이스의 격률들을 확장시킬 것을 제안하였다. 특히, 공손성(politeness) 원리가 그라이스 장치에 첨가되어야 하고, 이 원리는 본질적으로 그라이스의 협력의 원리와 동등한 원리로 간주되어야 한다고 주장한다(Leech 2003). 그러나 그런 확장주의자 분석에 반하는 다수의 논거들이 제시되었다. 첫째, 언어사용에 있어서 실제 관찰되는 모든 규칙성들에 대해 격률들을 고안하도록 허용한다면, 우리는 무한한 수의 격률들을 갖게 될 뿐만 아니라, 화용론은 반증을 들 수 없을 정도로 제약이 없는 이론이 될 것이다. 둘째, (누가 누구에게 공손해야 한다는) 공손성 원리가 유포되는 것은 사회적으로 통제된다. 반면에, 그라이스류의 언어사용 원리들은 아주 다른 지위를 갖는다. 협력의 원리는 커뮤니케이션에 대한 '무표적인' 또는 사회적으로 중립적인 (참으로 비사회적인) 추정의 틀이다. 즉, 이 원리의 본질적인 가정은 '이유없이 이성적 효율성으로부터 벗어나지 말라'이다. 그러나 공손성을 고려하는 것은 이탈에 대한 그런 원칙론상의 이유가 된다. 그러므로 언어적 공손성은 협력의 원리로부터 고전적인 방식으로 -최대한 이론상 절약하여- 함의되어 나온다. 셋째, 협력적 태도의 가정을 어기는 것은 어렵다. 즉, 분명히 비협력적 태도의 표현들도 '보다 깊은' 수준에서 사실은 협력적으로 해석되는 경향이 있다. 공손성 원리가 격률과 같은 지위를 갖는다면, 아마도 우리는 '공손하지 않는 것은 매우 힘들어야 한다'라는 동일한 건전성을 기대할 지도 모른다. 그러나 이는 분명히 직관에 위배된다(Brown and Levinson 1987: 4-5). 여기에 덧붙여, 확장주의자의 접근법은 또한 이론적 개체는 필요 이상으로 증폭되어서는 안된다는 '오캄의 면도날'(1 장 참조) 개념의 정신과도 조화를 이루지 못한다(Huang 2004b).

2.2.1 혼 시스템

Horn(1984, 1989, 2004)은 이분지 모형을 제안했다. 혼의 견해에 의하면, (질의 격률을 제외한) 그라이스의 모든 격률들은 대조되는 두 개의 기본 원리, 즉 Q-원리(Q[uantity]-principle)와 R-원리(R[elation]-principle)로 대치될 수 있다.

(2.30) 혼의 Q-원리와 R-원리

a. Q-원리

너의 기여가 충분토록 해라;

(R-원리가 주어지면) 할 수 있는 만큼 말해라.

b. R-원리

너의 기여가 필요토록 해라;

(Q-원리가 주어지면) 해야만 하는 이상으로 말하지 마라.

정보 구조에 의하면, 그라이스의 양-1, 태도-1, 태도-2 격률들을 모아놓은 혼의 Q-원리는 상계적(upper-bounding) 대화함축을 야기하는 데 이용될 수 있는 (특성상 이용되는) 하계적(lower-bounding) 화용론 원리이다. 즉, 화자는 '...*p*...'를 말하면서 (자신이 알고 있는 한) '...기껏해야 *p* ...'를 대화상 함축한다. 이는 유명한 용어인 혼-등급(Horn-scale) 원형에서 나타나는 대화함축들이다. 혼-등급들은 (2.31)에 정의되어 있다(Horn 1972, Ducrot 1972, Grice 1987a, 1987b, 2000; Hawkins 1991, Matsumoto 1995).

(2.31) 원형의 혼-등급들

<*S*, *W*>가 혼-등급을 형성하기 위해서는,

(i) 임의의 문장 틀 A에 대하여 A(*S*)가 A(*W*)를 함의하고,

(ii) *S*와 *W*는 동일한 어휘화 정도, 동일한 품사, 그리고 동일한 사용역을 보이며,

(iii) *S*와 *W*는 동일한 의미적 관계에 '대한' 것이거나, 또는 동일한 의미장에 속한다.

여기서 *S*는 '의미론적으로 강한 표현'을, *W*는 '의미론적으로 약한 표현'을 가리킨다. (2.32)에서 혼-등급에 대한 몇 가지 예들을 볼 수 있다. (기호 '< >'는 혼-등급을 표현한다.)

(2.32) a. <all, some>
b. <hot, warm>
c. <excellent, good>
d. <the, a>
e. <beautiful, pretty, attractive>

(2.32a)를 예로 들어 설명해 보자. 여기서 all은 some을 함의하지만, 그 역은 성립하지 않으므로 all은 의미적으로 some보다 강하다. 그리고 all과 some은 비교적 동등하게 어휘화되었고, 둘 다 양화사, 즉 동일한 의미장에 속한다. 이와 동일한 설명이 (2.32b)-(2.32e)에도 적용된다.

다음으로 (2.33)을 보자.

(2.33) a. *<iff, if>
b. *<regret, know>
c. *<(*p* because *q*), (*p* and *q*)>

(2.33a)-(2.33c)는 혼-등급을 형성하는가? 아니다. (2.31ii)에 의하면, (2.33a)는 진정한 혼-등급에서 제외된다. 표준 영어에서 if and only if와 동일한 의미를 갖는 어휘소가 없기 때문이다. 달리 말하면, (특정의 사용역에 속하는) iff와 if는 동일한 정도로 어휘화된 것이 아니다. 더 나아가 최근 Levinson(2000: 79)에서는 동일한 어휘화 조건이 특히 혼-등급에서 더 강한 어휘표현에 관련 있다고 지적했다. 다음으로 (2.31iii)에 의하여 (2.33b)는 배제된다. regret와 know는 상이한 의미적 관계에 대한 것이기 때문이다. 임의의 둘 혹은 다수 어휘적 표현들이 혼-등급을 형성하기 위해서는 동일한 의미적 관계에 대한 것이어야 하고, 그 어느

것도 추가적인 의미장을 끌어들여서는 안된다. 또한 의사 혼-등급 (2.33c)에 대해서도 이와 비슷하게 설명할 수 있다(Huang 2004b).

Q-함축의 예는 아래에 주어진다.

(2.34) <excellent, good>

The company is providing a good digital TV service for this area.

+> The company is not providing an excellent digital TV service for this area

다른 한편, 이에 대항하는 R-원리는 그라이스의 양-2, 관련성, 태도-3, 태도-4 격률들을 포괄하며, 하계적 대화함축을 만들어내는 데 이용될 수 있는 (그리고 체계적으로 이용되는) 하나의 상계적 화용론 법칙이다. 즉, 화자는 '...*p*...'라고 말하면서 (자신이 알고 있는 한) '...*p* 이상...'을 대화상으로 함축한다(Atlas and Levinson 1981). Grice(1989: 38)에서 제시된 다음 예 (2.35)에서 이에 대한 설명을 볼 수 있다.

(2.35) John broke a finger yesterday.

+> The finger was one of John's

혼은 Q-/R-원리가 지프의 경제성 개념(Zipf 1949)을 단순히 구현한 것으로 보고, Q-원리('정보적 내용의 최대화를 위한 청자 지향적 경제성')를 지프의 청자 경제성(다양화의 힘)과, R-원리('언어적 형태의 최소화를 위한 화자 지향적 경제성')를 지프의 화자 경제성(통합의 힘)과 분명하게 동일시했다. 더 나아가 혼은 Martinet(1962: 139)를 인용하면서, 화용론적 추론을 위한 그라이스 장치 전반은 주로 다음과 같은 방식으로 Q-원리와 R-원리 간의 (고전적 헤겔의 의미인) 변증법적 상호작용으로부터 이끌어낼 수 있다고 주장한다.[13]

13) 작용하는 평형의 두 힘은 사실 각기 유창함과 과묵함을 만끽하는 것들이라고 주장되어 왔다(유창성에 대해서는 Green(1995) 참조).

(2.36) 혼의 화용론적 작업분담

무표적인 (보다 간단하고, '노력을' 덜 요하는) 다른 표현이 사용될 수 있을 때 이에 대응되는 유표적 (비교적 복잡하거나 장황한) 표현을 사용하는 것은 유표적 메시지를 (무표적 다른 표현이 전달하지 않았을 혹은 전달할 수 없었을 메시지를) 전달하는 것으로 해석되는 경향이 있다.

사실, (2.36)이 기본적으로 말하는 바는 다음과 같다. 즉, 대비되는 어떤 언어 형태를 사용하면 적절한 R-함축이 적용될 수 없다는 Q-함축이 유도될 때까지는 R-원리가 일반적으로 우선권을 갖는다(Huang 1991, 1994, 2000a, 2003, 2004b, 2006b).

2.2.2 레빈슨 체계

Levinson(1987a, 1987b, 1991, 2000)은 그라이스의 격률들을 Q-/R-원리로 축소하고자 하는 혼의 제안에 의심을 품었다. 레빈슨의 견해에 따르면, 혼은 의미적 최소화('의미적으로 일반적인 표현이 의미적으로 상세한 표현보다 선호된다')와 표현의 최소화(' "보다 짧은" 표현이 "보다 긴" 표현보다도 선호된다') 간을 구분하지 못했다.[14] 따라서 혼의 Q-/R-원리 사용에 있어서 모순이 나타난다. 예를 들어, Q-원리는 혼이 제시한 화용론적 작업구분 (2.36)에서는 주로 발화 생성 단위들에 의해서 작동하는 반면에, 혼-등급 (2.31) 등의 다른 곳에서는 주로 의미적 정보성에 의해서 작동하는 것 같다.

이러한 생각에서 레빈슨은 발화의 표층형태에 관련하는 화용론적 원리들과,

14) 물론 상이한 두 최소화(또는 경제성)가 융합되는 강한 경향이 있다. 사실 이러한 상관관계는 지프의 경제성 이론에서 직접 도출된다. 지프의 경제적 가변성 원리는 어떤 어휘 항목의 의미적 다목적성과 사용빈도 간의 직접적인 상관관계를 가정한다('의미적으로 보다 일반적일수록, 더 빈번히 사용된다'). 그리고 그의 축약 법칙은 어떤 어휘 항목의 사용 빈도와 그 길이 간의 역 관계를 가정한다('더 많이 사용될수록, 더 짧아진다'). 양자를 결합하면, '의미적으로 보다 일반적일수록, 더 짧아진다'라는 예측이 나온다 (Zipf 1949, Horn 1984, Haiman 1985a, 1985b, Levinson 1987a, Huang 1994). 약간 다른 각도에서 관찰해보면, 의미적 최소화와 표현의 최소화 간 일반적인 상관관계는 도상성의 한 경우라고 볼 수도 있다.

그 정보적 내용에 관련하는 화용론적 원리들을 분명하게 구분할 것을 주장하게 되었다. 그는 (질의 격률은 제외하고) 원래의 그라이스 프로그램을 세 개의 신 그라이스 화용원리, 즉 Q[uantity]-, I[nformativeness]-, M[anner]-원리로 축소할 것을 제안하였다. 이 세 원리들은 각각 양면을 지닌다. 즉, 각 원리는 화자가 말할 바를 명시하는 화자의 격률과, 청자에게 무엇을 추론하도록 할 것인가를 지시하는 수용자의 정리로 구성된다. 각 원리들을 살펴보면 다음과 같다.

(2.37) 레빈슨의 Q-원리

화자의 격률:

보다 강한 진술을 행하는 것이 I-원리에 위배되지 않는 한, 세계에 대한 너의 지식이 허용하는 것 보다 정보적으로 더 약한 진술을 제공하지 마라.

수용자의 정리:

화자가 자신이 알고 있는 바와 일치하는 가장 강한 진술을 행했다고 믿어라. 그리고

(i) A가 문장 틀, *W*는 *S*보다 정보상으로 약한 표현이라고 할 때, 화자가 A(*W*)를 주장했다면, 그리고 대조 표현들 <*S*, *W*>가 혼-등급을 형성한다면 (A(*S*)가 A(*W*)를 함의하는 원형적인 경우), 화자는 보다 강한 진술 (*W*를 *S*로 대치한) A(*S*)이 거짓일 수 있음을 안다고 (또는 K~(A(*S*))) 추론할 수 있다.

(ii) 화자가 A(*W*)를 주장했고, 보다 강한 진술 A(*S*)가 함의할 수 있는 내포문 *Q*를 A(*W*)가 함의하지 못한다면, 그리고 <*S*, *W*>가 대조 집합을 형성한다면, 화자는 *Q*가 적용되는지 어떤지를 알지 못한다고 추론할 수 있다. (즉, ~K(*Q*) 또는 {P(*Q*), P~(*Q*)})

Q-원리는 다음과 같이 단순화할 수 있다(Levinson 2000, Huang 2004b).

(2.38) Q-원리(단순버전)

화자: (I-원리를 염두에 두고서) 필요 이하로 말하지 마라.

청자: 말해지지 않은 것은 해당 사항이 아니다.

상위언어적 Q-원리의 기본 생각에 따르면, 대조적인 의미적 대안들의 집합(혼-등급)에서 어떤 표현(특히 의미적으로 보다 약한 표현)을 사용하는 것은 동일한 집합 내의 다른 표현(특히 의미적으로 보다 강한 표현)의 사용과 연관된 해석의 부정을 Q-함축한다. 달리 말하면, 앞서 언급한 바와 같이 이런 추론 전략의 효과는 상계적 대화함축을 야기하는 것이다. 즉, '...*p*...'를 말하는 화자는 (자신이 알고 있는 한) '...기껏해야 *p*...'를 대화상 함축한다. 다른 관점에서 보면, 정보상보다 강한 표현이 제시되지 않았을 때 우리는 그 표현의 사용과 관련된 해석이 적용되지 않는다고 추론한다. 그러므로 Q-원리는 그 속성상 본질적으로 부정적이다.

세 유형의 Q-함축이 확인될 수 있다: (i) $Q_{\text{-scalar}}$ 함축, (ii) $Q_{\text{-clausal}}$ 함축, (iii) $Q_{\text{-alternate}}$ 함축. $Q_{\text{-scalar}}$ 함축은 원형적인 혼-등급에서 유도되고, (2.39)에서와 같이 도식화할 수 있고, (2.6), (2.14), (2.16), (2.22), (2.34) 외에도 (2.40)에서 설명된다. (기호 '~'은 부정을 표현한다.) ($Q_{\text{-scalar}}$ 함축을 부분적으로 문법에 축소시켜 설명하고자한 시도로서는 Chierchia 2004를 참조.)

(2.39) $Q_{\text{-scalar}}$: <x, y>
y +>$Q_{\text{-scalar}}$ ~ x

(2.40) <identical, similar>
The two impressionist paintings are similar.
+> The two impressionist paintings are not identical

다음으로, $Q_{\text{-clausal}}$ 함축은 인식론적 불확실성의 추론이다. $Q_{\text{-scalar}}$ 함축과 같이, $Q_{\text{-clausal}}$ 함축 또한 대비되는 의미적 대안들의 집합에 의존하지만, 이 집합에는 구문들이 관련한다. *p*를 함의하지 않는 구문 Y(*p*)가 존재하고, Y(*p*)와 의미적으로 유사하고 대략 동일한 간결성을 지닌 X(*p*)가 존재하지만 이 경우 X(*p*)가 *p*를 함의한다면, 의미적으로 보다 약한 Y(*p*)를 사용하는 것은 *p*가 적용되는지 어떤지를 화자가 알지 못한다는 점을 Q-함축한다. (Grice 1989: 8, Gazdar 1979: 59-62, Levinson 2000: 108-11. 이와 다른 견해로는 Atlas 1993

참조.) $Q_{\text{-clausal}}$ 함축은 (2.41)에서와 같이 도식화할 수 있으며, 그 예는 (2.42)-(2.45)에 제시된다.

(2.41) $Q_{\text{-clausal}}$: <X(*p*), Y(*p*)>

Y(*p*) +>$Q_{\text{-clausal}}$ *p*, ~ *p*

(2.42) (이접)

<(*p* and *q*), (*p* or *q*)>

Mary is a vegetarian or an environmentalist.

+> Mary is perhaps a vegetarian, or perhaps not a vegetarian; perhaps an environmentalist, or perhaps not an environmentalist

(2.42)에서 (*p* and *q*)는 그 구성 문장들을 함의하지만, (*p* or *q*)는 그렇지 못하다. 그래서 의미상으로 보다 약한 (*p* or *q*)가 사용되면, 화자는 *p*인지 아닌지, *q*인지 아닌지 알지 못한다는 것을 Q-함축한다. 즉 위에서 명시한 함축을 갖는다.

(2.43) (조건)

<(since *p* then *q*), (if *p* then *q*)>

If John wants to access the internet from home, he should buy a dial-up modem.

+> John may want to access the internet from home, or he may not want to; he perhaps should buy a dial-up modem, or he perhaps should not.

동일한 설명이 (2.43)에도 적용된다. 여기서 (if *p* then *q*)는 (since *p* then *q*)에 대응하는 함의불능의 표현이다. 그러므로 전자 표현의 사용은 인식론적 불확실성이라는 $Q_{\text{-clausal}}$ 함축을 만들어낼 것이다.

(2.44) (양태)

<necessarily *p*, possibly *p*>

It's possible that Buddhism is the world's oldest living religion.

+> It's possible that Buddhism is the world's oldest living religion, and it's possible that Buddhism isn't the world's oldest living religion

(2.44)에서 necessarily *p*는 possibly *p*보다도 의미상으로 강하다. 화자가 전자 표현을 피하고, 그 대신 의미상 보다 약한 possibly *p*를 택한다면, 그 화자는 *p*인지 아닌지 모른다는 것을 Q-함축하고자 의도한다.

(2.45) (유사 동사들)

<(know that *p*), (believe that *p*)>

Mary believes that Nigel has visited Kafka's house on Golden Lane in Prague.

+> Nigel may have visited Kafka's house on Golden Lane in Prague, he may not have

끝으로 (2.45)에서 (know that *p*)는 *p*를 함의하지만, (believe that *p*)는 그렇지 못하다. 따라서 동일한 방식을 적용하면, 후자를 사용하는 것은 화자가 *p*인지 아닌지를 모른다는 $Q_{\text{-clausal}}$ 함축을 지닐 것이다.

마지막으로 비함의의 의미적 (대조) 집합으로부터 나오는 $Q_{\text{-alternate}}$ 함축을 보자(Harnish 1977, Horn 1989, Hirschberg 1991, van Kuppevelt 1996, Levinson 2000). 대략 두 하위 유형들이 있다. 첫 번째 하위유형에서는 그 집합에 있는 어휘 표현들이 (2.46)에서처럼 정보상으로 등급화되어 있다. 그런 집합으로부터 유도되는 Q-함축을 $Q_{\text{-ordered alternate}}$ 함축이라고 부르자. 이와 대조적으로 두 번째 하위유형에서는 그 집합에 있는 어휘 표현들이 (2.48)에서처럼 동등한 의미적 힘을 지닌다. 이렇게 유도된 Q-함축을 $Q_{\text{-unordered alternate}}$ 함축이라고 부르자.

(2.46) <succeed, try>

In 1888, van Gogh tried to set up an artist's studio at Arles.

+> In 1888, van Gogh did not succeed in setting up an artist's studio at Arles

(2.46)에서 succeed는 try보다 의미적으로 강하지만, (2.47)에서 주장하는 바와 같이 try를 함의하지는 않는다. 그러므로 succeed와 try는 의미상 대조 집합을 형성하지만, 그 집합은 비함의적이다. 그러나 혼-등급에서 발생하는 Q-함축의 경우처럼, (2.46)에서 의미상 보다 약한 try의 사용은 $Q_{\text{-ordered alternate}}$ 함축이라 불리는 간단한 Q-함축을 유발한다.

(2.47) John succeeded without even trying.

(2.48) <boil, grill, stir-fry, ...>

Stir-fry the bean sprouts, please,

+> Please don't, for example, boil the bean spouts as well

마지막으로 (2.48)에 있는 어휘 표현들은 의미상 동등한 힘을 지니므로, 비순서화된 의미집합을 형성한다. 이런 경우들에 그 집합의 특정 어휘 표현을 사용하는 것은 화자가 한편으로는 그 집합 내에 있는 다른 어휘표현들을 사용할 위치에 있지 않는다는 약한 Q-함축을 일으킬 것이다.

☞ 연습문제 8~10

Q-함축에 관한 흥미로운 특징들 중의 하나는 Ducrot(1972)를 따라 Horn (1985)에서 소개된 상위언어적 부정(metalinguistic negation)에 의해도 일반적으로 취소될 수 있다는 점이다. 상위언어적 부정이란 형태/통사적 모습이나, 음성적 실현, 스타일 혹은 사용역, 그리고 잠재적으로 유발되는 함축 등을 근거로 해서 이전 발화를 거부하는 장치이다(Horn 1985, 1988, 1989: 363; Burton-Roberts 1989). 이 개념은 여러 가지 뚜렷한 속성들을 갖고 있다. 첫째, 부정문과 뒤따라 나오는 정정문으로 구성된다. 둘째, 이전 발화에 대한 답변으로서, 이전

발화의 어떤 면들을 반박한다. 셋째, 기술상으로 보면 진리조건적인 모순을 만들어낸다. 넷째, 음성으로 실현될 때 소위 모순 억양 곡선의 모습을 보이는 경향이 있다. 다섯째, any와 같은 부정극어의 사용을 허용하지 않는다. 여섯째, 부정어 통합을 허용하지 않는다. 일곱째, 해석은 보통 재분석을 통해 일어난다. 마지막으로, 본질적으로는 인용, 언급, 또는 표현적 용법 등이 실현된 것이다(Horn 1985, 1989, Levinson 2000: 211-12, Carston 2002: 295).

부정의 이러한 비진리함수적 용법은 표준적이고 기술적인 진리함수적 명제 부정과 구분될 수 있다. (2.49)를 살펴보자.

(2.49) a. Xiaoming was not born in Peking, he was born in Shanghai.
b. Xiaoming was not born in Peking, he was born in Beijing.

(2.49a)는 일반적인 진리함수적 부정을 표현한다. 부정된 것은 그 진리조건적 의미 내용이다. 이와는 대조적으로 (2.49b)는 상위언어적 부정을 보여준다. 여기서 반박되는 것은 그 기술적 내용이 아니라 (그렇지 않으면 두 문장은 논리적 모순을 보일 것이다), 오히려 부정의 범위 내에 들어가 있는 그 표현의 일부 속성이다. (2.49b)에서 상위언어적 부정에 의해 반박되는 내용은 중국의 수도인 베이징에 대한 옛말 웨이드식 음성 철자이다.

상위언어적 부정에 대한 다른 예들은 아래와 같다.

(2.50) I didn't have nine euroes left, I had nine euros left.
(2.51) They don't grow tom[a:touz] there, they grow tom[eiDouz] there.
(2.52) Susan didn't marry three times, she married four times.

(2.50)에서 상위언어적으로 부정된 것은 이전 발화에서 euro에 대한 형태론적 복수 철자 모습이다. (2.51)에서 거절되는 것은 tomatoes의 음성적 면이고, 마지막으로 (2.52)에서 반박되는 것은 이전 발화의 잠재적 Q-함축, 즉 수잔이 기껏해야 세 번 결혼했다는 내용이다.

☞ 연습문제 11

Q-함축으로 다시 돌아가, 상위언어적 부정을 사용하면 (2.53)에서처럼 Q-함축된 상계적 해석을 취소할 수 있고, 이는 (2.54)에서처럼 불일치하는 의미적 함의에 의해서 Q-함축이 취소되는 경우와 같다(Huang 1991, 1994, 2000a, 2003, 2004b, 2006b).

(2.53) a. His wife isn't often complaining, she's always complaining.
b. Mary isn't a vegetarian or an environmentalist -she's both.
c. It isn't possible John will become a great archaeologist -it's certain he will.

(2.54) a. His wife is often complaining, in fact she's always complaining.
b. Mary is a vegetarian or an environmentalist -perhaps she's both.
c. Not only is it possible John will become a great archaeologist -it's certain he will.

다음은 Levinson(2000)의 I-원리를 보자.

(2.55) Levinson의 I-원리

화자의 격률: 최소화의 격률

'필요한 만큼 최소한으로 말해라', 즉 (Q-원리를 염두에 두고서) 너의 의사소통 목적을 달성하기에 충분한 최소의 언어적 정보를 발화해라.

수용자의 정리: 강화의 규칙

화자가 유표적 표현 혹은 장황한 표현을 사용하여 최소화의 격률을 깨뜨리지 않는 한, 가장 명시적인 해석을 찾아내어 화자의 발화에서 정보적 내용을 화자의 m-의도된 지점으로 판단되는 것까지 증폭시켜라.

특히:

(i) 당연한 것으로 간주되는 것과 일치하는 바, 기술된 상황 혹은 사건들 간에 내용상 가장 정보적인 시간, 원인, 지시 연결을 가정하라.

(ii) (i)과 모순되지 않는 한, 지시체 혹은 사건 간에 전형적인 관계들을 가정해라.

(iii) 지시되는 개체들을 증가시키는 해석을 피하라(지시체 검약성을 가정하라). 특히 축소된 명사구들(대명사, 영대명사)의 공지시적 해석을 선호해라.

(iv) 문장의 기술 대상이 당연한 것으로 간주되는 것과 조화를 이루면, 그 기술 대상의 존재나 실재성을 가정해라.

네 가지 구체화된 경우들을 제외하면, I-원리는 다음과 같이 단순화될 수 있다(Levinson 2000, Huang 2004b).

(2.56) I-원리

화자: (Q-원리를 염두에 두면서) 요구된 것 이상으로 말하지 마라.

청자: 일반적인 발화내용은 원형적으로 그리고 명시적으로 예시화된 것이다.

Q-원리의 취지와 흡사하게, 의미상 일반적인 표현을 사용하면 의미상 명시적인 해석을 I-함축한다는 것이 I-원리의 중심적인 생각이다. 달리 표현하면, 앞서 언급한 바와 같이 다음과 같은 추론 장치의 작동으로 하계적 대화함축이 유도될 수 있다. 즉, 화자는 '...*p*...'라고 말하면서 (그가 알고 있는 한) '...*p* 이상...'을 대화상 함축한다. 더 정확히 말하면, I-원리에 의해 야기된 대화 함축은 세계에 대한 우리 지식이 주어질 경우 가장 원형적이고 설명적인 기대치와 가장 잘 부합하는 것이다. 도식적으로는 다음과 같다. (기호 '[ ]'는 I-등급을 표현한다.)

(2.57) I-scale: [x, y]

y +>I x

I-원리의 몇 가지 경우들이 아래에 제시된다.

(2.58) 접속문 연결 해석

p and *q* +> *p* and then *q*

+> *p* therefore *q*

+> *p* in order to cause *q*

John pressed the spring and the drawer opened.

+> John pressed the spring and then the drawer opened

+> John pressed the spring and thereby caused the drawer to open

+> John pressed the spring in order to make the drawer open

(2.59) 조건절 강화

if *p* then *q* +> iff. *p* then *q*

If you give me a free Beethoven, I'll buy five Mozarts.

+> If and only if you give me a free Beethoven will I buy five Mozarts

(2.60) 원소 범주화

The toddler cried. The daddy gave her a cuddle.

+> The daddy was the father of the crying toddler

(2.61) 반사 격률

John and Mary bought a BMW.

+> John and Mary bought a BMW together, not one each

(2.62) 틀에 기초한 추론

Mary pushed the cart to the checkout.

+> Mary pushed the cart full of groceries to the supermarket checkout in order to pay for them, and so on

(2.63) 다리놓는 교차지시

John toured the Old Town Square in Prague. The Hus monument is magnificent.

+> There is a Hus monument in the Old Town Square in Prague

(2.64) 원형으로 추론

Have you met our new nurse?

+> Have you met our new female nurse

(2.65) 간접화행

Have you got a watch?

+> If you have got a watch and know the time, please tell me what it is

(2.66) 한정 지시

It's a Song vase and on the base of the vessel are four Chinese characters.

+> It's a Song vase$_1$ and on the base of the vase$_1$ are four Chinese characters

(2.67) 어휘 상세화

John doesn't drink.

+> John doesn't drink alcohol

(2.68) 부정어 상승

John didn't think that the government had used too much stick and too little carrot.

+> John thought that the government had not used too much stick and too little carrot

(2.69) 부정어 강화

Maria doesn't like the English weather.

+> Maria positively dislikes the English weather

(2.70) 명사-명사 합성어

a. the government's drugs campaign

+> the government's campaign against drugs

b. the government's safe-sex campaign

+> the government's campaign for safe sex

(2.71) 공간용어의 특수화

a. The nail is in the wood.

+> The nail is buried in the wood

b. The spoon is in the cup

+> The spoon has its bowl-part in the cup

(2.72) 소유구문의 해석

a. John's father

+> the one to whom he is son

b. John's office

+> the one he works in

c. John's class

+> the one he attends

d. Newton's ideas

+> the ones originated from Newton

e. Halley's comet

+> the one named after Halley

(2.73) 공지시 해석

John said that he had a reviving espresso after lunch.

+> John$_1$ said that John$_1$ had a reviving espresso after lunch

(2.74) 고유명사 상세화

Have you been to Shakespeare's birthplace?

+> Have you been to the birthplace of William Shakespeare, the English dramatist and poet?

(2.75) 형용사 해석

a. a brown cow

+> most of its body surface is brown

b. a brown book

+> most of its cover is brown

c. a brown newspaper

+> all its pages are brown

d. a brown crystal

+> both its inside and outside are brown

e. a brown paperbag

+> the whole paperbag is brown

f. a brown house

+> only the outside of the house is brown

g. a brown eye

+> only the iris is brown

(2.76) 체계적 중의성

a. The whole nursery burnt down

+> The buildings of the whole nursery burnt down

b. The whole nursery went on a country outing.

+> The staff and children of the whole nursery went on a country outing

I-함축의 부류들은 이질적이지만, (2.58)-(2.76)에서의 함축들은 몇 가지 속성들을 공유한다. 첫째, 함축은 유발자인 발화보다도 더 명시적이다. 예를 들어 (2.58)에서 의미상 중립적인 and의 사용으로부터 의미상 보다 명시적인 해석인 'and then' 등을 얻는다. (2.67)에서 화자는 의미상 중립적인 drink를 사용하고, 청자는 그 표현을 의미상 더 명시적인 'drink alcohol'으로 추론한다. (2.75)에서 우리는 a brown newspaper로부터 'all the pages of the newspaper are brown'이라는 의미상 보다 명시적인 해석을 얻는다. 다른 모든 예들도 동일하게 설명된다. 둘째, Q-함축과는 달리 I-함축은 그 속성상 긍정적이다. 셋째, 이 함축은 특성상 원형적 가정들에 의해서 유도된다. 예를 들어 (2.62), (2.64), (2.70)에서 이 속성의 적용을 볼 수 있다. 넷째, 이 함축은 말해졌어야 하지만 말해지지 않은 바를 지시하지 않는다는 의미에서 일반적으로 상위언어적이 아니다(Levinson 2000: 119). 끝으로, 이 함축은 (2.77)에서 보여주는 바와 같이 상위언어적 부정(Horn 1989)에 의해서 취소될 수 없다(Huang 1991, 1994, 2000a, 2003, 2004b, 2006b)[15].

(2.77) a. John didn't break a finger yesterday.

~ +> John broke a finger yesterday, but it wasn't one of his

b. John and Mary didn't buy a BMW.

~ +> John and Mary bought a BMW, but not together

c. (Horn 1989: 388-9)

John wasn't clever enough to solve the problem.

~ +> John was clever enough to solve the problem, but he didn't do it

15) 상위언어적 부정이 적용될 수 있다고 가정하면, (2.60)과 (2.63)처럼 상위언어적 부정이 적절하지 않는 것처럼 보이는 I-함축의 경우들이 있다(Huang 2003, 2004b).

☞ 연습문제 12

마지막으로 Levinson(2000)의 M-원리를 보자.

(2.78) Levinson의 M-원리

화자의 격률:

비정상적이고 비원형적인 상황은 이에 상응하는 정상적이고 원형적 상황을 기술하는 데 사용될 수 있는 그런 표현들과 대조를 이루는 유표적 표현들을 사용하여 지시하라

수용자의 정리:

비정상적인 방식으로 말해진 것은 비정상적인 상황을, 혹은 유표적 메시지는 유표적 상황을 지시한다.

특히,

화자 *S*가 유표적 표현 *M*을 포함하는 *p*를 말하고, 동일한 문장 틀 내에서 화자가 사용했을 수도 있는 바, 동일한 지시 *D*를 갖는 무표적 대안 *U*가 존재할 때, 그러면 *U*가 *D*의 원형적 혹은 보다 명시적 하위집합 *d*를 I-함축했을 가능성이 있다면, 유표적 표현 *M*은 *D* 내의 지시 *d*의 여집합, 즉 *d'*을 함축할 것이다.

M-원리는 다음과 같이 단순화될 수 있다(Levinson 2000, Huang 2004b).

(2.79) M-원리

화자: 이유없이 유표적 표현을 사용하지 마라

청자: 유표적인 방식으로 말해진 것은 무표적이지 않다.

주로 의미적 정보성에 의해서 작동되는 Q-/I-원리와는 달리, 상위언어적 M-원리는 형태상 대조를 이루는 대안들의 집합에 의해서 주로 작동한다. 이 원리가 기반하는 기본적인 공리는 다음과 같다. 즉, 유표적 표현의 사용은 동일한

집합 내의 다른 무표적 대안 표현의 사용과 연관된 해석의 부정을 M-함축한다. 달리 말하면, 유표적 언어 표현의 사용에서 볼 때, 무표적인 대안 표현의 사용과 연관된 원형적 해석이 적용되지 않는다는 것을 추론할 수 있다(Huang 1991, 1994, 2000a, 2003, 2004b, 2006b, Horn 2004, Traugott 2004). (도식적으로 기호 '{ }'는 M-등급을 표현한다.)

(2.80) M-scale: {x, y}
y +>M ~ x

아래 (2.82)-(2.83)의 유표적 문장들 (b)는 이런 M-함축을 설명해준다.

(2.81) a. The timetable is reliable.
+> The timetable is reliable to degree *n*
b. The timetable is not unreliable.
+> The timetable is reliable to degree less than *n*

(2.82) a. John stopped the car.
+> John stopped the car in the usual manner
b. John caused the car to stop.
+> John caused the car in an unusual way, for example, by bumping into a wall

(2.83) a. Mary went from the bathroom to the bedroom.
+> Mary went from the bathroom to the bedroom in the normal way
b. Mary ceased to be in the bathroom and came to be in the bedroom.
+> Mary went from the bathroom and the bedroom in an unusual way, for example, in a magic show, Mary had by magic been made to disappear from the bathroom and reappear in the bedroom

☞ 연습문제 13

[Q-, I-, M-원리들의 상호작용]

앞서 본 신 그라이스의 세 가지 화용 원리들을 보면, 잠재적 갈등의 소지가 있는 이 함축들 간의 모순을 어떻게 해결할 수 있는가 하는 문제가 제기된다. Levinson(1991, 2000)에 따르면, 이러한 부조화는 앞서 논의된, 그리고 혼의 화용론 작업분할에서 부분적으로 담고 있는 선행관계의 순서쌍에 의해서 해결될 수 있다.

(2.84) Q-, I-, M-원리들의 상호작용을 위한 레빈슨의 해결도식

a. 종 차원: Q > M > I

b. 속 차원: $Q_{\text{-clausal}}$ > $Q_{\text{-scalar}}$

이 도식은 다음과 같이 해석할 수 있다. 즉 ($Q_{\text{-clausal}}$이 경쟁자 $Q_{\text{-scalar}}$를 취소시키는) 진정한 Q-함축은 이와 모순되는 I-함축에 선행하고, 다음으로 유표적 언어 표현을 사용함으로써 적절한 I-함축 적용을 부정하는 상보적 성격의 M-함축이 우선하며, 그렇지 않은 경우엔 I-함축이 우선권을 지닌다.

설명상 (2.85)-(2.88)을 보자.

(2.85) Q > I

If Bill Gates gave you a car for Christmas, it may have been a real one.

(a) $Q_{\text{-clausal}}$ <(since *p*, *q*), (if *p*, *q*)>

+> the car may or may not have been a real car

(b) I [car for Christmas]

+> The car was a toy car

(c) Q > I

+> Possibly the car was a real car

(2.85)에서 (if *p*, *q*)의 사용으로 인해 $Q_{\text{-clausal}}$ 함축이 존재한다. 그러나 the car for Christmas 표현을 사용함으로써 나타나는 원형적 해석을 갖는 I-함축도 잠재적으로 존재한다. 이 두 함축은 서로 모순된다. 이제 (2.84)가 주어지면, Q-함축이 I-함축보다 우세하게 된다.

(2.86) Q > M

It is not unlikely that Oxford will win the next boat race, and indeed I think it likely.

(a) $Q_{\text{-clausal}}$ <know that *p*, think that *p*>

+> It is possible that it is likely that Oxford will win the next boat race

(b) M {likely, not unlikely}

+> It is less than fully likely that Oxford will win the next boat race

(c) Q > M

+> It is likely that Oxford will win the next boat race

(2.86)에서 보이는 M-함축의 취소도 이와 동일하게 설명된다. 이 예에서 보면, 의미상 보다 약한 <think that *p*>의 사용으로부터 일어나는 $Q_{\text{-clausal}}$ 함축이 존재한다. 다른 한편, 유표적인 이중 부정 not unlikely의 사용과 연관된 잠재적인 M-함축이 또한 존재한다. M-함축은 Q-함축보다 덜 강력하기 때문에 전자는 봉쇄된다.

(2.87) M > I

The corners of Mary's lips turned slightly upwards.

(a) M

+> Mary didn't exactly smile; she sort of smirked

(b) I (Mary smiled.)

+> Mary smiled in the normal way by producing a nice, happy expression

(c) M > I

+> Mary didn't exactly smile; she sort of smirked

다음 (2.87)에서 Mary smiled의 사용에 의해 일어나는 잠재적인 I-함축이 존재한다. 그러나 화자는 그 표현을 피하고 대신 유표적 형태를 선택하였으므로 M-함축이 발생한다. 다시 (2.84)에 의해 I-함축은 M-함축에 의해 무력화된다.

(2.88) $Q_{\text{-clausal}} > Q_{\text{-scalar}}$

If all of his friends don't love chocolate éclairs, then some of them do.

(a) $Q_{\text{-clausal}}$ <(since *p*, *q*), (if *p*, *q*)>

+> All of his friends may or may not love chocolate éclairs - the speaker doesn't know which

(b) $Q_{\text{-scalar}}$ <all, some>

+> Not all of his friends love chocolate éclairs

(c) $Q_{\text{-clausal}} > Q_{\text{-scalar}}$

+> Possibly all of his friends love chocolate éclairs

마지막으로 (2.88)에서 조건 (if *p*, *q*)의 사용으로 $Q_{\text{-clausal}}$ 함축이 존재한다. 그러나 또한 의미상 보다 약한 양화사 some의 사용으로 인해 잠재적인 $Q_{\text{-scalar}}$ 함축이 존재한다. 다시금 (2.84)에 의해 $Q_{\text{-clausal}}$ 함축은 모순되는 $Q_{\text{-scalar}}$ 함축을 무력화시킨다. 이상에서 보는 바와 같이, 임의의 대화함축은 (2.84)에서 명시한 바와 같이 우선시되는 대화함축과 부조화를 이룰 경우 취소될 수 있다.

종합하면, 대화함축은 (i) 의미적 함의, (ii) 배경적 가정, (iii) 문맥, (iv) 우선순위를 갖는 대화함축 등과 부조화를 일으킬 경우 취소될 수 있다. 게다가 Q-함축은 또한 상위언어적 부정에 의해서도 취소될 수 있다.

(2.84)에 제시된 해결 도식은 사실 Gazdar(1979)에서 제시된 보다 일반적인 함축 취소 절차에 통합될 수 있다. 게즈다에 따르면, 어떤 발화가 갖는 정보적 내용은 배경적 가정들, 문맥적 요소들, 의미적 함의, 대화함축 등의 순서집합으로 간주될 수 있다고 한다. 어떤 발화의 정보적 내용을 증대시키는 일은 이미 존재하는 정보적 내용과 조화를 이루어야만 한다. 그렇지 않으면 다음의 위계구조에 따라 취소될 것이다(Gazdar 1979, Huang 1991, 1994, 2000a,

2004b, Levinson 2000).

(2.89) 함축 취소 절차
a. 배경적 가정
b. 문맥적 요소
c. 의미적 함의
d. 대화 함축
(i) Q-함축
(1) Q-clausal 함축
(2) Q-scalar 함축
(ii) M-함축
(iii) I-함축

2.3 고정함축

2.3.1 고정함축이란?

앞의 두 소절에서 우리는 대화함축에 대한 고전적 화용이론과 신 그라이스 화용이론들을 살펴보았다. 본 절에서는 그라이스에 의해서 제시된, 함축의 두 번째 범주, 즉 고정함축(conventional implicature)을 간단히 논의할 것이다. (Bach 1999b에 따르면, 아마도 이 현상을 발견한 최초의 현대 철학자인 Frege 1892를 참조.) 고정함축이란 말해진 것으로부터 일반적이고 자연스러운 방식으로 연역되지 않고, 단지 특정 어휘 항목 또는 언어적 구문에 부착된 고정적인 자질들로 인해 발생하는 비진리조건적 추론이다.

다음은 몇몇 표준적 예들이다. (기호 '+>>'는 '고정적으로 함축한다'를 표현한다.)

(2.90) *p* therefore *q* +>> *q* follows from *p*
He is a Chinese; he therefore knows how to use chopsticks.

(2.91) *p* but *q* +>> *p* contrasts with *q*

a. John is poor but he is honest.

b. Our sales have gone up but theirs have gone down.

(2.92) Even *p* +>> contrary to expectation

Even his wife didn't think that John would win the by-election.

(2.93) *p* moreover *q* +>> *q* is in addition to *p*

Xiaoming can read German. Moreover, he can write poems in the language.

(2.94) *p* so *q* +>> *p* provides an explanation for *q*

Mary is taking Chinese cookery lessons. So her husband has bought her a wok.

(2.90)에서 therefore의 사용으로 인해 중국인이라는 사실이 젓가락 사용법을 알고 있다는 것에 대한 타당한 이유를 제공한다는 고정함축을 야기한다. (2.91)에서 *p*에 포함된 정보와 *q*에 포함된 정보 간에 대조라는 고정함축이 존재한다(Grice 1989: 25, 88)[16]. (2.92)에서 그 속성이 인식론적인 even은 일종의 예기치 않음, 놀람, 혹은 같지 않음 등을 고정적으로 함축하게 된다(Kempson 1975, Karttunen

16) 여기서 but은 세 용법을 가지는 것처럼 보인다는 점을 지적해야만 한다. 즉 (i) (2.91a)에서처럼 기대의 부정 용법, (ii) (2.91b)에서처럼 대조 용법, (iii) 아래 (i)처럼 교정 용법.

(i) That's not my father but my uncle.

프랑스어의 mais의 경우도 동일하게 설명된다(Anscomre and Ducrot 1977). Horn(1989)에서는 이러한 차이를 의미적 중의성 현상들 중 하나로 본다. but의 상이한 용법들을 어휘화하는 언어들이 존재한다는 사실에 의해서 이러한 분석은 타당성을 얻는다. 예를 들어 독일어는 기대부정이나 대조의 but에는 aber를, 그리고 교정의 but에는 sondern을 사용한다. 핀란드어, 스페인어, 스웨덴어의 but이 갖는 두 용법도 이와 동일하게 어휘적 차이를 보인다. 핀란드어의 경우, 기대부정이나 대조의 but은 mutta로, 교정의 but은 vaan으로 번역된다. 스페인어는 전자에 대해 pero를, 후자에 대해 sino를 사용한다. 스웨덴어는 각각 men과 utan을 사용한다(Horn 1989: 406-9). 끝으로 러시아어에도 두 개의 but, no와 a가 있는데, 후자는 담화상의 불연속성을 표현하는 기능을 맡고 있다. 또한 프랑스어의 mais에 대해 Anscombre and Ducrot(1977)에서 지적하고 있는 바와 같이, 기대부정이나 대조의 but과 교정의 but은 통사상 상보적 분포를 보인다(Horn 1989: 407). 이런 분석이 맞다면, 교정의 but은 대화함축에 의해 설명될 수 없을 것으로 보인다. 다른 견해로는 Blakemore(2000) 참조.

Peters 1979, Kay 1990, Barker 1991, Lycan 1991, Farncescotti 1995). (2.93)에서 moreover의 사용으로 인해 *q*에서 만들어진 진술이 *p*에서 만들어진 진술에 부가적이라는 점을 고정적으로 함축한다(Grice 1989: 121). 마지막 (2.94)에서 so로 인해 메리가 중국 음식을 요리하는 법을 배우고 있다는 사실은 그녀 남편이 그녀에게 중국제 남비를 사준 이유가 된다는 고정함축이 나타난다.

영어에서 고정함축을 일으키는 것으로 간주되는 다른 대표적인 어휘 항목들로는 actually, also, anyway, barely, besides, however, manage to, on the other hand, only, still, thought, too, yet 등이 있다.

☞ 연습문제 14

2.3.2 고정함축의 속성들

고정함축의 속성들은 앞서 논의된 대화함축의 속성들과 비교해보면 뚜렷이 나타난다(Grice 1975, Levinson 1983: 127-8, Horn 1988).

고정함축과 대화함축 간의 주요 유사점으로는 둘 다 진리조건에 아무런 기여도 하지 않는다는 점이다(그러나 7 장을 참조). 설명의 편의상 여기서는 (2.95)로 제시되는 1 장의 (1.32)를 다루어보자.

(2.95) a. We want peace and they want war.
b. We want peace but they want war.

1 장 1.3.3. 절에서 언급한 바와 같이, (2.95b)는 연결사 but의 사용으로 인해 야기된 대조성이라는 고정함축을 포함한다 할지라도 (2.95a)와 동일한 진리조건들을 공유한다. 이러한 점으로 보아, 고정함축은 대화함축과 마찬가지로 관련된 문장의 진리조건에는 아무런 기여를 하지 않는다고 볼 수 있다. 두 번째 유사점으로는 고정함축과 대화함축은 명제나 문장보다는 화자 혹은 발화에 관련한다는 점이다.

다른 한편, 고정함축과 대화함축 간에는 중요한 차이점들이 다수 존재한다. 무엇보다도 고정함축은 협력의 원리와 그 구성소인 격률들로부터 이끌어낼 수 없고, 특정 어휘 항목이나 언어적 구문에 고정적으로 부착되어 있다. 그러므로 고정함축은 의미의 자의적인 부분이고, 임시적으로 학습되어야 한다. 이와는 대조적으로 대화함축은 협력의 원리와 이에 부속되는 격률들로부터 이끌어낼 수 있다. 그러므로 대화함축은 그 정의상 비고정적이다. 즉, 자의적이라기보다는 동기부여된 개념이다.

둘째, 고정함축은 어떤 자연스러운 절차에 따라서 계산될 수 있는 것이 아니라, 오히려 관습에 의해 주어진 것이므로 가정되어야 한다. 이와는 달리 대화함축은 화용 원리, 문맥적 지식, 배경 가정들을 사용하여 계산할 수 있다.

셋째, 고정함축은 취소될 수 없다. 즉 무효화할 수 없다. 이와는 대조적으로 대화함축은 취소가능하다. 넷째, 고정함축은 사용된 특정한 어휘 항목에 의존하기 때문에 분리가능하다. 이와는 달리 대화함축은 (M-원리로부터 일어나는 함축은 제외하고) 말해진 것의 언어적 형태가 아니라 그 의미적 내용에 부착되어 있기 때문에 분리할 수 없다. 다섯째, 고정함축은 언어 보편적이지 않은 경향이 있다. 반면에 대화함축은 언어보편적인 경향이 있다(Potts 2005, Feng 2006).

본 절을 끝맺기 전에 지적해야 할 점은 고정함축의 개념은 대화함축의 개념과는 달리 응집성이 매우 떨어지는 개념처럼 보인다는 것이다. 심지어 Grice (1989: 46) 자신도 '고정함축은 자유로이 사용될 수 있기 이전에 먼저 그 속성이 연구될 필요가 있다'고 경고했다(Horn 2004). 고정함축은 그 태동기 때부터 그 개념을 의미적 함의, 대화함축, 전제(Levinson 1983), 그리고 최근에는 말해진 것의 일부(Bach 1999b, 다른 견해로는 Barker 2003 참조), 암묵적 수행문의 일부 (Rieber 1997), 이차 화행 수행을 위한 도구(Bach 1999b), 적합성 이론에서의 절차적 의미(Blakemore 2002, 2004) 등으로 축소하여 설명하려는 시도들이 다수 있어왔다. 하지만 이 개념을 옹호하는 연구로는 Feng(2006)을 참조하시오.

요약하면, 그라이스 시스템에서 비자연적 의미/화자 의미 또는 발화에 대한 전체적인 모습은 다음과 같이 도식적으로 표현될 수도 있다. (Levinson 1983: 131, 2000:13, Huang 1994, 그러나 그라이스 화용론에 대한 최근 비판으로는

Davis 1998 참조.)

(2.96)

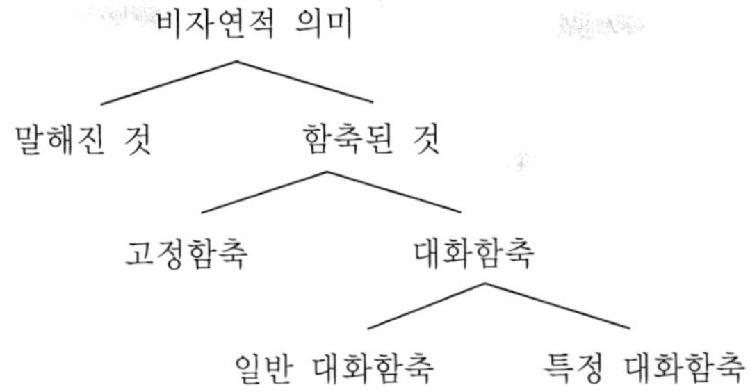

2.4 요약

본 장에서 우리는 함축을 고찰해 보았다. 2.1 절에서는 대화함축에 대한 고전적인 그라이스 이론을 살펴보았다. 그리고 2.2 절에서는 대화함축에 대한 최근의 발전이론들, 첫째 혼의 신 그라이스 화용 이론, 둘째 레빈슨의 신 그라이스 화용 이론을 제시하였다. 2.3.1 절에서는 고정함축의 개념을 살펴보았고, 2.3.2 절에서는 고정함축과 대화함축을 비교, 대조하여 보았다.

마지막으로 언급할만한 점은 대화함축에 관한 고전적 화용이론, 신 그라이스 화용이론 등을 다른 최신 언어 이론들과 통합하려는 다양한 시도들이 최근에 있어 왔다는 것이다. 이러한 언어 이론으로서는 수용이론(Thomason 1990), 결정이론(Merin 1990), 게임이론(van Rooy to appear, Benz, Jäger, and van Rooy 2006), 쌍방향 최적성이론(Blutner 1998, 2004, Blutner and Zeevat 2004)[17], 화행이론(Vanderveken 2002, Martinich 1984) 등을 들 수 있다.

17) Q-원리와 R-/I-원리에 대한 Blutner(1988)의 쌍방향 최적성 이론에 의한 처리에 대한 짧은 논평은 Huang(2004b) 참조.

주요 개념들

함축
비자연적 의미
협력의 원리
대화 격률들(질, 양, 관련성, 태도)
대화함축
준수된 대화함축
위반된 대화함축
일반 대화함축
특정 대화함축
대화함축의 속성들(취소가능성, 비분리성, 계산가능성, 비고정성, 강화성, 언어보편성, 미결정성)
Q-원리 (혼)
혼-등급
R-원리
화용론적 작업 분할
Q-원리 (레빈슨)
$Q_{\text{-scalar}}$ 함축
$Q_{\text{-clausal}}$ 함축
$Q_{\text{-alternate}}$ 함축
상위언어적 부정
I-원리
M-원리
Q-원리, I-원리, M-원리의 상호작용
고정함축

연습문제

1. 화용론적 장애가 있는 어린아이들은 종종 격률들을 준수하지 못할 수도 있다. 다음 대화에서 (Peccei 1999: 29에서 인용된 Bishop 1997: 183에서 발췌함), 이 아이는 어떤 격률을 위반했는가?

   Speech therapist: So you like ice-cream. What are your favorite flavours?

   Child with a pragmatic disorder: Hamburger ... fish and chips.

2. 화자는 다음 장벽들을 사용함으로써 어떤 격률을 이탈하고자 의도하는가?

   (1) I don't think I don't have sufficient evidence for this, but...

   (2) I'm not at liberty to say any more.

   (3) I know this is irrelevant, but...

   (4) This is a bit confused, but...

   (5) So, to cut a long story short,

   (6) Not to change the topic, but...

   (7) I'm sure you already know this, but...

   (8) People say...

3. 조와 어빙은 Tale-Spin이라는 컴퓨터 프로그램에 등장하는 캐릭터들이다 (May 2001: 88). 다음 단락에서 조가 이끌어내지 못한 대화함축은 무엇인가? 그것은 준수된 대화함축인가 아니면 위반된 대화함축인가?

   One day Joe Bear was hungry. He asked his friend Irving Bird where some honey was. Irving told him there was a beehive in the oak tree. Joe threatened to hit Irving if he didn't tell him where honey was.

4. 다음 대화에서 메리의 대답이 갖는 대화함축은 무엇인가? 그것은 준수된 대화함축인가 아니면 위반된 대화함축인가? 위반된 대화함축이라면 어떤 격률이 위반되었는가?

   John: India is the most populous country in the world, isn't it?

   Mary: I'm the Queen of Sheba.

C.P. Snow의 *Variety of Men*에서 발췌한 다음 단락에서 성직자의 대답은 어떤가?

He (Lord Rutherford) said in a speech: 'As I was standing in the drawing-room at Trinity, a clergyman came in. And I said to him: "I'm Lord Rutherford." And he said to me: "I'm the Archbishop of York."'

5. 베를린 장벽이 세워진 직후 케네디 대통령은 서베를린 군중들 앞에서 독일어로 자기는 베를린 사람이라고 연설하였다. 그가 말했어야 하는 것은 Ich bin Berliner 이지만, 연설문 작성자의 짧은 독일어 실력으로 인해 그는 대신 Ich bin ein Berliner 라고 겨우 말했으며, 이는 그가 일종의 도넛츠라는 의미이다. 하지만 이런 그의 실수에도 불구하고, 군중들은 그가 말한 것의 대화함축을 계산해 내었다 (Grundy 2000: 19-20). 문제가 되는 대화함축은 무엇인가? 어떤 격률이 위반되었는가?

6. 다음 두 대화함축에서 어떤 것이 일반 대화함축이고, 어떤 것이 특정 대화함축인가?
   (1) John: How did yesterday's guest lecture go?
   Mary: Some of the faculty left before it ended.
   +>(a) Not all of the faculty left before it ended
   +>(b) The lecture didn't go well

7. 나바호족 보호구역을 무대로 한 소설에서 발췌한 다음 단락에서 (Tony Hillerman, *Skinwalkers*, Thomas 1995: 76에서 인용), 화자는 피살자의 딸이다. 그녀는 나바호족 담당 경찰관인 Jim Chee에게 이야기를 하고 있다. 그녀는 자기 아버지를 가리키기 위해 왜 '죽임을 당한 사람', '그 남자' 등의 모호한 용어를 사용하는가? 이는 그라이스의 양 격률 중 첫 번째 하위 격률에 대한 언어보편성 주장에 진정한 반례인가?

   'Last time you were with the FBI man-asking about the one who got killed,' she said, respecting the Navajo taboo of not speaking the name of the dead. 'You find out who killed that man?'

8. 다음에서 Q-함축은 어느 것인가? 어떤 유형의 Q-함축에 속하는가?

(1) <Mary's husband, a man>

Mary is chatting with a man by the lake.

(2) <realize, think>

I think Baird invented television.

(3) <Chinese, English, Swahili, ...>

They teach Swahili here.

(4) <adore, love, like>

John likes Mary.

(5) <president, prime minister>

Her uncle is the prime minister.

(6) <divorce, separate>

The Smiths have separated.

(7) <and, or>

John will send it either as an e-mail or as an attachment.

(8) <all, most, many, some>

Many people enjoy a cappuccino with breakfast.

(9) <none, not all>

Not all of her colleagues can speak Italian.

9. 다음에서 Q-함축은 무엇인가?

(1) He can run 100m in 9.9 seconds.

(2) He has cut down his smoking to ten cigarettes a day.

10. 다음은 혼-등급을 형성하는가? 아니라면 그 이유는 무엇인가?

<boiling, hot, warm, lukewarm, cool, cold, freezing>

11. 다음에서 상위언어적 부정과 기술적 부정을 구분할 수 있는가?

(1) John didn't graduate from Oxford. He graduated from Cambridge

(2) John didn't have two mong*eese*, he had two mon*gooses*.

(3) He isn't a taxi driver, he is a bus driver.

(4) He's not my dad, he's my father.

(5) They don't speak [seltic], they speak [keltic].

(6) Mary doesn't like house sparrows, she likes bullfinches.

(7) we didn't have the party at the cyber cafe, we had it in the students' common room.

(8) Colin Powell isn't the first black Secretary of State, he is the first Secretary of State who is black.

(9) They don't need six new computer mouses, they need six new computer mice.

(10) John hasn't visited some of the nature reserves in the country, he has visited all of them.

(11) Doesn't she [Penelope Cruz] ever yearn for a less hectic life, maybe one where more time is spent in one place? She laughs hard as if the suggestion is quite ridiculous. "Not at all. I love my life. I'm addicted to living like this and traveling all the time. I don't just like hotels, I love them. That's where I get my quiet time and quiet time is golden." (Lesley O'Toole *Lady Penelope. Sunday Express* S, 14 March 2004)

(12) 'This is not just food; this is M & S food.' (Marks & Spencer 광고)

12. 다음에서 I-함축은 무엇인가?

(1) John is reading two modern languages at Oxford.

(2) If you let me see the manuscript, I'll make a donation to the library.

(3) Mary ate the cake after dinner.

(4) His secretary talked learnedly about the internet.

(5) The police moved in and the suspects were arrested.

(6) John and Mary scrubbed the carpet afresh.

(7) I have no idea if John's in a relationship.

13. 다음 쌍에서 발화 (b)의 M-함축은 무엇인가?

(1) a. John went to university.

b. John went to the university.

(2) a. John stopped the alarm.

b. John got the alarm to stop.

(3) a. Mary has a pink dress.

b. Mary has a pale red dress.

(4) a. John could swim the English Channel.

b. John had the ability to swim the English Channel.

(5) a. Their new boss is a friendly person.

b. Their new boss is not an unfriendly person.

(6) a. That's his father.

b. That's his mother's husband.

14. 다음에서 고정함축은 무엇인가?

(1) John hasn't finished his thesis *yet*.

(2) *Actually* the two families live opposite each other.

(3) *Even* her sister belly-danced in a Lebanese restaurant two nights a week.

(4) Mike forgot to ring the client, *too*.

(5) The VIPs have *still* not arrived.

(6) Mary was born in London. *On the other hand*, her husband was an immigrant from Pakistan.

(7) John *managed to* complete his thesis on virtual reality technology.

(8) (프랑스어)

Mary: pardon, Monsieur, pour aller au parc?

Pierre: *Vous* allez jusqu' au bout de la rue.

메리: '실례합니다만 공원까지는 어떻게 가죠?'

피에르: '도로 끝까지 가십시오.'

15. 대화함축의 본질적인 속성은 무엇인가? 예를 들어 설명하시오.

16. Q-, I-, M-원리는 무엇인가? 자신의 예를 들어 설명하시오.

17. Q-원리와 I-원리는 어느 정도로 구분될 수 있는가?

18. 금기를 제외하고, 어떤 다른 요소들이 대화함축을 무효화 할 수 있다고 생각하는가? 예를 들어서 당신의 주장을 구체화 할 수 있는가?

19. 대화함축과 고정함축 간의 유사점, 차이점은 무엇인가?

더 읽을 거리

Grice(1989). I 부와 에필로그
Horn(1989). 3.3.1. 절
Horn(2004). 1 장과 2 장
Levinson(2000). Chapters 1 and 2.

제 3 장

전 제

전제(presupposition)는 언어철학의 전통에서 기인하는 또 하나의 화용론 주제이다. 전제의 개념은 적어도 중세 철학자 히스파너스(Petrus Hispanus)까지 거슬러 올라갈지 모르지만(Horn 1996), 현대에 전제에 대한 철학적 연구를 (다시) 소개한 첫 번째 학자로는 독일의 수학자이자 논리학자인 프레게(Gottlob Frege)를 꼽는 것이 일반적인 견해이다(특히 Frege 1892).

전제는 (다시) 소개된 이래로 철학자와 언어학자들의 지속적인 관심을 끌어왔다. 언어 철학에서 전제에 대한 연구는 주로 지시(reference)와 (단수) 지시표현(referring expressions)의 본질에 관한 논쟁에 제한되어 왔다(Frege 1892, Russell 1905, Strawson 1950).[1] 다른 한편, 언어학에서 전제 연구는 의미론과 화용론의 상호작용과 작업분할 등에 대한 논의를 중심으로 하여 보다 다양한 현상들에 관심을 가져 왔다.

본 장의 구성은 다음과 같다. 3.1 절에서는 전제의 일반적 현상들을 논의한다. 다음 3.2 절에서는 부정 하에서의 일관성(3.2.1), 취소 가능성(3.2.2), 투사문제(3.2.3) 등의 전제 속성들을 논의한다. 마지막 3.3 절에서는 전제에 대한 최근의 여러 이론들을 개관해보도록 한다.

3.1 전제란?

전제는 비형식적으로 정의하자면 문장의 발화에서 당연히 참인 것으로 간주되는 어떤 추론 내지는 명제라고 할 수 있다. 전제의 주 기능은 문장을 적절히 사용하기 위한 일종의 예비조건으로 작용되는 데 있다. 그 문장이 부정되었을 때도 이런 배경적 가정은 여전히 유효하다. 전제는 보통 특정 어휘 항목이나 구문에 의해서 생성된다. 전제를 유발하는 어휘 항목과 구문들을 전제 유발자(presupposition triggers)라 한다. Karttunen(1973, 1974), Kartunnen and Peters (1979) 이래로 전제란 일반적으로 '아주 다른 현상들의 이질적 집합체'(Levinson 1983: 217)로 간주되어 오고 있지만, 그 대표적인 예들을 아래 목록에서와 같이

1) 전제의 철학적 배경에 대한 논의로는 Levinson(1983), Soames(1989), Horn(1996), Atlas (2004, 2005) 참조.

제시할 수 있다(Levinson 1983: 181-5, Soames 1989, Beaver 1997, 2001: 10-12, Geurts 1999: 2, Atlas 2004, 2005: 119). (기호 '>>'는 '전제한다'를 표현한다. 예들에서 긍정 표현과 부정 표현은 '/' 기호를 사용하여 구분하며, 어휘적 전제 유발자는 이탤릭으로 표현한다.)

(3.1) 한정 기술

The king of France is/isn't bald.

>> There is a king of France

(3.2) 사실성 술어

a. 인식론적/인지적 사실성

John *knows*/doesn't *know* that Baird invented television.

>> Baird invented television

b. 감정적 사실성

John *regrets*/doesn't *regret* that he has said the unsayable.

>> John has said the unsayable

(3.3) 양상 술어/상태변화 술어

Mary has/hasn't *stopped* beating her boyfriend.

>> Mary has been beating her boyfriend

(3.4) 반복어

a. 반복 동사

John *returned*/didn't *return* to Cambridge.

>> John was in Cambridge before

b. 반복 부사

The boy cried/didn't cry wolf *again*.

>> The boy cried wolf before

(3.5) 함축 술어

John *managed*/didn't *manage* to give up smoking.

>> John tried to give up smoking

(3.6) 시간절

After she shot to stardom in a romance film, Jane married/didn't marry a millionaire entrepreneur.

>> Jane shot to stardom in a romance film

(3.7) 분열문

a. 분열구문

It was/wasn't Baird who invented television.

>> Someone invented television

b. 유사 분열문

What Baird invented/didn't invent was television

>> Baird invented something

(3.8) 가정법

If an ant were as big as a human being, it could/couldn't run five times faster than an Olympic sprinter.

>> An ant is not as big as a human being

(3.1)에서 전제 유발자는 한정기술이고, 이때 전제를 존재적 전제(existential presupposition)라 한다. 한정기술로는 고유명사, 소유표현, 특정 *wh*-구 등이 포함된다. (3.2)에서 전제 지시자는 사실성 동사이고, 두 전제들은 사실성 전제(factive presupposition)로 알려져 있다. 사실성 전제는 다시 두 하위유형으로 구분될 수 있다. (사실의 지식과 관련되는) 인지적 혹은 인식론적 사실성 동사의 사용에 의한 유형과, (사실에 대한 정서적 태도와 관련하는) 감정적 사실성 동사에 의해 생성되는 유형이다. 때때로 사실성 전제는 the fact/knowledge that 등과 같은 사실성 명사구의 사용으로부터 나타날 수도 있다. (3.3)에서의 전제는 양상동사 또는 상태변화 동사에 의해서 도입된다. (3.4)에서 전제 유발자는 반복어이고, (3.5)에서 전제 유발자는 함축 동사이다. (3.1)-(3.5)에 제시된 전제 유발자들은 어휘적 유발자들(lexical triggers)이고, 이와는 달리 (3.6)-(3.8)에서는 구문적/구조적 유발자들(constructional/structural triggers)이다. (3.6)에서의 전제는 시간절에 의해서, (3.7)에서는 분열문에 의해서, (3.8)에서는 가정법에 의해서 전제가 유발된다.[2)]

---

2) 주목할 만한 흥미로운 점은 전제가 의문시될 때 해당 어휘적 전제 유발자에 대해 분명하

☞ 연습문제 1~2

3.2 전제의 속성

전제는 뚜렷한 여러 속성들을 보이는데, 특히 (i) 부정 하에서의 일관성(constancy under negation)과 (ii) 취소 가능성(defeasibility/cancellability)이 두드러진다. 게다가 취소 가능성의 어떤 경우들은 투사문제(projection problem)로 알려진 바를 야기한다.

3.2.1 부정 하에서의 일관성

부정 하에서의 일관성 개념에 의하면, 어떤 어휘항목이나 통사구조의 사용으로 인해 생성된 전제는 그 어휘항목 또는 통사구조를 포함하는 문장이 부정되었을 때도 동일하게 남아있다.[3] 부정 하에서의 일관성을 진단법으로 사용하는 전제는 (3.9)에서와 같이 형식적으로 정의될 수 있다. (이론 중립적인 여러 형식적 정의에 대해서는 Beaver 1997, 2001 참조.)

(3.9) 문장 *S*의 발화가 명제 *p*를 전제하기 위한 필요충분조건은
  a. *S*가 참이면, *p*가 참이다
  b. *S*가 거짓이면, *p*가 여전히 참이다.

게 물어본다는 것이다. 아래에 몇몇 예들이 제시된다.

(i) a. *The king of France* is bald.
  b. *The king of France*? But is France not a republic?
(ii) a. The boy cried wolf *again*.
  b. What do you mean by '*again*'? The boy didn't cry wolf before.
(iii) a. John *regrets* that he has said the unsayable.
  b. Did you use the word '*regret*'? John has never said the unsayable.

3) 또한 전제는 의문문, 화법문, 조건문 등에서도 유지된다. 이에 대한 논의와 예들은 Soames(1989), Chierchia and McConnell-Ginet(2000), Atlas(2004, 2005) 참조.

정의 (3.9)의 기본적인 취지는 다음과 같다. 즉 *S*가 *p*를 전제하기 위해서는 *S*가 참일 때마다 *p* 또한 참이고, *S*가 거짓일 때마다 *p*는 여전히 참이다.

그러나 부정 하에서의 일관성 개념의 핵심에는 문제점이 있다. 먼저, 부정 하에서의 일관성은 필요조건이 아닐 수 있다. 예를 들어 (3.10)에서처럼, 부정을 하는 것이 불가능한 것은 아니지만 매우 어렵고, 그럼에도 전제를 지니는 그런 부류의 문장들이 있다(Green 1996). 다음으로 부정 하에서의 일관성은 충분조건이 아닐 수 있다. (3.11)과 (3.12)가 이를 설명해준다. (3.11)과 (3.12)가 비록 부정 하에서의 일관성을 충족시키지만, (3.11)의 추론은 질문하기 화행에 대한 적정조건(felicity condition)으로 (4 장에서 자세히), (3.12)의 추론은 보통 고정함축으로 분석된다(Levinson 1983: 185).

(3.10) Long live the king of France!
>> There is a king of France

(3.11) Do/don't bring the digital camera here.
?>> The digital camera is not here

(3.12) (중국어)
nine yougyuan shi wode laoshi.
you-HON always be my teacher
'당신은 항상 나의 스승일 것이요.'
?>> The addressee is socially superior to or distant from the speaker

☞ 연습문제 3

3.2.2 취소 가능성

의미론적 함의와는 달리 전제는 대화함축과 마찬가지로 취소 가능하다. 전제가 (i) 배경적 가정들, (ii) 대화함축, 그리고 (iii) 어떤 담화문맥들과 충돌을 일으키면 그 전제는 무효화된다. 그리고 전제는 어떤 문장 내 문맥들에서 사라질 수도 있는데, 그 문맥들 중 어떤 것들은 전제에 대한 투사문제를 야기한다. 일반적으로 취소 가능성은 전제의 두 번째 중요한 속성으로 간주되어 왔다.

우선 전제는 배경적 지식이나 실제 세계의 지식과 모순되면 사라질 수 있다. (3.13)과 (3.14)를 비교하시오. (기호 '~>>'는 '전제하지 않는다'를 표현한다.)

(3.13) John got an assistant professorship before he finished his Ph.D.
>> John finished his Ph.D.

(3.14) John died before he finished his Ph.D
~>> John finished his Ph.D.

예문 (3.13)은 시간절에 의해서 존이 박사학위를 끝냈음을 전제하지만, 예문 (3.14)는 그런 전제를 갖지 못한다. 그런 추정적 전제는 사람이 죽은 후에는 아무 것도 할 수 없다는 우리의 세상지식과 충돌을 일으키기 때문이다. 따라서 그런 불필요한 전제는 사라진다.[4)]

둘째, 전제는 모순되는 대화함축에 의해서 취소될 수 있다. 이는 (3.15)에서 설명된다.

---

4) (3.14)를 아래 (i)와 비교하시오.

(i) John died before he reached the hospital's accident and emergency department.
>> John reached the hospital's accident and emergency department

예문 (i)은 he가 존의 신체를 의미한다는 이해 하에서만 위에 제시된 전제를 갖는다. 더 중요한 점은 Cram의 지적에 따르면, 그를 포함한 몇몇 영어 모국어 화자들은 (3.14)의 전제가 취소될 수 없다고 한다. 이 화자 그룹한테는 (3.14)에서 비정동사가 사용된 문장 (ii) 만이 그 전제가 취소될 수 있다고 본다.

(ii) John died before finishing his Ph.D.
~>> John finished his Ph.D.

또한 Cram은 이에 대해 다음과 같이 신 그라이스식의 화용론적 설명을 제시하였다: 전제가 유보되기를 화자가 의도했었더라면, 문장 (ii)를 사용했었을 것이다. 문장 (ii) 대신에 (3.14) 문장을 사용한다면, 화자는 그 전제가 취소되길 원하지 않는다는 추론을 유도해낼 수 있다.

(3.15) If John is organizing a stag night, Mary will be angry that he is doing so.
+> perhaps John is organizing a stag night, perhaps he isn't
~>> John is organizing a stag night

(3.15)에서 사실성 술어 angry가 사용됨으로써 존이 남자들만의 파티를 계획하고 있다는 잠재적 전제가 유발되어야만 한다. 그러나 조건절의 사용으로 인해 아마도 존이 남자들만의 파티를 계획하고 있지 않다는 $Q_{clausal}$ 대화함축(2장 참조)도 존재한다. 이런 모순된 대화함축에 직면하면, 그 추정되는 전제는 없어지게 된다.

셋째, 전제는 문맥상에서 취소될 수 있다. 즉, 전제는 직전의 담화 문맥이 우리에게 말해주고 있는 바와 모순을 일으키면 사라질 수 있다. 먼저 (3.16)을 살펴보자. 여기서는 추정되는 전제가 이미 직전의 담화 배경에서 확립된 모순적인 명제에 의해서 취소된다.

(3.16) There is no king of France. Therefore the king of France isn't bald.
~>> There is a king of France

(3.16)에서 두 번째 문장은 프랑스 왕이 존재함을 전제해야 한다. 그러나 그런 추정적 전제는 직전의 담화 배경에 의해서 설정된 선행 명제, 즉 프랑스 왕이 존재하지 않는다는 명제와 모순을 일으킨다. 따라서 그런 불필요한 전제는 살아남지 못하게 된다.[5]

---

5) (i)과 (ii)를 비교하라.

(i) John doesn't/You don't know that Baird invented televisicn.
>> Baird invented television
(ii) I don't know that Baird invented television.
~>> Baird invented television

여기서는 사실성 동사 know를 포함하는 부정문에서 이인칭/삼인칭 주어의 사용과, 일인칭 주어의 사용이 대조된다. 전자에서 전제가 통과되는 반면에, 후자에서는 (때때로) 취소된다. (ii)에서 전제된 바는 화자의 지식 또는 믿음에 대해 명백하게 말해진 것에 다음으로 전제는 담화 상에 존재하는 여러 가능성들을 하나씩 제거해 나가는 소위 축소 논증에 의해서 유보될 수 있다. Chierchia and McConnell-Ginet(2000)에서 가져온 다음 (3.17) 예를 보자.

(3.17) A [열린 문을 바라보며]: Was it you who opened the door to the porch? I closed it at lunch time.

B: Well, it wasn't me who opened it, because I've been gone all afternoon, and it wasn't Joan who opened it, because she was with me, and it wasn't any of the kids who opened it, because they're on a field trip, and I strongly suspect that nobody opened it - there was a lot of wind this afternoon, you know

~>> Someone opened the door to the porch

위 대화에서 각각의 분열문들은 누군가 현관으로 통하는 문을 열어놓았다는 전제를 지녀야 한다. 그러나 Levinson(1983: 189)에서 유사한 예문을 가지고 지적한 바와 같이, (3.17)에서 B 발화의 전반적인 목적은 아무도 문을 열어놓지 않았다는 점을 청자에게 확신시키고자 하는 것이다. 이 결과 그 전제가 무시된다. 즉 '그런 가정이 유지될 수 없음을 주장하기 위해 하나의 반사실적 가정으로 채택된 것이다'(Levinson 1983).

마지막으로 Levinson(1983: 189)에 의하면, (3.18)에서와 같이 전제는 그 사실성에 대한 증거들이 비교 고찰된 후 거짓으로 판명되는 그런 담화 상에서도 사라질 수 있다.

(3.18) A: Well we've simply got to find out if Serge is a KGB infiltrator.

B: Who if anyone would know?

C: The only person who would know for sure is Alexis; I've talked to him

의해서 부정된 것이기 때문이다. ((i)이 아니고 (ii)에서 전제가 어떻게 정확히 취소되는지에 대한 분석은 Gazdar(1979: 142, 153-4) 참조.)

and he isn't aware that Serge is on the KGB payroll. So I think Serge can be trusted.

~>> Serge is on the KGB payroll

C의 발화 'he isn't aware that Serge is on the KGB payroll'은 인식론적 사실성 술어 aware를 포함하고 있다. 사실성 술어의 사용은 보문절의 참을 전제로 하는 것이 전형적인 현상임에도 불구하고, 이 예에서는 이를 전제하지 못한다. C 논증의 전반적인 초점, 즉 서지가 KGB에 고용되어 있다는 사실을 알렉시스가 모르기 때문에 서지는 KGB 요원이 아니라는 내용이 전제('서지가 KGB에 고용되어 있다')와 어긋나기 때문이다. 이런 상황에서 전제는 봉쇄된다.

넷째로 전제는 어떤 문장 내 문맥에서 봉쇄될 수 있다. 즉, 문장 내의 국지적인 문맥을 증대시키고자 동일한 복합문 내에 다른 절들을 사용할 때, 전제가 취소될 수 있다. 특히 다음 세 가지 경우가 중요하다. 첫째, 어떤 문장의 전제는 명백한 모순이 없어도 병렬된 절에서 명백히 부정될 수 있다. 다음 (3.19)-(3.21) 예들이 이를 설명해준다.

(3.19) The president doesn't regret vetoing the bill because in fact he never did so!

~>> The president vetoed the bill

(3.20) John didn't manage to open an e-savings account, in fact he didn't even try!

~>> John tried to open an e-savings account

(3.21) The king of France isn't bald - there is no king of France!

~>> There is a king of France

그러나 많은 경우, 전제를 명백하게 부정하는 것이 긍정문에서는 가능하지 않다. (3.19)-(3.21)를 아래 (3.22)-(3.24)와 비교해 보자.

(3.22) *The president regrets vetoing the bill because in fact he never did so!

(3.23) *John managed to open an e-savings account, in fact he didn't even try!

(3.24) *The king of France is bald - there is no king of France!

그러므로 적어도 이런 경우에는 취소 가능성과 관련하여 긍정문과 부정문에 비대칭이 존재한다. 이러한 비대칭으로 인해 긍정문의 경우를 함의 개념으로 분석하기도 한다. 즉 긍정문에서 소위 전제된 내용은 사실 함의된 것이라고 본다. 의미론적 함의가 명백히 부정되면 항상 의미상 비정상적인 문장이 되며, 따라서 위 (3.22)-(3.24) 예들은 비정상적인 문장으로 판정된다고 할 수 있다. 여기서 주목해야 할 두 번째 점은 (3.19)-(3.21)에서 전제의 명백한 부인과 관련된 부정은 일반적으로 상위언어적 부정으로 간주된다는 점이다(2 장 참조). (추가 논의로는 Horn 1985, 1989, Burton Roberts 1989 참조, 또한 비록 다른 이유이지만 이에 대한 부정적 견해로는 Carston 2002, Geurts 1998, 1999: 71-2, Atlas 2004 참조.)

다음으로 어떤 문장의 전제는 뒤따라 나오는 if 절에서 명백히 유보될 수 있다. (3.25)-(3.27)을 살펴보아라.[6]

(3.25) John clearly doesn't regret being an anti-war campaigner, if he actually ever was one.
~>> John was an anti-war campaigner

(3.26) Jone didn't tamper with their computers again, if indeed he ever did.
~>> Jone tampered with their computers before

(3.27) I'm sure John's wife is beautiful, if he has a wife.
~>> John has a wife

마지막으로 전제는 say, mention, tell, ask, announce 등의 말하기 동사, 그리고 believe, think, imagine, dream, want 등의 명제 태도 동사가 나타나는 문맥에서 사라질 수 있다.

---

6) (3.25)-(3.27)과 같은 예들에서 전제의 명백한 유보는 이런 종류의 조건문이 보여주는 전제관련 상속 가능성의 특수한 경우로 간주될 수 있다.

(3.28) John said/mentioned/told Bill that Mary managed to speak with a broad Irish accent.

~>> Mary tried to speak with a broad Irish accent.

(3.29) Mr Wang believed/dreamed/imagined that he is the emperor of China.

~>> There is an emperor of China

Green(1996: 77-8)에서 지적한 바와 같이, 이런 동사들은 '세계를 창조해내는' 동사들이다. 이 동사들은 적절한 전제들을 평가하는데 관련된 것으로 당연히 간주되어온 실제 세계와는 다른 세계들을 정의할 수 있다. 따라서 이런 동사들을 사용하면 전제가 사라질 수 있다.

('전체'로서) 복합문의 전제들을 그 ('부분'으로서) 구성 문장들의 전제들에 의해서 기술하고 설명하기 위해, Langendoen and Savin(1971)에서 최초로 전제의 투사 문제라고 명명한 현상을 다루어 보자. 앞서 다른 (3.19)-(3.29)의 예들이 이 현상의 일부에 해당한다.

☞ 연습문제 4

3.2.3 투사 문제

일반적으로 단순문이 갖는 전제는 이 단순문이 한 부분을 형성하는 복합문의 전제가 될 것으로 예상된다. 이런 식으로 보면, 투사 문제는 프레게 합성성 원리(Fregean principle of compositionality)의 특수한 경우로 간주될 수 있다. 이 원리에 따르면, 복합 표현의 의미는 그 부분들 의미들의 함수(즉, 합성)라고 한다. (합성성 개념 전반에 대해서는 예를 들어 Janssen 1997 참조.) 투사 문제는 두 상반되는 방향으로 표현된다. 투사 동전의 한 면에서 보면, 어떤 개별 문장의 전제는 전체 복합문으로 투사되지 못하고, 따라서 상속되지 못할 수 있다. 다른 면에서 보면, 어떤 개별 문장의 전제는 그 문장이 보다 복잡한 문장의 일부분을 형성하는 경우 유지될 수도 있다.

이제 위의 예문 (3.19)-(3.21)과 (3.25)-(3.29)를 생각해 보자. 이 예문들은 문장 내 문맥에 의해서 전제가 사라져 버리는 세 가지 경우들을 보여준다. (3.19)-(3.21)에서 하나의 절이 병렬적으로 추가됨으로써 전제들이 명백히 부정되고, (3.25)-(3.27)에서 전제는 if절의 첨가로 명백히 유보되고, 마지막으로 (3.28)-(3.29)에서 전제는 말하기와 믿음 문맥에서 취소된다. 결국 이 세 경우 모두는 하위절의 전제가 전체 문장 차원에서 봉쇄된다는 공통점을 가지고 있다. and, or, if...then 등의 접속사로 형성된 복합문에서도 동일하게 설명된다. (3.30)과 (3.31)을 살펴보자.

(3.30) If the bishop promotes the politically incorrect, then he will regret doing so.
~>> The bishop will promote the politically incorrect

(3.31) Either the bishop will not promote the politically incorrect, or he will regret doing so.
~>> The bishop will promote the politically incorrect

예문 (3.30)과 (3.31)에서 두 번째 절은 단독으로 그 주교가 정치적 타락자를 승진시키려고 한다는 내용의 전제를 지닐 것이다. 그러나 이런 임시적 전제가 조건절 전체에서 사라져 버리고(3.30), 또한 이접절 전체에서도 사라져 버린다(3.31). 전제가 이 두 예들에서 통과되지 못하는 이유는 (3.30)의 경우 그 전제가 '첫 번째 절에서 언급됨으로써 가정되었기' 때문이고, (3.31)의 경우 '첫 번째 절에 표현된 대안이 두 번째 절의 전제에 대한 부정이기' 때문이다(Levinson 1983: 196). 다시 말하면, 특정 부분의 전제가 그 전체로 투사되지 못하고 있다.

다음은 투사 동전의 다른 면, 즉 다양한 문맥 하에서 특정 부분의 전제가 전체의 전제로 살아남는 경우들을 살펴보자. 전제가 살아남을 수 있는 경우들 중 첫 번째는 이미 언급한 바와 같이 부정 문맥 하에서이다. 위의 (3.1)-(3.8) 예들 외에도 (3.32)가 있다.

(3.32) It was/wasn't John who hadn't been out of his house for a month.

>> Someone hadn't been out of his house for a month

전제가 상승되는 문맥의 두 번째 종류로는 전제 유발자를 지닌 문장이 it's possible that, it's likely that, ought to, may be, should 등의 양태 연산자들 내에 내포된 경우들이다. 이는 (3.33)-(3.34)에서 설명된다.

(3.33) It's possible/there's a chance that the nursery teacher sold nine Christmas raffle tickets.
>> There is a nursery teacher

(3.34) The nursery teacher could/should/ought to have sold nine Christmas raffle tickets.
>> There is a nursery teacher

예문 (3.33)과 (3.34)에서 문장 'the nursery teacher sold nine Christmas raffle tickets'의 전제는 그 문장이 다양한 양태 연산자들 하에 내포되었을 때 봉쇄되지 않은 채 통과된다.

☞ 연습문제 5

마지막으로 접속사들에 의해 형성된 복합문들을 다시 다루어보자. 앞서 우리는 그런 문장들의 경우 (즉 (3.30)-(3.31)) 전제가 어떤 구성부분에서 전체로 투사되지 못함을 보았다. 그러나 구성부분의 전제가 복합문으로 상속될 수 있는 다른 유형들이 있다. 예로서 (3.35)와 (3.36)을 살펴보자.

(3.35) If Susan returned to England, (then) she would be arrested.
>> Susan was in England before

(3.36) Either Susan returned to England, or she will flee to Spain.
>> Susan was in England before

문장 'Susan returned/s to England'를 전체 문장에서 분리하여 단독으로 보면, 수잔이 이전에 영국에 있었다는 내용을 전제한다. 그리고 이 문장이 조건문에 (3.35) 또는 이접문에 (3.36) 내포될 때, 그 내포절의 전제는 봉쇄되지 않은 채로 상위 수준으로 상승된다.

일반적으로 투사 문제는 '현대 전제이론의 저주이자 축복'(Beaver 2001: 13)으로 간주되어 왔다. 전제 문제는 그 해결책이 없는 현상으로 증명되었기에 저주이고, 또한 '의미에는 명백한 전제적 요소가 존재한다는 주장에 대한 객관적인 토대를, 그리고 전제 구문을 확인하는 방법을 제공한다'는 점에서 축복이다. (Beaver 2001, 그러나 이와 다른 견해로는 Atlas 2004, 2005 참조.)

3.3 분석

전제에 대한 최근의 이론적 접근법들은 매우 다양하다. 전제를 일종의 대용어로 처리하는 것부터 시작하여(Soames 1989, van der Sandt 1992, Geurts 1998, 1999, Krahmer 1998), 확률적이고, 결정론적인 설명들(Merin 2003), 그리고 인지적 실험적 분석(Fauconnier 1985: 86-7, Marmaridou 2000) 등에 이르고 있다. 또한 최근에는 전제에 대한 순수 의미론적 연구들이 거의 진척되지 못했다. (의미론적 분석에 대한 초기의 비판으로는 Kempson 1975, Wilson 1975, Boër and Lycan 1976, Gazdar 1979, Levinson 1983, van der Sandt 1988 참조.)[7] 아래에서는 저자가 판단하기에 전제 연구에서 가장 중요하고도 영향력 있는 세 가지 분석들을 집중적으로 살펴보도록 한다.

Geurts(1999: 1)에서 지적된 바와 같이, 전제 설명에 있어서 세 가지 주요 이론적 쟁점들이 있다. 첫째 가장 오래된 쟁점은 전제 실패와 관련한다. 어떤 진술이 존재하지 않는 무언가를 전제한다면, 그 진술에 대한 결론은 무엇인

7) 그러나 Burton-Roberts(1989, 1999)에서 최근 신 스트로슨식의 의미론적 분석을 볼 수 있다. 여기서는 무엇보다도 양가성이라는 인지적 경향에 호소하고 있다. 그러나 우리가 이미 살펴본 바와 같이, Burton-Roberts는 부정의 어휘적 중의성 분석을 피하고자 한다면 상위언어적 부정이라는 화용론적 개념을 이용해야만 한다. Seuren(2000) 참조.

가?[8] 둘째 이제는 친숙한 투사 문제이다. 세 번째 쟁점은 전제의 기원, 즉 전제가 어디에서 오는가이다. 이 질문에 대한 비록 불완전하지만 표준 답안은 전제란 어떤 어휘적 그리고 구문적 유발자들에 의해서 야기된다는 것이다. 그러나 전제에 대한 최근의 많은 연구들이 형식적인 의미화용론적 모형을 이용하여 투사 문제에 집중하고 있다는 점을 감안한다면, 본 장의 논의 역시 이런 경향을 반영한 것이다.

3.3.1 여과-충족 분석

여과-충족(또는 카투넨-스톨네이커) 분석(filtering-satisfaction/Karttunen-Stalnaker analysis)에서 중심 생각은 전제란 취소될 수 없다는 것이다. 오히려 전제는 주로 명제들의 집합으로 간주되는 국지적 문맥에 의해서 충족(즉, 함의)되어야 하고, 그 국지적 문맥은 역동적인 방식으로 구성된다. 이 견해에 따르면, 상향식으로 문장을 유도하는 과정에서 원치 않는 전제는 걸러진다(Karttunen 1973, 1974, Stalnaker 1973, 1974, 1978, 1999, Karttunen and Peters 1979).

투사 문제를 다루기 위해서 Karttunen(1973)은 전제 연산자들을 세 유형으로 구분하였다. (i) 하위절들의 모든 전제들을 봉쇄하는 마개(plugs), (ii) 모든 전제들을 상승시켜서 상위 문장의 전제가 되도록 하는 구멍(holes), 그리고 (iii) 전제들 중 모두는 아니지만 그 일부가 상위 문장으로 투영되는 것을 막는 여과기(filters). 마개의 예로서는 말하기 동사, 명제 태도 동사, 그리고 아마도 전제를

8) 이미 우리가 살펴본 바와 같이, 이런 종류의 진술로서 많이 인용된 예는 'The king of France is bald'이다. 프랑스 왕이 현재 존재하지 않는다는 것을 알면, 그 질문은 다음의 질문, 즉 그 문장의 진리치는 무엇인가라는 질문으로 축소된다. Russell(1905)에 따르면, 그 문장은 현재 프랑스 왕이 한 명 존재하고, 그가 대머리이라는 두 가지를 주장하기 때문에, 프랑스 왕이 현재 존재하지 않는다면 그 문장은 거짓이다. 그러나 이 분석은 반세기 이후에 스트로슨에 의해 반박되었다. Strawson(1950)에 따르면, 러셀은 문장과, 문장의 사용을 구분하지 못했다. 문장을 사용함에 있어서, 화자는 프랑스 왕이 현존한다는 점을 주장하는 것이 아니라 단순히 전제한다. 프랑스 왕이 현존하지 않는다면, 전제 실패가 일어난다. 따라서 그 문장은 참도 아니고 거짓도 아니며, 단지 진리치의 공백이 있거나, Horn(1996)의 은유적 표현으로 말하면 진리함수적 블랙홀이 존재하는 것이다. (추가 논의로는 Levinson 1983, Horn 1996 참조.)

취소하는 상위언어적 부정(Horn 1996: 307, 2장 참조) 등이 있다. 이와는 대조적으로 사실성 동사와 양태 연산자들은 구멍으로 처리된다. 기술적 부정도 전제와 관련하여 구멍으로 간주된다. 끝으로 이항의 논리적 연산자들은 여과기에 해당한다. 앞서 언급한 바와 같이 이 연산자들은 몇몇 전제만을 상승시켜 전체의 전제가 되도록 허용하고, 다른 전제들은 허용하지 않는다. 아래는 세 유형의 전제 연산자들 각각에 대한 예들이다.

(3.37) 마개

a. John said/thought that Peter had started buying blue-chip shares.
~>> Peter hadn't been buying blue-chip shares

b. John doesn't regret running the red light, because in fact he never did so.
~>> John ran the red light

(3.38) 구멍

a. John knows that George Orwell is the pseudonym of Eric Arthur Blair.
>> George Orwell is the pseudonym of Eric Arthur Blair

b. It's unlikely that John will play the piano again.
>> John played the piano before

c. The president didn't die of SARS.
>> There was a president

(3.39) 여과기

a. John has three children, and all his children are intelligent.
~>> John has children.

b. John has three children, and he regrets that he didn't study developmental psychology in university.
>> John didn't study developmental psychology in university

(3.37)에서 마개인 동사 say, think, 그리고 상위언어적 부정은 (내포)절의 전제들이 전체 문장으로 상승되는 것을 막는다. 이와는 대조적으로 (3.38)에서 구멍인 동사 know, 양태 연산자 unlikely, 그리고 기술부정 등의 아래에 있는 전제들은

봉쇄되지 않은 채로 통과된다. 마지막으로 여과기는 전제들을 선별적으로만 통과시킨다. (3.39a)에서 두 번째 접속절의 임시 전제는 여과기에 의해 취소되는 반면에, (3.39b)에서 전제는 전체 접속절로 투사된다.

여과기에 관련하여 어떤 상황 하에서 전제가 걸러지고, 또 어떤 상황 하에서 전제가 걸러지지 않는지에 대한 질문이 제기되는데, Karttunen(1973)은 다음과 같은 답변을 제시하고 있다:

(3.40) 'if *p* then *q*' 형태의 문장에서 *q*가 *r*을 전제하고 *p*가 *r*을 함의하는 경우를 제외하고는 부분들의 전제들이 문장 전체로 상속된다.

(3.41) '*p* & *q*' 형태의 문장에서 *q*가 *r*을 전제하고 *p*가 *r*을 함의하는 경우를 제외하고는 부분들의 전제들이 문장 전체로 상속된다.

(3.42) '*p* or *q*' 형태의 문장에서 *q*가 *r*을 전제하고 ~*p*가 *r*을 함의하는 경우를 제외하고는 부분들의 전제들이 문장 전체로 상속된다.

여과조건 (3.40)에 의하면, 조건절에서 두 번째 절에 의해서 야기되었을 수 있는 전제가 첫 번째 절에 의해서 함의되면, 그 전제는 걸러지게 될 것이다((3.43) = (3.30)). 그렇지 않으면, 그 전제는 살아남아 전체 문장으로 투사될 것이다 ((3.44) = (3.35)).

(3.43) If the bishop promotes the politically incorrect, then he will regret doing so.
~>> The bishop will promote the politically incorrect

(3.44) If Susan returned to England, (then) she would be arrested.
>> Susan was in England before

그리고 여과조건 (3.41)에서 기술한 바와 같이 연접문의 경우도 동일하게 설명된다. 다음 예 (3.45) (=(3.39a))와 (3.46) (=(3.39b))가 이 경우를 설명해 준다.

(3.45) John has three children, and all his children are intelligent.

~>> John has children

(3.46) John has three children, and he regrets that he didn't study developmental psychology in university.

>> John didn't study developmental psychology in university

(3.45)에서 첫 번째 접속절이 두 번째 접속절의 전제를 함의하기 때문에 두 번째 접속절의 임시 전제는 전체 문장으로 상속되지 못한다. 이로 인해 (3.45)는 존에게 아이들이 있다는 내용을 전제하는 것이 아니라 오히려 주장하거나 함의하고 있다. 이와 비교하여 (3.46)에서는 첫 번째 접속절이 두 번째 접속절의 전제를 함의하지 않기 때문에 두 번째 접속절의 전제가 투사되어 전체 문장의 전제가 되는 것이다.

마지막으로 이접문의 경우, 두 번째 절의 임시 전제는 첫 번째 절의 부정에 의해 함의되기 때문에 배제될 것이다. 예 (3.47) (=(3.31))이 이를 보여준다. 그렇지 않으면 예 (3.48) (=(3.36))에서 보는 바와 같이 그 전제는 전체 문장으로 상승될 것이다.9)

(3.47) Either the bishop will not promote the politically incorrect, or he will regret doing so.

~>> The bishop will promote the politically incorrect

---

9) Karttunen(1974)는 아래 (i) (ii)와 같은 예들을 고려하여 '함의하다'를 '문맥상 함의하다'로 대치하여 (3.40)과 (3.41)을 수정해서 실세계 지식에 접근하는 것을 허용해야 한다고 한다.

(i) Geraldine is a Mormon and she has given up wearing her holy underwear!
(ii) If Geraldine is a Mormon, she has given up wearing her holy underwear!
(iii) >> Geraldine used to wear her holy underwear

여기서 보면, (i) (ii)의 두 번째 절은 상태변화 동사 give up을 사용하기 때문에 (iii)을 전제한다. 그러나 이런 전제가 걸러지지 않은 채로 상승되는가의 여부는 몰몬교도들이 무엇을 입는가에 대한 우리 믿음에 달려있다. 그들이 무엇을 입는지 우리가 아무런 지식이 없다면, 이 전제는 통과될 것이다. 반면에, 몰몬교도만이 습관상 성스러운 내복을 입는다고 우리가 가정한다면, 이런 전제 상속은 봉쇄될 것이다. 그런 문맥에서 두 번째 절의 전제가 (간접적으로) 첫 번째 절에 의해서 함의되기 때문이다.

(3.48) Either Susan returns to England, or she will flee to Spain.
>> Susan was in England before

여과-충족 분석은 현대 언어학 내에서 전제에 대해 최초로 체계적인 연구를 제시하고 있다. 그 결과 이 분석은 이 중요한 주제에 대한 이후의 이론 화용론적 모든 연구들, 즉 Heim(1983, 1992), Chierchia and McConnell-Ginet(2000), Beaver(2001) 등과 같은 최근 연구들에 있어서 중요한 배경연구가 되어왔다. 그러나 이 분석에는 많은 문제점들이 있다. 개념적 관점에서 보면, 마개, 구멍, 여과기 등의 설정은 독립적으로 동기부여되었다기 보다는 자의적으로 가정된 것처럼 보여서 설명력이 떨어진다. 이와 다소 관련된 문제로는 이 분석에서 부정이 중의적으로 처리되도록 강요된다는 점이다. 즉 기술적 부정은 구멍으로서, 그리고 상위언어적 부정은 마개로서 처리된다. 이 점은 분명히 오캄의 면도날 정신에 위배된다(2 장 참조).

다음, 경험적으로 고찰해보면, 이 분석의 반례들을 찾는 것은 어렵지 않다. 예를 들어 무엇보다도 마개 하에 내포된 전제는 때때로 흠 없이 살아남을 수 있는데, 이는 여과-충족 분석의 예측에 위배된다. 예 (3.49)가 그런 경우이다.

(3.49) (Levinson 1983: 196)
Churchill said that he would never regret being tough with Stalin.
>> Churchill was tough with Stalin

Levinson(1983: 196)에서 지적된 바와 같이, 이 예에서 보면 카투넨 분석에서 마개인 동사 say가 존재함에도 불구하고 내포절의 전제는 전체 문장으로 상속된다.

그리고 여과조건도 잘못된 예측을 행한다. Gazdar(1979)에서 제시된 예 (3.50)을 살펴보아라.

(3.50) It's possible that John has children and it's possible that his children are away.

~>> John has children

두 번째 접속절의 내포문에서 his children이 사용된 것은 존에게 아이들이 있다는 내용을 전제하고, 이 전제는 possible이 구멍이어서 두 번째 접속절 전체에 상속된다. 그러나 이 전제는 첫 번째 접속절에 의해서 함의되지 못하기 때문에 (3.50)에서는 국지적으로 충족되지 못한다. 이 결과, 연접문에 대한 여과조건 (3.41)에 따라 존에게 아이들이 있다는 내용이 전제된다. 이는 직관에 어긋나는 예측이다. (Gazdar 1979, Levinson 1983: 209-10, Kadmon 2001: 134 참조, 여과조건에 대한 다른 반례들은 Levinson 1983: 210-11 참조.)

마지막으로 여과-충족 이론은 전제의 두 번째 중요한 속성인 취소 가능성을 수용할 수 없다. 이는 (3.51)-(3.53) (=(3.16)-(3.18)) 예들에서 보여주는 바와 같이 문맥에서 취소될 수 있는 임시 전제들에서 볼 수 있다.

(3.51) There is no king of France. Therefore the king of France isn't bald.
~>> There is a king of France

(3.52) A: [열린 문을 보면서] Was it you who opened the door to the porch? I closed it at lunch time.
B: Well, it wasn't me who opened it, because I've gone all afternoon, and it wasn't Joan who opened it, because she was with me, and it wasn't any of the kids who opened it, because they're on a field trip, and I strongly suspect that nobody opened it-there was a lot of wind this afternoon, you know.
~>> Someone opened the door to the porch

(3.53) A: Well we've simply got to find out if Serge is a KGB infiltrator.
B: Who if anyone would know?
C: The only person who would know for sure is Alexis; I've talked to him and he isn't aware that Serge is on the KGB payroll. So I think Serge can be trusted.
~>> Serge is on the KGB payroll

예를 들어 (3.51)을 보자. 이미 살펴본 바와 같이, 문장 'Therefore the king of France isn't bald'이 프랑스 왕 한 명이 현재 존재한다는 내용을 전제하지 않는다. 임시 전제가 담화문맥에서 이미 설정된 모순된 명제 '프랑스에는 왕이 없다'에 의해 반박되기 때문이다. 그러나 기술적 부정을 구멍으로 가정하는 여과-충족 이론 하에서는 그런 원치 않는 전제가 통과되는 것으로 잘못 예측된다. (여과-충족 분석에 대한 최근의 기술적 비판에 대해서는 van der Sandt 1998, Geurts 1999 참조.)[10)]

3.3.2 취소 분석

여과-충족 분석과는 대조적으로, Gazdar(1979)에 기반한 취소 분석(cancellation analysis)의 중요한 가정은 전제란 취소가능하다는 것이다(Soames 1979, 1982). 이 이론에서 전제 유발자가 야기하는 것은 단지 잠재적 전제이고, 이 잠재적 전제가 무효화되지 않으면 실제적 전제가 된다. 투사문제와 관련하여 취소 분석에서는 내포절의 모든 전제들이 어떤 언어적 요소들과 언어외적 요소들에 의해서 무효화되지 않으면 복합문의 실제적 전제가 될 것으로 예측한다.

그러면 잠재적 전제는 어떻게 취소될 수 있는가? 대화함축처럼 잠재적 전제는 (i) 배경적 가정, (ii) 문맥 요소들, (iii) 의미론적 함의내용 (2 장 참조) 등과 불일치하면 무효화된다. 그리고 잠재적 전제가 대화함축과 모순을 일으키는 경우에도 취소된다.

첫째, 잠재적 전제는 배경적 가정 또는 실세계 지식과 모순될 때 취소된다. 앞의 (3.14)를 생각해보고, 아래 (3.54)을 살펴보아라.

(3.54) John hasn't discovered that Angola is in Asia.
~>> Angola is in Asia

10) even, too, manage to 등의 전제 양상에 기초하여 Karttunen & Peters(1979)에서는 모든 종류의 전제는 그라이스적 의미에서의 고정함축이라는 견해를 취하였다. 그런 분석에 대한 한 가지 문제점은 많은 유형의 전제들이 취소가능하다는 점이다(Levinson 1983: 210, Soames 1989: 581, 603).

사실성 동사 discover의 사용으로 인해 앙고라가 아시아에 있다는 잠재적 전제가 야기되어야 한다. 그러나 이러한 명제는 앙고라는 아프리카에 있는 국가라는 우리의 실세계 지식과 상충된다. 따라서 원치 않는 이와 같은 전제는 모순되는 실세계 지식에 의해서 무효화된다.

둘째, 잠재적 전제는 문맥 요소들과 모순을 일으킬 때 무효화된다. 앞의 (3.16) 외에도 아래 (3.55)를 살펴보아라.

(3.55) John: I don't have a car.
Mary: So at least you don't need to worry about where to park your car.
~>> John has a car

존이 자동차를 소유하고 있다는 잠재적 전제는 문맥에서 이미 주어진 주장에 모순된다. 문맥의 주장이 더 강력하기 때문에 이와 모순되는 잠재적 주장은 실제적 전제가 되지 못한다.

다음으로 잠재적 전제는 의미론적 함의 내용과 조화를 이루지 못할 때 사라지게 된다. 앞의 (3.19)-(3.21) 예와 아래 (3.56)을 살펴보아라.

(3.56) John doesn't know that Mary is a hay fever sufferer: she isn't.
~>> Mary is a hay fever sufferer

예를 들면, (3.56)에서 메리가 건초열병 환자라는 잠재적 전제가 있지만, 메리가 건초열병 환자가 아니라는 모순된 의미론적 함의 내용이 또한 존재한다. 즉 잠재적 전제가 기존의 의미론적 함의 내용과 조화를 이루어야 하기 때문에 이 잠재적 전제는 사라진다.

마지막으로 잠재적 전제가 대화함축과 상충될 때 그 전제는 포기된다. 우리는 이미 앞 (3.15) 예에서 살펴보았다. 아래에 제시된 다른 예를 보자.

(3.57) (Karttunen에서 힌트를 얻은 Gazdar 1979에서 재인용)
If I realize later that I haven't told the truth, I will confess it to everyone.
+> I will not realize later that I haven't told the truth
~>> I haven't told the truth

(3.57)의 전체 문장은 화자가 사실을 이야기하지 않았다는 잠재적 전제를 지닌다. 그러나 (3.57)은 또한 화자 자신이 사실을 이야기하지 않았다는 사실을 모른다는 취지의 대화함축된 내용을 갖는다(Gazdar 1979: 150, 153-4, Soames 1989, Stalnaker 1974). 이런 충돌의 결과, 전제는 모순적인 대화함축에 의해서 취소된다. 그리고 전제를 취소하는 대화함축은 주로 $Q_{\text{-clausal}}$ 함축임에 주의하라.

이 시점에서 게즈다의 전제 취소 장치는 두 가지 중요한 특성을 지닌다는 점을 언급해야 할 것 같다. 첫째, 잠재적 전제는 우리가 앞서 살펴본 어떤 요소들과 갈등을 일으키면 무효화되지만, 그 취소 과정은 (3.58)에서 제시된 바와 같이 고정된 우선순위에 따라 진행되어야만 한다(2 장 참조).

(3.58) 게즈다의 전제 취소 절차
a. 배경적 가정
b. 문맥적 요소들
c. 의미론적 함의
d. 대화함축
e. 전제

달리 말하면, 논쟁의 여지가 없는 명제들의 집합으로 구성되는 게즈다식 문맥(즉, 공통 토대 common ground)은 다음의 우선순위에 따라 확장이 이루어진다. 먼저 관련된 배경적 가정들이 문맥 내에 들어가고, 다음으로 문맥적 정보들이, 다음으로 말해진 것의 함의 내용들이, 그 다음으로 대화함축이, 최종적으로는 전제가 추가된다. 둘째, 확장 과정의 매 단계마다 부가될 명제들은 이미 문맥 내에 들어가 있는 어떤 명제와도 모순을 일으키지 않는 경우에만 추가될 수 있다. (추가 논의로는 Gazdar 1979 참조.)

개념적 관점에서 보면, 취소 분석이 여과-충족 분석에 비해 선호될 수 있다. 게즈다의 이론에서는 마개, 구멍, 여과기 등의 자의적 개념들을 설정할 필요가 없다.[11] 경험적으로 보면, 우리가 이미 살펴본 여과-충족 분석의 여러 반례들이 취소 이론에서는 자연스럽게 해결된다. 여기서 (3.59) (= 3.50)를 생각해 보아라.

(3.59) It's possible that John has children and it's possible that his children are away.
~>> John has children

이 예에서 존에게 아이들이 있다는 두 번째 접속절의 전제는 전체 문장으로 투영되지 않는다. 게즈다의 분석에서 보면, (3.59)는 존에게 아이들이 있는지 없는지 화자가 확신하지 못한다는 Q_{clausal} 대화함축을 지닌다는 사실에 의해서 정확히 설명된다. 즉, 잠재적 전제와 모순되는 이 함축이 잠재적 전제에 앞서 문맥에 추가되며, 이로써 잠재적 전제의 실패를 확실하게 한다. 동일한 논리가 (3.51)에도 적용된다. 프랑스 왕이 존재하지 않는다는 함의는 이미 직전의 담화 문맥에 존재하기 때문에, 게즈다의 취소 장치에 따르면 프랑스 왕이 존재한다는 모순적인 잠재적 전제는 문맥에 추가될 수 없으며, 이로써 잠재적 전제가 왜 취소되는지 정확히 설명된다.

그러나 취소 분석이 나름의 반례를 갖지 않는 것은 아니다. 설명을 위해 (3.60)을 살펴보자. 이 예는 Soames(1982)에서 처음으로 제기된 것으로, 취소 이론이 설명하지 못하는 그런 부류의 예들을 대표한다.

(3.60) If someone in the linguistics department won the research grant, it was John who won it.
~>> Someone won the research grant

11) 이 분석에 대해 제기 가능한 개념론적 문제는 비록 다른 종류이기는 하지만 다음과 같다: 전제는 대화함축보다도 더 고정적이라고 하면, 전제들이 왜 대화함축에 의해 취소되어야 하는가하는 문제이다(Landman 1986, Kadmon 2001: 136).

문제는 다음과 같다. (3.60)의 결론부는 누군가 연구비를 탔다는 잠재적 전제를 지니지만, 여과-충족 이론이 정확히 예측하는 바와 같이 전체 조건문으로 상속되지는 못한다. 이와는 대조적으로 취소 이론의 경우, 이 잠재적 전제의 소멸 여부는 if 절에 의해서 생성된 바, 취소능력이 있는 대화함축 내용에 달려있다. 그러나 여기서 관련되는 대화함축은 언어학과의 누군가 연구비를 탔다는 사실을 화자가 확신하지 못한다는 내용이고, 그 자체로는 현재 고려중인 잠재적 전제와 모순을 일으키는 것은 아니다(언어학과에 소속되지 않은 누군가 그 연구비를 탔을 수도 있기 때문이다). 그러므로 잠재적 전제가 실제적 전제가 되는 것을 막지 못하여 틀린 결과를 얻게 된다. (다른 반례들로는 Heim 1983, Landman 1986, van der Sandt 1988 참조.)[12)]

위 (3.60)과 같은 반례들을 토대로, 그리고 여과-충족 분석과 취소 분석이 각기 다루고 있는 자료의 범위가 상보적이라는 관찰을 토대로 Soames(1982)에서는 두 이론들의 결합을 제안한다. 이에 따르면, 투사에 대한 정확한 설명은 카투넨의 국지적 여과와 게즈다의 취소 장치 전반 둘 다를 요구한다고 주장한다. 결합의 두 모형으로는 (i) 여과기를 먼저, 그리고 취소를 그 이후에, (ii) 취소를 먼저, 그리고 여과기를 나중에 하는 두 모형을 생각할 수 있고, 소옴즈는 두 번째 대안을 택했다. (추가 논의로는 Soames 1989, Beaver 2001: 70-2, Kadmon 2001: 139-42 참조.)

게즈다의 취소 분석은 전제 투사 문제에 대해 매우 영향력 있는 이론이다. 최근 이 이론은 van der Sandt(1988), Bridge(1991), Mercer(1992), Marcu(1994), Schötter(1995) 등과 같은 다른 취소 이론들을 만들어냈다. 이 분석들은 기술적인 세부사항들에서 서로 상당히 다르긴 해도, 전제란 취소가능하다는 게즈다의 주요 생각에 토대를 두고 있다.

---

12) Landman(1986)에 의해서 제안된 하나의 해결책은 원치 않는 전제를 취소하도록 대화함축의 개념을 강화하는 것이다. 그러나 그런 제안은 해결되는 만큼의 또 다른 문제를 만들어내는 것 같다.

3.3.3 수용 분석

여과 충족 이론과 취소 이론 양자의 강점들을 결합하려는 시도로서 Heim (1983, 1992)은 자신의 '문맥 변동 역동 의미론' 틀 내에서 여과 충족 모형의 특정 버전을 발전시켰다(van der Sandt 1992).[13] 이 모형을 수용 분석(accommodation analysis)이라고 명명한다.

하임의 견해에 따르면, 문장의 전제를 포함하는 어떤 표현의 의미는 그 표현의 문맥 변동 잠재력이다. 수용(accommodation) 개념은 일반적으로 Lewis (1979)에서 기인하는 것으로 알려졌지만, 사실 Strawson(1950, 1964)에서 유래된 것이다. 루이스 이전에 이 개념에 중요한 기여를 한 다른 학자들로는 Karttunen(1974), Stalnaker(1974), Ballmer(1975, 1978) 등을 들 수 있다. 간단히 말하면, 수용은 정도에서 벗어나는 용법들을 협력적인 대화자들의 기대에 부응하도록 어떻게 회복시킬 수 있는가에 대한 이론을 제공한다. (예를 들어 Huang 2000a: 239, Levinson 2000: 60-1.) 이에 따라 전제의 경우, 수용은 담화 상에서의 '수정'이라는 역동적 과정을 가리키며, 이 과정에서 달리 충족되지 못한 전제를 갱신할 수 있도록 허용해주는 담화 문맥으로의 '암묵적인 확장'이 이루어진다 (Beaver 1997, 2001). Gazdar(1979: 106)에서 제시된 다음 예 (3.61)을 가지고 설명하여 보자. 회의에 늦은 존이 다음 예문을 발화한다.

(3.61) I'm sorry I'm late, my car broke down.
    >> The speaker has a car and he came by car.

청중 어느 누구도 이전에 (3.61)의 전제를 몰랐음에도 불구하고, 그 청중은 전제의 내용을 막지 않고 통과시킬 것이다. 즉 화자가 차를 소유하고 있고, 그 차를 타고 왔다는 가정을 수용할 것이다. 여기서 우리는 문제의 전제가 마치 이전부터 내내 담화문맥 내에 존재했었던 것처럼 간단히 추가되는 현상을 보게 된다.

---

13) 카투넨과 스톨네이커의 여과 충족 분석과 게즈다의 취소 분석도 본질적으로 역동적이다. 그러나 하임의 접근법이 갖는 잇점은 전제 투사를 절의 단계 아래에서 다룰 수 있다는 데 있다. 교과서적 입문서로는 Kadmod(2001), 특히 10장 참조.

이러한 수용은 당연히 어떤 조건들에 의해서 제약을 받는다. 수용된 것은 논쟁의 여지가 없어야 하고, 이미 문맥 내에 존재하는 모든 명제들과 부합해야 한다는 것도 이 제약들 중의 하나이다(Soames 1979, 1989: 567, Atlas 2004). 위 장면에서 (3.61) 대신에 (3.62)를 존이 발화했다고 가정해보자(Levinson 1983: 205).

(3.62) I'm sorry I'm late, my fire-engine broke down.
>> The speaker has a fire-engine and he came by fire-engine.

발화 (3.62)가 요구하는 전제, 즉 일반인이 소방차를 가지고 있고, 회의에 참석하려고 이 차를 탄다는 전제를 수용하기가 훨씬 어려운 이유는 그 전제가 실세계 지식과 어긋나기 때문이다.[14] 종합하면, 전제에 의해서 새로운 정보가 전달될 수 있거나, 빈번히 전달될 것이다. 그리고 본질적으로 수용이란 논란의 여지가 없는 새로운 가정들을 가지고서 담화문맥을 증가시키는 장치이다. 이런 식으로 바라보면, 수용은 그라이스식 착취 개념의 특수한 경우로 간주될 수 있다. 즉, 화자는 화용론적 추론을 야기하고자 대화의 격률들을 자신의 의도대로 활용한다. (2장, Stalnaker 1974, Horn 1996, Thomason 1990 참조.)[15]

하임의 분석에서는 두 유형의 수용에 대응되는 두 유형의 문맥들을 가정한다. (i) 일련의 문장/절들이 평가되는 전체적 문맥(global context)과, (ii) 문장의 일부

---

14) 수용에 대한 다른 중요한 제약으로는 '다리놓기'(bridging)가 있는데, 이는 담화문맥에 첨가될 새로운 정보는 이미 존재하는 정보에 연결되어야 한다는 제약이다. 자세한 논의는 Kadmon(2001: 20-1) 참조.

15) Horn(1996)에서 지적된 바와 같이 수용과 착취 간의 연결은 다음에서 볼 수 있는 바와 같이 그라이스 자신에 의해서 만들어졌다.

"우리가 어떤 콘서트에 관해 이야기할 때 상대방이 우리에게 숙모가 있다는 사실을 모르거나 심지어 우리 숙모에게 자식이 있다는 사실을 모르더라도 누군가에게 'My aunt's cousin went to that concert'라고 말하는 것은 자연스럽다. 이때 가정하는 바는 그런 것이 상식이라기보다는, 청자가 (이미 알지 못했다면) 우리로부터 얻어낼 수 있는 것으로 기대될 수 있는 어떤 것이라는 의미에서 논쟁의 여지가 없는 것이라는 점이다." (Grice 1989: 274)

분들이 평가되는 국지적 문맥(local context)으로서, 전자는 전체적 수용(global accommodation)을 (혹은 Soames 1989에서의 용어로는 '사실상 *de facto*' 수용), 후자는 국지적 수용(local accommodation)을 (Soames 1989에서의 용어로는 '합법적 *de jure*' 수용) 유발한다.16) (3.63)을 가지고 설명해 보자.

(3.63) The king of France isn't bald.
>> There is a king of France.

전체적 수용을 수행하면, 초기 문맥을 수정하여 프랑스에 왕이 있다는 가정을 포함하는 새로운 문맥을 만들어 내게 된다. 이러한 수용으로 인해, 프랑스 왕이 존재하고 그 왕은 대머리가 아니라는 해석을 얻는다. 이와는 달리 국지적 수용에서는 초기 문맥을 전체적으로 수정하지 않고, 그 대신 수정되어야만 하는 지점에서만 수정한다. 이에 따라 프랑스 왕이 존재하고 그가 대머리이다는 내용이 맞지 않다는 취지의 해석을 얻게 된다.

다음에 제기되는 질문은 언제 전체적 수용이 사용되고, 언제 국지적 수용이 채택되는지에 대한 것이다. 하임에 따르면, 다른 조건이 같다면 전체적 수용이 국지적 수용보다 우선시된다고 한다. 달리 말하면, 모순될 가능성으로 인해 전체적 수용이 거부되지 않으면 일반적으로 채택된다(van der Sandt 1992).17) 이는 위의 (3.55)와 아래의 (3.64)에서 설명될 수 있다.

(3.64) John: Auntie Anna doesn't have a cat.
Mary: So at least you don't have to look after her cat when she is on holiday.
~>> Auntie Anna has a cat.

16) Soames(1989: 578)에 따르면, '사실상' 수용에 있어서 전제적 요구사항들을 명백히 위반하는 것들도 이미 존재하는 대화상의 사실들을 요구사항들에 맞게 수정함으로써 수용된다고 한다. 이와는 달리 '합법적' 수용에 있어서 이런 위반하는 것들은 요구사항들을 대화상의 사실들에 맞게 수정함으로써 수용된다.

17) 담화표상이론(Discourse Representation Theory: DRT)의 틀 내에서 형식화한 van der Sandt(1992)의 수용 분석에서는 지역적 수용과 전체적 수용 이외에도 중간적 수용(intermediate accommodation)이라 이름 붙힌 제 3의 수용 유형이 있다.

여기서 우리가 전체적 수용 전략을 채택한다면, 즉 안나 아줌마가 고양이를 가지고 있다는 전체적인 가정을 한다면, 이 명제는 이 짤막한 대화의 이전 순서에서 존의 발화에 의해 문맥 내에 이미 생겨난, 안나 아줌마가 고양이를 가지고 있지 않다는 내용과 직접적으로 충돌할 것이다. 따라서 전체적 수용은 적용되지 않고, 국지적 수용이 수행된다. 후자의 수용에 의해 안나 아줌마가 고양이를 가지고 있지 않고, 그녀가 휴가일 때 그녀의 고양이를 돌볼 필요가 없다는 취지의 해석을 만들어 낼 것이다. 그러므로 추정상의 전제는 사라지며, 이는 경험적으로 보아 정확한 예측이다. 위 (3.50)(=(3.65))과 (3.57) (=(3.66))도 이와 동일하게 설명될 수 있다.

(3.65) It's possible that John has children and it's possible that his children are away.
~>> John has children

(3.66) If I realize later that I haven't told the truth, I will confess it to everyone.
+> I will not realize later that I haven't told the truth
~>> I haven't told the truth

(3.65)에서 두 번째 접속절의 내포문에 있는 his children에 국지적 수용을 적용하면 아래 (3.67)에 제시된 해석을 갖게 되어 추정상의 전제가 사라지는 것을 허용한다. (3.66)에서 화자가 조건부에서 진실을 말하지 않았다는 가정을 국지적으로 수용한다면, 아래 (3.68)에 제시된 해석이 일어나며 다시금 추정상의 전제가 탈락하는 것을 허용한다.

(3.67) It's possible that John has children and it's possible that John has children and his children are away

(3.68) If I haven't told the truth and I realize later that I haven't told the truth, I will confess it to everyone

그러나 수용 분석의 핵심에는 문제점들이 있다. 중요한 하나의 문제점으로는 전체적 수용과 국지적 수용 간의 관계에 관련된다. 첫째, Soames(1989: 601)에서 지적한 바와 같이 전체적 수용을 선호하는 것은 발화 (3.69)에서 누군가 그 문제를 풀었다는 전제를 갖게 되는 잘못된 예측을 하게 한다.

(3.69) Either it was Susan who solved the problem, or no one at the conference did.
~>> Someone solved the problem

둘째, Roberts(1996)에 따르는 Kadmon(2001: 172)의 주장을 보면, (3.70)에서 슈가 담배를 피웠다는 전제를 이끌어내지 못한다는 가정 하에서 전체적 수용과 국지적 수용 둘 모두가 가능하다.

(3.70) If Sue stopped smoking yesterday, for example, that would explain why she is chewing candy all the time today.
~>> Sue smoked

이것이 정확하다면, 전체적 수용이 그럴듯하지 않는 경우에 한해서만 국지적 수용이 정당하다는 논지는 취소되어야만 한다. (수용 분석에 반대하는 논의들로는 Soames 1989, Geurt 1999 등을 참조하고, 수사적 연결을 통한 담화 갱신으로 수용 개념을 대체하려는 시도로서는 Asher and Lascarides 1998 참조. 그 외 Bäuerle, Reyle, and Zimmerman 2003 참조.)[18]

18) 여기서 전제에 대한 다른 중요한 분석인, 신 그라이스식 분석 혹은 후기 그라이스식 분석을 언급해야만 한다. 궁극적으로는 Grice(1981)의 생각에 기초하고 있는 신 그라이스식 분석 혹은 후기 그라이스식 분석의 핵심은 한편으로 긍정문의 전제를 함의 개념으로, 다른 한편으로 부정문의 전제 개념을 대화함축 개념으로 축소하는 것이다. 이러한 노선을 따르는 초기 시도들로서는 Atlas(1975), Kempson(1975), Wilson(1975), Atlas and Levinson(1981) 등이 있다. 최근에 이 분석을 발전시킨 것으로서는 Atlas(2004, 2005)이며, 여기서는 전제 연구에 있어서 패러다임의 전환을 주장하였다. 이 연구들은 전제에 대한 매우 통찰력있는 의견들을 포함하고 있다. 전제에 대한 신 그라이스식 이론 혹은 후기 그라이스식 이론은 Levinson(1983: 216-17)에서 재배당 프로그램(re-allocation programme)으로 불리는 이론의 한 버전으로 볼 수 있다.

3.4 요약

본 장에서는 전제를 살펴보았다. 3.1 절에서 전제의 일반적 현상들을 논의하였고, 3.2 절에서는 더 나아가 전제의 속성들을 살펴보았다. 마지막으로 3.3 절에서는 전제에 대한 중요한 세 가지 분석 방법들을 개괄하였다.

여기서 우리는 Soames(1989: 556, 606)에서 다음과 같이 잘 정리된 의견일치를 보았다. '전제란 하나로 설명되는 단일한 현상이 아니라 여러 의미, 화용 원리들의 상호작용과 관련된 얽혀진 이슈들의 영역일지 모른다.' 그러므로 '전제 이론들은 전적으로 의미론적이거나 전적으로 화용론적이지 않고, 오히려 두 종류의 통합된 정보들을 요구한다.'

우리는 중요한 약점을 또한 찾아볼 수 있다. 실제로 전제에 대한 범언어적 연구는 없다. 전제가 언어 보편적 속성들을 보여주는 것으로 보아 언어 개별적 속성들도 보여줄 수 있다고 생각하는 것은 비이성적인 것이 아니다. 범언어적인 시각으로 전제 현상에 접근할 때 전제에 대한 우리의 이해를 넓힐 수 있을 것이라 본다.

주요 개념들

전제
전제 유발자 (어휘적 유발자, 구문적/구조적 유발자)
전제의 속성들 (부정하의 일관성, 취소 가능성)
전제 투사 문제
마개
구멍
여과기
(조건문, 연접문, 이접문에 대한) 여과 조건
잠재적 전제
실재적 전제

전제 취소 절차
수용
전체적 수용
국지적 수용

연습문제

1. 다음 구문들은 어떤 전제를 유발하는가?
   (1) The burglar realized that he had been filmed on closed circuit television.
   (2) John forgot to do the washing up.
   (3) John hasn't driven a car since he had the accident.
   (4) Professor Huang was glad that he had solved one of evolution's great mysteries.
   (5) John isn't off cigarettes again.
   (6) It wasn't John who moved to Spain.
   (7) Susan discovered that her husband was having an affair.
   (8) Mary started emptying the shopping bags.
   (9) It's odd that John doesn't know how to telnet.
   (10) Jane never remarried.
   (11) If John hadn't missed the interview, he would have got the job.
   (12) John hasn't found out that his brother used all the printer paper.

2. 다음에서 전제를 만들어낼 수 있는가?
   (1) John pretended that he was a professional footballer.
   (2) John, who read mathematics at Harvard, was a friend of mine.
   (3) Susan has fed all the rabbits.
   (4) That John hadn't had a bath for more than three weeks bothered Susan.
   (5) John criticised Susan for wearing a fur coat.

3. 다음 각각의 문장/발화에서 (b)에 제시된 추론을 얻었다. '부정 하의 일관성' 개념

을 진단법으로 사용하여 어떤 추론이 전제이고 전제가 아닌지 말하시오.

(1) a. John has three girlfriends.

b. John does not have, for example, four girlfriends.

(2) a. John understands that raised cholesterol level will increase the risk of heart disease.

b. Raised cholesterol level will increase the risk of heart disease

(3) a. It was in August that John found his brother.

b. John found his brother sometime.

(4) a. Even John's mother likes surfing the net.

b. Others, besides John's mother, likes surfing the net; and of those under consideration, John's mother is among the least likely to do so.

(5) a. Please open the window.

b. The window is not open.

(6) a. All of her children believe in marriage.

b. Some of her children believe in marriage.

(7) (프랑스어)

a. Vous êtes en vacances? '휴가중입니까?'

b. The addressee is socially superior to or distant from the speaker.

(8) a. John is rich but humble.

b. There is a contrast between being rich and being humble.

4. 다음에서 임시적 전제는 무엇인가? 그 전제들 각각은 어떻게 취소되는가?

(1) Manchester United didn't regret losing the game, because in fact they won!

(2) Dr. Smith left the university before being promoted to an associate professor.

(3) You say that somebody in this room fancies Henry. Well, it isn't Mary who fancies Henry, it isn't Lucy, and it certainly isn't Jane. In fact, nobody in this room fancies Henry!

(4) John doesn't know that Neil Armstrong was the first man to travel in space.

(5) John was in his office when the news was announced, if it was in fact ever announced.

(6) He is proud that he is the tsar of Russia, but of course there isn't any such tsar anymore!

(7) If Cambridge wins the boat race, John will be happy that Cambridge is the winner.

5. 아래 (1)이 부정되거나 양태 문맥 내에 놓이면 그 함의가 살아날 것인가? ('||-'는 함의를 표현한다.) 이것을 (3.32)-(3.34)에서 보여준 바, 동일한 상황 하에서 전제의 행태와 비교하여라. 어떤 결론에 도달할 수 있는가?

   (1) The nursery teacher sold nine Christmas raffle tickets.

   ||- The nursery teacher sold eight Christmas raffle tickets.

6. 전제의 본질적 속성들은 무엇인가?

7. 전제는 어느 정도로 화용론적 현상인가?

8. 전제에 대해 투사 문제는 무엇인가?

9. 대화함축과 전제 간의 유사점과 차이점은 무엇인가?

10. 이 장에서 토론한 전제의 세 가지 분석법들 중 하나를 비판적으로 평가해보아라.

더 읽을거리

Karttunen(1973).

Gazdar(1979).

Beaver(2001). I 부.

Atlas(2004) 또는 Atlas(2005) 4 장.

제 4 장

화 행

화행 이론(speech act theory)은 오스트리아 철학자 비트겐슈타인(Ludwig Wittgenstein)의 언어 게임(language-games)에서 그 전조를 엿볼 수 있지만, 일반적으로 옥스퍼드 대학 철학자 오스틴(J. L. Austin)에서 시작된다고 생각한다.[1] 오스틴은 1930년대 후반에 이 이론에 대한 기본적인 개념을 제시하였고, 뒤이어 1952-1954년 옥스퍼드 대학에서의 강의와 이후 1955년 하버드 대학에서 행한 윌리엄 제임스 강연에서 구체화시켰다. 이 강연들은 사후 유작으로 1962년에서야 『How to do things with words』 이라는 제목으로 출판되었다. 1960년 오스틴의 사망 이후, 이 이론은 옥스퍼드 대학의 제자인 미국 철학자 써얼(John R. Searle)에 의해 정제되고 체계화되어 지속적인 발전을 이어갔다. 화행 이론의 중심적인 생각을 간단히 표현하면, 문장의 발화는 사회 제도와 관습 틀 내에서 이루어지는 행위 (일부)라는 것이다. 슬로건 형태로 표현하면, 말하는 것은 행하는 것(의 일부)이거나, 말은 행위(의 일부)이다.

4.1 절에서는 오스틴의 수행문과 진술문 이분법을 논의한다. 4.2 절의 핵심은 수행문에 대한 오스틴의 적정조건들이다. 4.3 절에서는 발화 행위, 발화수반 행위, 발화영향 행위의 삼분법을 논의한다. 4.4 절에서는 화행에 대한 써얼의 적정조건들을 살펴보고, 4.5 절에서는 화행에 대한 써얼의 분류를 제시한다. 그리고 4.6 절에서는 간접 화행을 논의하고, 마지막 4.7 절에서는 화행의 문화적 측면들을 논의한다.

4.1 수행문 대 진술문

4.1.1 수행문/진술문의 이분법

1930년대 철학사상에서 매우 영향력 있는 학파는 주로 비엔나를 중심으로 한 철학자와 수학자들 그룹에서 발전시킨 논리 실증주의(logical positivism) 학파이다. 논리 실증주의의 중심적인 학설들 중 하나는 소위 기술 오류(descriptive fallacy)인데, 즉 철학적으로 흥미 있는 언어의 유일한 기능은 참 혹은 거짓인

1) 화행의 역사에 대해서는 예를 들어 Smith(1990) 참조.

진술을 만드는 것이라고 본다. 소위 의미에 대한 증명 논제(verificationist thesis)가 이런 기술 오류의 한 견해인데, 이에 따르면, '임의의 문장이 적어도 원칙상 증명될 수 없으면(즉, 그 문장의 참 또는 거짓이 테스트될 수 없으면), 엄격히 말해서 그것은 무의미한 것이다'고 한다(Levinson 1983: 227; Lyons 1995: 173). 이 견해에 따르면, (4.1)에 제시된 문장들은 참 또는 거짓 명제들을 만드는 데 사용되지 않기 때문에 단지 무의미하며, 그 대신 이 문장들은 주관적인 판단을 표현한다.

(4.1) a. Shouting and screaming at your children is wrong.
b. Elizabeth is more beautiful than Mary.
c. Getting married and having children is better than having children and getting married.

오스틴이 화행 이론(Austin 1962)을 발전시키기 시작한 것은 이런 철학적 배경 하에서였다. 그는 두 가지 중요한 관찰을 했다. 첫째, (4.2)에 제시된 바와 같은 몇몇 일상적인 문장들은 진술을 행하는 데 사용되지 않으며, 그 자체로서는 참 혹은 거짓이라고 말할 수 없다고 본다.

(4.2) a. Good morning!
b. Is she a vegetarian?
c. Put the car in the garage, please.

둘째, 위와 유사한 방식으로 진리조건적 분석을 거부하는 일상 언어의 서술문들이 존재한다. 이런 문장들을 발화하는 요점은 무언가를 말하는 데에 그치지 않고, 적극적으로 그 무언가를 행한다는 데에 있다. 달리 말하면, 그런 발화들은 기술적 측면과 효과적 측면을 지닌다. 따라서 오스틴은 이 발화들을 수행문(performatives)이라 불렀고, 진술문(constatives)이라 부르는 주장 또는 진술을 만드는 발화들과 구분하였다.

달리 표현하면, 오스틴은 초기에 수행문과 진술문을 구분하였다. 수행문은 (4.3)에 제시된 바와 같이 무언가를 행하거나 행위를 수행하는데 사용되는 발화이다. 이와는 대조적으로 진술문은 (4.4)에 제시된 바와 같이 주장이나 진술을 행하는데 사용되는 발화들이다.

(4.3) a. I christen/name this ship the *Princess Elizabeth.*

b. I now pronounce you man/husband and wife.

c. I sentence you to ten years in prison.

d. I promise to come to your talk tomorrow afternoon.

e. I command you to surrender immediately.

f. I apologize for being late.

(4.4) a. My daughter is called Elizabeth.

b. The children are chasing squirrels in the park.

c. Maurice Garin won the first Tour de France in 1903.

(4.4)의 서술문들과는 달리, (4.3)의 서술문들은 두 가지 특성을 지닌다. (i) 이 서술문들은 외부 세계의 사태에 대해서 의도적으로 무언가를, 즉 참 혹은 거짓을 말하는데 사용되지 않는다. (ii) 이 서술문들을 사용하는 것은 행위(의 일부), 즉 (4.3a)에서는 선박에 이름을 부여하는, (4.3b)에서는 결혼한 쌍을 공표하는, (4.3c)에서는 기소된 범인에 판결을 내리는, (4.3d)에서는 약속하는, (4.3e)에서는 명령하는, (4.3f)에서는 사과하는 행위를 구성한다. 그리고 Huang(2006a)에서 지적한 바와 같이 (4.3a-c)와 (4.3d-f) 간에는 그 외 두 가지 차이점이 있다. 첫째, (4.3a-c)는 제도에 의해 지원되는 관습적 내지 의식적 행위의 일부이고 (Strawson 1964를 참고할 것), (4.3d-f)는 그렇지 않다. 둘째, (4.3a-c)에서 각 행위들이 행해질 때 그 행위를 명명하는 동사인 수행 동사(performative verb)가 일반적으로 중요한 요소이어서 생략될 수 없는 반면에, (4.3d-f)에서는 생략가능하다. 달리 말하면, 예를 들어 동사 christen 또는 name을 사용하지 않고서 어떤 선박에 이름을 부여할 수 없는 반면에, (4.5)에서와 같이 promise 동사를 사용하지 않고

서도 우리는 약속을 할 수 있다.

(4.5) I'll come to your talk tomorrow afternoon.

☞ 연습문제 1

[명시적 수행문 대 암시적 수행문]

또한 수행문은 명시적 수행문과 암시적 수행문의 두 유형으로 구분될 수 있다. (후자의 경우, Austin(1962: 69)에서는 일차적(primary) 수행문이라 부른다.) 명시적 수행문(explicit performatives)은 어떤 종류의 행위가 수행되고 있는가를 명시해 주는 수행동사를 포함하는 수행 발화이다. 이와 달리, 암시적 수행문(implicit performatives)은 그런 동사가 없는 수행 발화이다. 이러한 차이는 위 (4.3)의 명시적 수행문과, 위 (4.5)와 아래 (4.6)의 암시적 수행문에서 설명된다.

(4.6) a. Surrender immediately.
b. How about going to New York on Saturday?
c. Leave me alone, or I'll call the police.

☞ 연습문제 2

[명시적 수행문의 통사적, 의미론적 속성들]

오스틴은 또한 영어의 명시적 수행문이 갖는 여러 통사적, 의미론적 속성들을 제시하였다. 그 속성들로서는 (i) 명시적 수행문은 수행동사를 포함하며,[2] (ii) 그런 동사의 수행적 성질은 부사 hereby를 첨가함으로써 강화될 수 있다.

2) 범언어적으로 보면 수행동사들의 규모는 언어마다 다르다. 영어는 수행동사들이 매우 풍부하다. Lyons(1995)에 따르면, 영어에는 수천은 아니더라도 수백 개의 수행 동사들이 존재한다(Verschueren 1985). 이와는 대조적으로 러시아어는 보다 작은 규모의 수행 동사들을 포함하고 있는 언어이다.

그리고 (iii) 명시적 수행문은 현재시제, 직설법, 능동태의 일인칭 단수 주어를 갖는 문장들에서 나타난다.

그러나 오스틴 자신이 인지한 바와 같이 예외들이 있다. 명시적 수행문은 때때로 (4.7)에서처럼 일인칭 복수 주어를, (4.8)에서처럼 이인칭 단수 혹은 복수 주어를, (4.9)에서처럼 삼인칭 단수 혹은 복수 주어를 취할 수 있다. 게다가 명시적 수행 동사가 '비인칭'인 경우, 즉 (4.10)에서처럼 화자를 가리키지 않는 경우들도 있다. 또한 (4.8), (4.9), (4.10a), (4.10c), (4.11b)에서처럼 명시적 수행문이 수동태로 표현된 문장으로 나타날 수도 있다. 마지막으로, (4.11)에서의 제시된 예들이 보여주는 바와 같이, 현재 진행형의 문장으로도 나타날 수 있다.

(4.7) We suggest that you go to the embassy and apply for your visa in person.

(4.8) You are hereby warned that legal action will be taken.

(4.9) Passengers are hereby requested to wear a seat belt.

(4.10) a. (어느 회사의 연차 총회 공지문에서 발췌)

Notice is hereby given that the Annual General Meeting of O2 plc will be held at The Hexagon, Queens Walk, Reading, Berkshire RG1 7UA on Wednesday, 27 July 2005 at 11.00 am for the following purposes: ...

b. (Hurford and Heasley 1983: 239)

The management hereby warns customers that mistakes in change cannot be rectified once the customer has left the counter.

c. (Levinson 1983: 260)

It is herewith disclosed that the value of the estate left by Marcus T. Bloomingdale was 4,785,758 dollars.

(4.11) (Thomas 1995: 45)

a. (신호기 담당 직원들의 파업 중에 한 라디오 기자가 레일트렉사의 회장과 인터뷰하고 있다.)

A: Are you denying that the government has interfered?

B: I am denying that.

b. (어느 해군 징계 심문에서 발췌)

You are being discharged on the grounds of severe temperamental unsuitability for service in the Royal Navy.

다음으로 수행동사가 기술적으로 사용될 수 있음에 주의하라. 이 용법의 수행동사들은 비수행동사들처럼 행동한다.

(4.12) a. I baptized John's baby last Sunday.
b. You are always promising to do housework, but you never do it.
c. It's the head of department who authorized John to work in our lab.

☞ 연습문제 3~4

4.1.2 수행가설

명시적 수행문들을 설명하기 위해서 수행 가설(performative hypothesis)로 알려진 분석이 1970년대에 제안되었다. 이 가설의 기본 생각에 의하면, 모든 문장의 기초에는 (4.13)에 제시된 형태의 '숨겨진' 수행절이 상위절 내에 존재한다고 한다.

(4.13) I (hereby) Vp you (that) S.

여기서 Vp는 수행동사이고, S는 보문절이다. 의미 변화 없이 상위 수행절이 생략될 수 있음에도 불구하고, 직설법, 능동태, 단순 현재시제의 형태를 지니는 수행동사는 암시적인 것을 명시적으로 만들 것이다. (예로 Ross 1970, Lakoff 1972, Sadock 1974가 있다; 가설에 관한 보다 상세한 설명은 Gazdar 1979와 Levinson 1983을 참고할 것; 더 발전된 논의는 Sadock 2004를 참고할 것.) 그러므로 이 가설에 따르면 (4.14)의 심층 구조상에서 상위 수행절은 (4.15)와 같이 표현된다.

(4.14) Stand up.

(4.15) I hereby request that you stand up. 또는
I hereby order you to stand up.

이 분석의 핵심에 문제점들이 있다. 그 문제들 중의 하나로는 관련된 동사가 기술적으로 사용될 수 있음에도 불구하고, 명시적 수행문 형태를 갖지 않는 암시적 수행문들이 다수 존재한다는 것이다. 설명상 (4.16)을 보자.

(4.16) a. You're a stupid cow.
b. ?I hereby insult you that you're a stupid cow.
c. John insulted Mary by saying that she was a stupid cow.

직관적으로 볼 때 (4.16a)는 일종의 모욕으로 해석되는 것이 가장 자연스럽다. 그러나 (4.16b)가 자연스럽게 느껴지지 않는 것처럼, (4.16a)는 수행가설의 예측과는 달리 이에 대응되는 명시적 수행문을 갖지 않는 것 같다. 하지만 (4.16c)가 보여주는 바와 같이 동사 insult는 특별한 문제없이 기술적으로 사용될 수 있다. 거짓말하기, 위협하기, 처벌하기 등의 화행에도 이와 다소 동일한 문제가 나타날 수 있다. 이런 어려움과 다른 통사적, 의미론적, 화용론적 어려움에 직면했기 때문에(Levinson 1983: 243-78, Yule 1996: 52-3, Marmaridou 2000: 187, Cruse 2004, Sadock 2004 등) 수행가설은 오래 전에 포기되었다.

4.2 수행문에 대한 오스틴의 적정 조건들

이미 언급한 바와 같이 수행문을 참 또는 거짓으로 부르는 것은 의미 없다. 그럼에도 불구하고 오스틴은 수행문이 성공적이거나 '적정하기'(felicitous) 위해서는 일련의 조건들을 만족시켜야 한다고 보았다. 예를 들어, 명명 화행의 한 조건으로서 화자는 자신이 속한 사회 안에서 그와 같은 행위를 할 만한 권위를 인정받고 있어야 한다. 명령 화행에서는 화자가 청자에 대해 권위 있는 위치

에 있어야 한다는 조건이, 그리고 약속 화행에서는 화자가 약속한 것이 청자 측에서도 이행되어지기를 원하는 것이어야 한다는 조건이 있는 것이다. 오스틴은 이런 조건들을 적정 조건들(felicity conditions)이라 불렀다. 달리 말하면, 적정 조건들은 행위를 수행하기 위해서 단어들이 적절하게 사용되는 조건들이다.

오스틴은 세 가지 다른 유형의 적정 조건들을 구분하였다(Austin 1975: 14-15).

(4.17) 수행문에 대한 오스틴의 적정 조건들

A. (i) 관례적 효과를 지니는 관례적 절차가 있어야 한다.

(ii) 절차에 명시된 대로 상황과 인물이 적정해야 한다.

B. 절차는 (i) 정확하고 (ii) 완전하게 실행되어야 한다.

C. 종종

(i) 관련 인물들은 절차에 명시된 대로, 필수적인 생각, 감정, 의향을 지녀야 한다. 그리고

(ii) 뒤따르는 행위가 명시되면 당사자들은 그렇게 해야만 한다.

(4.17)의 조건들 중 어느 하나를 위반하는 것은 수행문을 '불행한' 또는 적정치 못한 것으로 만드는 것이다. 조건 A 또는 B가 준수되지 못하면, 오스틴이 묘사한 불발(misfire)이 일어난다. 예를 들어 영국에서 권위가 인정되지 못하는 장소에서 결혼식을 거행하는 호적 담당관은 조건 A(i)를 위배하여 불발을 야기한다. 이는 대상이 아닌 아이에게 세례를 주는 성직자의 경우에도 동일하게 적용되는데, 이 경우에는 조건 A(ii)를 충족시키지 못한 경우이다. 다음으로 조건 B(i)의 위배 사례로서는 결혼식에서 관례적으로 정해진 정확한 말을 하지 않는 신랑의 경우를 생각해 볼 수 있다.[3] 조건 B(ii)에 따르면 그 절차는 완전해야 한다고

3) 영국 교회에서 이루어지는 결혼식의 표준 형식에는 변이형들이 있다:

(i) 기도문(the Book of Common Prayer) 버전
목사: Wilt thou have this woman to thy wedded wife, ...
신랑: I will.

(ii) 기도문(the Alternative Service Book) 버전
목사: (Name), will you take (Name) to be your wife ...
신랑: I will.

되어 있다. 그러므로 내기를 할 때, 청자가 'You are on' 또는 그와 같은 효과를 갖는 말들을 발화하지 않으면 내기는 성립되지 않는다. 오스틴의 용어로 이는 만족할만한 이해(uptake)로 간주되고,[4] 그런 이해가 없으면 다시 불발을 야기할 것이다. 마지막으로 조건 C를 만족시키지 않고서 불성실로 끝나면, 결과적으로 남용(abuse)이 일어난다. 남용의 예로서는 커닝으로 시험에 통과한 사실을 알고도 그 사람을 축하하는 경우나(조건 C(i)), 깰 의도를 이미 가지고 있으면서 약속을 하는 경우(조건 C(ii)), 신방에 들 의도가 없으면서 결혼하는 경우 등이 있다. (부당발동행위 misinvocation, 부당집행 misexecution, 그리고 남용의 조건에 대한 논의를 다룬 Sadock 2004를 참고할 것.) 써얼의 연구를 살펴볼 때 적정 조건들의 문제점을 다시 보기로 한다.

☞ 연습문제 5

4.3 발화 행위, 발화수반 행위, 발화영향 행위

오스틴은 초기에 수행문과 진술문을 구분하는 방법을 제시했지만, 곧바로 그 구분을 포기하고 화행이라는 일반적인 이론을 내세우게 된다. Levinson (1983: 231)에서 지적된 바와 같이, 사실 오스틴의 주장에는 두 가지 내적 변화가 있다. 첫째, 수행문은 특정한 통사적, 의미론적 속성들을 지닌 문장/발화의 특정 부류라는 견해에서 명시적 수행문과 암시적 수행문을 포괄하는 수행문 일반 부류가 존재한다는 견해로 변화했다. 여기서 암시적 수행문은 다른 많은 유형의 문장/발화들을 포괄한다. 두 번째 변화는 수행문/진술문의 이분법에서 화행이라는 일반적인 이론으로의 변화를 들 수 있다. 다양한 수행문과 진술문은

미국에서는 다음 형식이 또한 사용된다:
(iii) 목사: Do you take this woman ...
신랑: I do.

4) Thomas(1995: 40-1)에서는 내기와 같은 수행문의 경우 그 성공여부가 다른 사람의 특정한 이해에 의존하기 때문에 이를 '협력적' 수행문으로 불렀다. 다른 협력적 수행문으로는 유증하기, 도전하기 등이 있다.

이 화행의 하위 부류들일 뿐이다.

오스틴이 수행문/진술문의 이분법을 포기하게 된 것은 무엇 때문이었을까? 첫째, 오스틴은 진술문 역시 수행문과 마찬가지로 적정조건들(4.17)이 적용된다는 점에 주목했다. 2 장에서 논의한 바 있는, 소위 모어의 역설(4.18)을 생각해 보아라.

(4.18) ?Princess Diana died in a fatal car crash in Paris with Dodi Al Fayed, but I don't believe it.

이 발화는 (4.17)의 조건 C(i)을 위배하기 때문에 적정하지 못하다. 동일한 논리로, 존의 부인이 없다는 것을 알면서 누군가가 (4.19)를 발화한다면, 그 전제는 통과되지 못한다(3 장 참조). 전제가 투사되지 못하는 이유는 (4.17)의 조건 A(ii)를 준수하지 못하기 때문이다.

(4.19) I'm sure John's wife is a feminist.

둘째, 오스틴은 심지어 진리조건적 용어로도 수행문과 진술문을 구분하는 것이 불가능함을 알았다. 먼저 (4.20)에서처럼 진리조건들에 의한 엄밀한 평가가 이뤄지지 않는 '느슨한'(loose) 진술문들이 존재한다.

(4.20) a. France is hexagonal. (Austin 1962)
b. John is bald.
c. London is sixty miles from where I live.

프랑스는 엄밀하게 말해서 육각형 형태가 아니다. 존은 머리에 몇 가락의 머리털을 여전히 가지고 있거나, 런던은 화자가 살고 있는 곳으로부터 정확히 60 마일 떨어져 있지 않을 수도 있다. 그러므로 (4.20)의 예들과 같은 진술문들은 대강 또는 개략적으로 참이라고 말할 수 있다. 다른 한편, hereby 테스트를 통과하여 정의에 따라 수행문으로 인정받은 발화 중에서도 진술이나 주장으로 사용되는 (4.21)의 예들이 있다. 이 경우들은 수행문인 동시에 진술문으로도 간주되어야만 한다.

(4.21) a. I hereby state that John is growing GM crops.
b. I hereby tell you that the prime minister is not going to stand down.
c. I hereby hypothesize that there is water on Mars.

이런 증거들을 토대로 오스틴은 다음과 같은 결론을 내렸다. 진술문은 수행문의 특별한 부류일 뿐이고, 행위 수행자로서의 수행문과 진리치 보유자로서 진술문 간의 이분법적 분류는 더 이상 유지될 수 없다.

이어서 오스틴은 모든 발화들이 의미하는 바를 의도하는 것 이외에도 발화의 특정한 의사소통적 힘을 통해 특정한 행위를 수행한다고 주장하였다. 그리고 무언가를 말하는 순간에 행해지는 행위들을 삼차원적으로 분류하였다.

(4.22) 화행의 세 면들
(i) 발화 행위: 의미있는 언어 표현을 생성하는 행위
(ii) 발화수반 행위: 언어 표현을 발화할 때 화자가 수행하기로 의도된 행위로서, 그 언어 표현과 명시적으로 혹은 암시적으로 연관된 관례적 힘에 의해서 일어난다.
(iii) 발화영향 행위: 언어 표현의 발화를 통해서 청자에게 결과나 효과를 야기하는 행위로서, 그 결과나 효과는 발화 상황에 특정한 것이다.

발화 행위(locutionary act)는 말하기의 기본적 행위이며, 이 자체는 다음 세 가지 관련 하위 행위들로 구성된다. (i) 발화기록을 만들어내는 음성(phonic) 행위, (ii) 특정한 언어 내에서 특정 언어 표현을 구성하는 형태(phatic) 행위, (iii) 발화기록을 문맥화하는 의미(rhetic) 행위(Austin 1962, Lyons 1995: 177-85). 달리 표현하면, 이 세 하위 행위들 중 첫째 행위는 (구어체의 경우) 일련의 음성

소리를, 또는 (문어체의 경우) 문자 기호들의 집합을 만들어 내는 물리적 행위와 관련한다. 두 번째 행위는 특정 언어 내에서 -단어, 구, 문장에 상관없이- 소리/기호들의 적형 구조를 구성하는 행위를 가리킨다. 세 번째의 행위는 지시체를 할당하고, 직시표현들을 해결하며, 발화기록을 어휘적으로 또는 문법적으로 명료하게 하는 임무를 담당한다. 이러한 세 하위 행위들은 대충 언어이론에서의 세 가지 설명 층위/방식에, 즉 음성학/음운론, 형태론/통사론, 의미론/화용론에 부합한다.

우리가 무언가를 말할 때, 보통은 어떤 목적을 염두에 두고 말한다. 이것이 발화수반 행위(illocutionary act)이다. 달리 말하면, 발화수반 행위는 화자가 이행하고자 의도하는 기능의 유형을, 또는 화자가 발화를 만들어내는 과정에서 이루고자 의도하는 행위의 유형을 가리킨다. 이것은 사회 관습의 체계 내에서 규정된 행위이다. 간단히 말해, 이것은 발화시에 수행되는 행위이다. 발화수반 행위의 예로서는 고소하기, 사과하기, 비난하기, 축하하기, 허락하기, 조롱하기, (잔소리로) 괴롭히기, 명명하기, 약속하기, 주문하기, 거절하기, 맹세하기, 감사하기 등이 있다. 방금 언급한 기능 또는 행위는 일반적으로 발화 포인트(illocutionary point) 또는 발화수반력(illocutionary force)으로 지칭되기도 한다. 발화수반력은 Searle(1969)이 일컫는 발화수반력 제시 장치(illocutionary force indicating device: IFID)에 의해서 자주 표현되는데, 앞서 (4.13)에서 제시된 형식을 갖는 명시적 수행문이 이 장치들 중에서 가장 직접적이고 관례적인 유형에 해당한다. 좁은 의미의 '화행' 용어는 특히 발화수반 행위를 가리키는 것으로 종종 간주된다.

이 시점에서 언급해야 될 것은 동일한 언어표현이 다양한 화행을 전달하는데 사용될 수 있어서, 동일한 발화 행위가 상이한 문맥 내에서는 상이한 발화수반력을 지니는 것으로 간주될 수 있다는 점이다. 사람들은 아래 (4.23)을 상황에 따라 위협하기 위해, 경고하기 위해, 또는 설명하기 위해 발화할 수 있다.

(4.23) The gun is loaded.

Alston(1994)의 주장에 따르면, 사실상 한 문장의 의미는 그 문장 형태와 밀접하게 그리고 관례적으로 연결된 어떤 발화수반 행위 잠재력(illocutionary act potential: IAP)을 가지는 데 있다고 한다. 이 견해에 따르면, 어떤 문장의 의미를 안다는 것은 그 문장이 어떤 발화수반 행위들을 수행하는 데 관례적으로 사용될 수 있는가를 아는 것이다(Recanati 2004b).

반대로, 하나의 화행이 상이한 언어표현들에 의해서 수행될 수 있거나, 동일한 발화수반력이 상이한 발화 행위들에 의해서 실현될 수도 있다. 예를 들어 (4.24)의 발화들은 요구하기라는 하나의 화행을 수행하는 다양한 방식들을 설명하고 있다.

(4.24) (기차역 매표소에서)

a. A day return ticket to Oxford. please.

b. Can I have a day return ticket to Oxford, please?

c. I'd like a day return ticket to Oxford.

마지막으로 발화영향 행위(perlocutionary act)는 어떤 발화가 그 청자에게 끼칠 수 있는 효과에 관련한다. 보다 기술적으로 제시하면, 발화영향이란 관련 발화수반이라는 행위를 통해 그 청자에게 어떤 효과를 주거나 어떤 영향을 행사하는 행위이다. 즉, 발화영향 행위는 의도적이든 아니든 발화의 결과물 또는 부산물을 표현한다. 그러므로 발화영향 행위는 발화를 함으로써 수행된 행위이다. 예를 들어 은행의 무장강도 사건에서 강도는 출납계 직원으로 하여금 금고를 열도록 하기 위해 (4.23)을 발화할 수도 있다. 발화에 의해 행해지는 행위의 이런 효과는 일반적으로 발화영향 효과(perlocutionary effect)라고 알려졌다.

불분명한 경우들이 있긴 하지만, 발화수반과 발화영향 간의 주요 차이점들을 다음과 같이 요약할 수 있다. 첫째, 발화수반 행위는 화자에 의해 의도되는 반면, 발화영향 효과는 화자에 의해 항상 의도되는 것은 아니다. 둘째, 발화수반 행위는 화자가 완전하게 통제할 수 있지만, 발화영향 효과는 화자의 완전한 통제

하에 있지 않다. 셋째, 발화수반 행위가 명백하다면, 발화가 이루어질 때 그 행위도 명백해진다. 그러나 발화영향 효과는 보통 그 발화가 이루어진 후에도 명백하지 않다(Hurford & Heasley 1983: 247). 넷째, 발화수반 행위는 원칙적으로 확정적이지만,[5] 발화영향 효과는 종종 확정적이지 못하다. 마지막으로 발화수반 행위는 언어형태에 구속된 정도가 강하고, 발화영향 효과는 그 정도가 약하다(Sadock 2004).

☞ 연습문제 6

4.4 화행에 대한 써얼의 적정 조건들

앞서 4.2 절에서 제시된 오스틴의 적정 조건들에 대한 논의를 상기해보자. 임의의 문장이 참이 되기 위해서는 세계가 그 문장의 진리조건들을 충족시켜야만 하는 것처럼(1 장 참조), 임의의 화행이 적정하다고 판단되기 위해서는 세계가 그 화행의 적정 조건들을 충족시켜야만 한다. 오스틴에 의해서 제기된 적정 조건들은 임의의 화행이 적절한지 또는 부적절한지를 결정하는 방법이기도 하고, 그 조건들이 서로 조합하여 발화수반력을 형성한다고 Searle(1969)은 보고 있다. 달리 표현하면 적정 조건들은 화행의 구성규칙들(constitutive rules), 즉 행위 그 자체를 만들어내는 규칙들이다. 써얼에 의하면, 화행을 행한다는 것은 그 유형의 행위에 관련되는 어떤 관례적 규칙들을 획득한다는 것이다. 써얼은 기존 오스틴의 적정 조건들을 네 개의 범주로 새로이 분류하였다. 즉 이 네 범주로는 (i) 명제내용 조건, (ii) 준비 조건, (iii) 성실성 조건, (iv) 본질 조건 등을 들고 있다. (4.25)와 (4.26)을 가지고 이 조건들을 살펴보자.

5) 그러나 다음 예에서 보는 바와 같이 발화수반 행위가 비확정적인 상황들이 있다.
(i) 고용주: 그 일이 얼마나 진행되었는지 보기 위해 모레 다시 오겠다.
(ii) 피고용인: 그거 약속입니까? 아니면 위협입니까?

(4.25) 약속하기에 대한 적정조건들

(i) 명제내용 조건: *S*의 미래 행위 *A*

(ii) 준비 조건: (a) *H*는 *S*가 *A*를 하지 않는 것보다도 하는 것을 선호할 것이며, *S*는 이를 믿는다. (b) 사건의 일반적 진행과정에서 *S*가 *A*할 것인지는 *S*와 *H* 둘에게 모두 분명하지 않다.

(iii) 성실성 조건: *S*는 *A*하기를 의도한다.

(iv) 본질 조건: *e*를 발화하는 것은 *A*를 해야 하는 책임으로 간주된다.

여기서 *S*는 화자를, *H*는 청자를, *A*는 행위를, 그리고 *e*는 언어표현을 가리킨다.

(4.26) 요구하기에 대한 적정조건들

(i) 명제내용 조건: *H*의 미래 행위 *A*

(ii) 준비 조건: (a) *S*는 *H*가 *A*를 할 수 있다고 믿는다. (b) *H*가 요구받지 않고서도 *A*를 할 것인지가 분명하지 않다.

(iii) 성실성 조건: *S*는 *H*가 *A*하기를 원한다.

(iv) 본질 조건: *e*를 발화하는 것은 *H*로 하여금 *A*를 하도록 하는 시도로 간주된다.

이제 이 조건들을 하나씩 검토해 보자. 명제 내용(propositional content) 조건은 그 화행의 대상과 본질적으로 관련되어 있다. 즉, 발화수반 행위 부분이 제거된 후 그 발화의 '핵심'으로 (즉, 써얼의 명제적 행위) 남게 되는 것의 내용에 대해 제약을 명시해주는 것과 관련한다. 약속의 경우, 명제 내용은 화자의 어떤 미래 행위를 기술하는 반면에, 요구의 경우에는 청자의 어떤 미래 행위를 기술한다. 준비 조건(preparatory conditions)은 관련 화행에 대한 실세계의 필요조건들을 기술한다. 약속의 경우 대략 다음과 같다. 청자는 약속된 행위가 수행되기를 선호하고, 화자 또한 이를 알고 있다. 그리고 약속되는 바는 보통의 행위과정에서 일어나지 않을 것이라는 점을 화자, 청자 모두 분명히 알고 있다. 요구의 경우, 준비 조건들은 다음과 같다: 화자는 청자가 요구된 행위를 수행할 능력이 있다고 믿을 만한 이유를 가지고 있다. 그리고 청자는 부탁받지 않으면 그 행위를 수행하지 않을 것이다. 다음으로 성실성 조건(sincerity condition)은 관련

행위가 성실하게 수행되면 만족되어야 하는 조건이다. 그러므로 약속하기의 행위를 수행할 때, 화자는 진정으로 약속을 지키려고 해야만 한다. 요구하기 행위를 할 때, 화자는 청자가 그 요구된 행위를 하기를 원한다. 성실성 조건이 충족되지 않으면, 그 행위는 수행되었지만, 오스틴의 용어를 빌리면 남용이 발생한다. 마지막으로 본질 조건(essential conditions)은 수행될 행위를 다음과 같은 의미에서 규정짓는다. 즉, 화자는 자신의 발화가 식별가능한 행위로 간주될 것이라는 의도를 가지며, 이러한 의도는 청자에 의해 인식된다. 그러므로 약속의 경우 화자는 수행해야 할 의무를 만들어낼 의도를 가져야 하며, 요구의 경우 화자는 요구된 바를 청자에게 행하도록 하는 하나의 시도로서 자신의 발화가 간주되도록 의도해야만 한다. 본질 조건들이 충족되지 못하면 관련 행위들이 수행되지 못하는 결과를 갖는다.

☞ 연습문제 7

4.5 써얼의 화행 유형론

화행을 분류할 수 있는가? 가능하다면 어떻게 분류할 수 있을까? Austin (1962)은 화행을 다섯 유형으로 분류했다. (i) 판정행위(verdictives) - 판정하기, (ii) 행사행위(exercitives) - 권력, 권리, 영향 등을 행사하기, (iii) 언약행위(commissives) - 약속하기 또는 공약하기, (iv) 행태행위(behabitives) - 태도, 사회적 행위 등을 보이기, (v) 평서행위(expositives) - 발화를 논증이나 대화과정에 맞추기. 그 이후 오스틴의 초기 분류를 체계화하여 발전시키려는 많은 시도들이 있어 왔다(Bach and Harnish 1979, Allan 2001, Bach 2004). 이들 중 몇몇 시도들에서는 형식적/문법적 용어로, 다른 몇몇에서는 의미론적/화용론적 용어로, 그리고 또 다른 시도들에서는 형식적/문법적 방식과 의미론적/화용론적 방식 간의 결합 형태에 기초하여 제시되었다. (재고를 위해 Sadock 2004를 볼 것.) 이중에서 가장 영향력 있는 분류 도식은 Searle(1975a)이 제시한 신 오스틴식

화행 유형론(neo-Austinian typology of speech acts)이다.

써얼의 분류에서 화행은 언어 보편적으로 다음 네 차원에 의해 다섯 가지 유형으로 나뉜다. (i) 발화수반 포인트(illocutionary point) 또는 화행 유형, (ii) 맞추기 방향(direction of fit) 또는 언어와 세계 간의 관계, (iii) 표현된 심리 상태(expressed psychological state), (iv) 명제 내용 (또한 Searle 1979, 2002를 보되, 4.7.1 절에 제시될 내용을 참고할 것.) 다섯 가지 유형의 화행은 아래에서 설명하기로 한다.

(i) 단정행위(representatives) (또는 단언행위(assertives)); 수행문/진술문의 오스틴 초기 분류에서 진술문에 해당)는 표현된 명제의 참을 화자에게 믿게 함으로써 진리치를 갖게 되는 화행 종류이다. 이 행위는 화자의 믿음을 표현한다. 전형적인 경우로서는 단언하기, 주장하기, 결론짓기, 보고하기, 진술하기 등이 있다. 이 유형의 화행을 수행하면서 화자는 자신이 믿는 바의 세계를 표현하고, 그럼으로써 언어를 믿음 세계에 맞춘다. (4.27)은 단정행위의 예들이다.

(4.27) a. Chinese characters were borrowed to write other languages, notably Japanese, Korean and Vietnamese.
b. Francis Crick and Jim Watson discovered the double helix structure of DNA.
c. The soldiers are struggling on through the snow.

(ii) 지시행위(directives)는 청자에게 무언가를 하도록 하는 화자의 시도를 표현하는 화행 종류이다. 이 행위는 청자가 무언가를 하도록 하는 화자의 희망/기원 등을 표현한다. 전형적인 경우로서는 충고, 명령, 주문, 질문, 요구 등이 있다. 화자는 지시행위를 사용하여 청자 측으로부터 미래의 어떤 행위과정 일부를 이끌어내길 의도하고, 이로써 청자를 통해서 세계를 언어에 맞추려고 한다. 지시행위의 예들은 (4.28)에 제시된다.

(4.28) a. Turn the TV down.
b. Don't use my electric shaver.
c. Could you please get that lid off for me?

(iii) 언약행위(commissives)는 화자를 미래의 어떤 행위과정 일부에 위임하는 화행 종류이다. 이 행위는 무언가를 행하려는 화자의 의도를 표현한다. 전형적인 경우로서는 제공하기, 서약하기, 약속하기, 거절하기, 위협하기 등이 있다. 언약행위에서는 세계가 화자 자신을 통해서 언어에 맞춰진다. 언약행위의 예들은 (4.29)에 제시된다.

(4.29) a. I'll be back in five minutes.
b. We'll be launching a new policing unit to fight cyber crime on the internet soon.
c. I'll never buy you another computer game.

(iv) 표현행위(expressives)는 기쁨, 슬픔, 좋아함, 싫어함 등과 같이 화자의 심리적 태도나 상태를 표현하는 화행 종류이다. 전형적인 경우로는 사과하기, 비난하기, 축하하기, 칭찬하기, 감사하기 등이 있다. 이 유형의 화행에는 맞추기 방향이 존재하지 않는다.[6)]

(4.30) a. Well done, Elizabeth!
b. I'm so happy.
c. Wow, great![7)]

---

6) 이와는 달리 Yule(1996: 55)에서처럼, 화자는 표현행위를 수행하면서 자신이 느끼는 바를 알려지게 하고, 이로써 언어를 감정의 세계에 맞춘다고 주장할 수도 있다.

7) 영어를 포함한 많은 언어들에서 다음의 취지를 지니는 문장들은 종종 강한 정서를 표현하는 데 사용된다.

(i) a. 뭐라 말해야 할지 모르겠는데,
b. 절대적으로 말문이 막힙니다.

(v) 선언행위(declaration/declaratives)는 현 사태 일부에 즉각적인 변화를 주는 화행 종류이다. 이 행위의 성공적인 수행여부는 정교한 언어외적 제도에 달려있기 때문에 제도화된 화행이라 불릴 수도 있다. 화자는 이 유형의 화행을 이행하면서 세계에 변화를 야기한다. 즉, 화자는 명제 내용과 세계 간의 일치를 의도한다. 전형적인 경우로는 브리지 게임에서 잡을 패를 선언하기, 전쟁 선포하기, 제명하기, 해고하기, 후보 지명하기 등이 있다. 맞추기 방향과 관련하여 이 행위는 언어를 세계로, 세계를 언어로 맞추는 두 방향 모두에 해당한다.8)

(4.31) a. 대통령: I declare a state of national emergency.
b. 의장: The meeting is adjourned.
c. 배심장: We find the defendant not guilty.

발화수반 포인트, 맞추기 방향, 표현된 심리상태 등을 종합하면 (4.32)와 같다. (발화수반 논리의 형식화에 관하여 Vanderveken 1994를 참고할 것.)9)

(4.32)

화행유형	맞추기 방향	표현된 심리상태
단정행위	언어를 세계로	믿음 (화자)
지시행위	세계를 언어로	바램 (청자)
언약행위	세계를 언어로	의도 (화자)
표현행위	없음	변화 가능함 (화자)
선언행위	양쪽으로	없음 (화자)

---

c. 어떤 말도 나의 ... 표현할 수 없습니다!

8) 영어에서 몇몇 수행동사들은 하나 이상의 써얼식 범주에 해당할 수 있다. 예를 들어 advise, confess, tell, warn 등이 있다.

(i) I warn you not to dance/ against dancing on the table. (지시행위)
(ii) I warn you that there are no train services on Sundays. (단언행위)

9) Searle(1983)에서는 또한 마음과 세계 간의 세 가지 맞추기 방향이 제시되어 있다: (i) 마음을 세계로 맞추기 방향, (ii) 세계를 마음으로 맞추기 방향, (iii) 맞추기 방향이 없음. de Sousa Melo(2002)에서는 언어와 세계 간의 네 가지 맞추기 방향에 상응하여 써얼의 유형론에 네 번째 맞추기 방향 -맞추기의 이중 방향-을 추가할 것을 제안하였다.

☞ 연습문제 8

4.6 간접화행

4.6.1 간접화행은 무엇인가?

세계의 대부분 언어들은 (i) 평서문, (ii) 의문문, (iii) 명령문의 세 가지 문장 유형들을 가지고 있다.[10] 몇몇 언어들에서 이 세 가지 주요 문장 유형들은 형태론적으로 또는 통사적으로 구분된다. 소말리아어가 그런 언어의 예를 보여준다.

(4.33) (Saeed 2003: 237)

a. Warkii waad dhegeysatay
news the DECL-you listen to-2SG-PAST
'너는 그 뉴스를 들었다.'

b. Warkii miyaad dhegeysatay?
news the Q-you listen to-2SG-PAST
'너는 그 뉴스를 들었는가?'

c. Warkii dhegeyso.
news the listen to-2SG-IMPV
'그 뉴스를 들어라.'

(4.33)에서 평서문 형식은 waa에 의해서, 의문문 형식은 ma에 의해서, 그리고 명령문 형식은 제로 형태에 의해서 표현된다(Saeed 2003: 237). 또 다른 예를 그린란드어에서 볼 수 있다.

10) 이 세계에는 진정한 서술문이 없는 언어들도 있다. 그런 한 언어로서 Sadock and Zwicky (1985)에서 기술한 히다차어가 있다.

(4.34) (Sadock and Zwicky 1985)

a. Igavoq.
cook-INDIC-3SG
'그가 요리한다.'

b. Igava.
cook-Q-3SG
'그가 요리하는가?'

(4.34)에서 평서문과 의문문은 별도의 인칭 접미사들에 의해서 구분된다 (Sadock and Zwicky 1985). 마지막으로 락호타어에서는 비한정 대명사를 갖는 '평서문'과, 의문대명사를 갖는 의문문 간의 차이를 문디에 의문문 불변화사를 첨가함으로써 표시한다. (비한정 대명사와 의문 대명사가 동일함에 주의하라.) 이는 (4.35)에서 볼 수 있다.

(4.35) (Croft 1994)

a. Mniluzahe Othuwahe ekta tuwa ya.
Rapid City to who go-3SG
'누군가 래피드시티에 갔다.'

b. Mniluzahe Othuwahe ekta tuwa ya he?
Rapid City to who go-3SG Q
'누가 래피드시티에 갔는가?'

전형적으로는 세 가지 주요 문장 유형들이 세 가지 기본적인 발화수반력, 즉 주장하기/진술하기, 부탁하기/질문하기, 주문하기/요구하기 등에 각각 연관된다. 그러므로 예를 들어 (4.33)에서 제시된 소말리아어의 세 문장들은 명시적 수행문을 사용하여 다시 제시될 수 있다.

(4.36) a. I (hereby) state that you listened to the news.

b. I (hereby) enquire whether you listened to the news.[11]

c. I (hereby) order you to listen to the news.

이제 문장 유형과 발화수반력 간에 직접적인 대응이 존재할 경우, 직접 화행(direct speech act)이 나타난다. 게다가 우연히 평서문 형식으로 나타나는 명시적 수행문들은 그 문장의 주요 부분에 (또는 주문장에) 수행동사에 의해서 명시적으로 명명된 발화수반력을 갖기 때문에 직접 화행으로 간주되기도 한다. 다른 한편, 문장 유형과 발화수반력 간에 직접적인 관계가 없을 경우, 간접 화행(indirect speech act)이 나타난다. 이로써 (4.37)에서처럼 명시적 수행문이 요구하는 데 사용될 경우 그 수행문은 직접 화행으로 기능하며, (4.38)에서의 명령하기도 마찬가지이다. 이와는 달리 (4.39)에서처럼 의문문이 요구하기에 사용되면 간접화행과 관련된다.

(4.37) I request you to pass the salt.
(4.38) Pass the salt.
(4.39) Can you pass the salt?

간단히 말해서 직접화행과 간접화행 간의 구분이 타당한가는 Levinson(1983: 264, 274)이 직접화행 가설(literal force hypothesis)이라 부르는, 즉 화행에서는 구조와 기능 간에 직접적인 상관성이 있고, 문장 형식은 그 토대가 되는 발화수반력을 무표적으로 직접 반영한 것이라는 견해에 따르는가의 여부에 달려

---

11) 몇몇 영어 모국어 화자들은 (4.36b) 같은 문장을 이상하다고 판단할 지도 모른다(예, Sadock and Zwicky 1985). 이런 그룹의 화자들에게 의문문은 이에 동등한 명시적인 수행문이 없는 문장유형으로 본다. 이에 대해 영어의 감탄문이 더 적합한 예일 수 있다.

(i) a. What a beautiful girl she is!
b. ?I (hereby) exclaim what a beautiful girl she is.
c. I exclaimed what a beautiful girl she was.

(ia)와 (ib)에서 보여준 바와 같이, 영어의 감탄문은 비록 동사 exclaim이 기술적으로 사용될 수 있다 할지라도 대응되는 명시적 수행문을 가지지 않는다(예, 그 외 논의를 위해서는 Cruse 2004 참조).

있다.

그러나 직접화행 가설의 핵심에는 문제점들이 있다. 첫째, 수행동사와 화행 간에 직접적인 연결조차도 깨지는 그런 화행들이 있다. (4.40)을 살펴보아라.

(4.40) I promise to sack you if you don't finish the job by this weekend.

(4.40)에서 화행동사는 promise이지만, 이 화행에 가장 자연스럽게 배속되는 발화수반력은 위협이나 경고의 힘이다. 이로써 직접화행 가설의 주요 예측과는 달리 우리는 수행동사를 포함하는 문장들조차도 항상 화행과 동일시할 수 없다는 것을 볼 수 있다.

둘째로, 가장 중요한 것은 Levinson(1983: 264)에서 지적된 바와 같이, 대부분의 용법들이 간접화행이라는 점이다.[12] 예를 들어 요구하기 화행은 영어에서 명령문 형식으로는 드물게 이루어진다. 그 대신 이 화행은 보통 간접화행으로 이루어지며, (4.41)에서 보는 바와 같이 간접적으로 요구하기에 사용될 수 있는 무한한 변이형 문장들이 있다. (Levinson 1983: 264-5의 논지에서 비롯되었다; 또한 Bertolet 1994, Holdcroft 1994를 참고할 것.)

(4.41) a. I want you to close the window.
b. Can you close the window?
c. Will you close the window?
d. Would you close the window?
e. Would you mind closing the window?
f. You ought to close the window.
g. May I ask you to close the window?
h. I wonder if you'd mind closing the window.

12) 아래 4.7 절에서 간단히 보게 되겠지만, 직접성/간접성 정도는 언어마다 달라질 수 있다.

☞ 연습문제 9

4.6.2 간접화행은 어떻게 분석되는가?

개략적으로 세 가지 접근법이 있다. 첫 번째 접근법은 (Searle 1975b에서 제시된 것처럼) 이중적 발화수반력의 존재를 가정하는 것이다. 이 가정에 따르면, 간접 화행은 두 가지 발화수반력, 즉 축자적/직접적인 힘과 비축자적/간접적인 힘을 가지고 있다. 축자적 힘이 부차적인 반면에, 비축자적 힘이 일차적이다. 다음으로 어떤 발화의 간접화행 수행여부는 관련된 적정 조건들에 달려있다. 예를 들어 앞의 (4.39) 예문은 질문하기 화행의 적정 조건을 위반하지만, 또한 동시에 요구하기 화행의 준비성 조건을 충족시킨다. 이런 식의 설명에 따르면, 문장 (4.39)는 간접화행으로 작동하고, 아래 (4.42)는 그렇지 못하다. (4.42)의 경우 적정 조건들이 관련 없기 때문이다.

(4.42) (Searle 1975b)
Salt is made of sodium chloride.

마지막으로 써얼의 견해에 따르면, 화자가 어떤 간접화행을 수행하고 청자가 이를 이해하는 것은 언제나 일종의 추론과 관련한다. 그러면 다음에 제기되는 질문은 이 추론이 어떻게 계산될 수 있는가이다. 이 추론은 이론적 설명의 일반적 노선, 즉 그라이스에 의해서 형식화된 의사소통의 협력 모델에 (2 장 참조) 따라 계산될 수 있다는 것이라고 써얼은 제안한다.[13)]

간접화행에서 한 가지 흥미로운 점은 이 간접화행들이 자주 관례화된다는 것이다(Morgan 1978). 이는 뚜렷하게 비슷한 의미를 갖는 다양한 언어 표현들 중에서 단지 하나만이 관례적으로 간접화행을 전달하는 데 사용된다는 점에서 설명될 수 있다. (4.43)을 관찰해 보자.

13) 그라이스의 격률들을 화행 용어로 재공식화하려는 시도로서는 Vanderveken(2002) 참조. 화행 이론과 그라이스의 대화함축 이론 간의 비교에 대해서는 Dascal(1994) 참조.

(4.43) a. Are you able to pass the salt?
b. Do you have the ability to pass the salt?

써얼의 분석에 따르면, (4.43a)와 (4.43b)가 요구하기 간접화행을 수행할 수 있을 것으로 기대할지 모른다. 그 이유는 이 문장들이 (4.39)와 거의 동의적 표현이고, 또한 이 문장들은 요구하기에 대한 청자 기반의 준비성 조건을 만족시키는지 물어보기 때문이다. 그러나 이런 기대는 충족되지 못한다.

이와 같은 수수께끼에 부딪힌 써얼은 간접화행에 대한 어떤 관습화 정도가 존재하고, 이는 사용/의미 관례에 의해서 설명될지도 도른다고 반응한다. 써얼의 이런 통찰력에 영향을 받아 Morgan(1978)은 (4.39)와 같은 경우들에 관련된 추론을 다루기 위해 단격 추론(short-circuited implicature) 개념을 발전시켰다. 즉 이 경우 관련된 대화함축을 원칙상 계산할 수 있지만, 실제로는 계산하지 못한다. (또한 Horn과 Bayer 1984, Horn 1988을 참고할 것.) 언어학적 관점에서 보면, 여기서 관례성은 please의 출현 가능성과 연결되어 있다. please가 (4.37)-(4.39)에서 동사 pass 앞에 삽입 가능한 반면에, (4.44)에서 보는 바와 같이 (4.43)에서는 불가능하다.

(4.44) a. I request you to please pass the salt.
b. Please pass the salt.
c. Can you please pass the salt?
d. ?Are you able to please pass the salt?
e. ?Do you have the ability to please pass the salt?

또한 (4.44a)와 (4.44b)에서 please에 의해 지시된 관례성은 의미에 대한 관례이어서 요구하기 화행이 직접적으로 수행된다. 이와 반면에 (4.44c)에서 please에 의해 지시된 관례성은 용법에 대한 관례이어서 간접화행을 갖게 된다.[14)]

---

14) Searle(1975b)와 Green(1975)에서 보여주는 바와 같이, 요구와 주문을 간접적으로 표현하기 위해 Can/Would you ... 유형의 질문을 사용하는 것은 언어마다 다르다(Wierzbicka

이와 유사한 두 번째 접근법은 Gordon and Lakoff(1975)에서 기인한다. 이들 분석에서는 간접화행을 해석하는 데 필요한 많은 추론들을 축소시키는 대화공준(conversational postulates)이라 불리는 추론규칙들이 있다. 그래서 화자가 (4.39)를 질문으로 해석할 수 없다면, 그 발화는 (4.37)을 말한 것과 동일하게 해석되어 요구하기라는 간접화행을 수행하는 결과를 갖는다. 이런 식으로 기술된 바, 고든과 레이코프에 의해서 제안된 대화공준은 간접화행의 관례성에 대한 또 다른 반영으로 볼 수 있다. 써얼의 분석과 고든/레이코프 분석 간의 유사점과 차이점에 관해서 보면, 두 견해는 간접화행이 추론과 관례성에 관련한다고 가정한다는 점에서 유사하다. 그러나 균형의 문제, 즉 간접화행의 계산과 관련된 작업들이 얼마나 추론적이고 얼마나 관례적인가라는 문제에 관련해서는 차이를 드러낸다.

끝으로 바로 앞서 논의한 추론 모델(inferential model)과는 대조적인 관용구 모델(idiom model)이 있다. 이 모델에 따르면 (4.39)와 같은 문장은 의미론적으로 중의적이고, 요구하기 해석은 추론과 관련 없는 화행 관용구로 간주된다. 이 견해에 따르면, (4.39)는 질문으로 인지되지 않고서 요구로 단순하게 인식된다. 이는 Sadock(1974)이 취하는 입장이다. 그러나 이 분석에서도 문제점들이 존재한다. 하나의 문제점으로는 이 분석법은 간접화행의 의미가 자주 (적어도 부분적으로) 그 구성소들의 의미들로부터 유도될 수 있다는 사실을 포착하지 못한다. 이에 대한 기술적 용어는 합성성이다(3 장 참조). 이외에도 이러한 추정의 관용구들은 범언어적으로 보면 상당히 비교 가능한 것으로 보인다. 예를 들어 (4.45)에 제시된 영어 표현과 같이 (4.46)-(4.49) 예문들 모두는 문맥에 따라 청자에게 중앙난방 시스템을 켜달라고 간접적으로 요구하는 데 사용될 수 있다.[15]

1991 참조). Horn(1988)에 따르면, 단격 추론 자체가 관례의 문제일 경우 정확하게 예측될 수 있다.

15) 직관적으로 (4.45)-(4.49)에 제시된 요구는 (4.39)에서 보다도 더 간접적으로 전달된다. Green(1975)와 Horn(1988)에서 관찰된 바와 같이, (4.39)에서의 요구와는 달리, (4.45)-(4.49)에서의 요구는 단격 추론, 즉 비분리적 추론이다. 그 결과 이들은 범언어적 변이가 없다.

(4.45) It's cold here.

(4.46) (아랍어)

?na-hu barid huma.

it's-3M-S cold in here

'여기는 춥다.'

(4.47) (중국어)

zher zhen leng.

here really cold

'여기는 정말 춥다.'

(4.48) (독일어)

Es ist sehr kalt hier drin.

it is very cold here in

'여기는 정말 춥다.'

(4.49) (현대 그리스어)

Kani krio edo mesa.

it is doing cold here in

'여기는 춥다.'

또 다른 문제점으로는 관용구 모델에서 간접화행이 갖는 축자적 의미 또는 직접 발화수반력을 고려하는 해석이 허용되지 않는다는 점이다. 이 점으로 인해 (4.50)과 같은 예들은 설명되지 못한 채로 남겨진다.

(4.50) A: Can you pass the salt?

B: Yes. I can. (Here it is.)

4.6.3 왜 간접화행을 사용하는가? 공손성에 대한 몇몇 견해들

그러면 사람들은 왜 간접화행을 사용하는가? 간접화행은 일반적으로 공손성(politeness)과 관련되어 있다는 것이 하나의 답변이다. 간접화행은 보통 직접적인 화행보다는 더 공손한 것으로 간주된다. 화행이 보다 더 간접적으로 표현될수록 더욱 공손한 표현이 된다.16)

공손성에 대해서는 방대한 연구들이 있으며 (공손성에 대한 참고문헌으로는 1990년대 초반까지의 연구를 포괄하는 DuFon et al. 1994를 참조), 여기서 그 문헌들을 개관하는 것은 적합하지 않다. 그 대신 아래에서는 화행과 특별히 관련된 공손성에 대해 간단히 논의해보도록 하겠다.

현재 공손성에 대해서는 네 가지 주요 이론 모형이 있다. (i) '사회 규범' 모델(social norm model), (ii) '대화 격률' 모델(conversational maxim model) (예를 들어 Leech 1983, 2003, 또한 2장의 각주 12를 참고할 것), (iii) '체면 세우기' 모델(face-saving model) (Brown and Levinson 1978, 1987), (iv) '대화 약정' 모델 contract model) (예를 들어 Fraser 1990, 또한 Watts 2003에서 '사회적 실천' 모델(social practice model)을 참고할 것).17) 이 네 모델들 중 가장 영향력 있고 포괄

---

16) 영어에서 이에 대한 설명을 찾아볼 수 있다. 다음 (i)-(v)를 생각해 보아라.

(i) Call Lucy a taxi, please.
(ii) Will you call Lucy a taxi?
(iii) Would you call Lucy a taxi?
(iv) Would you mind calling Lucy a taxi?
(v) I wonder if you'd mind calling Lucy a taxi?

예를 들면 (i)보다는 (iii)을 사용하면 요구 화행이 더 간접적으로 수행되고, 따라서 (iii)의 발화가 (i)의 발화보다도 더 공손한 것으로 간주된다. 그러나 예를 들어 Wierzbicka (1991)이 주장하는 바와 같이 폴란드어에서는 맞지 않을 수도 있다. 폴란드어에서 (vi)와 (vii)는 공손성과 일반성에서 영어 (viii)와 동등하다고 Jaszczolt(2002: 307)에서 지적하고 있다(그리스어의 경우 Sifinaou(1992) 참조).

(vi) Siadaj
'앉아라.'
(vii) Usiądź, proszę
'앉으세요.'
(viii) Will you sit down?

이 점은 간접화행이 대응되는 직접화행보다도 언어 보편적으로 더 공손한가 아닌가에 대한 질문을 던진다.

17) DuFon et al.(1994)에 따르면, 서양 전통에서 공손성에 대한 최초의 문헌으로는 1528년

적인 것은 이제는 고전이 된 브라운과 레빈슨의 '체면 세우기' 모델이다.

공손성에 대한 브라운과 레빈슨 이론의 핵심에는 체면(face)이라는 Goffman (1967)의 사회학적 개념이 자리잡고 있다.[18] 간단히 표현하면, 체면이란 '모든 사회 구성원들이 스스로 주장하고 싶어하는 공개적인 자기 이미지'이다(Brown and Levinson 1987: 61). 달리 표현하면, 체면이란 대략적으로 보면 개인의 자존심이다. 체면에는 두 측면이 있다. 첫째로, 다른 사람들이 자기를 받아들이고 좋아해주길 바라는 개인의 바람을 표현하는 적극적 체면(positive face)이 있다. 적극적 공손성(positive politeness)은 다른 사람들의 적극적 체면을 유지하는 데 맞춰져 있다. 사람들은 적극적 공손성을 사용할 때, 청자와의 유대감을 강조하는 화술을 선택하는 경향이 있다. 이 전략에서는 청자와의 '공통 토대'를 주장하거나, 화자와 청자가 협력자임을 전달하거나, 청자의 바램을 만족시켜주는 전술들이 포함된다(Brown and Levinson 1987: 101-29). 둘째로, 자유로이 행동할 수 있는 개인의 권리와, 다른 사람들에 의해 강요받지 않을 욕구 등을 가리키는 소극적 체면(negative face)이 있다. 소극적 공손성(negative politeness)은 다른 사람들의 소극적 체면을 유지하는데 맞춰있다. 사람들은 소극적 공손성을 사용할 때, 청자에 대한 자신의 경외심을 강조하는 화술을 선택하는 경향이 있다. 소극적 공손성 전략을 언어적으로 실현하는 전형적인 예로서는 관례적인 간접화행, 발화수반력에 대한 울타리 표현, 사과하기 등의 사용을 들 수 있다(Brown and Levinson 1987: 130). 이런 식으로 규정된 체면은 어느 인간 사회에서나 볼 수 있는 보편적 개념으로 간주된다. 이성적 행위자로서의 대화 참여자들은 이상적으로 보면 대화 행위에서 자신의 체면과 상대방의 체면을 세우려고 노력할 것이다.

불평하기, 동의하지 않기(Locher 2004), 요구하기 등과 같은 많은 유형의 화행들은 본질적으로 체면을 위협한다. 그러므로 이런 화행들은 체면 위협 행위

에 출판된 Baldesar Castiglione의 『Libro del cortegiano』(구애자에 관한 책)이라고 한다.

18) '체면'과, 이와 관련된 losing/saving/gaining face(체면 잃기/세우기/얻기) 등의 영어 표현들은 중국어 표현 mianzi에서 유래된 것처럼 보인다. '체면' 개념은 중국인 인류학자 Hu Hsien Chin에 의해서 1944년에 서양에 소개된 것 같다(Hu 1944).

(face-threatening acts: FTA)로 불린다. 먼저, 체면 위협 행위들은 적극적 체면, 소극적 체면, 또는 양자를 위협할 수 있다. 적극적 체면을 위협하는 행위들로는 찬성하지 않기, 비난하기, 비판하기, 동의하지 않기, 모욕하기 등의 표현들이 있고, 소극적 체면을 위협하는 행위들로는 충고하기, 명령하기, 요구하기, 제안하기, 경고하기 등이 있다. 그리고 적극적 체면과 소극적 체면 모두를 위협하는 행위들로는 불평하기, 간섭하기, 위협하기 등이 있다. 또 다른 구분법으로는 주로 화자의 체면을 위협하는 행위들과, 주로 청자의 체면을 위협하는 행위들을 구분할 수 있다. 화자는 예를 들어 칭찬을 받아들이거나, 감사를 표현하거나 또는 자백하는 등의 행위들을 수행함으로써 자신의 체면을 위협할 수 있다. 이와는 달리 충고하기, 생각나게 하기, 또는 감정의 강한 표현 등과 같은 행위들은 주로 청자의 체면을 위협한다(Brown and Levinson 1987: 67-8).

Brown and Levinson(1987: 74)는 체면 위협 행위의 강도나 비중을 측정할 수 있는, 문화와 관련된 독립적인 세 가지 사회적 변항들을 설정하였다. 첫째, 화자와 청자 간의 사회적 거리(social distance: D), 둘째, 화자에 대한 청자의 상대적인 힘(relative power: P), 셋째, 특정 문화에서 강요의 절대적 순위(absolute ranking: R). (또한 Scollon and Scollon 1995를 참고할 것.) 체면을 위협하는 행위의 강도는 이 세 변항들 D, P, R을 모두 더하면 측정되고, 이를 토대로 필요한 체면 작업의 양이나 요구되는 공손성의 정도가 결정될 수 있다.

브라운과 레빈슨의 모형에서 체면 위협 행위를 피하거나 약화시킬 수 있기 위해서 선택할 수 있는 다섯 가지 전략들이 있다. 이 전략들은 아래 (4.51)에 제시된다.

(4.51) 체면 위협 행위를 피하는 전략들의 집합(Brown and Levinson 1987: 60)

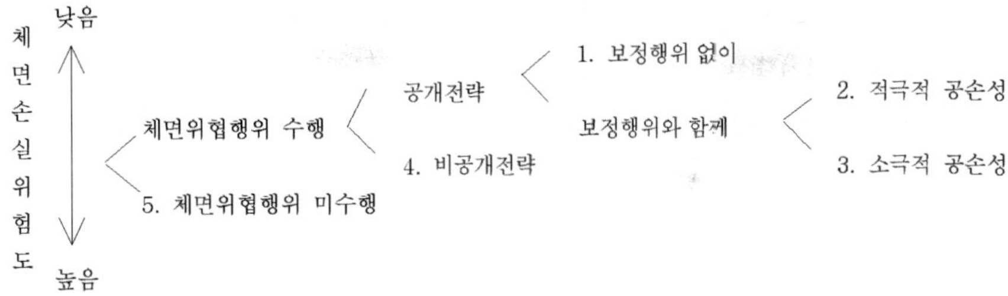

(4.51)에 주어진 전략들의 집합에서 체면 위협 행위가 더 위협적일수록 화자는 그 효과를 완화시키기 위해서 더욱 공손한 (즉, 숫자가 높아지는) 전략을 채택해야만 한다는 점에 유의하라.

좀 더 자세히 이 전략들을 탐구해보도록 하자. 첫째, 우리는 공개적으로, 즉 직접적으로 체면 위협 행위를 수행할 수 있다. 또는 비공개적으로, 즉 간접적으로 예를 들어 언어상의 암시를 생략함으로써 수행할 수 있다. 둘째, 공개적으로 체면 위협 행위는 보정행위 없이 또는 보정행위를 동반하면서 수행될 수 있다. 후자의 경우, 두 가지 선택이 있다. 즉 체면 위협 행위는 (청자와의 유대감을 강조하는 것과 같은) 적극적 공손성 보정행위를 사용하거나 (청자에 대해 경외심을 갖는 것과 같은) 소극적 공손성 보정행위를 사용하는 체면 세우기 행위와 함께 수행될 수 있다. 마지막으로 체면 위협 행위를 전혀 수행하지 않는, 예를 들어 비언어적 암시조차 생략해 버리는 방법이 있다. 이 다섯 가지 전략들은 (4.52)에서 설명된다.

(4.52) 상황: 한 학생 존이 다른 학생 메리에게 강의노트를 빌려달라고 부탁한다.

1. 공개적으로, 보정행위 없이:
   Lend me your lecture notes.
2. 공개적으로, 보정행위와 함께 적극적 공손성으로:
   How about letting me have a look at your lecture notes?
3. 공개적으로, 보정행위와 함께 소극적 공손성으로:
   Could you please lend me your lecture notes?

4. 비공개적으로:

I didn't take any notes for the last lecture.

5. 체면위협행위 미수행:

[존이 말없이 메리의 강의노트를 바라본다.]

따라서 간접화행의 사용은 체면 위협 행위를 감소시키고, 이로써 체면 요구를 만족시키는 데 이용된다.

☞ 연습문제 10

브라운과 레빈슨의 '체면 세우기' 이론이 1978년 공표된 이래로 공손성에 대해 매우 많은 연구들이 쏟아져 나왔다. (또한 Brown and Levinson 1987에 제시된 1980년대 중반까지의 참고문헌 개관을 참고할 것.) 경험적 관점에서 보면, 브라운과 레빈슨 모형이 서로 무관한 세 언어/문화들, 즉 타밀어, 쩰탈어, (미국식과 영국식) 영어에 대한 심층적 연구에 기반한 반면에, 카탈로니아어에서 일본어, 터키어에 이르기까지 광범위한 언어/문화들에 나타나는 공손성 현상들이 그동안 조심스럽게 연구되어 왔다. 개념상으로 보면, 최근 여러 연구들은 브라운과 레빈슨 이론의 보편성에, 특히 체면, 사회적 변항들, 그리고 다섯 가지 공손성 전략들 등의 개념에 초점이 맞춰져 있다. 예를 들어, Sifianou(1992)에서는 영어와 그리스어의 공손성 체계들을 범문화적으로 비교함으로써 그리스어의 공손성 체계는 좀 더 적극적 체면에 방향지워진 반면에, 영국식 영어에서의 체계는 좀 더 소극적 체면에 방향지워져 있다고 주장하였다. 이 연구에서는 그런 차이점들을 주장하는 반면, 동시에 브라운과 레빈슨 이론이 공손성 연구에 매우 좋은 일반적인 이론적 토대와 기술적 토대를 제공하고 있음을 보여주었다. 다른 한편, 많은 학자들은 브라운과 레빈슨 모형을 아시아의 다양한 문화들에 직접 적용하는 것이 어렵다는 것을 알았다. (예를 들어 Gu 1990, Mao 1994, 그리고 중국어에 관하여는 Lee-Wong 2000, 일본어에 관하여는 Matsumoto 1988, 1989와 Ide 1989, 한국어에 관하여는 Hwang 1990, 터키어에 관하여는 Bayraktaroglu

2001과 Zeyrek 2001, 페르시아어에 관하여는 Koutlaki를 참고할 것.) 몇몇 아프리카 언어/문화들도 마찬가지이다. 예를 들어 Nwoye(1989, 1992)에서는 이그보어에서의 체면 개념 연구를 수행하였다. 이 연구에 따르면, 이그보 사회에서는 집단 구성원 개개인의 자기 이미지보다는 집단의 총체적인 자기 이미지에 더 많은 관심을 갖고 있다고 한다. '집단 체면'은 '어떤 집단이 체면을 어둡게 할까봐 공적인 자기 이미지나 자기 가치를 낮추는 행위를 회피하는 것'으로 정의된다(Nwoye 1992: 314). (또한 Agyekum 2004에 제시된 아칸어에서의 체면 개념을 참고할 것.) 또한 남부 에디오피아의 해머어 공손성 체계는 브라운과 레빈슨 이론에 문제점을 던져준다고 Strecker(1993)에서 주장하고 있다. 이상으로 보면, 공손성 자체는 보편적 현상인 반면에, 공손성 전략과 개별 화행들은 언어마다 문화마다 어느 정도 달라질 수 있는 것 같다.

4.7 화행과 문화

4.7.1 범문화적 변이

많은 화행들은 문화 특수적이다. 이는 표준화되고 전형적인 공식을 사용하며 공공의식에서 수행되는 제도화된 화행의 경우에 있어서 특히 그렇다. 이혼하기 화행이 하나의 좋은 예가 될 수 있다. 어떤 이슬람 문화권에서는 적절한 상황하에 남편이 자기 아내에게 (4.53) 취지의 문장을 연속적으로 세 번 발화하면 사실상 이혼이 성립될 것이다. 이와는 달리 서양 문화권에서는 어느 누구도 (종교가 무엇이든 간에) 이혼하기 위해서 (4.53)을 적절히 사용할 수 없다.[19]

---

19) 파키스탄에서 일어난 다음 사건이 보여주는 바와 같이 (Thomas(1995: 43)에서 인용), 이슬람 문화권에서는 (4.53)을 의도 없이 사용하는 것조차도 이혼을 실행시킬 수 있다.

> 심한 분란이 파키스탄의 한 지방 TV 연속극을 통해 일어났다. 드라마 스타인 우즈만 피자마는 Talaq(나는 당신과 이혼한다)를 세 번 말함으로써 이슬람 전통에 따라 그의 극중 부인과 이혼하였다. 문제는 그의 극중 배우자가 실제 부인인 사미나였다는 데 있다. 그런데 그 말이 극중 재미를 위하여 행해졌음에도 불구하고, 울라마들은 그 이혼이

(4.53) 'I hereby divorce you.'

그러나 비제도화된 화행은 어떤가? 첫째, 위에서 말한 바와 같이 어떤 화행은 문화 특수적일 수 있다. 예를 들어 Rosaldo(1982)에 따르면, 필리핀 군도에서 사냥과 원예업에 종사하는 부족집단인 일롱고트족에서는 약속 화행을 찾아볼 수 없다고 한다. 일롱고트족의 개념 목록에 이런 화행이 없는 것은 그 사회의 경우 성실성이나 진실 등에 대한 무관심에 기인한다고 한다. 로살도가 주장하길, 일롱고트족은 개인의 의도보다는 사회적 관계가 더 중요하다고 한다. 이와 같은 인류학적 증거들을 토대로 하여, 써얼의 화행 유형론의 보편성이 유지될 수 없다고 로살도는 주장하였다. 이런 종류의 다른 예로서는 오스트레일리아의 원주민 언어인 요른구어에서 보고되어 왔다. Harris(1984: 134-5)에 따르면, 요른구어 화자의 목록에는 감사하기와 같은 화행은 없는 것 같다고 한다.

이와는 거꾸로 어떤 화행은 특정 문화 안에서만 나타나기도 한다. 예를 들어 오스트레일리아의 원주민 언어인 왈마자리어에서는 친척의 권리와 의무에 기반한 요구하기 화행을 찾아볼 수 있다. 문제의 동사는 japirlyung인데(Hudson 1985), 관련된 화행은 '친족에 기반한 요구하기' 정도로 불릴 수 있을 것 같다. 왜냐하면 이 동사는 대략 '나는 너에게 나를 위해 X 하길 요구하며, 네가 나와 친족관계에 있기에 나는 네가 그것을 간단히 해줄 것으로 기대한다'라는 의미의 메시지를 전달하기 때문이다. 그러므로 왈마자리어 화자에 있어서 친족에 기반한 요구 화행을 거절하는 것은 매우 어렵다(Wierzbicka 1991: 159-60, Goddard 1998: 370). 친족 기반의 요구하기와 같은 '이국적인' 화행은 중국풍의 동아시아 문화권이나 유럽풍의 서양 문화권에도 없는 것 같다.

둘째, 특정한 발화 상황이 주어질 경우 관련되는 화행이 언어/문화마다 다르

효력을 가진다고 말하고 있다. 그들의 그런 선언은 세 가지 문제(결혼, 이혼, 노예석방)에 있어서 의도 없이 또는 심지어 농담으로 뱉어진 말도 취소될 수 없다는 모하메트의 규범을 따르고 있다고 한다. 이혼하였으면 이혼한 상태로 머물러있어야 한다.

언론매체에 따르면, 몇몇 이슬람 문화권에서 남편들은 이제 자기 부인들과 이혼하기 위해 이메일이나 텍스트 메시지를 사용할 수 있다고 한다.

게 수행된다. 예를 들어 어떤 동아시아 문화권이나 서양 문화권에서 다른 사람의 발을 밟았을 경우 보통은 사과하기 화행을 행한다. 그러나 서아프리카 문화권인 아칸스어에서는 분명 그렇지 않다. Mey(2001: 287)에 따르면, 그 문화권에서 그런 상황은 사과하기가 요구되는 것이 아니라 동정의 표현이 요구된다고 한다. '나쁜 일을 야기한 사람이 아니라 나쁜 일을 당한 사람에게 초점이 주어진다'(Mey 2001: 287). 다른 예를 들어 보자. 영어권에서는 저녁식사 파티에서 나올 때 보통은 주인에게 감사와 찬사가 주어지는 반면에, 일본 사회에서는 손님이 o-jamaitashimashita '실례했습니다'와 같은 사과하기를 더 행하는 것 같다. 일본어에서 선물을 받았을 때 사과하기와 유사한 화행을 행하는데, 이 경우 일본어 화자는 sumimasen -가장 일반적인 일본어 '사과' 표현 또는 그 변이형- 같은 것을 말하는 것 같다. (예를 들어 Coulmas 1981; 또한 Goddard 1998을 참고할 것.) 이 문제를 달리 표현하면, 많은 일본 학자들이 지적하는 바와 같이 사과하기는 영어에서보다는 일본어에서 보다 광범위한 발화 상황에서 사용될 수 있다.

셋째, 동일한 화행이 언어/문화에 따라 서로 다른 전형적 반응을 불러일으킬 수 있다. 예를 들어 칭찬은 영어권에서 보통 수용이나 감사하기로 대응되지만, 중국어, 일본어 또는 심지어 폴란드어에서는 자기폄하로 대응된다. 중국어에서 전형적인 칭찬반응의 표현은 (4.54)와 같은 것일 것이다.

(4.54) A: ni cai zuode zhen hao!
B: nali, nali, wo bu hui zuocai.
A: bie keqi, ni cai zhende zuode hen hao!
B: ni tai keqi le.
A: '요리를 정말 잘 하시네요!'
B: '아니에요. 어떻게 하는지도 잘 몰라요.'
A: '너무 겸손해 하지 마세요. 정말 요리를 잘 하시는데요.'
B: '너무 좋게 말해주시네요.'

일본어에서는 더 잘 적용된다. Mizutani and Mizutani(1987: 43)에 의하면, '일본사람들은 칭찬을 받을 때 반드시 iie(아니요)라고 말한다.' 이는 소위 여자들 대화에서 두 여성들 간에 행해진 다음 대화에서 생생하게 나타난다(Miller 1967: 289-90).

(4.55) A: Ma, go-rippa na o-niwa de gozaimasu wa ne. Shibafu ga hiro biro to shite ite, kekko de gozaimasu wa ne.

B: Iie, nan desu ka, chitto mo teire ga yukitodokimasen mono de gazaimasukara, mo, nakanaka itsmo kirei ni shite oku wake ni wa mairimasen no de gozaimasu yo.

A: A, sai de gozaimasho ne. Kore dake o-hiroin de gazaimasu kara, hito tori o-teire asobasu no ni datte taihen de gozaimasu ne. Demo ma, sore demo, itsmo yoku o-teire ga yukitodoite irasshaimasu wa. Itsumo honto ni o-kirei de kekko de gozaimasu wa.

B: Iie, chitto mo sonna koto gozaimasen wa.

A: '아, 저기 훌륭한 정원을 갖고 있군요. 잔디가 멋있고 잘 자랐고, 정말 멋지군요!'

B: '오 아닙니다. 우린 정원을 돌보지 않았어요. 우리가 원하는 대로 항상 그렇게 멋있어 보이지는 않습니다.'

A: '전혀 그렇게 생각하지 않는데요. 하지만 정원이 커서 물론 혼자서 가꾸기에는 아주 힘드시겠네요. 그렇더라도 항상 멋있게 보이도록 용케도 잘 가꾸셨네요. 언제 보더라도 분명히 훌륭하고 멋있네요.'

B: '오 아닙니다, 전혀 아닙니다.'

어떤 상황에서도 '아니오'라고 말하기를 꺼리는 일본인의 성향을 감안할 경우, 비록 현대 일본에서 젊은 세대들에게는 전통적이라고 간주된다 할지라도 이런 찬사 반응 패턴은 매우 두드러지게 나타난다.

Leech(2003)에서는 (4.54)와 (4.55)를 이른바 '화용론적 의사 역설'(pragmatic

quasi-paradoxes)의 경우로 간주하였다. 화용론적 의사 역설은 공손성의 비대칭에서 일어난다. 즉 화자측면에서 공손한 것이 (예를 들어, 화자가 청자를 저녁식사에 초대하는 것) 아마도 청자측면에서는 '실례'가 될 수 있다(즉 청자가 화자의 저녁식사 초대를 받아들이는 것). 만약 화자와 청자 양자가 동등하게 공손하여 양보하지 않으려고 한다면, 이런 비대칭은 결코 해결될 수 없을 것이며, 따라서 공손성의 역설이 일어난다(Leech 2003).

그러나 실제 발화에서 이런 종류의 화용론적 의사 역설은 종종 화자와 청자 간의 암묵적인 타협에 의해서 해결된다. 그래서 가령 '칭찬 - 의식적인 부인' 순으로 몇 차례 진행된 이후 청자는 (4.54)에서처럼 그 칭찬을 '마지못해' 수용하거나, 혹은 (4.55)에서처럼 청자는 그 칭찬을 계속 부인하게 될 것이다. 또 다른 예로서, 어떤 문화권에서는 '제공 - 의식적인 거절' 순으로 몇 차례 진행된 이후 청자는 화자가 주는 선물을 '마지못해' 받아들일 것이다. (예를 들어 중국어에 관하여는 Zhu, Li and Qian 2000, 또한 다음 소단원에 제시될 아일랜드 영어에 관하여는 Barron 2003을 참고할 것.) 제공-거절의 이런 화용론적 의사 역설 체계는 (4.56)으로 도식화될 수 있다.

(4.56) A: 제공 1
B: 의식적 거절 1
A: 제공 2
B: 의식적 거절 2
A: 제공 3
B: 수용

마지막 예로서 다음은 페르시아에서 두 남성 화자 간에 이루어지는 대화로서, 한쪽은 빚 갚기를 주장하고 다른 한쪽은 그 빚 받는 것을 의식적으로 거절한다 (Koutlaki 2002: 1747).

(4.57) A: bezær mæn...[돈을 꺼내며] ta færamuš nækærdæm
B: aqa vel kon tora xoda
A: næ næ xaheš mikonæm
B: be vallahe nemixam
A: xaheš mikonæm
B: nemixam
A: pænjai hæm bærat gereftæm æz bank
B: næ nemixam axe

A: '[돈을 꺼내며] 잊기 전에 ... 에 ...'
B: '그냥 두세요, 진짜로.'
A: '제발'
B: '지금 그 돈 필요 없는데요, 진짜로.'
A: '제발'
B: '난 필요 없어요.'
A: '당신을 생각해서 50 파운드 지폐로 준비했어요.'
B: '그렇지만 필요 없는데요!'[20)]

넷째, 동일한 하나의 화행이 그 직접성/간접성(directness/indirectness)에 있어서 문화에 따라 다를 수 있다. 1970년대 후반 이래로 특정 종류의 화행들, 특히 요구하기, 사과하기, 불평하기 등의 체면 위협 행위들이 범언어적으로 어떻게 실현되는지에 대한 매우 많은 연구들이 수행되어 왔다. 가장 영향력 있는 연구로는 대규모인 '범문화적 화행 실행 프로젝트'(Cultural Speech Act Realization

20) 대화분석(conversational analysis)에 의하면, (4.54)-(4.57) 예들은 소위 인접쌍(adjacency pairs)의 경우들이다. 인접쌍은 두 명의 다른 화자들에 의해서 생성되어 첫 번째 쌍 부분(first pair part)과 두 번째 쌍 부분(second pair part)으로 순서화된, 구조적으로 인접한 일련의 두 발화들을 말한다. 칭찬-반응 패턴을 예로 들면, 첫 번째 쌍 부분은 칭찬이고, 두 번째 쌍 부분은 수용 또는 거절이다. 문화적 관점에서 보면, 여기에서 나타나는 주요 차이점으로는 두 번째 쌍 부분과 관련하여, 어떤 언어/문화권에서 수용을 선호하는 반면에(영어나 서양어), 다른 언어/문화권에서는 의식적 부인을 선호한다(중국어나 극동 아시아어)(Huang 1987).

Project: CCSARP)가 있다. (예를 들어, Blum-Kulka, House and Kasper 1989; 또한 Blum-Kulka and Olshtain 1984를 참고.) 이 프로젝트에서는 독일어, 히브리어, 덴마크어, 캐나다 프랑스어, 아르헨티나 스페인어, 영국 영어, 미국 영어, 오스트레일리아 영어 등에서 요구하기와 사과하기에 대한 실현 패턴들이 비교, 대조되었다. 연구 결과에 따르면, 요구하기의 경우 조사된 언어들 중에서 아르헨티나 스페인어가 가장 직접적이고, 다음으로 히브리어이다. 오스트레일리아 영어 화자가 가장 덜 직접적이며, 캐나다 프랑스어와 독일어는 직접성/간접성 연속선상의 중간 지점에 위치한다.

CCSARP에 기초하여 보다 다양한 언어에서의 체면 위협 행위의 몇몇 유형들에 대한 수행 전략들이 연구되어 왔다. 카탈로니아어, 중국어, 덴마크어, 네덜란드어, 독일어, 그리스어, 히브리어, 일본어, 자바어, 폴란드어, 러시아어, 타이어, 터키어, 영어의 네 변이형들(영국식, 미국식, 오스트레일리아식, 뉴질랜드식), 프랑스어의 두 변이형들(캐나다와 프랑스), 스페인어의 여덟 변이형들(아르헨티나식, 에콰도르식, 멕시코식, 이베리아반도식, 페루식, 프에르토리코식, 우루과이식, 베네수엘라식) 등이 그 대상이다. 최근에는 새로운 비교 연구들이 다수 진행되어 왔다. Sifianou(1992)에서는 영국식 영어와 그리스어에 나타나는 요구하기를 연구하였다. van Mulken(1996)에서는 네덜란드어와 프랑스어의 요구하기에서 공손성 전략 사용을 비교하였다. Hong(1998)에서는 중국어와 일본어에서의 요구하기를 연구하였고, Fukushima(2002)에서는 영국식 영어와 일본어에서의 요구하기를 비교하였다. Marquez-Reiter(2000)에서는 영국식 영어와 우루과이 스페인어에서의 요구하기와 사과하기를 연구하였다. 그리고 Bayrakraroglu and Sifianou(2001)에서는 그리스어와 터키어에서 화행 실현 패턴들에 대한 다수의 비교 연구들을 수집하였는데, 예를 들어, 충고하기, 교정하기, 칭찬하기 등이다. 대부분의 이런 연구들은 CCSARP에서 사용한 것과 비교할 수 있고 적어도 부분적으로는 양립하는 방법론을 채택하였다.

이런 연구들 결과로 인하여 화행 표현에 있어서, 특히 요구하기, 불평하기, 사과하기 등의 체면 위협 행위들에 있어서 방대한 범문화적/범언어적 변이가 존재한다는 점,[21] 그리고 이런 차이점들은 언어들마다 화행을 실현하는데 사용하는 다른 방식과 연관되어 있다는 점들이 밝혀졌다. 이러한 결과물들은 우리가 체면 위협 행위에 대한 체면 교정 전략에 있어서 범문화적/범언어적 유사점과 차이점들을 더 잘 이해하는데 분명히 기여했다.

4.7.2 중간언어 변이

위 소절에서 우리는 화행에 있어서 문화 간 변이들을 살펴보았다. 본 소절에서는 중간언어 변이를 다루어본다.

간단히 표현하면, 중간언어(interlanguage)란 제2언어 학습자가 목표언어를 습득하는 도상에서 발전시키는 규칙기반 언어 시스템내의 연속선상에 있는 한 단계이다. 이 언어시스템은 학습자의 모국어와 목표어 간 중간에 존재한다. 예를 들어 중국어 모국어 화자가 독일어를 제2언어로 배울 때, 그가 사용하는 독일어가 중간언어이다.

최근에 중간언어 화용론에서 화행들을 연구하는 다수의 연구들이 나타났다. Blum-Kulka, House, and Kasper(1989), Kasper and Blum-Kulka(1993), Ellis (1994), Trosborg(1995), le Pair(1996), Baba(1999), Gass and Houck(2000), Achiba (2003), Barron(2003) 등이 있다. 이중 몇몇 연구들은 특정한 유형의 화행이 임의의 중간언어 비모국어 화자에 의해서 어떻게 수행되는지를 조사하였고, 또 다른 연구들에서는 특정 언어의 모국어 화자와 비모국어 화자간의 어떤 화행에 대한 실현 패턴에 있어서 유사점과 차이점들을 비교, 대조하였다. 가장 잘 연구된 중간언어로는 영어를 제 2언어로 하는 화자에 의해 발전된 것이다. 연구된 다른

---

21) 다음 사건이 보여주는 바와 같이(Takahashi and Beebe 1987), 화행 표현에 있어서 직접성 대 간접성 간의 문화적 차이로 인해 어떤 문화권의 화자는 다른 문화권의 화자를 자주 오해하게 된다.
1974년, 닉슨 대통령은 일본이 미국으로의 직물수출에 대해 스스로 부과한 제한들에 동의하는지 수상 사토에게 물었다. 사토 수상이 대답하길, 'Zensho shimasu'라고 하였으며, 이는 '고려해보겠다.'를 축자적으로 의미한다. 그러나 정치인이 이 말을 사용할 때 이 표현의 발화는 실제로 일본어에서는 정치적 거절의 화행을 수행한다. 닉슨 대통령은 이 말을 정치적 거절로 이해하지 못했으며, 따라서 일본이 아무런 조치를 취하지 않았을 때 닉슨 대통령은 나중에 매우 화를 냈다.

중간언어로는 중국어, 독일어, 히브리어, 일본어, 스페인어 등이 있다.

Kasper and Blum-Kulka(1993)에서는 체면 위협 행위의 중간언어 표현에 대해 다섯 가지 화행, 즉 사과하기, 교정하기, 불평하기, 요구하기, 감사하기 등에 대해 연구하였다. 이 연구들 중에서 Bergman and Kasper(1993)의 연구에 따르면, 타이의 영어 학습자들은 사과하기를 수행함에 있어서 일반적으로 - House(1988)에서 '과장된'으로 일컫고, Edmondson and House(1991)에서 덜 호의적으로 '장황한'으로 일컫는 현상인 - '도가 지나칠 정도로 행한다.' Takahashi and Beebe(1993)에서 보면, 미국식 영어 화자가 교정을 하기 전 적극적인 표현을 가장 잘 사용하는 것 같고, 일본어의 일본인 화자가 가장 덜 사용하는 것 같으며, 영어의 일본인 화자가 그 중간에 위치한다고 한다. Olshtain and Weinbach(1993)에서는 히브리어에서의 비모국어 화자의 불평이 가장 덜 공격적이고 가장 덜 체면을 손상시키는 것임을 밝혔다. Einstein and Bodman(1993)에서는 감사를 표현하는 것이 보편적인 화행이지만 언어/문화마다 달리 수행된다고 지적하였다. 요구하기에 대한 중간언어 표현도 동일하게 설명된다(Weizman 1993). Kasper and Blum-Kulka(1993)에 수집된 연구들의 공통된 결과물 중 하나는 중간언어 화행의 표현이 더욱 장황해지는 경향이 있다는 점이다. 다음으로 Ellis(1994)에서는 요구하기, 사과하기, 거절하기 등의 중간언어 체면 위협 행위들에 초점을 두었고, Trosborg(1995)에서는 영어의 덴마크어 사용자에 의한 요구하기, 불평하기, 사과하기를 연구하였다. le Pair(1996)에서는 스페인어의 덴마크어 사용자들이 스페인어 모국어 화자들보다도 직접적인 요구 전략을 더 적게 사용하고 있다는 점을 관찰하였다. Baba(1999)에서는 영어의 일본인 학습자와 일본어의 미국인 학습자 간의 칭찬 반응에 대한 비교연구를 행하였다. Gass and Houck(2000)에서는 일본어 모국어 화자에 의해서 영어로 수행된 거절 화행을 연구하였다. 마지막으로 Barron(2003)에서는 아일랜드 학습자의 독일어 습득을, 특히 요구하기, 제공하기, 거절하기 등의 화용론을 자세히 살펴보았다. 그녀의 여러 연구결과들은 흥미롭다. 예를 들어 아일랜드 영어에서 제공을 의식적으로 거절하는 것은 전형적으로 다시 제공하기와 수용으로 이어지는데, 이러한 일련 담화는 독일어의 특징이 아니다. 그러나 이러한 화용론적 전이는 시간이 지남에 따라 감소함에도 불구하고, 아일랜드 학습자들은 이 패턴을 독일어에 적용시키고자 시도한다. 이 모든 연구들은 화행이론, 제 2언어 습득, 제 2언어 교수와 학습에 있어서 중요한 기여를 하였다.

☞ 연습문제 11

4.8 요약

본 장에서 우리는 화행과 화행이론을 살펴보았다. 4.1 절에서는 오스틴의 수행문/진술문 이분법을 살펴보았고, 4.2 절에서는 수행문에 대한 오스틴의 적정조건들을 다루었다. 4.3 절에서는 화행의 세 가지 차원, 즉 발화 행위, 발화수반 행위, 발화영향 행위 등에 초점을 두었다. 4.4 절에서는 화행에 대한 써얼의 적정조건들을 논의하였다. 4.5 절에서는 화행에 대한 써얼의 다섯 가지 유형론을 제시하였고, 4.6 절에서는 공손성에 대한 논의를 비롯하여 간접화행을 다루어보았다. 마지막 4.7 절에서는 화행에 있어서 문화적 변이들과 중간 언어적 변이들을 논의하였다. 화행과 화행이론에 대한 최근의 형식적이고 전산적인 몇몇 접근법들에 주목할 가치가 있다. 하나의 중요한 이론적 발전으로서는 화행을 내포논리와 통합한 것으로서, 소위 발화수반 논리(illocutionary logic)가 출현한 것이다(Searle and Vanderveken 1985, Vanderveken 1990, 1991, 1994, 2002). 마지막으로 화행이론의 다양한 면들을 인공지능과 전산 언어학에서 형식화하는 최근 작업들을 Perrault(1990), Bunt and Black(2000), Jurafsky(2004)에서 찾아볼 수 있다.

주요 개념들

화행이론
화행
수행문
진술문
명시적 수행문
암시적 수행문
수행동사
명시적 수행문의 속성들
수행가설
발화 행위
발화수반 행위/힘
발화영향 행위/힘
(오스틴, 써얼) 적정조건
단정행위
지시행위
언약행위
표현행위
선언행위
직접화행
간접화행
직접화행 가설
공손성
체면
적극적 체면
소극적 체면
체면 위협 행위
중간언어

연습문제

1. 다음 발화들에서 어느 것이 수행문이고, 어느 것이 진술문인가?
   (1) The couple live in a house on the corner of Henry Street.
   (2) I object, your honour.
   (3) John's future is full of hope.
   (4) I declare this bridge open.
   (5) I second the motion.
   (6) John is growing a beard.
   (7) 브리지 게임에서 콜 할 때: Three clubs

2. 다음 수행문에서 어느 것이 명시적이고, 어느 것이 암시적인가?
   (1) All applications must be submitted to the dean by 31st March.
   (2) Who do you tip for the post?
   (3) You are hereby forbidden to leave this room.
   (4) How about going to the British Museum this afternoon?
   (5) Keep all medicines out of reach of children.
   (6) 영국 의회에서 한 국회의원이 다른 국회의원에게:
   I apologize for calling my honourable friend a liar.

3. 다음 중에서 어느 것이 수행동사인가?
   (1) resign
   (2) deny
   (3) nominate
   (4) threaten
   (5) punish
   (6) ask

4. 다음에서 어떤 수행동사들이 수행적으로 사용되었고, 어떤 동사들이 비수행적으로 사용되었는가?
   (1) We thanked them for their hospitality.
   (2) I hereby declare Tony Benn the duly elected member for this constituency.
   (3) I'm warning you not to spend too much on alcohol.
   (4) John withdraws his application.
   (5) All passengers on flight number thirty-six to Paris are requested to proceed to gate number nine.
   (6) The managing director congratulated everyone in the room.

5. 찰스 왕자와 다이애나 양의 결혼식에서, 다이애나는 찰스의 여러 이름들을 더듬거려, 이름들 중 하나를 실수하였다. 다이애나가 오스틴의 적정조건들 중 어느 것을 어겼다고 생각하는가? 그것은 오스틴의 용어로 불발인가 남용인가?

6. 다음에서 발화 행위, 발화수반 행위, 발화영향 행위는 무엇인가?
   (1) 어머니가 아들에게: Give me that *Playboy* magazine.
   (2) 학장비서가 교수에게: Coffee?

7. (1) 질문하기, (2) 감사하기, (3) 경고하기에 대해 써얼식의 적정조건을 기술할 수 있는가?

8. 써얼의 유형론에 따라 다음 화행들을 분류하시오.
   (1) pleading
   (2) welcoming
   (3) recommending
   (4) undertaking
   (5) baptizing a child into the Christian faith
   (6) appointing a minister
   (7) stating
   (8) apologizing

9. 다음 발화들 중에서 어느 것이 직접화행이고, 어느 것이 간접화행인가?

(1) Would all drivers please proceed to the car deck and return to their vehicles, as we will be docking shortly?

(2) (옥스퍼드의 한 피트니스 클럽에서)

Please shower before entering the pool. Please observe pool rules located at poolside. You are advised against swimming alone.

(3) Who cares!

(4) Have a nice weekend!

(5) Why don't we go to the new Italian restaurant near the museum?

(6) (다음 예는 2003년 5월 *Marquis Who's Who in the World*에서 받은 편지에서 뽑은 것이다.)

Once again, because our publication cycle operates within a firm timetable, we respectfully request that you return your verified sketch by June 27.

10. 존과 메리가 TV를 시청하고 있다. 존이 우연하게도 TV 화면을 가렸다. 아래 (i)-(v)에서 메리가 존에게 화면을 가리지 말라고 하는 데에는 다섯 가지 방법들이 있다(Peccei 1999: 90). 이 방법들을 브라운과 레빈슨의 체면 위협 행위 회피하는 전략들에 의해 분석할 수 있는가? 또한 가장 공손한 것부터 시작하여 이들을 공손성 순서에 따라 배열할 수 있는가?

(1) [Mary keeps shifting on the sofa or craning her neck.]

(2) Would you mind moving just a bit?

(3) What an interesting programme!

(4) Move out of the way.

(5) How about moving over just a teensy bit?

11. 다음은 영어를 제 2언어로 하는 중국인 학습자에게서 나타나는 전형적인 중간언어 칭찬 반응이다(Huang 1987).

(1) 중국의 외국인 방문객: Your English is excellent.

중국인 학생: No, no. My English is very poor. There's much room for improvement. I still have a long way to go in my study...

여기서 화용론적 주요 실수는 무엇인가? 중국의 제 2언어 학습자의 모국어가 영어의 칭찬에 반응하는 화행을 부적절하게 실현하는 데 어느 정도로 영향을 끼쳤다고 생각하는가?

12. 수행문은 무엇이고, 진술문은 무엇인가? 수행문이 진술문과 구별될 수 있는가? 그렇다면 어떻게? 아니면, 왜 아닌가?

13. 발화 행위, 발화수반 행위, 발화영향 행위는 무엇인가? 예로써 설명하여라.

14. 화행의 주요 유형들은 무엇인가?

15. 간접화행 개념을 비판적으로 평가해보아라

16. 공손성에 대한 브라운과 레빈슨 이론이 어느 정도로 보편적인가?

17. 당신이 친숙한 어떤 두 언어들에서 임의의 한 체면 위협 행위의 실현 패턴을 비교 대조하여라. 한 예로써 영어와 스페인어의 거절하기에 대한 실현 패턴을 비교 대조할 수도 있다.

18. 화행이론과, 대화함축에 대한 그라이스/신그라이스적 이론 간의 유사점들과 차이점들은 무엇인가?

더 읽을거리

Austin(1975)
Searle(1969)
Sadock(2004)
Brown and Levinson(1987). 특히 최신 연구에 관한 개관을 다룬 '2판에 붙이는 소개'와 1, 2, 3장.

제 5 장

직 시

‘직시’(deixis)라는 용어는 ‘보여주다’, 혹은 ‘가리키다’를 의미하는 그리스 단어에서 유래한다. 직시는 어떤 언어의 구조와 그 언어가 사용되는 문맥 간의 관계에 직접적으로 관련한다. 발화나 발화 사건의 문맥 자질들이 어떤 언어의 어휘적 또는 문법적 수단에서 의해서 표현되는 현상으로 정의될 수 있다. 전형적으로 직시 표현(deictic expressions/deictics)이[1] 포괄하는 언어 표현에는 (i) 지시대명사, (ii) 일인칭 대명사와 이인칭 대명사, (iii) 시제 표지, (iv) 시간/장소 부사, (v) 이동 동사 등이 있다.

직시는 보편적인 언어 현상으로서 모든 자연 언어들이 직시 표현을 가지고 있다. 왜 그럴까? 이유는 단순하다. 직시 표현이 없는 언어는 직시 표현을 지닌 언어에 비해서 언어 사용자의 의사소통적 요구에 효과적으로 그리고 효율적으로 부합될 수 없다. Fillmore(1997: 60)에서 가져온 예 (5.1)은 직시 정보가 없으면 어떤 일이 일어나는지를 설명해준다.

(5.1) (바다에 떠다니는 병속에서 발견함)
Meet me here a month from now with a magic wand about this long.

적절한 직시 정보가 없으면, 만날 상대가 누구인지, 이 메시지 작성자를 언제 어디서 만날 것인지, 가져가야 할 마술 지팡이의 길이가 어느 정도인지 등을 알 수 없을 것이다.

이 장에서 우리는 직시에 대해 기술적 분석을 제시한다. 5.1 절에서는 직시 표현 대 비직시 표현(5.1.1), 직시 표현의 몸짓 용법 대 기호 용법(5.1.2), 직시 중심과 직시 투사(5.1.3) 등 직시와 관련된 기본 개념들을 살펴본다. 5.2 절에서는 직시의 세 가지 기본 범주들, 즉 인칭(5.2.1), 장소(5.2.2), 시간(5.2.3)을 논의해 본다. 마지막 5.3 절에서는 직시의 다른 두 범주들, 즉 사회 직시와 담화 직시를 논의할 것이다. 그리고 세계 언어들이 갖는 다양하고 풍부한 직시 체계들을

---

1) 언어 철학의 문헌들에서 직시 표현은 지표 표현(indexical expressions/indexicals)으로 불린다. Lyons(1982: 106), Kaplan(1989), Nunberg(1993), Manning(2001), Levinson(2004) 등 참조.

보여주기 위해 계통적으로 무관하고 구조적으로도 상이한 광범위한 언어들의 자료를 제시할 것이다.

5.1 기본 개념들

5.1.1 직시 표현 대 비직시 표현

직시 표현(deictic expressions/deictics)은 직시적 용법을 기본으로 또는 중심으로 하는 표현이고, 비직시 표현은 그런 용법을 기본이나 중심용법으로 갖지 않는 표현이다. 예를 들어 (5.2)에서 이인칭 대명사는 직시 표현인 반면에, (5.3)에서의 삼인칭 대명사는 아니다.[2)]

(5.2) *You* and *you*, but not *you*, go back to *your* dorms!

(5.3) Mary wishes that *she* could visit the land of Lilliput.

그러나 직시 표현이 비직시적으로 사용될 수 있고(5.4), 반대로 비직시 표현이 직시적으로 사용될 수 있다(5.5).

(5.4) If *you* travel on a train without a valid ticket, *you* will be liable to pay a penalty fare.

(5.5) *She*'s not the principal; *she* is. *She*'s the secretary.

(5.4)에서 you는 기능상 프랑스어의 on, 독일어의 man 등과 같은 어휘들과 유사하게 비인칭으로 사용된다.[3)] 즉, 비직시적으로 사용된다. 다른 한편, (5.5)에서 세 개의 she에 대한 해석은 그 문장이 발화되는 물리적 문맥에 대한 직접적이면

2) 그러나 디야리어, 키콰라어, 다수 남아시아 언어들은 해당되지 않는다. 아래 5.2.3 절 참조.

3) 비인칭 기능이 동사의 굴절을 통해서 두드러지게 표현되는 언어들이 있다. 브르타뉴어가 그런 한 언어이다(Anderson and Keenan 1985: 260).

서도 시시각각의 관찰에 의존한다. 그러므로 여기서 삼인칭 대명사는 직시 표현으로 이용된다.

5.1.2 직시 표현의 몸짓 용법 대 기호 용법

직시용법은 몸짓(gestural) 용법과 기호(symbolic) 용법으로 더 구분될 수 있다 (Fillmore 1971, 1997: 62-3). 몸짓 용법은 발화 사건의 어떤 물리적인 면들을 직접적이면서도 시시각각의 관찰에 의해서만 적절히 해석될 수 있다. 예를 들어, 위 (5.2)와 (5.5)에서 직시 표현들은 (몸짓이나 눈 접촉 등과 같은) 어떤 종류의 물리적 제시를 동반할 경우에만 해석될 수 있다. 이와는 대조적으로, 직시 표현의 기호 용법을 해석하는 것은 그 발화 사건의 기본적인 시공간 매개변수를 알고 있기만 하면 된다. 만약 당신이 누군가에 의해 (5.6)이 발화되는 것을 듣는다면, 당신은 그 발화가 지시체에 대한 물리적인 명시를 동반할 것으로 기대하지 않는다. 화자의 일반적 위치를 알고 있다면, 당신은 그 발화를 문제없이 이해할 수 있다.

(5.6) *This* town is famous for its small antiques shops.

몸짓 용법이 기본적인 용법이고, 기호 용법은 확장된 용법이라는 점은 분명하다. 일반적으로 어떤 직시 표현이 기호 용법으로 사용될 수 있으면 그 표현은 몸짓 용법으로도 사용될 수 있는 것처럼 보인다. 그러나 그 역은 성립하지 않는다. 그러므로 이 세계의 어떤 언어들은 단지 몸짓 용법으로만 사용될 수 있는 직시 표현들을 가지고 있다. 프랑스어의 voici/voilà, 라틴어의 ecce, 러시아어의 vot/von 등이 이 범주에 속한다.

직시 표현의 용법을 (5.7)과 같이 요약할 수 있다.

(5.7) 직시 표현의 용법

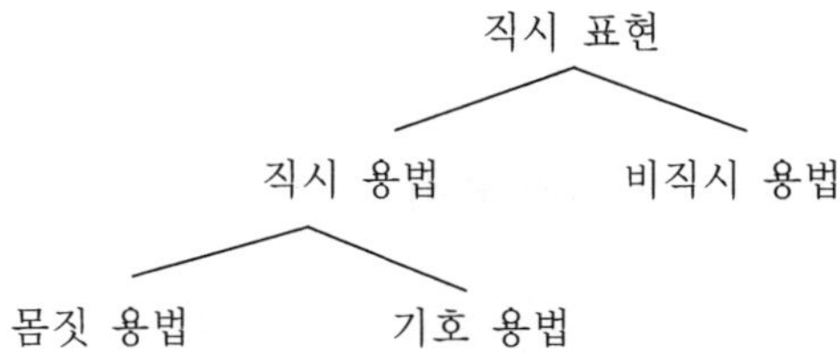

☞ 연습문제 1

5.1.3 직시 중심과 직시 투사

일반적으로 말해서 직시는 자기중심적으로 조직된다(Lyons 1977: 646). 세 가지 주요 범주들의 기본적인 직시 중심(deictic centre), 또는 Bühler(1934)의 용어로 직시 오리고(origo: 영 지점)는 다음과 같다: (i) 사람에 대한 중심적인 정박지점은 화자이고, (ii) 시간에 대한 정박지점은 화자가 그 발화를 만들어내는 시간이고, (iii) 장소에 대한 정박지점은 화자가 그 발화를 만들어내는 장소이다(Levinson 1983: 63-4). 비형식적으로 제시하면, 직시는 그 중심이 전형적으로 '나-여기-지금'이 되는 '자기중심적' 현상이라고 말할 수 있다.

그러나 직시의 이런 '자기중심적' 조직이 항상 지켜지는 것은 아니며, 이는 Lyons(1977: 579)에서 일컫는 직시 투사(deictic projection)를 불러일으킨다. (5.8)을 가지고 설명하여 보자.

(5.8) a. Can I go to your office tomorrow at 12:00?
b. Can I come to your office tomorrow at 12:00?

come과 go는 둘 다 이동동사이다. (5.8a)에서 go는 직시 중심으로부터 멀어지는 이동을 표현함으로 직시투사가 일어나지 않는다. 이와는 대조적으로 (5.8b)에서 come은 직시 중심 쪽으로 이동을 표현하며, 따라서 직시투사가 일어난다. 즉,

직시중심이 화자에게서 청자 쪽으로 투사되었다.[4] 5.2.3 절에서 이동 동사에 대해 더 자세히 살펴볼 것이다.

☞ 연습문제 2~3

5.2 직시의 기본 범주들

언어학과 언어 철학 문헌들에서는 전통적으로 인칭, 장소, 시간을 직시의 세 가지 기본 범주들로 간주한다. 모든 '지시'가 인간에 의해 행해지므로, 모든 '지시' 표현들은 발화자, 발화장소, 발화시간에 관련되어야 한다는 점에 이런 삼분법에 대한 이유가 있다(Mey 2001: 54).

5.2.1 인칭 직시

인칭 직시(person deixis)는 발화 사건에서의 대화자들 또는 참여자들을[5] 확인하는 것과 관련한다. 이 직시는 일반적으로 (i) 인칭 대명사에 반영되는 인칭의 전통적 문법적 범주에 의해서 그리고 인칭 대명사와 연관된 술어와의 일치에 의해서, 그리고 (ii) 예를 들어 친족 용어, 직위, 고유명사, 이들 간의 조합형태 등에서 표현되는 호격에 의해서 실현된다.

[인칭 대명사]

인칭 대명사(personal pronouns)부터 시작하여 보자. 보통 인칭 대명사는 생성

4) 이뉴잇어를 포함한 어떤 언어들에서 직시투사는 형식적으로 표현된다. 이 언어에서 발화사건시 직시 중심이 화자에게서 다른 사람에게로 이동할 경우 '영역 변환 접두사' ta-가 사용된다(Denny 1982, Diessel 1999: 47).

5) Goffmann(1979)과 Fillmore(1971, 1977: 62)를 따라 Levinson(1983: 68, 72, 1988)에서는 대화자들 또는 참여자들을 보다 정확한 토대 하에 좀 더 세분화할 수 있다고 주장하였다. 이에 따르면 화자는 메시지/발화의 출처와 전달자로, 청자는 수용자와 엿듣는 사람으로 구분될 수 있다. (보다 정교한 시스템에 대해서는 Levinson(1988) 참조.)

문법의 문헌들에서 소위 φ -자질로 불리는 인칭, 수, 성 등을 표현하지만, 때때로 거리와 사회적 관계들을 나타내기도 한다. 본 소절에서 저자는 인칭, 수, 성에 초점을 두고, 5.2.3절의 장소 직시와 관련하여 거리 개념을, 5.3.1절의 사회적 직시와 관련하여 사회적 관계들을 논의할 것이다.

[인칭]

일반적으로 인칭 대명사는 일인칭, 이인칭, 삼인칭의 세 가지로 구분된다. 일인칭의 범주는 화자의 자신에 대한 지시, 즉 화자를 포함하는(+S) 참여자 역의 문법화이다. 이인칭은 화자의 청자(들)에 대한 지시, 즉 청자를 포함하는(+A) 참여자 역의 표현이다. 삼인칭은 발화 상황에서 화자나 청자가 아닌 사람들 또는 개체들, 즉 화자와 청자를 배제하는(-S, -A) '참여자 역'에 대한 문법화이다(Ingram 1978, Levinson 1983: 69). 삼인칭은 발화 사건에서의 특정 참여자 역을 반드시 가리키지는 않는다는 점에서 일인칭 또는 이인칭과 다르다는 점에 유의해야 한다(Lyons 1977: 638, Levinson 1983: 69). 그러므로 삼인칭은 일인칭이나 이인칭보다도 사람이 아닌 개체에 좀 더 가깝다는 점을 받아들인다면, 삼인칭을 잉여적인 비직시 범주의 문법 형태로 간주할 수 있다(Huang 2000a: 178). 이런 이유로 세계의 모든 언어들이 일인칭과 이인칭 대명사들을 가지고 있는 것처럼 보이지만, 몇몇 언어들은 삼인칭 대명사를 가지고 있지 않는 것 같다. 뒤르발어(Dixon 1972: 51), 호피어(Malotki 1982), 옐리 드녜어(Levinson 2004), 이딘어(Dixon 2003), 오스트레일리아 서부 사막지대의 은가아냐차라어 등이 그런 언어들에 해당한다. 코카시아어들에서도 삼인칭 대명사가 공통적으로 나타나지 않는다(Corbett 1991: 132).[6]

6) 이 시점에서 우리는 문헌들에서 회피(obviation)라고 불리는 개념을 언급해야만 한다. Huang(2000a: 10-1)에서 지적한 바와 같이, 담화상에서 상대적인 현저성에 기초하여 회피 개념 하의 '근접적'(proximate)과 '회피적'(obviate)이라는 하위 개념들이 (종종 각각 삼인칭과 사인칭으로 잘못 불리기도 하지만) 각기 다른 삼인칭 명사구들에게 할당된다. 일반적으로 보면, 문맥상 또는 수사적으로 더욱 근접해있는 명사구들은 근접적 형태론의 수단에 의해 표현되고, 문맥상 또는 수사적으로 덜 중심적인 명사구들은 회피적 형태로 표현된다. 이런 근접적/회피적 간의 차이는 명사구들에서 뿐만 아니라 동사들에서도 표현된다. 따라서 근접적 표현들만이 근접적 표현들과, 그리고 회피적 표현들은 회피적

[수]

수에 관해서도 언어들은 급격한 차이를 보인다. 수 범주를 갖지 않는 피라하어, 카위어, 고전 중국어에서부터, 단수-양수-소복수-복수 차이를 보이는 ('소복수'는 '몇몇'을 의미한다) 이마스어, 무릭어, 미리엄미르어 등의 언어들과, 단수-양수-삼수-소복수-복수 시스템을 갖는 리히르어 같은 언어들에 이르기까지 다양하다. (수 범주들의 풍부한 자료들에 대한 자세한 논의는 Corbett 2000: 9-53 참조.) 아래에 가장 일반적인 수 시스템 두 개에 대한 예들을 제시한다.

(5.9) 단수-복수

a. (중국어)

인칭	단수	복수
1	wo	women
2	ni	nimen
3	ta	tamen

b. (서부 다니어, Voorhoeve 1975: 403)

인칭	단수	복수
1	an	nit
2	kat	kit
3	at	it

c. (미조어, Lalitha Murphy and Subbarao 2000)

인칭	단수	복수
1	kei	keni
2	nang	nangni
3	ani	anni

표현들과 공지시를 갖는 것으로 해석될 수 있다. 그러므로 회피 개념은 무표적인 삼인칭 범주를 가리키는 '근접적' 하위 개념과, 부차적인 '사인칭'을 표현하는 '회피적' 하위 개념, 또는 포타와토미어에서처럼 심지어 '오인칭' 범주를 표현하는 '극단의 회피적' 하위 개념 등으로(Anderson and Keenan 1985) 성/부류 시스템을 인칭 범주로의 자연스런 확장을 표현한 것으로 볼 수 있다. 회피 개념은 (블랙풋어, 크리어, 팍스어 등의) 알곤킨어, (나바호어 등의) 아파치어, 에스키모어, 카레산어, 쿠테나이어 등의 미국 인디언 언어들에서 발견된다(Comrie 1989).

(5.10) 단수-양수-복수

a. (아랍어)

인칭	단수	양수	복수
1	‘anna		nah.nu
2	‘anta	‘antumaa	‘antum
3	huwa	huma	hum

b. (톡 피신어, Mühlhäusler and Harré 1990: 51)

인칭	단수	양수	복수
1	mi	mitupela	mipela
2	yu	yutupela	yupela

c. (얀쿠니탸탸라어, Goddard 1998: 298)

인칭	단수	양수	복수
1	ngayulu	ngali	hganana
2	nyuntu	nyupali	nyur

일인칭의 비단수와 관련하여 두 가지 점들을 언급할 수 있다. 첫째, 일인칭의 복수는 삼인칭의 복수와 동일한 의미가 아니다. 예를 들어, 영어에서 we는 they가 여러 삼인칭 개체들을 의미하는 것과 동일한 방식으로 여러 화자를 의미하지 않는다(Levinson 1983: 69). 둘째, 다수의 세계 언어들은 두 개의 비단수 일인칭 대명사들을, 즉 ‘청자를 포함한 우리’를 의미하는 대명사와 ‘청자를 배제한 우리’를 의미하는 대명사를 갖는다.[7] (5.11)의 언어들은 포함한/배제한(inclusive/exclusive) 복수 일인칭 대명사들 간의 차이를 예로 보여주며, (5.12)의 언어들은 양수와 복수 일인칭 대명사들과 관련하여 그 차이를 설명하고 있고, 끝으로 (5.13)의 언어들은 보다 ‘이국적인’ 수 시스템들을 갖는 대명사와 관련하여 그

7) 몇몇 언어들의 경우, 포함-배제 차이가 동사에 표현된다. 다음은 오리야어의 경우이다 (Ray 2000: 576).

(i) aame jibaa
we will go-INC

(ii) aame jibũ
we will go-EXC

차이를 예로 보여주고 있다. (대명사에 있어서 인칭과 수에 대한 자세한 논의는 Harley and Ritter 2002, Cysouw 2003, Bhat 2004, Siewierska 2004를 참조할 것.)

(5.11) 복수 '우리'

	포함	배제
구자라크어	aapNe	ame
말레이어	kita	kami
쟈이세어	nuy	nii

(5.12) 양수-복수 '우리'

a. (디야리어, Austin 1982: 274)

단수	양수	복수	
	ngalda	ngayani	포함
ngnhi			
	ngali	ngayana	배제

b. (팔라웅어, Goddard 1998: 299)

단수	양수	복수	
ɔ	ar	ɛ	포함
	yar	y ɛ	배제

c. (통가어, Mühlhäusler and Harré 1990: 66)

단수	양수	복수	
kita(e)	kitaua(ta)	kiautoly(tau)	포함
au	kimaua(ma)	kimautolu(mau)	배제
	(ou~ku~u~kau)		

(5.13) '이국적' 수 시스템

a. (단수-양수-삼수-소복수-복수, 리히르어, Corbett 2000: 25)

인칭	단수	양수	삼수	소복수	복수
1, 배제	yo	gel	getol	gehetge	
1, 포함	-	kito	kitol	kitahet	giet
2	wa	gol	gotol	gohetgo	
3	e	dul	dietol	diehet	die

b. (단수-양수-복수-대복수, 목일러스어, Harrison 1976: 88)

인칭	단수	양수	복수	대복수
1 배제	ngoah(i)	kama	kamai	kimi
1 포함	-	kisa	kisai	kihs
2	koah	kamwa	kamwai	kimwi
	koawoa			
3	ih	ara/ira	arai/irai	ihr

☞ 연습문제 4~5

[성]

인칭 대명사는 의미적 또는 자연적 성과, 문법적 또는 관례적 성을 표현할 수도 있다. 범언어적으로 보면, 대명사의 성 표현에 대한 일반적 패턴은 다음과 같은 함의적 보편성으로 파악될 수 있다. 대명사의 성 표현이 있는 모든 언어들에서 성은 삼인칭에서 구분될 수 있고, 보통 둘(남성과 여성) 또는 셋(남성, 여성, 중성)의 성이 확인된다. 몇몇 언어들에서 성은 이인칭에도 표현될 수 있다. 그리고 소수의 언어들에서는 성이 일인칭에서도 표현될 수 있다(Greenberg 1963: 93, Anderson and Keenan 1985: 269). 예를 들어, 카탈로니아어, 영어, 마라티어, 러시아어에서는 성 구분이 삼인칭에서만 확인될 수 있다. 이와는 대조적으로 아라비아어, 현대 히브리어(Anderson and Keenan 1985: 269), 투니카어, 실하어(Corbett 1991: 129)에서는 성 구분이 삼인칭과 이인칭에서 표현되고, 그러나 일인칭에서는 (실하어의 경우 일인칭 단수에서는) 표현되지 않는다. 마지막으로 나그라어는 일인칭에서도 성이 표현되는 언어이다(Trudgill 2000: 63). 그러나 이런 함의적 보편성에는 예외들이 존재한다. Burquest(1986)에서 보고하고 있는 바와 같이, 아프리카-아시아어인 앙가스어에서는 보고체를 제외하고는 이인칭에서만 성 구분이 일어난다.

또한 언급되어야 할 점은 대명사 자체가 성 구분을 표시하지 못할 경우, 성은 동사 형태에 표현될 수 있다. 다음 (5.14)-(5.16) 예에서 이를 살펴볼 수 있다.

(5.14) 현대 히브리어(Anderson and Keenan 1985: 270)

a. Ani medaber.
I speak-M-SG
'나는 말한다.' (남성화자)

b. Ani medaberet.
I speak-F-SG
'나는 말한다.' (여성화자)

(5.15) 펀자브어

a. mai aura.
I come-M
'나는 오고 있다.' (남성화자)

b. mai auri.
I come-F
'나는 오고 있다.' (여성화자)

(5.16) 러시아어(Corbett 1991: 128)

a. ja čital-∅.
I read-PAST-M
'나는 독서 중이었다.' (남성화자)

b. ja čital-a.
I read-PAST-F
'나는 독서 중이었다.' (여성화자)

마지막으로, 성은 형용사와 명사에도 표시될 수 있다. 다음 예들은 프랑스어의 경우이다.

(5.17) a. Je suis heureux.
I am happy-M
'나는 행복하다.' (남성화자)

b. Je suis heureuse.
I am happy-F
'나는 행복하다.' (여성화자)

(5.18) a. Je suis le président.
I am the-M president-M
'나는 대통령이다.' (남성화자)

b. Je suis la présidente.
I am the-F president-F
'나는 대통령이다.' (여성화자)

다음으로 대부분 언어들에서 무표적인 성은 남성인 반면에, 무표적인 성이 여성인 언어들도 있다. 이런 언어들로는 (칼라 라고 야어와 같은) 일군의 오스트레일리아 언어들, (이로쿼이어와 같은) 몇몇 북미 인디언 언어들, 그리고 코카시아어 방언인 아라쿨어 등이 있다(Mühlhäusler and Harré 1990: 242-5).

또 다른 흥미로운 점은 인칭-성 표현과 관련하여 언어들은 복수보다는 단수에서 더 많은 성 차이를 표현하는 경향이 있다는 것이다. 이는 덜 유표적인 범주들이 더 유표적인 범주들보다도 내적으로 더 상세하게 세분화될 것 같기 때문이다(Greenberg 1966, Anderson and Keenan 1985). 이런 원리를 확인시켜주는 친숙한 언어로는 영어가 있고 (삼인칭 단수: 남성:he/여성:she/중성:it, 삼인칭 복수: they), 보다 덜 친숙한 다른 언어로는 모니어가 있다. (삼인칭 단수: 남성:ogo/여성:oa, 삼인칭 양수:uiya, 삼인칭 복수:ui, Voorhoeve 1975: 409). 그러나 삼인칭 단수뿐만 아니라 모든 인칭의 복수에서 성이 구분되는 스페인어는 이에 대한 반례에 해당한다.

끝으로 몇몇 세계 언어들에서 보면, 대명사가 음성적으로 실현되지 않을 수 있다. 달리 말하면, 대명사가 공범주나 영 대용어로 표현될 수도 있다. 정형절의 주어 위치에 인칭 대명사 탈락을 허용하는 언어들은 생성문법 문헌들에서 '공주어'(null subject) 또는 'pro-drop' 언어로 알려져 왔다. 일반적으로 말하면, 대명사는 (5.19)에서처럼 그 내용이 형태론적으로(즉, 풍부한 동사 일치를 통하여), 또는 (5.20)에서처럼 이런 저런 방식으로 담화상에서 복구될 수 있으면 생략될 수 있다. (자세한 논의는 Huang 2000a 참조.)

(5.19) (파쉬토어, Huang 2000a: 55)
∅ mana xwr-əm.
apple eat-1-M-SG
'(나는) 사과를 먹었다.'

(5.20) (중국어)
∅ qu guo Beijing ma?
go EXP Beijing Q
'(너는) 베이징에 가봤니?'

[호격]

인칭 직시는 호격(vocatives)에 의해서 수행될 수도 있다. 호격은 청자를 가리키지만, 술어의 논항에 속하지 않는 명사구이다. 운율상으로 보면, 호격은 호격을 동반하는 발화 몸체로부터 분리된다. 호격은 두 유형, 즉 (5.21)에서의 부르기(calls) 또는 호출(summonses)과, (5.22)에서의 호칭(addresses)로 구분된다.

(5.21) a. Hey *Daddy*, look, a spider in the corner!
b. *John*, if we don't leave now, we'll be late for our next appointment.
c. *Doctor Williams*, do you think I need a blood test?

(5.22) a. I'm afraid, *Sir*, we are closing.
b. Do you fancy going to a concert of African music, *Lucy*?
c. My view, *Dean*, is that we should set up a new department of linguistics.

여기서 세 가지 점을 간단히 언급할 수 있다. 첫째, 속성상 몸짓 기호에 속하는 부르기/호출은 발화 첫머리에 위치하는 반면에, 특성상 상징 기호에 속하는 호칭은 삽입절로 나타나며, 따라서 삽입절이 등장할 수 있는 위치에 나타날 수 있다. 둘째, 모든 호칭은 부르기/호출로 사용될 수 있지만, 부르기/호출의 몇몇 형태만이 호칭으로 사용될 수 있다(Zwicky 1974, Levinson 1983: 70-1, Brown and Levinson 1987: 292, Marmaridou 2000: 78-80). 셋째, (5.21)과 (5.22)에서 보여주는 바와 같이, 일반적으로 호격은 사회적으로 표현된다. 사회 직시를 논의하는 5.3.1 절에서 이 이슈를 다시 다루기로 한다.8)

5.2.2 시간 직시

다음으로 시간 직시(time deixis)를 다루어 보자. 시간직시란 하나의 발화 사건에서 발화가 생성되는 시간에 비례한 시간 기점과 간격의 표현에 관련한다.

[시간]

시간직시가 언어에서 어떻게 문법화되는지 고찰하기에 앞서, 먼저 시간 개념을 살펴보자. Fillmore(1997: 45-6)에서 지적한 바와 같이, 시간은 일차원적이고 단방향적이다. 일반적으로 말해서 시간의 경과는 서로 다른 두 방식으로 표현된다. (i) 시간을 상수로, 그리고 '세계'를 시간 축에 따라 과거에서 미래로 이동하는 것으로 간주한다. (ii) '세계'를 견고한 것으로, 그리고 시간을 '세계'축에 따라 미래에서 과거로 흘러가는 것으로 생각한다. 그러므로 '이동 세계'의 은유 (i)를 사용하여 우리는 'the years ahead'로 표현할 수 있고, 다른 한편 '이동 시간'의 은유 (ii)를 사용하여 우리는 'the coming years'라고 표현할 수도 있다.

'8시 정각'과 같은 시간 기점과 '내일 저녁'과 같은 시간 구간을 구분할 수 있다. 시간 구간은 시작 기점과 종료 기점에 의해서만 정의될 수 있다. 세계

8) Fillmore(1997: 119)에 따르면, 영어에서 Miss는 공손한 부르기(polite attention-calling)에서, Mr는 공손하지 않은 부르기(impolite attention-calling)에서 사용될 수 있지만, Mrs는 부르기에서 사용될 수 없다. 여기서 우리는 부분적인 신 그라이스식의 화용분석을 제시할 수 있다. 호격으로서 Madam을 사용하는 것은 그런 식으로 사용되는 Mrs를 배제한다. 공손한 호격으로서 Sir의 사용은 공손한 호격으로서 Mr의 사용에 대해 우선순위를 갖고, 그럼으로써 Mr를 비공손한 호격으로 격하시킨다. 끝으로 이 표현을 대신할 장치가 없기 때문에 Miss는 공손한 호격으로 자유로이 사용된다.

언어들에서 이 개념은 주로 낮과 밤, 주, 달, 계절, 년 등과 같이 자연적이면서 현저하게 나타나는 사이클을 토대로 표현된다. 그런 시간 단위는 달력에 의존하거나(calendrical) 의존하지 않을 수 있다(non-calendrical). 달력에 의존하는 사용법을 보면, 시간 측정 기간은 고정된 길이를 가지면서 자연적으로 주어진 시간 단위들의 연속체를 가리킨다. 예를 들어 '7월'은 달력 의존적인 단위이다. 다른 한편으로 달력에 의존하지 않는 사용법을 보면, 시간 측정 기간은 관심이 되는 어떤 고정된 지점에 비례하는 측정 단위로서만 사용된다. 예를 들어 '2주일'은 달력에 의존하지 않는 단위에 대한 예이다(Fillmore 1997: 48-50, Levinson 1983, Anderson and Keenan 1985: 296). 달력 의존적인 단위는 더 나아가 '월요일', '1월', '아침' 등과 같은 위치적(positional) 단위와, '주', '월', '연' 등과 같은 비위치적(non-positional) 단위로 구분될 수 있다(Fillmore 1997: 50, 52, 69).

또 구분될 필요가 있는 개념들로서는 입력시간(coding time: CT)이라 불리는 발화의 순간과, 수용시간(receiving time: RT)이라 불리는 수용의 순간이다. 무표적인 직시 중심을 가정하는 일반적인 상황 하에서 수용시간은 입력시간과 동일한 것으로 간주될 수 있다. 이 경우가 바로 Lyons(1977: 685)에서 직시적 동시성(deictic simultaneity)이라 부르는 개념에 해당한다. 그러나 편지를 쓰거나, 매체 프로그램들을 사전에 녹음하는 발화 상황들이 있는데, 여기서는 메시지가 동일한 시간에 발송되고 수용되는 것이 아니다. 이런 경우 화자는 직시 중심을 화자와 입력시간에 둘 것인지(5.23), 또는 청자와 수용시간으로 이동시킬 건지(5.24) 결정해야 한다(Levinson 1983: 73-4, Fillmore 1997: 67-8).

(5.23) This interview is being recorded today, Wednesday 3 July, to be relayed on Sunday 7 July.

(5.24) This interview is being recorded last Wednesday 3 July, to be relayed today, Sunday 7 July.

[시간직시의 표현방법]

시간직시는 보통 (i) 직시적 시간부사와 (ii) 시제에 의해서 문법화된다.

[직시적 시간부사]

직시적 시간부사(deitic adverbs of time)부터 살펴보자. 먼저 Anderson and Keenan(1985: 297)에서 시간 지시사로 불리는 영어의 순수한 두 시간 직시 표현들인 now와 then을 살펴보자. Now는 '근접한'(proximal) 시간을 가리키며, Levinson(1983: 74)에 따르면 '입력시간을 포함하는 화용론적으로 주어진 (시간) 간격'으로 정의될 수 있다. 이와는 대조적으로 then은 '원거리'(distal) 시간을 가리키며, 'not now' 의미로 축약될 수 있다. (아래의 5.2.3을 참고할 것.) 과거 또는 미래의 시간을 가리킬 수 있다.

다음으로 today, tomorrow, yesterday 등과 같이 달력에 의존적인 직시적 단위 표현들을 살펴보자. 하루에 대한 이런 직시적 이름들은 시간을 하루 구간으로 구분한다. 그래서 today는 '입력시간을 포함하는 하루 구간'으로, tomorrow는 '오늘에 뒤따라 나오는 하루 구간'으로, 그리고 yesterday는 '오늘에 앞서는 하루 구간'으로 나타낼 수 있다(Levinson 1983: 74). 유의해야 할 점은 now/then과 today/tomorrow/yesterday는 어떤 시간 기점에(5.25), 또는 관련된 구간 내의 어떤 중간 시간 기간에(5.26), 또는 전 구간 자체에(5.27) 관련될 수도 있다는 점이다.

(5.25) Start the engine *now*!

(5.26) John is *now* working as a government's spin-doctor.

(5.27) *Yesterday* was a public holiday.

또 다른 흥미로운 점은 today/tomorrow/yesterday의 용법이 하루 구간에 대한 달력 의존적인 표현들에 비해 우선한다는 점이다. 그러므로 영어 화자들은 오늘 또는 내일이 토요일이라면 보통의 경우 (5.28)과 같이 말하는 것을 피할지 모른다. 즉 토요일이라면 today를, 그리고 금요일이라면 tomorrow를 사용하려고 하기 때문이다(Levinson 1983: 75, Fillmore 1997: 72).

(5.28) I'll test-drive a BMW on Saturday.

마지막으로 하루에 대해 얼마나 많은 직시적 표현들을 어휘화하는가는 언어마다 다르다. 예를 들어, 영어는 오늘을 중심으로 양 방향으로 단지 하루만 명명한다. 아랍어, 중국어, 독일어는 양 방향으로 이틀을 명명한다. 보다 풍부한 체계를 보여주는 언어들도 있다. 예를 들어 그리스어, 하우사어(Anderson and Keenan 1985: 300), 일본어(Fillmore 1997: 71)는 현재의 날을 중심으로 해서 양방향으로 3일을 나타내는 어휘화된 직시표현들을 가지고 있다. Fillmore (1997: 71)에 따르면, 치난텍어는 앞뒤로 4일까지 표현한다.

또한 어떤 언어들은 어제와 내일에 대해 동일한 단어를 사용하여, 하루에 대한 어휘화된 표현들의 수를 줄인다는 점이 흥미롭다. 예를 들어 이그보어의 주요 방언들이 이런 유형의 언어에 속한다. 이 언어에서 사용되는 관련 단어가 eci이다(Anderson and Keenan 1985: 300). 더욱 흥미로운 것은 펀자브어의 경우 어제와 내일에 대해 kall이라는 한 단어가, 그리고 모레와 글피에 대해 parso라는 한 단어가 사용된다는 점이다. Fillmore(1997: 73)에 따르면, 힌두어도 이와 동일한 패턴을 보인다. 즉, 이런 언어들에서 동일한 단어들이 오늘을 기준으로 하여 양방향으로 하루와 이틀의 시간을 가리키는 데 사용된다. 이런 어휘상 중의적인 하루 표현들에 의해 야기되는 해석상의 잠재적 어려움은 보통 문법적으로 (예, 시제를 통해서) 혹은 화용상으로 (예, 공유된 지식에 의해서) 해결될 수 있다.

그리고 어떤 언어에서는 하루에 대한 어휘화된 직시 표현들의 분포가 비대칭적일 수 있다. 스페인어가 그런 유형에 속하는 것 같다. 이 언어에서는 현재의 날을 기준으로 앞으로는 하루에 대한 그리고 뒤로는 이틀에 대한 표현을 갖는다. 페르시아어는 앞으로는 이틀을 그리고 뒤로는 나흘을 표현하는 어휘가 있다고 하고, 베트남어의 경우 앞으로는 사흘을 그리고 뒤로는 나흘을 표현하는 어휘를 지닌다고 한다(Fillmore 1997: 71). 다음은 저자가 수집한 몇몇 예들이다.

(5.29) 하루에 대한 어휘화된 직시 표현들

언어	0-3	0-2	0-1	0	0+1	0+2	0+3
영어			yesterday	today	tomorrow		
디야리어			waldawirti	karrari	thang-kuparna		
아랍어		albarahati	albaraha	alioum	ghuden	bada-ghuden	
중국어		qiantian	zuotian	jintian	mingtian	houtian	
독일어		vorgestern	gestern	heute	morgen	über-morgen	
그리스어	antipro-chthes	prochthes	chthes	sinera	avrio	methavrio	anti-mentha
펀자브어		parso	kall	ajj	kall	parso	
스페인어		anteayer	ayer	hoy	mañana		

끝으로 this month, next Monday, last year 등의 직시적인 복합 시간 부사들을 살펴보자. 이런 직시적 시간 부사들은 두 구성요소들로 이루어지는데, this/next/last 등의 직시적 요소와 month/Monday/year 등의 비직시적 요소가 나타난다. Fillmore(1997: 69-71)와 Levinson(1983: 75-6)에서 지적한 바와 같이, 이런 부사들의 해석은 다음 두 차원의 구분에 의해서 체계적으로 결정된다. 즉 (i) 시간 계산시 달력 의존적 방법과 달력 비의존적 방법 간의 구분, 그리고 (ii) 위치적 달력상 단위와 비위치적 달력상 단위 간의 구분.

X가 주, 월, 년 등의 비위치적 달력상 단위에 해당할 경우, this X 표현은 보통 입력시간을 포함하는 단위를 가리킨다. 또한 시간 부사는 달력 의존적 해석과 달력 비의존적 해석 간에 중의성을 보인다. 그러므로 this year는 발화 순간과 동일한 년도를 가리키고, 1월 1일부터 12월 31일까지의 달력 의존적 단위이거나,[9] 입력시간을 포함하는 날부터 시작하여 365일이라는 달력 비의존적 단위일 수 있는 중의성을 띤다. this week, this month, 그리고 아마도 this decade, this century 등도 다소 동일한 패턴으로 설명할 수 있다. 이와는 대조적으로, this Y 표현에서 Y가 달력상의 더 큰 단위 Z 내에 포함되는 목요일, 7월,

9) 물론 학년도, 회계연도, 중국의 음력 등과 같은 문화적으로 특수한 달력상 단위들이 존재한다.

저녁 등과 같은 위치적 달력상 단위를 지칭할 경우, 디 this Y는 일반적으로 입력시간을 포함하는 더 큰 단위 내에 포함되는 단위를 의미한다. 그래서 this July는 화자가 현재 위치하는 월을 반드시 가리키지는 않고, 그 대신 발화 순간과 동일한 달력상의 연도에 있는 7월을 가리킨다. 또한 논의되고 있는 7월은 가능한 한 과거의 7월이라기 보다는 미래의 7월로 간주된다. 이와 유사하게 우리는 this morning을 그날의 아침 기간 혹은 아침 나머지 기간을 의미할 수 있다(Levinson 1983: 75-6, Fillmore 1997: 69-74).[10]

[시제]

다음으로 간단히 시제(tense)를 살펴보자. Lyons(1977: 682)와 Levinson (1983: 77)에 따라 우리는 상위언어적 시제(metalinguistic tense)와 언어적 시제(linguistic tense)를 구분해볼 수 있다. 상위언어적 시제란 시제에 대한 이론적 범주를 의미하고, 반면에 언어적 시제는 상위언어적 시제의 언어적 실현을 의미하는 것으로서, 전형적으로는 동사의 굴절을 통해서 그리고 또한 특정 언어에서는 다른 주변적 구문 형태로 실현된다. 일반적으로 말해서 모든 언어가 상위언어적 시제를 가지고 있지만, 몇몇 언어들은 언어적 시제를 갖지 않는다. 후자의 경우 상위언어적 시제는 시간부사에 의해서 또는 yesterday, this week, next year 등과 같은 표현들에 의해서 어휘적으로 실현될 수 있다. 다음 (5.30)을 관찰해보면 이런 대조성을 볼 수 있다.

(5.30) a. The giant panda lives on bamboo shoots.
b. (중국어)
Xiaoming qunian jielehun

10) 오전, 오후, 저녁에 따라 '오늘 아침'을 표현할 때 다른 어휘들을 사용하는 언어들이 있다. 그런 언어로는 치난텍어를 들 수 있다(Fillmore 1997: 71). 또한 '저녁'을 가리키는 데 다른 단어를 사용하는 언어들도 있다. 예를 들어 펀자브어에서는 '저녁'에 대해 numasha와 shami라는 두 표현을 갖는다. 전자는 저녁에만 사용될 수 있고, 후자는 저녁 이외에 사용될 수 있다.

Xiaoming　　　last year　　get married
'샤오밍은 작년에 결혼했다.'

영어의 예 (5.30a)는 상위언어적 시제를 가지지 않지만, 동사형태가 단순현재 시제로 형태론상 표시되어 있어서 어휘적 시제를 갖고 있다. 이와는 달리 중국어의 예 (5.30b)는 상위언어적 시제가 있지만, 동사 형태에 어휘적 시제가 형태론상 표시되지 않아서 어휘적 시제가 없다.

상위언어적 시제에는 순전히 직시적인 해석이 부과될 수 있다. 이런 체계하에서 우리는 과거시제(즉, 입력시간보다 앞서는 시간), 현재시제(입력시간을 포함하는 혹은 입력시간과 일치하는 시간), 그리고 미래시제(입력시간 이후의 시간) 등을 쉽게 구분할 수 있다. 더 나아가 우리는 또한 시간 기점과 시간 구간을 구분할 수도 있다(Lyons 1977: 683).

그러나 언어적 시제가 순수한 직시적 방법으로 어느 정도까지 표현될 수 있는지는 분명하지 않다. 첫째로 언어적 시제는 상과 양태 요소들을 포함할 수 있다. 예를 들어, 미래시제는 거의 항상 양태라는 부대적 의미를 갖는다. 둘째로 언어적 시제는 과거와 미래를 구분하지 못할 수 있다. 전형적인 예가 남미의 시리어나어이다(Fillmore 1997: 73-4). 셋째로 언어적 시제는 달력상 단위를 사용할 수도 있다. 예를 들어, 페루어인 아마하우컨어에서 오전에 사용되면 '어제'를 의미하는 언어적 시제 형태가 있는데, 이 형태가 그날 오전 이후에 사용되면 '오늘 아침'을 의미한다(Fillmore 1997: 73). 또 다른 흥미로운 경우는 오스트레일리아어인 티위어에서 찾아볼 수 있는데, 여기서는 지칭되는 행위가 아침에 또는 저녁에 일어났는가/일어나고 있는가/일어날 것인가에 따라 동사가 굴절한다(Anderson and Keenan 1985: 300). 이상으로 보아 개별 언어들에서 언어적 시제를 직시적으로 표현하는 것이 복잡하다는 것을 알 수 있다. (시제에 대한 논의를 위해 Comrie 1985와 Dahl 1985를 참고할 것. 이 외에도 미래 시제의 $Q_{\text{-scalar}}$함축 분석에 관해서는 Fritz 2003을 참고할 것.)

5.2.3 공간 직시

셋째로 살펴볼 직시의 마지막 범주는 공간 직시(space deixis) 범주이다.[11] 공간 직시는 발화사건에서 입력시간에 존재하는 참여자들의 위치에 비례하여 공간상의 위치를 명시하는 것과 관련한다.

[공간 지시의 프레임]

게쉬탈트 이론가들이 부르는 소위 지시 프레임(frames of reference)은 다른 대상과 관련하여 특정 대상의 위치를 계산하고 명시하는데 사용되는 좌표 시스템이다. 범언어적으로 보면, 위치하는 개체(지시체 혹은 상(像))와 경계지표(또는 배경) 간의 공간적 관계를 표현하는 세 가지 언어학적 지시 프레임이 존재한다. (i) 내재적(intrinsic) 프레임, (ii) 상대적(relative) 프레임, (iii) 절대적(absolute) 프레임. 첫 번째 프레임은 배경으로 사용되는 대상의 측면 또는 정면 등과 같은 '고유한 자질들'에 의해서 결정되는 바인 대상 중심의 좌표에 기반한다. 예 (5.31)이 이에 해당하며, 여기서 'the dog'는 상이고 'the car'는 배경이다. 두 번째 상대적 지시 프레임은 대략 자기중심적 시스템이다. 이 프레임은 관점, 이 관점과는 차이나는 상, 배경 간의 3가 공간적 관계를 표현한다. 그리고 상과 배경에 방향을 지정해주는 관점에 고정된 좌표를 사용한다. (5.32)가 이에 대한 예이며, 여기서 관점은 인지자, 즉 화자의 위치에 의해서 주어진다. 이 프레임에서는 직시적 용법이 전형적으로 나타난다. 끝으로 절대적 지시 프레임도 좌표 시스템과 관련하지만, 동/서/남/북과 같은 절대적 좌표에 기반한 시스템이다. 예 (5.33)은 이에 대한 예를 보여주며, 여기서 '동쪽'이라는 고정된 위치는 상과 배경 간의 관계를 명시하는 데 사용된다(Levinson 1996, 2003, 2004, Majid et al. 2004).

(5.31) The dog is behind the car.

---

11) 이에 대한 다른 용어들로는 장소(place), 공간(spatial), 지역(local), 위치(locational) 직시 등이 있다.

(5.32) The dog is to the left of the car.

(5.33) The dog is (to the) east of the car.

언어들은 이러한 세 가지 언어보편적인 공간 좌표 시스템을 사용하는 데 있어서 차이를 보인다. 이 세 시스템들을 모두 이용하는 언어들로는 발리어, 벨하레어, 영어, 에웨어, 프랑스어, 크갈라가디어, 유카텍어 등이 있다. 세 시스템들 중 두 시스템만을 사용하는 언어들로는 아렌티어, 모판어, 쩰탈어, 워와어 등이 있다. 또한 전적으로 하나의 프레임에만 의존하는 언어들도 있다. 예를 들어 구구 이미디르어는 거의 전적으로 절대적 프레임만을 사용하는 언어이다(Levinson 2003, 2004, Majid et al. 2004). 이는 전 세계의 언어들 중 1/3 정도가 위/아래, 앞/뒤, 좌/우 등과 같이 공간적으로 방향 지워진 용어들을 가지고 있지 않다는 점에 부분적으로는 그 이유가 있다. 그리고 오스트레일리아의 많은 언어들은 in, on, above/below/over/under 등과 같은 위상적 용어 대신에 절대적 프레임을 사용한다(Levinson 1996: 134).

더욱 흥미로운 것은 공간적 좌표 시스템들이 개별 언어에서 실현되는 방식이 언어마다 차이가 난다는 사실이다. 예를 들어 하우사어는 상대적 공간 지시 프레임을 사용하는 언어로 잘 알려져 있다. 그러나 그런 시스템을 구축하는 데 있어서 이 언어는 동일한 시스템을 사용하는 영어처럼 '그대로 반영된' 공간 형상이 아니라 '세로로 나열한' 공간 형상을 사용한다. 달리 말하면, 하우사어에서 가령 괴불나무의 앞은 때때로 화자에 마주하는 쪽이 아니라 화자로부터 멀리 떨어진 쪽을 의미한다. 따라서 아래 (5.34)에 제시된 하우사어 문장은 의미상 영어 문장 'There's a spoon in front of the calabash.'과 동일하다(Hill 1982: 21, Levinson 2004).

(5.34) Ga cokali can baya da k'warya.
look spoon there back with calabash.
'호리병박 뒤에 스푼이 있다.'

다음으로 예 (5.31)은 상대적 프레임으로, 예 (5.32)는 내재적 프레임으로 표현될 수 있다는 점에 유의하라. 달리 말하면, 두 문장은 내재적 프레임 해석과 상대적 프레임 해석의 중의성을 갖는다. 직시적 대 비직시적 차이에 의거하여 달리 표현하면, (5.31)의 behind와 (5.32)의 left는 직시적 기능과 비직시적 기능을 함께 가지고 있다. (5.31)에서 behind의 경우, 개와 화자의 위치 중간에 차가 놓여 있으면 직시적이고, 차에 내재된 뒤쪽에 개가 있으면 비직시적이다. (5.32)에서 left의 경우, 직시적 해석에서는 개는 화자의 관점에서 볼 때 차의 좌측에 있는 것이고, 비직시적 해석에서는 개가 차에 내재된 좌측에 있는 것이다 (Levinson 1983: 82-3, Fillmore 1997).

[공간직시의 문법화]

공간직시 개념은 주로 (i) 지시대명사와 지시형용사를 포괄하는 지시사, (ii) 직시적 공간부사, (iii) 직시적으로 표현된 삼인칭 대명사, (iv) 이동을 표현하는 동사 접사 그리고 이동 동사들 등에 의해서 표현된다.[12)13)]

---

12) 여기서 우리는 지시사에 대한 다른 두 유형론을 언급할 가치가 있다. Diessel(1999: 57-92)은 지시사를 네 유형으로 분류하였다: (i) 지시 대명사, (ii) 지시 관사(즉, 우리의 '지시 형용사'), (iii) 지시 부사(즉, 우리의 '공간 직시 부사'), (iv) 지시 확인자. 지시 확인자는 아래 예에서처럼(Diessel 1999: 80에서 인용) be-동사의 문장과 동사가 없는 문장에서 사용되는 지시사이다.

(i) kén bakna walkaum taalé
this just little place
'여기는 단지 작은 장소이다.'

어떤 언어들은 지시사의 네 유형들을 구분하지 않거나(예: 아치너즈어), 어떤 언어들은 단지 두 유형만 가지거나(예: 한국어), 세 유형만을 갖는다(예: 은구부유어). 물론 어떤 언어들은 네 유형 모두 구분하고 있다(예: 팡가시난어, Diessel 1999: 89-92).

Dixon(2003)에서 제시하는 다른 유형론에서는 세 유형의 지시사를 설정한다: (i) 지시 대명사와 지시 형용사를 포함하는 명사성 지시사, (ii) 장소 부사성 지시사, (iii) 동사성 지시사. 이 지시사들중 처음 두 유형은 줄호안어를 제외하고는 모든 언어들에서 등장한다고 딕슨은 주장한다. 그러나 이런 주장은 성립될 수 없다(Diessel 1999: 89). 동사성 지시사를 갖는 언어로서는 단지 두 언어들만이 보고되고 있다(즉, 보우마 피지어, 뒤르발어). 그러나 이들 언어에서도 '이와 같이 그것을 해라' 의미의 단 하나 동사성 지시사만이 나타난다(Dixon 2003).

[지시사와 직시적 공간 부사들]

먼저 지시사들(demonstratives)과 직시적 공간 부사들(deictic adverbs of space)을 다루어본다. 이들을 네 가지 직시관련 매개변수들 (i) 거리, (ii) 가시성, (iii) 고도, (iv) 측면 등에 의해서 살펴보도록 한다. 이 변수들은 Hanks(1992), Agha(1996), Manning(2001) 등에서 직시의 지표적 범주가 갖는 관계적 유형에 속하는 것으로 간주되었다.

[거리]

Anderson and Keenan(1985)에 따르면, 언어들을 지시사와 직시적 공간 부사들에 대한 용어들의 수에 따라 분류할 수 있다고 한다.

단일용어 시스템:

많은 언어들은 거리에 대해서 무표적인 단 하나의 지시 대명사 또는 지시 형용사를 갖는다. 독일어의 dies/das(Himmelmann 1997, Levinson 2004), 체코어의 ten, 프랑스어의 ce-cet/cette(Anderson and Keenan 1985: 280) 등이 이런 시스템의 가능한 예들이다. 그러나 Diessel(1999: 36)과 Levinson(2004)에서 지적된

Dixon(2003)에서는 또한 지시사, 공간 직시 부사들의 규모와 그 언어사회 규모 간의 흥미로운 역 상관관계를 관찰하였다. 즉, 한 언어 화자의 수가 적으면 적을수록, 그 언어에서 지시사 그리고 공간 직시부사 시스템이 더욱더 복잡해진다. 따라서 많은 수의 화자에 의해서 사용되는 언어들은 단지 두 용어 시스템만을 가지는 경향이 있다. 이를 지지하는 증거들은 드라비드어들에서 볼 수 있다. 이 어군 내에서 보면, 작은 부족 언어들에서는 셋 또는 네 용어 시스템들이 발견된다. 이와는 대조적으로 수 천만의 화자를 지닌 네 개의 주요 언어들은(칸나다어, 말라얄람어, 타밀어, 텔루구어) 단지 두 용어의 공간 직시 시스템을 가지고 있다(Dixon 2003).

또한 일련의 언어들에서 나타나는 지시 대명사와 공간 직시 부사의 통시성에 대한 논의는 Diessel(1999: 115-55)을 참조하시오. 이 논의에서는 통시성이라는 동전의 양면성을 포괄하고 있다. 즉 한편으로는 지시사와 공간 직시 부사들이 어떻게 정관사, 삼인칭 대명사, 보문사 등과 같은 다양한 문법 표지어들로 발전되었는가와, 다른 한편으로는 지시사와 공간 직시 부사의 역사적 근원은 무엇인가에 대한 논의가 이루어졌다.

13) 물론 공간 직시를 표현하는 다른 수단들이 있다. 이미 앞서 5.1.2 절에서 살펴본 바와 같이 그런 한 방법은 프랑스어에서 voici/voilà, 라틴어에서 ecce, 러시아어에서 vot/von 등과 같은 직시적 제시어들을 사용하는 것이다. 아래 주석 19 참조.

바와 같이 지시사에 대한 대부분의 모든 단일용어 시스템들은 직시적 공간 부사에 대한 두 용어 시스템을 보충적으로 사용한다.[14)]

두 용어 시스템:

많은 언어들은 지시사와 직시적 공간 부사의 이분적 시스템을 가지고 있다. 이런 언어들은 근거리(proximal, 또는 화자에 상대적으로 가까운)와 원거리(distal, 또는 근거리가 아닌, 또는 때때로 청자에 상대적으로 가까운) 간의 기본적 차이를 문법화하고 있다. (직시적 공간 부사의) 이런 두 용어 시스템이 가장 전형적인 경우이며 공간 직시의 언어보편적 시스템인 것 같다(Diessel 1999: 38, Levinson 2004). 예를 들어, 카탈로니아어, 중국어, 디야리어, 영어, 프랑스어, 구구 이미디르어, 현대 히브리어, 호피어, 헝가리어, 나마 호텐토트어, 이태리어, 구어 포르투갈어, 펀자브어, 시살라어의 변이형들, 러시아어, 베트남어 등이 이런 유형의 언어에 속한다. 아래는 이에 대한 예들이다.

(5.35)	근거리	원거리
중국어	sheli	nali
디야리어	nhingki	nhaka
영어	here	there
헝가리어	itt	ott
시살라어(P)	nyɛ	ɛɛ

14) 이는 지시사, 공간 직시 부사 등과 관련하여 상이한 수의 용어들을 갖는 언어들이 존재한다는 것을 의미한다. 예를 들어, 인도네시아어는 두 개의 지시사와 세 개의 공간 직시 부사를 갖는다. 야구아어는 두 개의 지시사를 갖지만, 직시적 부사는 거리의 네 등급을 표시한다(Dixon 2003). 에원도어는 세 개의 지시사를 갖지만, 공간부사를 사용하여 네 가지 방식의 대조를 표현한다(Diessel 1999: 19). 그 외의 언어들로서는 독일어, 이태리어의 토스카나 방언, 말라가시어 등이 있다. Dixon(2003)과 Levinson(2004)의 가설에 따르면, 일반적으로 직시적 공간부사들은 지시사들보다도 더 세분화되어 있다고 한다. 그러나 두 개의 반례들이 문헌에서 발견되어 왔다. 타리아나어에서는 네 개의 지시사들과 두 개의 공간 직시부사들만이 있다(Dixon 2003). 그리고 릴루엣어에서는 세 개의 지시사들과 두 개의 공간 직시부사들만이 있다(van Eijk 1997: 168-77).

☞ 연습문제 6

세 용어 시스템:

또한 기본적인 삼분지 시스템을 갖고 있는 언어들도 많다. 예를 들어 고전 아랍어, 브르타뉴어, 중국어 방언(단양어), 체코어, 영어 방언(스코틀랜드어), 그루지야어, 그리스어, 이태리어 방언(토스카나어), 일본어, 라틴어, 고대 교회 슬라브어, 팔라우어, 포르투갈어, 남 소토어, 스페인어, 타갈로그어, 터키어, 웨일즈어 등이 있다. 이 언어들은 두 유형으로 다시 분류될 수 있다. 암불라스어, 고전 아랍어, 스코틀랜드 영어, 그루지야어, 호피어, 남 소토어, 티리요어, 랑고어, 포나페어, 힉스코리나어, 이마스어, 버마의 피지어 등의 언어에서는 근거리, 중거리(medial), 그리고 원거리(화자나 청자에서 매우 먼) 라는 세 가지 방식의 대조를 볼 수 있다.[15] 이런 시스템에서 중간 용어는 직시 중심, 즉 화자에 상대적인 위치를 가리킨다. Anderson and Keenan(1985: 282)와 Diessel(1999: 39)에 따라 이런 세 용어 시스템은 거리 중심의(distance-oriented) 시스템으로 불린다. 대략적으로 말하면, 한 언어가 거리 중심의 일련의 지시사들을 가지고 있으면 그 언어는 또한 거리 중심의 일련의 직시적 공간 부사들을 가지고 있을 것이다 (Levinson 2004).

(5.36)

	근거리	중거리	원거리
고전 아랍어	hona	honak	honalik
스코틀랜드 영어	this	that	yon
호피어	i	pam	mi
남 소토어	see	seo	sane
이마스어	p-k	m-n	p-n

15) 세 방식의 대조에 대한 다른 대안으로는 근거리, 원거리, 극단의 원거리 등이 있다 (Malotki 1982: 234).

다른 한편, 바스크어, 에원도어, 일본어, 한국어, 케추아어, 스와힐리어, 타이어, 이태리어 토스카나 방언, 고대 교회 슬라브어, 팔라우어, 팡가시난어, 타갈로그어 등에서 이런 세 용어들은 화자에 가까운, 청자에 가까운, 그리고 화자와 청자 양측에서 떨어진 개념을 표시한다. 이 시스템에서 중간 용어는 청자에 가까운 위치를 가리킨다. Anderson and Keenan(1985)과 Diessel(1999: 39)를 따라 이 세 용어 시스템을 인칭 중심의(person-oriented) 시스템으로 부른다 (Fillmore 1997: 49-50).

(5.37)	근거리(S)	근거리(A)	원거리(S+A)
에원도어	ɲɔ	ɲɔlo	ɲɔli[16]
일본어	kore	sore	are
팔라우어	tia	tilechaa	se
팡가시난어	(i)yá	(i)tán	(i)mán

거리 중심의 시스템은 인칭 중심의 시스템에 비해 해당 언어의 수가 적은 것으로 본다. 전자는 보통 세 직시 용어로 제한되어 있지만, 후자에는 그런 제약이 없다. (Fillmore 1982: 48-9, Diessel 1999: 40, 그러나 이와는 다른 견해와 아래의 반례에 대해서는 Anderson and Keenan 1985: 286-95 참조.)[17]

이외에도 세 용어 시스템이 거리 중심의 시스템 혹은 인칭 중심의 시스템인지 쉽게 확정할 수 없는 언어들이 있다. 라틴어, 스페인어, 터키어 등이 이런 범주에 속하는 것 같다. (Anderson and Keenan 1985; 스페인어 분석에 기초하여

---

16) 앞의 주석 14에서 언급한 바와 같이 에원도어의 공간부사는 네 방식의 직시적 대조를 보인다. 즉 (i) 화자에 가까운, (ii) 청자에 가까운, (iii) 화자와 청자 양자에서 모두 떨어진, (iv) 화자와 청자 양자에서 모두 매우 멀리 떨어진. 또한 이 언어의 공간부사에는 두 종류가 있다. 첫 번째 부류('정밀한' 부류)는 '정확한 위치'를 표현하는 데 사용되며, 두 번째 부류('모호한' 부류)는 그 위치가 화자, 청자 또는 다른 참조점의 '주위에' 혹은 '근처에' 어딘가라는 것을 표현하는 데 사용된다(Diessel 1999: 19-20).

17) 일반적으로 두 용어 시스템은 세 용어 시스템에서 중간 층위의 용어를 생략함으로써 유도된다고 Diessel(1999: 167)은 보고 있다. 예를 들어, 크로아티아어의 자그레브 방언이 이런 경우이다.

거리 중심의 시스템과 인칭 중심의 시스템 간의 차이를 거부한 Jungbluth(2003)과, 브라질의 포르투갈어와 티리요어 연구에 기반하여 이에 반대하는 Meira(2003) 논의 참조.)[18)]

네 용어 시스템:

몇몇 언어들은 공간직시의 사분지 시스템을 보여주고 있다. 하우사어, 코세이어, 마샬어, 사말어, 스레어, 틀링깃어, 와라이어 등이 이런 유형의 언어에 속한다. 이중 코세이어와 틀링깃어는 거리에 방향지워진 시스템을 보여준다. 코세이어의 지시사 nge '이', ngacn '그', ngoh '저 넘어 그곳', ngi '저 넘어 그쪽' 등의 네 가지 차이가 이를 보여준다(Goddard 1998: 312). 네 번째 용어는 발화상황에서 더 멀리 떨어진 어떤 개체를 가리킨다. 틀링깃어에 대해서도 동일하게 설명된다(Anderson and Keenan 1985: 286). 이와는 달리, 하우사어, 마샬어, 퀼레우트어, 사말어, 스레어, 와라이어 등은 인칭 중심의 시스템의 예들이다. 하우사어에서 nân '화자에 가까운', nan '청자에 가까운', cân '양자에서 떨어져 있지만 여전히 볼 수 있는', can '양자에서 더 멀리 떨어져 있어 볼 수 없는' 등의 용어들이 있다(Jaggar and Buba 1994, Saeed 2003: 183). 스레어에서는 dɔ '화자에 가까운', dɛn '청자에 가까운', nɛ '화자와 청자에 가깝지 않은', həʔ '멀리 떨어져 볼 수 없는' 등의 네 가지 지시사가 있다(Anderson and Keenan 1985: 287). 퀼레우트어에서는 yü'x:o' '화자에 가까운', yi'tca' '청자에 가까운', sa"a '화자와 청자 양측에 가까운', ha '화자와 청자 양측에서 떨어진' 등이 있다(Diessel 1999: 41). 와라이어에서도 동일하게 설명된다: adi '화자에 가까운', itu '청자에 가까운', ini '화자와 청자 양측에 가까운', itu '멀리 혹은 떨어진'(Imai 2003). 마샬어에서는 y&y/yih&h '화자에 가까운', yin '화자에 가까운, 청자에 가까운', ney/neyney '화자에 가깝지 않은, 청자에 가까운', yen/yiyen '화자에 가깝지 않은, 청자에

18) 동일한 언어 내에 거리 중심의 시스템과 인칭 중심의 시스템이 공존할 수 없다고 주장되어 왔다. 다가어는 이런 주장에 반례인 것으로 보인다. Anderson & Keenan(1985: 291)에 따르면, 이 언어에서 지시사 uta/utu/use와 ita/ita/isi/ise는 거리 중심의 세 용어 시스템을 보여주고 있는 반면에, 지시사 ma와 ame 간의 차이는 인칭 중심의 시스템을 보여준다. 다른 반례로는 옐리 드녜어가 있다(Levinson 2004).

가깝지 않은' 등이 있다(Goddard 1998: 312). 마지막으로 사말어에서는 네 방식의 차이가 '화자에 가까운', '청자에 가까운', '청중, 즉 대화상의 다른 참여자들에게 가까운', '위 모두로부터 떨어진' 등으로 풀어쓸 수 있다. (Fillmore 1997: 65-6, 그러나 이와 다른 해석에 대해서는 Levinson 1983: 81 참조.)

☞ 연습문제 7

네 용어 이상의 시스템:

네 개 이상의 용어들을 가진 언어들도 있다. 콰키우틀어(6 용어), 말라가시어(6 용어), 코아사티어(7 용어), 유픽어 등이 이에 속한다. 그리고 심지어 수백 개의 용어를 가진 언어들도 있다. 이뉴잇어가 그런 언어들 중의 하나인데, 이 언어에서는 지시사와 공간 부사들이 200 개 이상의 다른 형태들로 나타난다(Diessel 1999: 13). 네 개 이상의 용어를 갖는 몇몇 언어들은 거리라는 하나의 기본적인 직시 차원에 따라 정의되는 반면에, 대부분의 언어들은 다음에 살펴보게 될 하나 이상의 차원들과 관련된다.

[가시성]

세계의 많은 언어들이 활용하는 또 하나의 차원은 가시성(visibility)이다. 일반적으로 이는 문제의 개체가 화자의 시야에 존재하는가의 여부와 관련한다. 예를 들어 콰콰라어는 거리 차원에 따라 인칭 중심의 기본적인 세 방식의 대조를 보여준다. 그러나 이외에도 삼인칭에서는 가시성이 표현된다. 다가어에서는 가시성 표현을 위해 접미사 -t/-m이, 비가시성 표현을 위해 접미사 -pa/-pe가 사용된다. 카슈미르어의 원거리 지시 대명사는 두 개의 변이형을 갖는데, hu는 시야 내의 개체에 대해서 그리고 su는 시야 밖의 개체에 대해서 사용된다(Anderson and Keenan 1985: 290, 291, 476). 해안가의 이딘어는 멀리 떨어졌지만 보이는 개체를 가리키기 위해 지시 어근 yu-를 이용한다(Dixon 1997: 156). 이와는 대조적으로 카바디아어에서 비가시성 범주는 a에 의해서 표현된다(Colarusso

1989: 269). Becker and Mary(1997: 156)에 따르면, 모로코 아라비아어는 단일 장소어 또는 복합 장소어에 대해 세 가지 표현을 가지고 있는데, 근거리에 대해 hna(ya/hafayn), 원거리에 대해 remma(-yalk/rah), 보이지 않는 개체에 대해 lheh/dikjih 를 사용한다. 유트어에서 비가시적 개체는 'ú/'úru/'úmu 에 의해서 표현된다. 비가시적 개체에 대해 특정 지시사를 사용하는 다른 아메리칸 인디언 언어들로는 에피나 피디어, 서 그린랜드어, 할코메렘어, 파사마퀘도-말리싯어, 툼피사 쇼숀어, 퀼레우트어 등이 있다. 퀼레우트어의 경우, (대부분의 언어들이 비가시적 개체를 표현하는 단 하나의 직시 용어가 있는 반면에) 비가시성을 표현하는 데 세 가지 공간 부사들이 사용되어 흥미롭다. 즉 (부분적으로 보일 수 있는) 근처에 있는 개체에 대해 xáx:e, 그 위치가 알려진 개체에 대해 tci"tc', 그 위치가 알려지지 않은 개체에 대해 xu' xwa' 표현을 사용한다(Diessel 1999: 42). 또한 카스어(Diessel 1999: 43)와 말라가시어(Anderson and Keenan 1985: 288, 293)의 위치어도 비가시성을 표현할 수 있다.

Imai(2003)에서는 비가시성을 세 유형으로 구분하였다. 즉, (i) 보이지 않고 멀리 떨어진, (ii) 보이지 않고 폐쇄된, (iii) 보이지 않고 주변에 있는. 비가시성의 첫 번째 매개변수는 보이지 않으며, 화자로부터 멀리 떨어진 개체를 표현하는 데 사용된다. 비가시성을 표현하는 대부분의 언어들이 이 범주에 속한다. 두 번째의 비가시성/폐쇄는 장애물의 뒤에 있거나 용기 안에 놓여있는 개체를 가리키는 데 사용된다. 그리고 마지막의 비가시성/주변은 보이지는 않지만 들을 수 있거나 냄새 맡을 수 있는, 즉 화자가 그 소리나 냄새에 의해서 식별할 수는 있지만 볼 수는 없는 개체를 표현하는 데 이용된다. 무나어의 직시 용어 anagha 는 보이지는 않지만 들을 수 있는 어떤 개체를 지시하는 데 사용된다고 한다(Imai 2003). 가시성/비가시성을 구분하여 표현하는 다른 언어들로는 벵골어, 크로어, 야라와라어, 콰키우틀어, 릴루엣어, 팔리쿠어, 쇼쇼니어, 서 그린랜드어 등이 있다(Fortescue 1984, Hanks 1992, Dixon 2003). (또한 199 쪽 직시적으로 표현된 삼인칭 대명사에 대한 소절들과 그 외 다른 곳들을 참조하시오.)

[고도]

공간을 명시하는 또 다른 종류로는 Hyslop(1993), Diessel(1999) 등에서 고도(elevation)라 부르는 개념, 즉 전형적으로 화자를 가리키는 직시 중심에 비례한 높이의 물리적 차원이 있다. Imai(2003)으로부터 용어를 빌리자면, 소위 이런 기하학적 매개변수(geometric parameter)를 사용하는 언어들은 직시 중심, 즉 화자가 수평선을 0 지점으로 설정한다. 어떤 개체가 이 선 위에 존재하면, '위'/'위로' 등의 표현이 사용되고, 이 선 아래에 존재하면, '아래'/'아래로' 표현이 사용된다. Diessel(1999)의 샘플에서 아홉 개의 언어들이 이 직시 매개변수를 표현한다. 비아니시어, 카시어, 라후어, 후아어, 우산어, 타우야어, 뒤르발어, 은기얌바어, 레즈지안어 등이다. 고도를 표현하는 이런 언어들 대부분은 기본적으로 '위'/'위로'와 '아래'/'아래로'를 구분한다. 압하스어, 라후어, 파미즈어 등이 그런 언어들이다. 카시어는 '위'에 대해 u-tey, '아래'에 대해 u-thie 를 사용한다. 라후어에서 nô는 '위'를, mô는 '아래'를 뜻한다(Diessel 1999: 43, Dixon 2003). 타우야어는 직시 중심 위의 위치를 표현하기 위해 접두사 pise-를, 그리고 직시 중심 아래의 위치를 표현하기 위해 tofe-를 이용한다(MacDonald 1990). 또 다른 언어들은 공간에 대해 세 차원을 구분한다. 즉, '화자 위에', '화자 아래에', '화자에 같은 수준에'. 이런 언어들로는 앙구룩어, 에포어, 다가어, 예일어, 락어의 아라쿨 방언 등이 있다. 이 언어들 중에서 락어의 아라클 방언은 '화자보다 높거나 낮은' 위치에 대해 ho 표현을, '화자로부터 멀리 떨어졌지만 같은 높이의' 위치에 대해 hara 표현을 사용한다(Dixon 2003). 다가어는 또한 화자의 위와 아래 위치에 대해 하나 이상의 등급을 표현하기도 한다.

특정 언어가 사용되는 지리학적 환경에 부분적으로 의존하여 '오르막길의'/'내리막길의' 와 '상류의'/'하류의' 표현에 의해서 높이가 표시되는 고도 표현의 변이형이 있다. 전자는 보통 산악지역에서 사용되는 언어들에서, 그리고 후자는 강들이 있는 지역에서 사용되는 언어들에서 발견된다. 이를 Imai(2003)에서는 지리학적 매개변수(geographic parameter)라 불렀다. 뒤르발어는 '오르막길의/내리막길의'와 '상류의/하류의' 두 표현을 사용하는 언어이다. 이 언어에는 명사에 부착되는 접미사로 사용되는 두 종류의 직시 표지어들이 있다. 한 부류는 화자에 비례해서 높이의 차이를 표시하고, 다른 한 부류는 '오르막길의/내리막길의'(-day/-baydi)과 '상류의/하류의/강을 가로질러'(-dawala/-balbala/-guya) 양자를 표현한다(Dixson 1972: 48, 2003). 유픽어의 많은 지시사들 중에는 '상류로/하류로/강을 거슬러' 차이를 나타내는 지시사들이 있다(Levinson 2004). 고도라는 지리적 자질을 표현하는 다른 언어들로는 에스키모어, 후아어, 무나어, 테페우안어, 서 그린랜드어, 쟈이세어 등이 있다(Diessel 1999: 44-5, Dixon 2003, Imai 2003).

[측면]

대조와 관련한 또 다른 직시 차원으로는 측면(side) 개념이 있다. 알류트어에서 '집 안에' 존재하는 개체를 지시하는 데에 ukan을, 그리고 '집 밖에' 존재하는 개체를 표시하는 데에 sadan이 사용된다. 서 그린랜드어에서는 '안/밖'에는 qam-을, '외부'에는 kig-을 사용한다. 또한 거주지가 해안선을 따라 어느 쪽에 위치해있는 지를 표현하는 일군의 직시 용어들을 갖는 언어가 있다: '북쪽에'에 대해서는 av-를, '남쪽에'에 대해서는 qav-를 사용한다(Fortescue 1984: 259-63). 이외에도 멀리 떨어진 측면과 가까이 있는 측면을 구분하는 언어들도 있다.

[자세]

끝으로 자세(stance)라는 직시 차원이 있다. Ceria and Sandalo(1995)에 따르면, 와이쿠르안어족의 언어들에서 지시사들은 개체의 자세 혹은 움직임을, 즉 '서 있는가', '앉아 있는가', '누워 있는가', '오는가', '가는가' 등을 가리킨다. (수어족의 언어에 관하여 Dixon 2003을 참고할 것.)[19]

19) 특히 흥미로운 것은 거리와 가시성 같은 공간적 직시 정보들을 표현하는 데 몸짓을 사용하는 것이다. 손보다는 입술과 눈을 가지고 일차적으로 지시하는 (군하어와 같은) 문화들이 있기에(Levinson 2004), 여기서 '몸짓' 용어는 넓은 의미로 해석된다. Dixon (2003)에서는 실례로서 바우페스(Vaupes) 하천 유역의 투카노어와 아라와크어를 인용하였다. 이 언어들에서는 변화하는 거리와 가시성을 표현하기 위해 서로 다른 직시적 몸짓들이 사용된다. 예를 들어, 입술로 가리키는 것은 '볼 수 있고 근처에 있는' 개체를, 머리를 뒤로 기울이고 입술을 사용하여 가리키는 것은 '볼 수 있으나 근처에 없는' 개체를, 그리고 집게손가락을 사용하여 가리키는 것은 (대상이 위치한 방향이 알려진 경우)

[직시적으로 사용되는 삼인칭 대명사]

다음엔 직시적으로 사용되는 삼인칭 대명사(deictically marked third-person pronouns)를 살펴보자. 이 대명사들은 의도된 지시체의 위치를 화자와 관련하여 명시한다. 어떤 언어들에서 거리의 표현은 수의적이지만, 다른 언어들에서는 필수적이다. 예를 들어 디야리어는 삼인칭 대명사가 -rda(지시체가 일반적으로 몇 미터 떨어져 있는 가까운 근처에 있는 경우에), -ya(지시체가 가까이 있고 볼 수 있는 경우에), -wa(지시체가 멀리 떨어져 있고 볼 수 있는 경우에) 등의 접미사를 수의적으로 갖는다(Austin 1982). 이와는 달리 콰콰라어에서 삼인칭 대명사는 직시를 무표적으로 표현한다(Anderson & Keenan 1985: 290).

남아시아의 많은 언어들에서도 특수하게 표시되는 직시적 삼인칭 대명사들을 찾아 볼 수 있다. 이런 언어들로서는 칸나다어, 말라얄람어, 타밀어, 텔루구어 등의 드라비다어족들과, 방갈라어, 힌두어/우르두어, 카슈미르어, 오리야어, 펀자브어, 싱할라어 등의 인도-아리안 어족들, 그리고 쥬앙어 같은 오스트레일리아-아시아어족 등이 있다(Lust et al. 2000). (5.38)은 남아시아 어족들의 몇몇 예들이다.

(5.38)

	근거리	원거리
방갈라어	e	o
펀자브어	eh	oh
타밀어	ivan	avan

호주 원주민 언어들도 동일하게 설명되는데, 예를 들어 타가리어의 삼인칭 단수 대명사는 '근처에', '아주 먼', '먼' 등을 구분하고 있다. 피타피타어에서는 (i) 화자 전면이나 측면에 가까움, (ii) 화자의 후면에 가까움, (iii) 화자의 어느 쪽에서도 멀리 떨어짐 등을 표현하는 세 개의 삼인칭 형태가 있다. 끝으로 서부 사막 언어에서 삼인칭 대명사는 '근처에', '적당히 떨어진', '멀리 떨어진', '보이지 않는' 등으로 구분되는 사분지 시스템을 보여주고 있다(Dixon 1972: 8).

'볼 수 없는' 개체를 표현하기 위한 것이다.

삼인칭 대명사가 가시성을 표현해주는 언어들도 있다. 그런 한 언어가 방금 언급한 서부 사막 언어이다. 다른 예로는 타이완에서 사용되는 만타우란어이다. 이 언어에서는 가시성이 삼인칭 단수에서는 ana에 의해서, 삼인칭 복수에서는 ana-lo에 의해서 표현되며, 비가시성은 삼인칭 단수에서 ona에 의해서, 삼인칭 복수에서 ona-lo에 의해서 표시된다(Zeitoun 1997).

[직시 방향어]

끝으로 직시 방향어(deitic directionals)를 살펴보자. 이 표현들은 두 개의 범주로 나뉠 수 있다: (i) '이리로/저기로'를 의미하는 운동 또는 직시적 이동의 접사, 형태소, 불변화사 등, (ii) 직시 중심으로 또는 직시 중심으로부터 벗어나는 움직임을 표시하는 '오다', '가다' 등의 직시 이동 동사들. 이 세계의 많은 언어들은 이동 동사들을 가지고 있지 않으며, 그 대신 이동의 접사, 형태소, 불변화사 등을 사용한다. 옐리 드녜어에서는 '이리로 오다'를 표현하기 위해서 '이리로' 불변화사가 무표적 동사 '가다'와 결합되어 사용될 수 있다. 흥미로운 점은 이 언어의 경우 '저리로' 불변화사가 없다는 것이다(Levinson 2004). 이와는 달리 아바자어에서는 두 개의 직시적/방향적 동사성 접두사를 가지고 있다: ʕa는 동사가 표현하는 이동이 입력시간의 화자 위치로 일어나는 것을 가리키고, na는 그 이동이 입력시간의 화자 위치로부터 멀어지는 쪽으로 일어나는 것을 가리킨다(Anderson and Keenan 1985: 277, Manning 2001: 79). 디야리어는 (유도된) 이동 방향을 표현하기 위하여 (화자의 위치 쪽으로) yarra와, (화자의 위치에서 멀어지는 쪽으로) yada를 사용하는 언어이다(Austin 1982). 소말리아어에서는 (5.39)에서 볼 수 있는 바와 같이 이동이 화자 쪽으로 또는 화자로부터 벗어나는 쪽으로 진행되는 가를 표시하기 위하여 동사에 soo와 sii를 결합한다(Saeed 2003).

(5.39) a. Soo soco.
hither walk
'이쪽으로 오시오.'

b. Sii soco.
thither walk
'저리 가시오.'

카이오와어는 세 개의 방향 표지어들을 가지고 있는데, -dé는 직시 중심 쪽으로, -p는 직시 중심으로부터 벗어나는 쪽으로, 그리고 -pé는 화자의 시야 너머로 이동을 표시한다(Watkins 1984). 이와 유사한 세 개의 운동관련 접미사들이 은구부유어에서 발견된다(Heath 1980; Diessel 1999: 45-6). 원형의 폴리네시아어를 위해 재구성된, 그리고 그 개별 언어들에서 널리 발견되는 동사 뒤에 붙는 접사들 중에서 방향성을 표시하는 것으로 간주되는 것이 5 개가 있다: mai(화자 쪽으로/venitive), atu(화자로부터 멀리/andative), hake(위쪽으로), hifo(아래쪽으로), aŋe(-을 따라) (Hopper 2002). 끝으로 다수의 북아메리카 인디언 언어들은 직시적 좌표 정보와 절대적 좌표 정보 양자를 표현하는 풍부한 이동관련 접사, 형태소, 불변화사들을 가지고 있다(Mithun 1999: 139, Levinson 2004).

다음으로 '오다', '가다' 등의 이동 동사를 다루어 보자. 이 두 동사들 중에서 '가다'가 무표적이며, 사용 조건을 보면 발화 시간에, 즉 입력 시간에 화자의 위치로부터 멀어지는 방향으로 이동을 표현할 때이다.[20] 그러나 'come'의 경우 그 용법이 매우 복잡하다. Fillmore(1971, 1997)의 매우 독창적인 연구에 따르면, 영어 'come' 용법에 대한 조건들은 다음과 같이 요약될 수 있다: (i) 입력시간에 화자 위치 쪽으로 이동, (ii) 도착시간(arrival time)에 화자 위치 쪽으로 이동, (iii) 입력시간에 청자 위치 쪽으로 이동, (iv) 도착시간에 청자 위치 쪽으로 이동, (v) 입력시간에 화자 혹은 청자의 홈 베이스 쪽으로 이동.

예 (5.40)을 가지고서 이러한 조건들을 설명할 수 있다.

(5.40) John will come to the library next week.

---

20) 영어 이동동사 'go'와 의미상 등가인 표현을 가지고 있지 않은 언어들이 있다. 독일어, 폴란드어(Goddard 1998: 205), 그리고 솔로만(Soloman) 섬에서 사용하는 언어인 롱구어(Wilkins & Hill 1995) 등이 이에 속한다.

예 (5.40)은 다섯 가지 방식으로 중의적 혹은 모호적이다. 첫째로 발화시에 화자가 도서관에 있을 때 이 문장이 사용될 수 있다. 두 번째 가능한 상황은 도착시에, 즉 존이 도서관에 도착할 시간에 화자가 도서관에 있을 때이다. 셋째로 발화시에 청자가 도서관에 있을 때 이 문장이 사용될 수 있다. 넷째로 도착시에 청자가 도서관에 있을 때 이 문장이 발화될 수 있다. 당신이 도서관에서 일하지만 나는 일하지 않는 경우를 가정해 보아라. 당신이 발화시에 도서관에 있든 혹은 존이 도착할 때 거기에 있을 예정이든 간에, 존이 다음 주에 당신의 도서관에 갈 것이라는 것을 (5.40) 문장을 사용하여 나는 당신에게 말할 수 있다 (Marmaridou 2000: 91-3).

또한 이 문장은 목적지가 대화 참여자의 실제 위치가 아니라, 발화시의 그들 집, 작업장 또는 학교 등과 같이 지정된 위치인 상황에서도 사용될 수 있다. 이 지정된 위치를 필모어는 홈 베이스라 불렀다. 당신과 내가 도서관에서 일한다고 가정해보자. 현재 당신과 내가 도서관에 없을 때에도 우리들 중 하나는 문장 (5.40)을 또는 더 나은 문장 (5.41)을 말할 수 있다(Levinson 1983: 83-5; Goddard 1998: 206-11).

(5.41) John will come to the library next week, but both of us will be on holiday then.

홈 베이스와 홈 베이스가 아닌 곳 쪽으로 또는 그 곳으로부터 벗어나는 쪽으로 이동을 표현하는 데 있어서 다른 직시 용어들을 사용하는 언어들이 있다. 그런 한 언어가 디욱시 믹스텍어이다. 이 언어에서는 홈 베이스와 홈 베이스가 아닌 곳을 구분하기 위하여 상이한 동사성 범주들이 사용된다: 홈 베이스 쪽으로의 이동에는 ndisi를, 그곳에서 벗어나는 쪽으로의 이동에는 nuʔu를, 그리고 홈 베이스가 아닌 쪽으로의 이동에는 vásí를, 그곳에서 벗어나는 쪽으로의 이동에는 hiʔi를 사용한다(Manning 2001: 75).

☞ 연습문제 8

카탈로니아어, 중국어, 프랑스어, 독일어, 펀자브어 등에서 '오다'의 용법은 영어의 해당 표현과 유사하지만, 보다 자세한 사항들은 연구되어야 한다. 다른 한편, 헝가리어(Batori 1982), 일본어(Coulmas 1982: 212-13), 스페인어(Hottenroth 1982: 144-5) 등의 언어들에서 '가다'는 청자쪽으로 이동이 일어날 때 사용되어야 한다. (힌두어에 관해서는 Sinha 1972, 타이어에 관해서는 Gandour 1978, 터키어에 관해서는 Gathercole 1977, 치난텍어에 관해서는 Fillmore 1997과 Levinson 1983: 84, 아렌티어에 관해서는 Wilkins and Hill 1995와 Goddard 1998: 213-18, 친달리어에 관해서는 Botne 2005 참고.)

최근 Levinson(2004)에서는 앞서 살펴본 바와 같이 목적지가 발화 장소이기를 요구하는 가에 대한 매개변수에 'come'이 완결성(telicity)을 표시해주는가를 명시하는 또 다른 매개변수를 첨가할 것을 제안하였다. 이 제안은 다음과 같은 관찰에 기초하고 있다. 존이 내 쪽으로 오다가 도착하기 직전에 저기 너머에 있는 나무에서 멈추었다고 가정해보자. 이 경우 영어로 '존이 나무쪽으로 왔다'라고 말할 수 있지만, 롱구어나 이태리어에서는 '존이 나무쪽으로 갔다'라고 말해야만 한다. 이 두 매개변수를 사용하여 세계의 언어들에서 나타나는 '오다' 유형의 이동 동사들에 대한 다음과 같은 분류를 제시할 수 있다(Levinson 2004).

(5.42) '오다' 유형의 이동 동사들에 대한 Levinson(2004)의 분류

	+telic	-telic(무표적)
목적지가 발화장소이다	롱구어	이태리어
목적지가 발화장소일 필요없다.	에웨어	타밀어

또한 Levinson(2004)에서는 '오다'와 '가다' 동사들이 Q_{scalar} 대립을 형성하는 경향이 있다고 주장함으로써 이에 대한 신 그라이스식의 화용론 분석을 제시하였다. 이에 따르면, 의미론적으로 보다 강하고 더 정보적인 '오다'가 사용되었을지도 모르는 곳에 의미론적으로 보다 약하고 무표적인 '가다'를 사용하는 것은

화자가 '오다'를 사용할 위치에 있지 않다는 것을 Q-함축할 것이다. 그 이유는 (5.42)에서 제시된 '오다'의 조건들 중 적어도 하나가 만족되지 않기 때문이다.

5.3 직시의 다른 범주들

앞 절에서 우리는 직시의 세 가지 주요 유형들을, 즉 인칭, 시간, 공간을 살펴보았다. 본 절에서는 다른 두 유형의 직시들, 즉 사회 직시와 담화 직시를 살펴볼 것이다.

5.3.1 사회 직시

사회 직시(social deixis)는 화자, 청자, 또는 지시되는 개체나 제 삼자 등의 사회적 지위와, 그들 간에 맺고 있는 사회적 관계 등을 표현하는 것과 관련한다 (Levinson 1983: 63, Anderson and Keenan 1985, Fillmore 1997: 111-12, Manning 2001). 사회 직시에 표현되는 정보는 사회 계급, 친족 관계, 나이, 성별, 직업, 민족 등을 포괄한다. 이와 같이 정의되는 사회 직시는 특히 인칭 직시와 밀접히 연관되어 있다. 사실, 인칭 직시는 사회 직시와 독립적으로는 연구될 수 없다고 주장하는 학자들이 있다(Marmaridou 2000: 79, 81).[21]

21) Mühlhäusler and Harré(1990: 246-5)에서 지적한 바와 같이 사회 직시의 존재는 인칭 직시의 존재를 함의하지만, 그 역은 성립하지 않는다. 이러한 주장은 대명사 시스템이 역사적으로 쇠퇴하는 면에서 보면, 사회 직시를 표현하는 대명사들이 사라져가는 경향이 있다는 사실에 의해 뒷받침된다. 또한 V 형태는 T 형태에 의해 전형적으로 대치된다. 예를 들어 세계 여러 곳에서 사용되는 피진 독일어의 경우 2인칭 단수 대명사로서 Sie 보다는 du가 사용된다. 뉴칼레도니아와 아프리카 서부에서 사용되는 피진 프랑스어의 경우 vous 보다는 tu 를 사용한다. 다른 한편, 권력이 주요 역할을 행하는 문맥에서 피진어가 일반적으로 발달한다는 점을 고려하면, 차별적인 사회적 지위를 표현하는 대명사들이 피진어 발달에 있어서 상대적으로 일찍 도입될 수 있다는 것을 따이 보이어, 프랑스 인도차이나의 피진 프랑스어, 기네-비사우(Guiné-Bissau)의 포르투갈어 기반의 크리올어, 필리핀에서 사용되는 크리올 스페인어인 잠부안궤노어 등에서 알 수 있다.

[절대적 사회 직시 대 관계적 사회 직시]

Comrie(1976), Levinson(1983: 90-1), Brown and Levinson(1987)에 따르면, 사회 직시 정보는 (i) 절대적(absolute) 그리고 (ii) 관계적(relational)이라는 두 가지 주요 유형들로 구분된다. 사회 직시에서 절대적 정보는 공인된 화자나 수용자가 사용하는 어휘형태들이다. 예를 들어, 중국 황실에서 황제가 자기 자신을 가리키는 데 특별하게 사용되는 형태 朕(zhen)이 있다. Fillmore(1997)에서는 일본어에 대해도 상황이 동일하다고 설명한다. 공인된 수용자에만 사용되는 어휘 형태를 살펴보면, 영어에서 Your Majesty, Mr President, Professor 등과 같이 대부분 청자의 칭호에 제약이 가해진다(Levinson 1983: 91).

[관계적 사회 직시의 네 가지 축]

사회 직시에서 관계적 정보는 (i) 화자와 지시체(지시체 존칭), (ii) 화자와 청자(청자 존칭), (iii) 화자와 주변청자(주변청자 존칭), (iv) 화자와 배경(형식성 차원) 등으로 표현될 수 있다. 지시체 존칭(referent honorifics)은 화자가 지시체에게 존경을 보여주기 위해서 사용되는 형태이고, 청자 존칭(addressee honorifics)은 화자가 청자에게 존경을 보여주기 위해서 사용되는 형태이다. Comrie(1976)에 따르면, 화자-지시체 축의 경우 존경의 목표물을 가리킴으로써만 존경심이 전달되지만, 화자-청자 축의 경우 그런 직접적인 지시가 없이도 경외심이나 존경심이 전달될 수 있다는 차이를 보인다. 한 명의 청자에게 말 걸기 위해 사용되는 프랑스어 vous 와 같은 (아래에서 자세히 설명되는) 존칭 대명사는 (보통 잘못 믿어 왔던) 청자 존칭 표현이 아니고, 우연하게도 청자를 가리키는 지시체 존칭 표현이다. 이와는 달리 타밀어의 불변화사 -nka는 문장의 어떤 구성성분에도 자유로이 부착될 수 있으며, 문장 내의 다른 지시체가 아니라 단지 청자에게만 존경을 표현하는 청자 존칭 표현이다(Levinson 1983, 2004, Brown and Levinson 1987: 180). 지시체 존칭이 청자 존칭보다 더 많이 나타난다.

다음 주변청자 존칭(bystander honorifics)은 청중과 엿듣는 자 역할을 행하는 참여자를 포함한 주변 청자에게 존경을 표하고자 화자가 사용하는 어휘형태이다. 뒤르발어, 구구 이미디르어, 움필라어 등의 호주 원주민 언어들에서 보이는 소위 '장모', '처남' 등의 사용이 고전적인 예들이다. 이러한 특수한 '회피' 언어 또는 문체/사용역은 누군가가 있을 때, 특히 그 사람과 밀접한 사회적 접촉이 금기시되는 친척이, 전형적으로는 장모가 있을 때 사용된다. 그런 어휘들 중 일부 또는 거의 전부가 특수한 '회피' 어휘 형태들로 대치된다는 점이 그런 언어의 흥미로운 특징들 중 하나이다. 예를 들어 뒤르발어는 일상어인 guwal이 있고, '장모' 언어인 dyalnuy가 있다. 두 변이형 언어는 음운론상 동일하며, 문법적으로도 거의 동일하다지만, 어휘 면에서는 상당히 다르다(Dixon 1972: 32-3). 구구 이미디르어도 동일하게 설명된다. 이 언어에서 처남은 전형적으로 금기시되는 친척이어서, 그가 있으면 다른 어휘형태의 사용을 유발하는 것 같다. 구구 이미디르어에서 일상어인 (5.43a)와 '처남' 언어인 (5.43b)를 비교해 보시오.

(5.43) a. Ngayu mayi buda-nhu.
1SG-NOM food-ABS eat-PURP
'나는 음식을 먹고자 원한다.'
b. Ngayu gudhubay bambanga-nhu.
1SG-NOM food-ABS eat-PURP
'나는 음식을 먹고자 원한다.'

(5.43b)에서 문법적 단어 ngayu가 유지되는 반면에, 어휘적 단어 mayi와 buda는 각각 존경을 표현하는 단어 gudhubay와 bambanga로 대치된다(Haviland 1979: 368-9). Levinson(1988: 191, 204)에서는 주변청자 존칭과 주변청자에 대한 다른 사회적 직시정보의 이런 종류 문법화에 대해서 아비폰어, 포나페어, 토호라발어 등의 다른 비호주권 언어들의 경우를 서술하고 있다. (폰페이어에 관해서는 Keating 1998, 옐리 드녜어에 관해서는 Levinson 2004 참고.)

끝으로 화자-배경 축(speaker-setting axis)은 화자(그리고 아마도 다른 대화참여자들)와 발화배경 또는 사건 간의 관계와 관련한다. 형식적/비형식적 문체는 아마도 모든 언어에 어느 정도는 나타난다고 할 수 있을지 몰라도 (예를 들어 많은 유럽 언어들은 형식적 경우와 비형식적 경우에 대한 다른 사용역을 가지고 있다.), 발리어, 일본어, 한국어, 자바어, 타이어, 티벳어 등의 동아시아어, 남동아시아어, 남아시아어에서는 이런 차이가 확실하게 문법화 내지는 어휘화되었다. 일본어에서는 사회 직시 정보가 형태론, 통사론, 어휘부 등을 포함하는 문법의 모든 층위에 걸쳐서 표현된다(Shibatani 1990). 이와 동일한 설명이 적용되는 타밀어는 형식적이고 문어적인 문체에 대해 다른 형태론을 보이는 제 2언어를 갖고 있다(Levinson 1983: 91, 93, 2004). 타이어는 '고급'과 '저급' 통사론에서 두드러질 정도로 다른 소위 제 2언어의 문법성(Diller 1993)을 가지고 있다. 자바어의 경우 10 개의 다른 화계를 가지고 있는 것으로 보고되고 있다. 아래는 이에 대한 예이다.

(5.44) (자바어, Anderson and Keenan 1985: 275)

a. *Krama/Keromo* '격식있는 말'

Kulo	saweg	maos	buku	Djawi.
I	be-PROG	read	book	Javanese

'나는 자바어 책을 읽고 있다.'

b. *Ngoko* '비공식적인 말'

Aku l	agi	motjo	buku	Djowo.
I	be-PROG	read	book	Javanese

'나는 자바어 책을 읽고 있다.'

두 오스트로네시아 언어 마두라어(Levinson 1983, Brown and Levinson 1987: 180)와 사모아어(Milner 1961, Haviland 1979)에 대해서도 비슷하게 설명된다. 그리고 세계의 많은 언어들이 대치 어휘들을 지니고 있다. 예를 들어 영어에서 형식적인 경우 eat를 대신하여 dine을, home을 대신하여 residence를, give를 대신하여 bestow를 사용한다(Brown and Levinson 1987: 181). 많은 호주 원주민 언어들은 단지 특별한 의식을 시작할 때만 사용되는 대치 어휘들을 가지고 있다. (Dixon 1980: 65-8; 이 외에도 구다다어에 관해서는 Haviland 1979 참고.) 그리고 옐리 드녜어는 Lów:a라는 작은 신성한 섬에 있을 때만 사용되는 대치 어휘들을 가지고 있다(Levinson 2004).

[사회 직시의 표현]

사회 직시는 인칭 대명사, 호칭 형태, 접사, 접어, 불변화사, 어휘선정 등을 포함하는 다양한 언어적 장치들을 통해 이루어진다.

[인칭 대명사]

인칭 대명사는 다수의 사회적 직시 효과들을 얻는데 사용될 수 있다.

존경의 표시:

다수의 유럽 언어들은 이인칭 단수 대명사에서 친숙한 tu/vous 유형의 차이를 보인다고 잘 알려졌다. 이 차이는 Brown and Gilman(1960) 이래로 T/V 차이(T/V distinction)로 알려져 왔다.

T/V 시스템에서는 두 개의 이인칭 단수 대명사가 있는데, 하나는 친숙형(T)이고, 다른 하나는 공손형(V) 이다. 다음은 저자가 수집한 유럽 언어들에서의 T/V 대명사 목록이다.

(5.45) 유럽 언어들에서 T/V 대명사들

	T	V
프랑스어	tu	vous
독일어	du	Sie
이탈리아어	tu	lei
스페인어	tu’	usted
러시아어	ty	vy
덴마크어	du/I	De
네덜란드어	jij	u
노르웨이어	du	De
그리스어	esi	esis

사실 T/V 차이는 유럽 언어들에 국한되는 것은 아니다. Helmbrecht(2003)에서는 이인칭 단수 대명사와 관련하여 백여 개의 세계 언어들에 대한 연구에 기초하여 언어들을 네 가지 유형으로 구분하였다. 첫째, 인칭 대명사 체계에서 T/V 차이를 보이지 않는 언어들이 있다. 백여 개의 관찰대상 언어들 중 76 개 언어가 이 유형에 속한다. 영어, 마니푸르어, 몽고어, 부루샤스키어, 흐몽 엔쥬야어, 라마어, 이몬다어, 군얀디어, 루부칼리브어, 아코마어, 마푸체어, 줄루어 등이 있다. 둘째, 유럽 언어처럼 T/V 차이를 보이는 유형의 언어들이 있다. (5.45)에서 나열한 유럽 언어들 이외에도 헬름브레히트는 바스크어, 핀란드어, 페르시아어, 그루지야어, 터키어, 중국어, 미스텍어, 피지어, 케추아어, 루발레어, 나마어, 상고어, 요루바어 등을 언급하고 있다. 이러한 헬름브레히트의 목록에 아이누어, 펀자브어, 방갈라어, 카슈미르어, 마라티어, 오리야어, 텔루구어, 음파른뜨웨 아렌티어, 드자루어, 카시어, 우산어, 둘라이어, 티각어, 구아리지오어, 구구이미디르어, 타밀어, 포나페어 등이 추가될 수 있다(Brown and Levinson 1987: 198-203, Corbett 2000: 220-1, Lust et al. 2000). 방갈라어와 오리야어에서는 T/V 형태 이외에도 중립 형태(neutral form: N)가 있음에 유의하시오. 셋째, T/V 차이에 있어서 둘 이상의 정도를 보이는 언어들이 있다. 힌두어/우르두어, 칸나다어, 타갈로그어 등의 남아시아어들이 이런 언어 유형에 속하는 것으로 간주된다. 넷째, 존칭의 호칭에서 일반적으로 이인칭 대명사를 피하고 대신 직업의 칭호나 친족 용어가 존경의 표시로 사용되는 언어들이 있다. 헬름브레히트는 버마어, 인도네시아어, 일본어, 한국어, 타이어, 베트남어 등의 6 개 남아시아어 또는 동남아시아어들을 언급하였다. 이 목록에 종카어 그리고 아마도 중국어를 첨가할 수 있다(Shibatani 1999).

V 형태는 이인칭 복수 대명사로부터 가장 빈번하게 유도된다. 예를 들어 프랑스어, 페르시아어, 요루바어, 나마어, 피지어 등이 이런 경우이다. 다음으로 빈번한 유도 방식은 삼인칭 복수 대명사로부터이며, 독일어, 루발레어, 타갈로그어 등이 그 예이다. 그 외 다른 출처들이 있다. 몇몇 언어들에서 V 형태는 삼인칭 단수 대명사로부터 빌려온다. 이태리어와 인도네시아어가 이 유형에 속한다. 다른 언어들에서는 일인칭 복수 대명사로부터 유도되는데 아이누어와

나우아뜰어가 이에 해당한다. 그리고 싱할라어는 이인칭 지시 대명사로부터, 헝가리어와 임바부라 케추아어는 재귀대명사로부터 유도된다. V 형태는 지위 용어에서 유도될 수 있다. 예를 들어 스페인어에서 Usted는 '각하'를 의미하는 vuestra merced에서 유도되었다. 이 유형에 속하는 다른 언어들로서는 버마어, 네덜란드어, 루마니아어, 베트남어, 타이어 등이 있다. 끝으로 V 형태가 여러 출처를 갖는 언어들이 있다. 힌두어의 V 형태는 재귀 대명사와 삼인칭 복수 대명사로부터 유도되고, 칸나다어에서는 이인칭 복수 대명사와 삼인칭 복수 대명사로부터 유도된다(Helmbrecht 2003). (영어, 앵글로-노르만어, (중부 고지 독일어와 현대 표준 독일어를 포함한) 독일어, 스웨덴어, 체코어, 프랑스어, 스페인어, 핀란드어 등을 포함하는 T/V 체계에 대한 통시적 발달의 논의는 Taavitsainen and Jucker(2003)에 수록된 논문들을 참조하시오.)

이인칭 존칭 대명사를 갖는 언어들 이외에도 삼인칭 존칭 대명사를 갖는 언어들이 있다. 카슈미르어, 말라얄람어, 오리야어와 같은 많은 동남아시아 언어들이 이런 경우이다. 예를 들어 방갈라어에서 T 형태는 단수에 대해 se 그리고 복수에 대해 ta-ra를, V 형태는 단수에 대해 tini를 그리고 복수에 대해 tã-ra를 사용한다. 삼인칭 대명사 용법에 대해 사회적 제약을 가하는 다른 동남아시아 언어로는 펀자브어가 있다. 이 언어에서는 삼인칭 단수 대명사에서 보이는 공간상 직시 차이가 사회적 직시 영역으로 전이된다. 근거리 형태 eh '그/그녀'는 친근한 사람, 지위가 낮은 사람에게 사용되는 반면에, 원거리 형태 oh는 친근하지 않은 사람, 지위가 높은 사람에게 사용된다. 달리 말하면, 화자와 지시체 간의 사회적 관계를 표현하기 위하여 전자는 T의 기능을 그리고 후자는 V의 기능을 행한다. 또 다른 동남아시아어인 타밀어에서는 T/V 차이가 삼인칭 대명사로 확대된다. Awaanka '그들'은 남성 또는 (특히) 여성을 경외적으로 지칭하는 데 사용된다. 그리고 이런 복수성은 황실에서의 'we' 사용처럼 일인칭으로 전이된다(Brown and Levinson 1987: 180). 일인칭 대명사로 전이되는 것은 무슨 이유인가? 자바어는 이점과 관련하여 잘 알려진 언어로서 세 개의 일인칭 대명사가 있다. aku는 동등한 사람에게 말걸 때, kulo는 친근한 윗사람에게 말걸 때, 그리고 kawulo는 친근하지 않은 윗사람에게 말걸 때 사용하는 형태이다.

친척관계의 표시:

인칭 대명사는 친척 관계를 표시하는 데 사용된다. 예를 들어 호주 원주민 언어인 판칼라어는 일인칭 양수 대명사에 있어서 세 가지 형태를 갖는다: nadli는 일반적인 일인칭 양수에, nadlaga는 어머니와 자식, 아저씨와 조카에게, 그리고 narrine은 아버지와 한명의 자식에 사용된다. 그러나 호주 원주민 언어들에서 보다 더 체계적으로 나타나는 것은 조화로운(harmonic) 그리고 조화롭지 않은(disharmonic) 친척관계를 구분하는 데 사용되는 상이한 대명사 그룹들의 용법이다. 대략적으로 제시해 보면, 두 사람이 같은 세대의 일원이거나 (예: 나와 형) 짝수로 차이나는 세대의 일원이면 (예: 조부모와 손자/손녀) 세대적으로 조화롭다고 간주된다. 반면에 두 사람이 1세대 차이가 나거나 (예: 나와, 부모 또는 자식) 또는 3세대 차이가 나면 (예: 증조부와 증손자/증손녀) 조화롭지 않다고 간주한다. 라르딜어가 이런 경우인데, 양수와 복수에 있어서 두 그룹의 대명사가 있다(Mühlhäusler and Harré 1990: 165). 끝으로 더욱 복잡한 체계를 호주 원주민 언어들에서 찾아볼 수 있다. 아드냐마단하어, 아란다어가 그런 언어들이다. 조화로운/조화롭지 않은 인칭 대명사 그룹 이외에도 이 언어는 화자의 부계 쪽이 아닌 사람들 그룹에 대해 존경심을 표현하는 제3의 인칭 대명사 그룹을 가지고 있다(Mühlhäusler and Harré 1990: 165).

나이와 성별 같은 다른 사회 직시 정보들 또한 인칭 대명사를 사용함으로써 표현될 수 있다. 예를 들어 태평양권 언어인 데후어에서는 네 개의 일인칭 양수 대명사들이 있다. n~iho는 두 명의 젊은이들을 배제하고, eaho는 한 명의 젊은이와 한 명의 노인을 배제하고, niso는 두 명의 젊은이를 포함하고, easo는 한 명의 젊은이와 한 명의 노인을 포함하는 데 사용한다(Mühlhäusler and Harré 1990: 170). 다음으로 성별을 살펴보면, 인칭 대명사가 청자의 성별에 따라 달라지는 언어들이 있다. 한 예가 말라가시어이다. 이 언어에서는 이인칭 단수 대명사가 청자의 성별에 따라 두 가지 변이형을 갖는데, 남성에 대해서는 ialahy를 여성에 대해서는 indriaku를 사용한다(Anderson and Keenan 1985).

[**호칭 형태**]

호칭 형태(forms of address)는 사회 직시를 구현하는 또 다른 일반적인 방법이다. 이 형태는 이름(예: James), 성(예: Bond), 성과 이름의 조합(예: James Bond), 친척용어(예: uncle), 직업명에서 빌려온 직함(예: doctor), 어떤 사회 그룹 또는 직장 그룹 내의 지위(예: colonel), 다른 출처(예: madam), 칭호와 이름의 조합(예: Professor Sir John Lyons) 등과 같은 여러 유형들로 나타난다. 호칭 용어는 다양한 사회적 직시 기능을 수행하는 데 사용될 수 있다. 첫째, 영어와 다수 다른 언어들에서 Mr Lakoff, Dr Cram, Lady Huxley 등과 같이 이름이 아닌 성과 직함으로 구성되는 호칭 형태를 사용하는 것은 상대적으로 높은 청자의 사회적 신분을 표시해 주며, 화자와 청자 간의 사회적 거리를 암시해 준다. 예를 들어 내가 베를린의 '일반언어학 유형론과 보편성 연구센터(ZAS)'에 방문교수로 있을 때, 사람들이 나에게 글을 쓸 때는 항상 'Sehr geehrter Herr Prof. Dr. Yan Huang'(매우 존경하는 후앙박사 교수님께)으로 시작하였다. 둘째, 세계의 많은 언어들은 낯선 사람들에게 존경심을 표현하기 위하여 중국어에서의 ayi '아주머니', 영어의 sir, 젤탈어의 bankilal '형' 등과 같이 일반화된 호칭 형태를 사용한다. 셋째, 많은 언어들에서 어떤 호칭 형태는 그룹 내의 유대감을 주장하기 위하여 사용된다. 전형적인 예로서는 중국어의 huoju '동무', 영어의 pal '친구', 타밀어의 tampi '동생' 등이 있다(Brown and Levinson 1987: 107-11, 182-5). 결론적으로 말해서 인간의 언어에는 사회적으로 중립적인 호칭 형태가 없다고 말할 수 있다.

[**접사, 접어, 불변화사**]

사회적 직시 정보는 또한 접사(affixes), 접어(clitics), 불변화사(particles) 등에 의해서 표현될 수 있다. 예를 들어 한국어의 동사 형태는 동사에 붙는 다음의 접사들중 하나를 선택할 수 있다: 친근형의 '-나', 친숙형의 '-어', 평범형의 '-다', 공손형의 '-어요', 존경형의 '-습니다', 권위형의 '-소' 등(Trudgill 2000: 93). 동사의 접사를 통해 사회적 관계를 표시하는 또 다른 언어로서는 나우아뜰어이다. 이 언어에서는 화자와 청자간의 (i) 친근함, (ii) 중립적 혹은 다소 형식성, (iii)

존경, (iv) 의례적 친척관계 compadrazgo[22] 등의 사회적 관계를 표시하기 위해서 동사에 각기 다른 접사들이 붙여질 수 있다. 이러한 사회 직시 메카니즘의 특이한 변이형태가 바스크어 이인칭 이외의 '친숙형' 형태의 동사에 나타난다고 보고된다(Anderson and Keenan 1985).

[어휘 선정]

끝으로 사회 직시 정보는 사용되는 어휘의 선택에 반영될 수도 있다. 우리는 이미 어떤 호주 원주민 언어들에서 소위 '회피' 언어와 '대치' 어휘 사용을 살펴보았다. 이 점과 관련한 또 다른 경우로는 '삼각형의 친족 용어' 용법이 있다. 이 용어들은 화자와 지시체 간뿐만 아니라 화자와 선조 간의 친척관계를 표현한다. 예를 들어 마얄리어는 화자와 청자 간의 친척관계에 따라 발화사건에서 한 참여자의 '아버지'를 가리키는 일련의 용어들을 가지고 있다. Kornkumo는 어머니가 아이의 아버지(즉 남편)를 아이에게 가리킬 때 사용되고, na-ngarrkkang은 어떤 여자가 손자의 아버지(즉 아들)를 자기 손자에게 가리킬 때 사용된다. 이런 상황에서 그 손자는 자기 아버지(즉 그녀의 아들)를 가리키기 위해서 na-rroyngu를 사용한다. 배우자는 상대방의 아버지(와 장인/시아버지)를 가리킬 때 na-bolo를 사용한다. 이외에도 더욱 정교한 용어들이 존재한다(Evans 1993).

그러나 언어들은 일반적으로 '공손한'(deferential) 그리고 '창피스러운'(humiliative) 어휘형태 쌍들을 가지고 있다. 중국어에서는 lingzun'(너의) 존경스러운(아버지)' / jiafu'(나의) 창피스러운 아버지', guifu'(너의) 존경스러운 주택' /hanshe'(나의) 미천한 오두막', guixing'(당신의) 존경스러운 성은 무엇입니까?' / bixing'(나의) 미천한 성' 등을 볼 수 있다. 일본어에도 동일하게 적용되는데, rei-situ'(당신의) 존경스러운 부인' / gu-sai'(나의) 어리석은 각시', gyoku-koo '(당신의) 화려한 작품' / sek-koo'(나의) 졸작' 등과 같이 중국어에서 차용된 많은 수의 존경스러운/미천한 어휘쌍들이 있다. 이와 유사한 미천한 형태들이

22) Compadrazgo는 부모/대부모가 됨으로써 의식상 친척관계에 있는 사람들 간에 존재하는 사회적 관계이다(Anderson and Keenan 1985).

델리 이슬람교도들의 우르두어와 포나페어에서도 사용된다. Brown and Levinson (1987: 185, 178-9)에서 지적된 바와 같이, 존경스러운/미천한 어휘쌍을 사용하는 것은 한편으로는 자기 자신을 낮추고, 다른 한편으로는 청자를 높이는 양면의 속성을 지닌다. (사모아어의 존경 어휘들에 대해서는 Duranti(2002)를 참조하시오. 그리고 사회적 직시의 통시적 발달에 대한 논의는 Traugott and Dasher(2001)을 참조.)

5.3.2 담화 직시

마지막으로 담화 직시(discourse deixis)를 살펴보자.[23] 담화 직시란 어떤 발화 내에서 동일 담화상에 존재하는 선행 발화 혹은 후행 발화를 가리키기 위해서 어떤 언어 표현을 사용하는 것과 관련한다. 또 달리 표현하면, 담화 직시는 명제를 가리키는 것으로 말할 수 있다(Lyons 1977, Webber 1991, Grenoble 1994, Herring 1994, Fillmore 1997: 103-6, Diessel 1999: 101). (5.46)은 영어의 몇몇 대표적인 예들을 제시한 것이다.

(5.46) a. This is how birds evolved from predatory dinosaurs.
b. That is tonight's evening news.
c. Here goes the main argument.
d. In the last section, we discussed conversational implicature, in this section, we consider conventional implicature, and in the next section, we shall compare and contrast them.
e. As already mentioned, the three main branches of the legal profession in England are solicitors, barristers, and legal executives.

(5.46a)에서 근거리 지시사 this를 사용하는 것은 담화 상에서 다음에 나오는 것에 전달되는 정보를 기대한다. (5.46c)에서의 근거리 공간 부사 here도 동일하

23) 다른 용어로는 텍스트 직시 혹은 텍스트상의 직시 등이 사용된다.

게 설명된다. 이와는 대조적으로 (5.46b)에서의 원거리 지시사 that를 사용하는 것은 담화 상에서 선행하는 담화 일부를 가리킨다. 이는 (5.46e)에서의 already 사용과도 같은 경우이다. (5.46d)에서 last, this, next 용어들은 담화 상에서 각기 선행하는 부분, 같이 나타나는 부분, 뒤따라 나오는 부분을 가리킨다. (5.46)에서와 같은 담화 직시들은 지구상의 모든 언어는 아니지만 대부분의 언어들에서 사용된다. 예를 들어 암불러스어의 경우, 담화 상에서 다음에 나오는 부분을 가리키기 위하여 근거리 태도 지시사 kéga와 중거리 태도 지시사 aga를 사용하고, 담화상의 선행 부분을 다시 가리키기 위하여 원거리 태도 지시사 waga를 사용한다(Diessel 1999: 17). 우산어에서는 담화 직시로서만 사용되는 ende와 ete를 찾아볼 수 있는데, 전자는 선행지시의 그리고 후자는 후행지시의 담화직시 표현이다(Reesink 1987: 81). 아이누어는 태도 지시사가 담화직시로 기능하는 또 다른 언어이다(Diessel 1999: 105). 우리는 '담화 상에서 이전에 언급된' 자질들의 표현을 다룰 때 더 많은 자료들을 제시하기로 한다.

다음으로 2 장에서 다룬 고정함축을 야기하는 것으로 주장되는 영어의 몇몇 어휘 표현들도 발화의 첫머리에 나타날 때 담화 직시 기능을 행할 수 있다. 이러한 표현들로서는 actually, anyway, after all, besides, but, even, however, in conclusion, moreover, so, therefore, well 등이 있다. Levinson(1983: 87-8)에서 지적한 바와 같이, 이런 단어들의 발화 첫머리 용법의 주요 기능으로는 이들을 포함하는 발화와 선행발화 일부분 간에 어떤 관계가 존재한다는 점을 지시하는 것이다.

끝으로 다수의 동아시아, 동남아시아 언어들은 화제구문(topic construction)에서 화제(topic)을 표현하는 특수한 장치를 가지고 있다. 보통 화제구문은 두 부분, 즉 전형적으로 먼저 나타나는 화제와, 이 화제에 뒤따라 나오면서 이에 대해 무엇인가를 말하는 부분인 논평(comment)으로 구성된다(Huang 2000a: 266). 아래 (5.47) 예가 이를 설명해준다.

(5.47) Huang(2000a: 267)에서 인용한 한국어
꽃-은 무궁화-가 오래간-다.

(5.47)에서 '꽃'은 화제이고, '무궁화가 오래간다.'는 논평이며, '-은'은 화제표지이다. 이와 유사하게 일본어에서는 화제가 wa에 의해서, 라후어에서는 ɔ에 의해서 그리고 리수어에서는 nya에 의해서 표현된다(Li and Thompson 1976, Huang 2000a: 266-76). 정보구조의 관점에서 보면, 화제는 종종 주어진(given) 정보와, 그리고 논평은 새로운(new) 정보와 결합한다. 이런 동아시아/동남아시아 언어들에서 화제 표지의 주요 기능중 하나는 '유표적 발화를 선행 발화에서 제기된 어떤 특정한 화제에 연결시키는, 즉 담화 직시적 기능을 수행하는' 것으로 볼 수 있다(Levinson 1983: 88).

사실, 담화상의 주어진 정보 혹은 어떤 개체에 대한 이전 언급을 표시하는 것은 화제-지향적(topic-prominent) 언어로 간주되는 중국어, 일본어, 리수어 등의 동아시아어/동남아시아서들에 국한되는 것은 아니다. 그러한 표지는 상당히 많은 지구상의 언어들에서도 발견된다. 예를 들어 다가어에서는 '담화 상에서 이전에 언급된' 자질을 가리키기 위하여 접미사 me(pe)가 14개의 지시사들에 부착되어 더 많은 담화직시들의 집합을 만들어낸다(Anderson and Keenan 1985: 291). 에피오어는 -tebuk을 사용하여 담화 상에서 이전에 언급되었던 내용을 표시하는 언어이다. 예일어도 이와 유사한 모습을 보인다(Heeschen 1982: 85, 88, 95). 하우사어의 경우, wánnàn '(새로운) 이'에 대립되는 wànnán '이전에 언급된 것'와, wáncàn '(새로운) 저'에 대립되는 wàncán '(언급된) 다른 것' 표현을 지닌다(Anderson and Keenan 1985: 289). 아이나어에서는 대화의 새 화제를 표시하기 위하여 tan이 사용된다(Dixon 2003).[24]

☞ 연습문제 9

24) 앞의 주석 6에서 회피에 대한 토론을 상기하시오. Bloomfield(1962: 38)에서 지적한 바와 같이, '근거리의 삼인칭은 담화의 화제, 화자의 관점에 가장 가까이 있는 사람, 또는 이전에 언급되어 이미 알려진 사람을 표현한다.' 그러므로 회피는 일종의 담화 직시 기능을 수행한다고 볼 수 있다.

5.4 요약

본 장에서는 직시에 대해 범언어적이고 기술적인 분석을 제시하였다. 5.1 절에서는 직시 표현 대 비직시 표현, 직시표현의 몸짓 용법 대 기호 용법, 그리고 직시 중심과 직시 투사를 논의하였다. 그리고 5.2 절에서는 인칭 직시, 시간 직시, 공간 직시 순으로 다루었다. 끝으로 5.3 절에서는 사회 직시와 담화 직시를 살펴보았다.

주요 개념들

직시
직시 표현 대 비직시 표현
지표표현
몸짓 용법 대 기호 용법
직시 중심
직시 투사
인칭 직시
포함한 '우리' 대 배제한 '우리'
호격
시간 직시
달력에 의존하는 용법 대 달력에 의존하지 않는 용법
입력시간 대 수용시간
공간 직시
공간 지시 프레임(내재적, 상대적, 절대적)
거리(근거리, 중거리, 원거리)
거리 중심의 시스템 대 인칭 중심의 시스템
가시성
고도

측면
사회 직시
절대적 사회직시 대 관계적 사회직시
지시체 존칭, 청자 존칭, 주변청자 존칭
T/V 대명사
공손한 어휘형태 대 창피스러운 어휘형태
담화 직시

연습문제

1. 다음 이탤릭 표현들 중에서 어느 것이 직시적으로 사용되었고, 어느 것이 비직시적으로 사용되었는가? 직시 용법의 표현들에 대해서는 어느 것이 몸짓 용법으로, 또 어느 것이 기호 용법으로 사용되었는가?
   (1) Hi, is Mary *there*?
   (2) Press the button *now*.
   (3) *You* will never fail until *you* give up.
   (4) Does *that* shirt become *you*?
   (5) John said that *he* was thoroughly exhausted.
   (6) In 1888, Ivanov moved to Moscow and lived *there* for the rest of *his* life.

2. 다음은 Levinson(1983: 68; 이 외에도 Mey 2001: 55를 참고할 것)에서 인용된 이디시어 농담이다. 유대인 선생이 범한 '실수'는 무엇인가?
   A melamed(Hebrew teacher), discovering that he had left his comfortable slippers back in the house, sent a student after them with a note for his wife. The note read: 'Send me your slippers with this boy.' When the student asked why he had written 'your' slippers, the melamed answered: 'Yold(Fool)! If I wrote "my" slippers, she would read "my" slippers and would send her slippers. What could I do with her slippers? So I wrote "your slippers", she will read "your" slippers and send me mine.'

3. 다음 발화들 중에서 어느 것이 직시투사와 관련하는가?

(1) *We* may lose customers if *our* prices are very high.

(2) The *next* station is Piccadilly Circus. Please change *here* for the Piccadilly line.

(3) Can you prepare a list of hints and tips for safe camping *now*?

(4) (영국에서 뉴질랜드의 동료에게)

I shall be delighted to lecture in your department *next* (*New Zealand*) summer.

(5) *Take this there; bring that here!*

(6) I'll *bring* the DVD to you tomorrow.

4. 아래 (1)과 (2)를 비교하고, (2)가 왜 이상한지 설명하시오.

(1) Let's go to the airport to collect him next Monday.

(2) ?Let's go to the airport to collect you next Monday.

5. 많은 언어들에서 'we'는 'I' 또는 'you'를 가리키는 데 사용될 수 있다. 다음 문장들에서 'we'가 왜 사용되었는지 설명할 수 있는가?

(1) (의사가 환자에게)

How are we feeling today? (we = you)

(2) (인사과장이 구직자에게)

We regret to inform you that your application was not successful. (we = I)

(3) (폴란드어, 검표원이 승객에게, Grundy 2000: 27)

Nie many	biltu?
Not have-(1PL)	ticket
'We haven't got a	ticket?'

6. 다음 (1) - (4) (Hanks 1992에서 발췌)에서 here의 용법을 관찰하여라. 차이는 무엇인가?

(1) I'm over here! (숲에서 동료들을 향해 외친다)

(2) Oh, it's just beautiful here! (시골을 향해 감격한 듯 팔을 뻗으며)

(3) Doctor, it hurts here. (배에 손을 얹은 채)

(4) They live over here, but we live here. (작은 지도를 가리키며)

7. 다음 문장 쌍들에서 어느 표현이 직시적으로 사용되었고, 어느 표현이 직시적으로 사용되지 않았는가?

(1) a. Let's go to a *nearby* café.

b. John took Mary to a *nearby* café.

(2) a. There was a fatal car accident in Oxford yesterday. A *local* was arrested.

b. Why not employ a *local* tour guide?

8. 이미 살펴본 바와 같이 we는 '포함하는' 해석과 '배제하는' 해석 간에 중의적이다. 이러한 중의성은 (1)에서의 we에는 나타나지만, (2)에서의 we에는 나타나지 않고 다만 배제적 해석만을 가질 수 있다. go와 come 용법의 조건들에 의해서 이 차이를 설명할 수 있는가?

(1) We'll go there this afternoon.

(2) We'll come there this afternoon.

9. 다음 문장들에서 시제 표지를 제외한 모든 직시 표현들을 지적하고, 각각의 경우 어떤 유형의 직시가 관련되는지 말하시오.

(1) I live here in New York and Lucy lives there in California.

(2) Good morning, ladies and gentlemen. This is the 10:15 Thames Express service to London Paddington, calling at Reading, Slough, and London Paddington.

(3) We may get a pay cut if sales go down this year. That's what I've been told.

(4) I came over several times to visit you last week, but you were never there.

(5) Good afternoon, Sir, how can I help you?

10. 의미란 문맥을 참조하지 않고서는 연구될 수 없음을 직시가 보여준다. 이에 동의하는가?

11. 공간직시의 주요 의미 매개변수는 무엇인가? 이 매개변수들 중에서 어느 것이 가장 중요한가?

12. 직시의 주요 범주들은 무엇인가? 예를 가지고 설명하시오.

13. 공간 표현이 비공간 표현보다도 더 기본적이고, 공간 표현 그 자체가 다른 언어적 영역들로 확장되는 경향이 있다고 보는 한 견해가 있다. 이 견해는 '장소주의'(localism)(Lyons 1977: 718ff)로 알려져 있다. 직시와 관련하여 장소주의에 따르면, 공간 직시가 시간직시, 사회 직시, 담화 직시 등의 다른 직시 범주들로 확장되는 경향이 있다고 볼 수 있다. 이 견해를 지지하는 증거들을 본장에서 찾아 볼 수 있는가?

14. 영어 이외의 다른 한 언어 직시 체계를 간단히 기술해 보시오.

더 읽을거리

Fillmore(1997).
Lyons(1997). 15장.
Anderson and Keenan(1985).
Levinson(2004).

II 부: 화용론과 그 경계면들

제 6 장

화용론과 인지 : 적합성 이론

적합성 이론(relevance theory)은 프랑스 학자 스퍼버(Dan Sperber)와 영국 학자 윌슨(Deirdre Wilson)에 의해서 고안되었다.[1] 이 이론은 그라이스의 고전적 화용이론(2장 참조)에 반발하는 반작용이자 그 이론의 확장으로 간주될 수 있다. 적합성 이론의 주요 아이디어는 Sperber and Wilson(1986, 1995)에 제시되어 있고, 최근 Wilson and Sperber(2004)에서 업데이트되었다. 인간의 인지에 대한 일반적 견해에 기초하고 있는 이 이론의 중심 테제에 따르면, 인간의 인지 시스템은 의사소통 측면에서 적합성을 최대화하려는 방식으로 작동한다는 것이다. 그러므로 적합성이라는 의사소통적 원리가 발화의 명시적 내용과 암시적 내용을 파악하는 일을 담당한다. 또한 이 이론에서는 화용론이 적합성 이론의 이해 절차를 포함한다고 보며, 마음 해석 이론의 하나인 '마음 이론'(thoery of mind)의 한 하위 모듈이라고 가정한다(Sperber and Wilson 2002, Wilson and Speber 2004).[2]

본 장은 6.1 절에서 적합성의 두 원리들에 대한 논의로 시작된다. 그리고 6.2 절에서는 외축, 함축, 그리고 적합성 이론에서의 개념적 의미와 절차적 의미 등의 개념들을 살펴본다. 다음 6.3 절에서는 화용론을 포더식의 추론적 중앙처리로 바라보는 견해로부터 '마음 이론'의 하위모듈로 보는 견해까지 최근 적합성 이론의 변화를 살펴본다. 끝으로 6.4 절에서는 적합성 이론과 그라이스의 대화함축에 관한 고전이론/신이론을 대조시켜 비교해보도록 한다.

---

1) 그렇지만 적합성과 유사한 개념은 논리학자 Noel Belnap(1969)와 사회 현상학자 Alfred Schutz(1970)의 연구로까지 거슬러 올라갈 수 있다. Belnap(1969)은 적합하지만 완전히 타당하지 않는 추론을 설명하기 위하여 적합성의 논리를 개발하였다. Schutz(1970)는 적합성이란 개인이 자기의 인지 구조를 '의미 영역'내에 조직화시키는 하나의 원리라는 견해를 펼쳤다. 또 다른 논의로는 Allwood(2000)을 참조.

2) 물론 다른 인지적 화용 이론들이 다수 있다. 그중 한 이론은 마음에 대한 연결주의 모형에 기초한 실험적 사실주의 또는 인지 의미론으로 알려졌다(아래 주석 11 참조). 이 이론은 예를 들어 Lakoff(1987), Sweester(1990), Johnson(1992), Lakoff and Johnson (1999), Marmaridou(2000), Fauconnier(2004) 등에서 제시되고 있다. 인지적 화용론에 대한 두 번째 견해로는 구성 문법에 대한 참고문헌들에서 찾아볼 수 있다(Goldberg 1995, Kay 2004). 마지막으로 귀추적 추론이라는 인지적 화용 이론도 있다. 이 이론은 뉴튼경, 독일 철학자 볼프, 퍼스 등의 아이디어에서 예시되었지만, 최근에는 인공지능과 전산 화용론의 연구들에서 발전되어 왔다(예, Hobbs 2004).

6.1 적합성

6.1.1 적합성에 관한 인지적 원리

적합성 이론(Sperber and Wilson 1986, 1995)의 핵심에는 적합성(relevance) 개념이 자리잡고 있다. 이 개념은 Sperber and Wilson(1995)에서 제시된 적합성의 두 원리, 즉 첫 번째 인지적 원리(cognitive principle of relevance)와 두 번째 의사소통적 원리(communicative principle of relevance)에 구체화되어 있다.[3] 먼저 적합성의 인지적 원리를 살펴보자.

(6.1) Sperber and Wilson(1995)의 적합성에 관한 인지적 원리
인간의 인지는 적합성을 최대화하려는 쪽으로 맞춰지는 경향이 있다.

그러면 적합성이란 무엇인가? 스퍼버와 윌슨에 따르면, 적합성이란 두 인자들, 즉 (i) 인지적(또는 문맥적) 효과(cognitive/contextual effects)와 (ii) 처리 노력(processing effort)의 함수(또는 측정)이다. 첫 번째 인자는 새로이 주어지는 자극과 인지 시스템 내에 이미 설정된 가정들의 하위 집합들 간의 상호작용 결과물이다. 그리고 두 번째 인자는 처리된 어떤 새 정보에 대해 만족스러운 해석을 산출하기 위하여 인지 시스템이 지출해야하는 노력이다. 이렇게 정의하면, 적합성은 정도의 문제이다. 어떤 입력정보가 개인에 관련하는 정도는 인지적 효과(즉 보수)와 처리 노력(즉 비용)간의 수지결산이다. 이는 다음 (6.2)에 제시된다(Sperber and Wilson 1995).

(6.2) 개인에 대해 입력의 적합성
a. 다른 조건이 같다면, 입력을 처리함으로써 성취된 적극적 인지 효과가 크면 클수록, 그 당시 개인에 대한 입력의 적합성은 더욱 크다.

---

3) Sperber and Wilson(1986)에서는 적합성에 대한 단 하나의 원리만 제시되어 있는데, 그 원리는 다음과 같다: 모든 명시적 자극은 그 나름대로 최적의 적합성이라고 추정하게 해준다.

b. 다른 조건이 같다면, 투입된 처리 노력이 크면 클수록, 그 당시 개인에 대한 입력의 적합성은 더욱 작다.

또한 스퍼버와 윌슨은 문맥에서 새 정보의 처리가 가져올 수 있는 인지 효과의 세 가지 주요 유형들을 구분하였다: (i) 신정보 또는 구정보 각각으로부터가 아니라 양측 모두에게서 유도가능한 하나의 결론을 생성하기(문맥적 함축 contextual implication), (ii) 기존의 가정을 강화하기, (iii) 기존의 가정을 반박하고 취소하기. 설명상 Blakemore(2002: 60-1)에서 가져온 다음 시나리오를 생각해 보아라. 한 버스 기사가 버스 정류장에서 막 출발하려고 한다. 이때 이 기사는 백미러를 통해서 초초한 모습의 한 여자를 보게 되는데, 이 여자는 버스표를 갖고서 길을 건너려고 시도하고 있었다. 이런 상황 하에서 버스 기사가 그 세계에 대해 갖는 전반적인 표상은 앞서 언급한 세 가지 유형의 인지적 효과에 대응되는 다음 세 방식으로 발전될 수 있다. 첫째, 누군가 버스표를 갖고 있다면 버스로 여행을 할 의도가 있다고 가정하면, 지금 문제의 여자가 자기 버스를 타고 여행할 의도를 가지고 있다는 새로운 가정 혹은 문맥적 함축을 그 버스 기사는 이끌어낼 것이다. 둘째, 그 여자가 자기 버스를 타려고 길을 건너고자 시도한다는 버스 기사의 기존 가정이 그 여자가 버스표를 가지고 있다는 가정에 의해 지지되고 강화될 수 있다. 셋째, 그 여자가 버스 정류장 근처에 서 있는 누군가에게 그 버스표를 건네주고는 반대방향으로 사라져가는 것을 버스기사가 보았을 때, 그 여자가 자기 버스를 타고자 한다는 버스 기사의 기존 가정이 반박되고 제거된다.

다음으로 처리 노력을 보자. 다른 시나리오를 생각해 보아라. 영국에 막 도착한 샤오밍이라는 중국 학생이 집주인인 스미스 가족으로부터 방 하나를 얻고자 한다. 그는 스미스 가족이 고양이를 키우는지 알고 싶어한다. 그는 다음 (6.3)에 제시된 답변들 중 하나를 들을 수 있을 것이다.

(6.3) a. The Smiths have three cats.

b. Either the Smiths have three cats or the capital of China is not Beijing.

여기서 (6.3a)는 (6.3b)보다도 처리 노력을 덜 요한다. 논리적으로 등가인 (6.3a)와 (6.3b)는 정확히 동일한 인지적 효과를 산출한다. 그러나 (6.3b)는 계산해야할 두 번째의 거짓 이접문을 가지고 있기 때문에, 우리는 (6.3a)에서 그 인지적 효과를 더 쉽게 얻게 된다.

이제 (6.1)과 (6.2)로써 적합성의 인지적 원리가 기본적으로 말하는 것은 다음과 같다: 인간의 인지에 있어서, 의사소통자는 가능한 한 적은 처리 노력으로 가능한 한 많은 인지적 효과를 얻고자 하는 경향이 있다. (6.1)과 (6.2)에 대해 완전한 설명을 위해서 (6.3)의 샤오밍이 들을 수 있는 두 답변에 다음을 추가하기로 하자.

(6.4) The Smiths have three pets.

적합성의 인지적 원리 (6.1)이 주어지면, (6.3)과 (6.4)의 세 가지 답변 모두는 스미스 가족이 고양이를 키우고 있는지 어떤지에 대한 샤오밍의 질문에 관련한다. 그러나 (6.2)에 따르면, (6.3a)가 (6.4)나 (6.3b)보다도 더 적합하다. (6.3a)의 처리는 (6.4)에서보다도 더 큰 적극적 인지 효과를 유발하기 때문에 전자가 후자보다도 더 적합하다. (6.3a)는 (6.4)를 함의하고, 따라서 그 문맥이 주어지면 (6.4)로부터 연역가능한 모든 결론들을 생성해낸다. 다른 한편 우리가 본 바와 같이 (6.3a)를 계산하기 위해 요구되는 처리 노력은 (6.3b)를 계산하는 데 요구되는 것보다도 작기 때문에 전자가 후자보다도 더 적합하다.

이런 식으로 설명되는 적합성은 효과와 노력 간의 거래이고, 양적이라기보다는 비교적이라는 점에 주목하자. 그러한 비교적 개념의 한 특질은 스퍼버와 윌슨이 알고 있듯이, 이는 단지 어떤 경우들에서만 분명한 비교를 제공해준다는 점이다. 이는 적합성 이론에 제기되는 가장 흔한 비판들 중의 하나에 해당한다. 즉 문맥적 효과와 처리 노력을 객관적인 방식으로 어떻게 측정하는지, 둘이 어떻게 상호 보충적인지, 또는 왜 적합성의 인지적 원리를 충족시키는 유일한 방법이 항상 존재하는지에 대한 설명을 제공하지 못한다는 점이다(Levinson 1989, Bach 1999a, 옹호 견해로는 Wilson and Sperber 2004 참조).

6.1.2 적합성에 관한 의사소통적 원리

다음으로 적합성에 관한 의사소통적 원리(communicative principle of relevance)를 다루어보자. 들어가기 전에 먼저 의사소통에 대한 두 가지 일반적인 이론적 접근법을 살펴보자.

[의사소통에 대한 코드 모형과 추론 모형]

Sperber and Wilson(1986, 1995)의 견해에서 의사소통 이론은 대략 두 모형, 즉 (i) 코드 모형(code model)과 (ii) 추론 모형(inferential model)으로 구분될 수 있다. 고전적인 의사소통 이론인 코드 모형에 따르면, 의사소통은 메시지를 부호화하고 해독함으로써 이루어진다. 즉 전달자는 자신의 의도된 메시지를 신호로 부호화하고, 이 신호는 그 코드의 동일한 복사본을 이용하는 청자에 의해 해독된다. 인간의 언어 의사소통에 대하여 이 모형은 다음의 두 가지 주요 가정에 토대를 두고 있다. (i) 인간 언어는 코드이고, (ii) 이 코드는 사고를 음성에 연결시켜준다.[4)]

그러나 이 코드 모형은 기술적으로 보면 타당하지 않다. 이해 과정은 언어적 부호를 해독하는 이상의 일에 관련하기 때문이다. 1 장에서 이미 살펴본 바와 같이, 문장의 의미 표현과, 그 문장을 발화함으로써 실제로 전달되는 메시지 간에는 커다란 공백이 있다. 달리 말하면, 언어적으로 부호화된 의미는 발화에 의해서 표현된 명제내용을 매우 불분명하게 만든다(Austin 1962, Atlas 1977, 1989, 2005, Searle 1979, 1992, 1996, Travis 1981, 1997, Sperber and Wilson 1986, 1995, Recanati 1989, 1994, 2004a, 2004b, Levinson 2000, Carston 2002, Horn

4) Sperber and Wilson(2002)의 견해에 따르면, 동물들의 의사소통 대부분은 이 코드 모형을 이용한다고 한다. 예를 들어, 방향이나 꿀이 있는 거리를 지시하는 데 사용되는 꿀벌들의 춤이 이런 경우이다(Hauser 1996).

2004). 이는 언어학적 미결정성 논제로 알려져 있다. 게다가 이 공백은 더 자세한 부호화에 의해서가 아니라 추론에 의해서 채워진다. 1 장에서 저자는 몇 개의 예들 (1.2-1.5)을 제시하였다. 아래 (6.5)는 또 다른 예이다.

(6.5) 영국에서 살모넬라 균의 발발 기간에 정부가 내린 공고문
Fried eggs should be cooked properly and if there are frail or elderly people in the house, *they* should be hard-boiled.

이 예문에서 대명사 they의 선호되는 선행어는 frail or elderly people라기 보다는 eggs이다. 그러나 이러한 해석을 도출하는 것은 부호화에 달려있는 것이 아니라 화자가 무엇을 가장 의미하고자 하는지, 그리고 무엇이 또는 누가 완숙으로 삶아질 수 있는지에 대한 우리의 실세계 지식 등에 달려있다.

이 코드 모형에 직접 반대되는 이론은 추론 모형인데, 그라이스의 비자연적 의미라는 독창적인 이론이 주로 이 모형의 토대를 제공하고 있다. 2 장에서 지적한 바와 같이, 비자연적 의미의 본질은 의도되어진 것으로 인식되기를 의도하는 것이 의사소통이라는 점에 있다. 달리 말하면, 그라이스의 견해에서 비자연적 의미 또는 화자 의미는 의도의 문제이다. 추론 모형에 따르면, 의사소통이란 의도를 표현하고 인식함으로써 이루어진다. 즉, 전달자는 어떤 의미를 전달하려는 자신의 의도에 대한 증거를 제공하고, 그러면 청자는 제시된 증거를 토대로 하여 그 의미를 추론한다(Recanati 2004b). 2 장에서 논의한 대화함축에 관한 고전적 화용 이론 또는 신그라이스식 화용 이론과, 현재 논의하고 있는 적합성 이론은 모두 이 모형 하에 있다. 또한 추론적 의사소통은 독자적으로 이용될 수 있는 반면에, 부호화된 의사소통은 추론적 의사소통을 강화하는 수단으로서만 이용될 수 있다는 점을 지적할 수 있다(Sperber and Wilson 1986, 1995).

[현시적-추론적 의사소통]

적합성 이론에서 추론적 의사소통은 현시적-추론적 의사소통(ostensive-inferential communication)이라 불린다. 그 이유는 추론적 의사소통은 일차적인

정보적 의도(first-order informative intention) 외에도 Sperber and Wilson(1986, 1995)에서 의사소통적 의도(communicative intention)이라 부르는 고차적인 의도와 관련하기 때문이다. 게다가 그런 의도의 속성을 만들어내는 행동을 '현시적 의사소통', '현시적 행동', 또는 단순히 '현시'라고 부른다.

(6.6) 현시적-추론적 의사소통

a. 정보적 의도: 청자에게 무엇인가를 제공하려는 의도

b. 의사소통적 의도: 청자에게 자신의 정보적 의도를 제공하려는 의도

현시적-추론적 의사소통에서는 일반적으로 현시적 자극이 존재하는데, 이 자극을 사용함으로써 스퍼버와 윌슨이 최적의 적합성(optimal relevance)이라 부르는 특정 수준의 적합성에 대한 기대를 발생시킨다.

(6.7) 최적의 적합성에 관한 추정

a. 현시적 자극은 청자가 처리 노력을 할 만한 정도로 적합하다.

b. 현시적 자극은 전달자의 능력과 선호도에 부합하는 가장 적합한 것이다.

이런 식으로 설명하면, 현시성과 추론은 의사소통이라는 한 동전의 양면이다. 전자는 전달자의 관점에서 그리고 후자는 청자의 관점에서 본 개념이다.

(6.6)과 (6.7)을 적절히 조합하면, 이제 우리는 Sperber and Wilson(1995)의 적합성에 관한 의사소통적 원리를 다음과 같이 제시할 수 있다.

(6.8) Sperber and Wilson(1995)의 적합성에 관한 의사소통적 원리

모든 현시적 자극은 (예, 발화) 그 나름대로 최적의 적합성이라고 추정하게 해준다.

최적의 적합성 가정을 토대로 하여 이해 체계에 의해 사용되는 특정한 절차가 (6.9)에 제시된다.

(6.9) Sperber and Wilson(1995)의 적합성 이론적인 이해 절차

a. 인지적 효과를 계산하는데 최소 노력의 길을 밟아라. 접근 가능성의 순서에 따라 해석 가설들을 테스트하라 (중의성 해소, 지시 해소, 함축, 등).

b. 적합성에 대한 당신의 기대가 충족될 때 (또는 포기될 때) 중단하라.

6.2 외축, 함축, 개념적 의미 대 절차적 의미

앞 절에서 우리는 적합성에 대한 스퍼버와 윌슨의 인지적 원리와 의사소통적 원리를 논의하였다. 본 절에서는 외축, 함축, 그리고 적합성 이론에서의 개념적 의미 대 절차적 의미를 살펴보도록 한다.

6.2.1 그라이스: 말해진 것 대 함축된 것

2 장의 고전적 그라이스 설명에 따르면, 발화의 비자연적 의미/화자 의미 또는 총체적 의미는 말해진 것(what is said)과 함축된 것(what is implicated)으로 구분된다. 간단히 말하면, 말해진 것은 일반적으로 (i) 고정 함축을 제외한 발화된 문장의 관례적 의미와, (ii) 발화된 문장의 진리조건적 명제 내용으로 간주된다(Grice 1989; 25, Levinson 1983: 97, 2000: 170, Neale 1992: 520-1, Clark 1996: 141, Carston 2002: 114-15). 그러면 대화상 함축된 것은 말해진 것과 대비해서 정의되고, 말해진 것에 기초해서 계산된다 (그리고 M-함축의 경우, 말해진 것이 어떻게 발화되는 가를 함께 고려한다). 이와 같이 설명할 경우, 말해진 것은 대화상 함축하는 것을 이끌어 내는 데 입력 자료를 제공하는 것으로 생각된다. 그러나 Grice(1989: 25)에 따르면, 말해진 것을 이끌어 내기 위해서는 (i) 앞서 (6.5)와 아래의 (6.10)에서 보는 바와 같이 지시 문제를 해결해야 하고, (ii) (6.11)에서 보는 바와 같이 직시현상을 해결해야 하며, (iii) (6.12), (6.13), (6.14) 등에서와 같이 표현들의 중의성을 해소해야 한다.[5]

5) 이외에도 Levinson(2000: 172-86)은 (i) 생략 복원하기와 (ii) 일반성 제한하기 등을 추가하였다. 이 점에 대해서는 다음 장에서 논의할 것이다.

(6.10) a. Jonh told Bill that he wanted to date his sister.

선호되는 해석: he = John, his = Bill's

b. John told Bill that he couldn't date his sister.

선호되는 해석: he = Bill, his = John's

(6.11) 몸짓을 동반하여

I don't want to go with *her*, I want to go with *her*.

(6.12) (구조적 중의성)

Flying planes can be dangerous.

a. 비행기를 날리는 행위는 위험스러울 수 있다.

b. 날아가는 비행기는 위험스러울 수 있다.

(6.13) (어휘적 중의성)[6)]

The coach left the stadium after the match.

a. coach = bus

b. coach = instructor of athletic team

(6.14) (구조-어휘적 중의성)

a. John saw her lower her head.

b. John saw the duck belonging to her.

말해진 것과 함축된 것 간의 그라이스 이분법은 7 장에서 다시 다루기로 한다.

6.2.2 외축

Sperber and Wilson(1986, 1995)의 견해에서 보면, 말해진 것에, 적합성 이론의 용어를 사용하자면 명시적 내용(explicit content) 또는 외축(explicature)에 화용론이 기여한다는 점을 그라이스는 인정하지 않았다. 따라서 스퍼버와 윌슨에 따르면, 고전적 그라이스 체계는 암시적 내용(implicit content) 또는 함축(implicature)에 화용론이 기여한다는 점에 지나치게 많은 관심을 두었다. 현재

6) 적합성 이론 문헌들에서 논의하는 중의성 예들은 모두 어휘적 중의성에 속한다는 점에 유의하시오.

에는 Cohen(1971), Atlas(1977), Gazdar(1979) 등의 초기 작업에 따라, 그라이스가 말해진 것이라고 부르는 것을 해명하는 데 관련된 관례적, 진리조건적 내용 안으로 일종의 화용론적 개입(pragmatic intrusion), 즉 화용론적으로 추론되는 내용이 개입되었다는 점이 널리 인정되었다(Travis 1985, 2001, Sperber and Wilson 1986, 1995, Recanati 1989, 1993, 2004a, 2004b, Neale 1992, Levinson 2000, Fodor 2001, Carston 2002, Huang 2004b).

스퍼버와 윌슨은 명시적 내용에 있어서 화용론상 추론이 행하는 중요한 역할을 설명하려는 시도에서, 함축이라는 고전적 그라이스 개념에 병행하여 외축이라는 개념을 제시한다. 외축은 발화에 의해서 부호화된 불완전한 개념 표현체(conceptual representations) 또는 논리 형태(logical forms)에 대한 추론적 전개이다. 달리 말하면, 외축은 풍부한 명제 내용을 생성해줌으로써 발화된 문장이 갖는 언어학적으로 주어진 불완전한 논리 형태를 구체화해주는 기능을 행한다. (그러나 '외축' 용어에 대한 Bach(2004)의 평을 참조하시오.)

현재 버전의 적합성 이론에서 외축은 다음의 다섯 가지 영역에서 전형적으로 개념 표현체나 논리 형태를 명제 형태로 풍부하게 해주고 완성시켜주는 데 이용된다: (i) 중의성 해소, (ii) 지시체 해소, (iii) 충족, (iv) 자유로운 의미보충, (v) 임시적 개념 구성. (Carston 2004 참조.) 다음에서 하나씩 살펴보도록 하자.

[중의성 해소]

보통 중의성 해소(disambiguation)는 언어 체계 내에서 주어지는 둘 이상의 잠재적 의의들 중에서 하나의 의의를 선택하는 것과 관련한다. 외축이 문맥에 의존하여 특정 해석을 선택함으로써 불완전한 논리 형태를 완성시킬 것이다.

(6.15) John and Bill passed the port in the evening.

a. port = harbour

b. port = wine

외축: John and Bill passed the harbour in the evening

[지시체 해소]

중의성 해소와는 달리, 지시체 해소(reference resolution)의 경우 후보 지시체들이 언어 체계에 의해서 결정되지 않는다. 지시체 해소는 명시화된 지시 표현이나 대용어 표현에 적절한 문맥상의 값을 할당해 줌으로써 이루어진다. 위의 (6.5)와 (6.10) 이외에도 (6.16)을 살펴보아라.

(6.16) John walked into a music room. The piano was made in the nineteenth century.
외축: There was a piano in the music room John walked into

예 (6.16)은 언어학 문헌에서 '교차지시 다리놓기'(bridging cross-reference)로 알려진 예이다. Huang(2000a: 249)에서 정의된 바와 같이, 대용어 표현의 교차지시 다리놓기는 배경적 가정들을 첨가함으로써 동일한 문장이나 담화 상에 존재하는 어떤 선행 표현과의 연상을 연결시키는데 사용되는 것이다. 이와 같이 정의되면, 다리놓는 교차지시 대용어는 다음의 세 가지 특징적인 속성들을 지니게 된다. (i) 보통 한정 명사구인 대용어 표현은 보통 비한정 명사구인 그 '선행어'의 적절한 문맥 내에 나타나야 한다. (ii) 대용어 표현과 그 '선행어' 간에는 어떤 의미론적 또는 화용론적 관계가 존재한다. (iii) 대용어적 표현과 그 '선행어'는 엄밀한 공지시적 관계에 놓여있지 않다. 오히려 일종의 화용론적 추론을 덧붙임으로써 그들은 서로 연결된다. Matsui(2000)에서는 다리놓는 교차지시 대용어에 대한 적합성 이론의 분석을 발전시켰다. 다리놓는 교차지시 대용어의 해석은 적합성의 의사소통적 원리에 의해 제약된다는 것이 그녀의 중심 생각이다. 이러한 설명에 따르면, 사람들은 타당한 인지적 노력을 산출해내는 가교적 가정을 항상 설정한다. 이때 언어 사용자들은 이러한 효과를 얻기 위해 정당화될 수 없는 처리 노력은 하지 않는다. 다리놓는 교차지시 대용어에 대한 분석과 관련한 이론적 쟁점들, 그리고 매츄이의 적합성 이론 모형과 다른 영향력 있는 두 모형들, 즉 화제/초점 모형과 시나리오 모형 간의 비교 등을 Huang(2000a: 249-53)에서 찾아 볼 수 있다.

[충족]

충족(saturation)이란 언어학적으로 분해된 논리 형태에서 나타나는 슬롯/위치/변항이 채워지거나 충족되는 화용론적 과정이다(Recanati 1989, 1993: 243, 2001, 2002, 2004a, 2004b). 비교적 논란의 여지가 적은 예들은 다음 (6.17)에 제시된다.

(6.17) a. Yan works too hard. [for what?]
b. Chomsky's minimalist program is less promising. [than what?]
c. Sperber and Wilson's notion of explicature is different. [from what?]

여기서 각괄호안의 질문이 (6.17) 문장들의 불완전한 논리 형태에서 나타나는 슬롯들이다. 완전한 명제 형태들을 얻을 수 있기 위해서는 이 슬롯들이 명시적으로 완성될 필요가 있다. 충족 과정은 문맥에 따라 (6.17)에 대하여 (6.18)에 제시된 바와 같은 외축들을 산출해낼 수 있다.

(6.18) a. Yan works too hard [for a not terribly well-paid British university professor]
b. Chomsky's minimalist program is less promising [than its principles-and-parameters predecessor]
c. Sperber and Wilson's notion of explicature is different [from Grice's notion of implicature]

[자유로운 의미보충]

이제 자유로운 의미보충(free enrichment)으로 돌아가면, 이 용어는 Recanati (2004a, 2004b)로부터 빌려 온 것이다. 자유로운 의미보충에서, 발화된 문장에 대한 언어학적으로 분해된 논리 형태에 공공연한 지시 표현 혹은 숨겨진 슬롯 등이 없는 것처럼 보임에도 불구하고, 이 논리 형태는 외축으로부터 개념적으로 보충될 필요가 있다. 자유로운 의미보충의 과정은 언어학적이라기보다는 화용론적으로 기초되었기에 '자유롭다'(Recanati 2004a, 2004b). 적합성 이론의 문헌들에서는 두 유형의 자유로운 의미보충이 제시되고 있다. 첫째로, 의미보충이 발화상의 특정 어휘 항목에 초점을 두면서 그 항목이 부호화하는 개념을 한정시킨다. (6.19)와 (6.20)을 비교하여라.

(6.19) a. John has a brain.
b. The university campus is some distance from the rail station.
c. I haven't washed my face yet.
d. It's snowing.
e. The police moved in and the hostages were released.

(6.20) a. John has a [scientific] brain.
b. The university campus is a [considerable] distance from the rail station.
c. I haven't washed my face yet [this morning][7)]
d. It's snowing [in Boston]
e. The police moved in and [then, as a result, etc.] the hostages were released[8)]

여기에서 (6.19a)와 (6.19b)는 자명한 이치이거나 당연한 진리를 표현하고 있다. 모든 인간이 두뇌를 가지고 있다거나 두 지점 간에는 거리가 있다는 것은 말할 필요도 없다. 다음으로 (6.19c)와 (6.19d)는 모호해서 해독과 지시체 할당을 통해서 두 발화들로부터 복구되는 최소의 명제들의 경우, 화자가 의도하고자 한 바를 포착하지 못한다. 따라서 이 두 발화들에서의 모호성은 해소될 필요가 있다. 끝으로 (6.19e)에서 and의 사용은 접속절 관계에 대해 강화과정을 필요로 한다. 이를 토대로 하여 우리는 (6.20)의 각괄호에서 보여주는 바와 같은 외축을 얻을 수 있다.

둘째로, 문맥적으로 제공된 개념상의 구성요소를 외축에서 추가할 필요가

---

7) 예 (6.19c)의 의미보충은 세계에 대한, 특히 세면 행위에 대한 우리의 공통된 믿음에 의존한다. 예를 들어, Tylor(2001)에서 지적된 바와 같이 *I haven't had sex* 문장이 왜 다른 방식으로 의미가 보충되는지에 대해서도 설명할 수 있다. '대략적이지만 여전히 심도있는 그라이스식의' 설명에 대해서는 Taylor(2001)을 참조하시오.

8) 예 (6.20e)는 그라이스 체계 및 신그라이스 체계 내에서는 분명하게 일반 (I-)함축을 지니는 것으로 다루고 있음에 주의하시오.

있는 유형이 존재한다. (6.21)을 살펴보자.

(6.21) a. Everyone wore a new wool cardigan.
b. There's nothing to watch on TV tonight.
c. They eat everything.

여기서 관련된 과정은 다시금 제한하기 또는 상술하기 등의 과정이다. (6.21a)의 경우, 양화사 everyone의 영역은 제한되어 명시될 필요가 있고, 그 결과 문맥에 따라 (6.22a)와 같은 외축으로 나타날 수 있다. (6.21b)의 경우, 불완전한 논리 형태는 '화자가 (시청할) 만하다고 간주하는' 등과 같은 어떤 것에 의해서 보충되어야 한다. (6.21c)의 경우, everything은 '먹을 수 있는 모든 것'으로 보충될 필요가 있다.

(6.22) a. Everyone [at Mary's party] wore a new cardigan.
b. There's nothing [the speaker considers worth] to watch on TV tonight.
c. They eat everything [that is edible].[9)]

[임시적 개념 구성]

끝으로 임시적 개념 구성(*ad hoc* concept construction)을 살펴보자. Barsalou (1983)에서 소개된 이 개념은 언어학적으로 분해된 논리 형태에서 어휘적 개념을 화용론적으로 조정하는 것, 즉 한정하거나 강화하는, 넓히거나 약화시키는, 또는 양자를 결합하는 식의 조정을 의미한다. 설명을 위해 먼저 (6.23)을 들어보자.

(6.23) John is happy/angry/depressed...

---

9) Recanati(1989, 1993, 2004b)의 원래 분석에서 (6.20a)-(6.20c)는 강화 또는 논리적 보충의 경우들로 간주되고, (6.21b)는 Bach(1987) 식의 확장으로 간주된다는 점을 지적해야만 한다. 강화와 확장 간의 주요 차이는 출력되는 명제가 원래의 입력 명제를 함의할 필요가 있는가 하는 점이다. 다음 장에서 르까나띠의 연구를 더 자세히 이야기할 것이다.

어휘 항목 happy, angry, depressed 등에 의해서 표현된 일반적인 개념은 감정에 대해 상이한 종류, 정도, 속성들을 나타내는, 보다 상세한 많은 하위 개념들을 포괄할 수 있다. 예를 들어, John is depressed 문장은 문맥에 따라 존이 약간 침울하다거나, 매우 침울하다거나, 자포자기할 정도로 침울하다고 느낀다는 것을 의미하는 데 사용될 수 있다. 여기서 외축은 논리 형태에서 보다 협의의 그리고 더 상세한 개념들을 복구하는 데 이용된다.

다음으로 (6.24)를 살펴보는데, 이들 중 몇몇은 Carston(2002, 2004)에서 가져오거나 변형한 것이다.

(6.24) a. There is a rectangle of lawn at the back.
b. The fridge is empty.
c. Holland is flat.
d. Classic FM plays continuous classics.
e. John is a bulldozer.

(6.24)에 있는 모든 문장들은 넓게 '느슨하게'(loose) 사용된다. 4 장에서 우리가 '느슨한' 사용에 대한 오스틴의 개념과 France is hexagonal 예를 언급한 것을 상기해 보아라. (6.24)의 예들이 정확히 이에 해당한다. (6.24a)에서 사각형은 대충의 사각형인 것 같다. 따라서 표현된 바는 부호화된 개념 RECTANGLE이 아니라, 광의의 또는 느슨한 개념인 RECTANGLE'이다. 다소 동일한 설명이 round, triangular 등의 다른 많은 기하학적 용어들의 '느슨한' 사용에도 적용될 수 있다. (6.24b)에서는 냉장고에 몇 가지 오래된 식료품들이 여전히 남아있을 수 있다. (6.24c)의 경우, 홀란드는 엄격히 말하자면 평평하지 않다. (6.24d)에서는 Classic FM 채널은 뉴스, 광고, 청취자의 전화 인터뷰 등도 방송한다. 끝으로 느슨함은 또한 (6.24e)에서와 같이 은유의 경우에도 적용될 수 있다. 이상으로 보아, 어휘적 개념들은 임시적인 화용론적 조정이나 약화를 겪을 수 있다 (Carston 2004).

☞ 연습문제 1

이 시점에서 적합성 이론의 문헌들에서 상위 수준의 외축 또는 고차의 외축 (higher-level/higher-order explicature)이라 부르는 외축의 하위유형을 언급하겠다. 이 유형은 발화의 명제 형태를 상위 수준의 기술 내에 내포시키는 것과 관련된 외축이다. 상위 수준의 기술은 명제 태도 기술, 화행 기술, 내포된 명제에 대한 증거상 표지와 같은 어떤 논평 등을 포함한다. 이와는 달리 비상위 수준의 외축을 Wilson and Sperber(2004)에서 기본적인 외축(basic explicature)이라 부른다. 상위 수준의 외축에 대한 예로서, (6.26)으로 표현되는 (6.25)의 외축을 살펴보자.

(6.25) Susan: My husband is a womanizing alcoholic.

(6.26) a. Susan believes that her husband is a womanizing alcoholic.

b. Susan is angry that her husband is a womanizing alcoholic.

여기서 (6.26a)와 (6.26b)는 (6.25)에 대한 상위 수준의 외축일 수 있다. (6.25)의 명제 형태가 명제 태도 기술 하에 내포되어 있다.

다음으로 (6.28)로 표현되는 (6.27)의 외축을 살펴보자.

(6.27) 존이 빌에게: Bring me a glass of water, please.

(6.28) a. John is telling Bill to bring him a glass of water

b. It is moderately desirable to John (and achievable) that Bill bring him a glass of water

c. John is requesting Bill to bring him a glass of water

존이 (6.27)을 발화하는 것은 요구하기의 화행을 수행한다(4 장 참조). 이는 (6.28)에 제시된 상위 수준의 외축을 야기한다. (그러나 이에 대한 비판은 Bird 1994 참조.)

마지막으로 (6.30)으로 표현되는 (6.29)의 외축을 살펴보자.

(6.29) Evidently, Frederick the Great entertained Voltaire at Sanssouci.

(6.30) a. It is evident that Frederick the Great entertained Voltaire at Sanssouci.

b. The speaker strongly believes that Frederick the Great entertained Voltaire at Sanssouci.

(6.29)에서 evidently의 사용이 보여주는 바와 같이, 증거상은 진술이 기초하고 있는 증거의 출처나 신뢰도를 명확히 해준다. (6.30a)와 (6.30b)가 (6.29)에 대한 상위 수준의 외축일 수 있다.

☞ 연습문제 2

6.2.3 함축

다음에는 적합성 이론에서 전적으로 화용론적 추론을 통해서만 유도가능한 의사소통상의 가정들로 정의되는, 암시적 내용 또는 함축으로 간주되는 것을 살펴보자. 함축의 복구는 외축의 복구와는 다르다. 후자는 해독작용과 추론에 관련하지만, 전자는 추론에만 관련한다(Sperber and Wilson 1986, 1995). 대화함축의 그라이스 개념과 혼란이 일어나지 않도록, 적합성 이론의 함축을 r-함축(r-implicature)이라고 부르자.

적합성 이론에는 (i) 함축된 전제(implicated premises)와 (ii) 함축된 결론(implicated conclusions)이라는 두 종류의 r-함축이 존재한다. 전자는 화자에 의해서 의도되고 청자에 의해서 제공되는 문맥상의 가정들이고, 후자는 화자에 의해서 전달되는 문맥상의 함축이다. 설명상 (6.31)을 살펴보자.

(6.31) 자동차 판매원: Are you interested in test-driving a Rolls Royce?

존: I'm afraid I'm not interested in test-driving any expensive car.

존의 대답은 다음과 같은 r-함축들을 만들어낼 것이다.

(6.32) a. A Rolls Royce is an expensive car.
b. John isn't interested in test-driving a Rolls Royce.

여기서 (6.32a)는 함축된 전제이고, (6.32b)는 함축된 결론이다. (6.32b)는 (6.32a)와 (6.31)로부터 귀납적으로 얻어진다. 그러나 이러한 분석은 적합성 이론의 문헌에서 (6.31)과 같은 부류의 예들에 한정된다. 즉, 그라이스 체계와 신 그라이스 체계에서 특정 대화함축으로 간주되는 것에만 적용가능하다(2 장 참조). 이것이 그라이스적 의미에서의 일반 대화함축에 어떻게 적용될 수 있는지는 아무리 줄잡아 말해도 불분명하다. 예를 들어 (6.33)에서 함축된 전제가 무엇인지는 분명하지 않다. (그러나 그라이스 의미에서의 일반 대화함축에 대한 적합성 이론의 분석에 대해서는 Sperber and Wilson 1995: 276-8, Carston 1998 참조.)[10)]

(6.33) Some of John's friends are vegans.
(6.34) a. 함축된 전제: ?
b. 함축된 결론: Not all of John's friends are vegans

요약하면, 적합성 이론의 전반적인 이해 과정에는 다음의 세 가지 하위 업무가 관여한다(Sperber and Wilson 1995, Wilson and Speber 2004).

(6.35) 전반적인 이해과정에서의 하위 업무들
a. 해독, 중의성 해소, 지시체 해소, 기타 화용론적 의미보충 절차들에 의해서 명시적 내용에 대한 적정의 가설을 구성하기(외축)
b. 의도된 문맥상의 가정들에 대한 적정의 가설을 구성하기(함축된 전제)

10) Recanati(2004a: 48)의 견해에서 함축된 전제는 함축이 아니다. 이는 화자가 의미한 바의 일부가 아니기 때문이다. 오히려 이는 화자가 당연한 것으로 간주하거나 전제하고(3 장 참조) 청자에게 당연한 것으로 간주해주길 기대하는 바의 일부이다.

c. 의도된 문맥상의 함축들에 대한 적정의 가설을 구성하기(함축된 결론)

☞ 연습문제 3

r-함축과 관련된 두 번째의 이분법은 강 r-함축 대 약 r-함축(strong/weak r-implicatures)의 구분이다. 함축은 때때로 미결정적일 수 있다는 그라이스의 아이디어를 따라서(2 장 주석 11 참조), Sperber and Wilson(1986, 1995)은 함축이 강하거나 약할 수 있다고 가정하였다. 달리 말하면, r-함축의 강도는 연속선상에서 변화할 수 있다. 간단히 제시하면, 강한 r-함축은 화자가 의도하는 의미를 이해하는데 그 함축의 복구가 필수적인 그런 r-함축이다. 반면에 약 r-함축은 그 함축의 복구가 필수적이지 않은 그런 r-함축이다. 왜냐하면 r-함축들은 발화에 의해서 유발된 동등한 가능성을 갖는 다양한 r-함축들 중의 하나일 수 있기 때문이다. Wilson and Sperber(2004)에서 제시된 예 (6.36)을 가지고 살펴보자.

(6.36) 피터: Did John pay back the money he owed you?
메리: No. He forgot to go to the bank.

(6.37) a. John was unable to repay Mary the money he owes because he forgot to go to the financial institution.
b. John may repay Mary the money he owes when he next goes to the financial institution.
c. ...

(6.36)에서 메리의 답변은 (6.37)에서처럼 여러 r-함축들을 야기할지 모른다. 이런 r-함축들 중에서 (6.37a)가 강 r-함축이다. 그렇지 않으면 메리의 답변은 적합하지 않을 수 있다. 다른 한편, 메리의 답변은 청자로 하여금 (6.37b)와 같은 다른 r-함축을 유도하게끔 고무시킬 수 있다. 그러나 (6.37b)는 미결정적이고 그 복구가 필수적이지 않아서 약 r-함축에 해당한다(Wilson and Speber 2004).

☞ 연습문제 4

외축과 r-함축의 복구는 적합성의 의사소통적 원리에 의해서 유도된다는 점을 이 시점에서 강조하고자 한다. 게다가 적합성 이론의 이해 절차를 사용하여 발견되는 첫 번째 만족스러운 해석이 유일하게 만족스러운 것이다. 이 해석이 화자가 선택해야만 하는 해석이다(윌슨과의 개인적 토론).

6.2.4 개념적 의미 대 절차적 의미

끝으로 주로 Blakemore(1987, 2002, 2004)에서 개발된 이분법인, 적합성 이론에서 개념적 의미 대 절차적 의미 간의 이분법을 살펴보자. 블레이크모어의 견해에 따르면, 개념적 의미(conceptual meaning)는 문장의 논리 형태에 개념을 부여한다. 즉 의미 표상의 성분이 된다. 달리 말하면, 개념적 부호화에서 언어 형태들은 개념적 정보를 부호화한다. 예를 들어, lion, eat, happy 등은 개념적 정보를 부호화하는 어휘 항목들이다. 이와는 달리, 절차적 의미(procedural meaning)는 어떤 개념도 부여하지 않으면서 화용론적 추론의 어떤 면들이 진행되는 방식에 대하여 지시하거나 제약을 가한다. 즉, 특정 연산적 과정을 지시한다. 달리 표현하면, 절차적 부호화에서 언어 형태는 절차적 정보를 부호화한다. (그러나 다른 견해로는 Bach 1999b를 참조.) (그라이스의 체계에서 고정함축 유발자로 처리되는) after all, but, so 등의 연결사 또는 담화 표지들이 절차적 의미를 부호화하는 언어 표현의 예들이다. 예를 들어 (6.38)을 보자.

(6.38) We want peace but they want war.

여기서 담화표지 but은 청자가 이끌어내야 하는 화용론적 추론의 포인터로 작용한다. 더 자세히 말하면, 이 담화표지는 그 뒤에 나오는 절이 선행절로부터 가장 손쉽게 유도할 수 있는 명제와 모순을 일으키며, 따라서 이 명제를 제거하여, 기대된 해석의 부정을 산출해내는 것으로 해석하도록 청자에게 지시한다.

이런 식으로 기술되면 but은 단지 절차적 정보만을 부호화한다(Blakemore 2002, 또한 시살라어에 대한 Blass 1990 참조).

개념적 부호화는 외축에 기여하는 반면에, 절차적 부호화는 r-함축을 만들어 내는 화용론적 추론만을 제약한다고 Blakemore(1987)에서 제안하였다. 그러나 Sperber and Wilson(1993)은 이 입장에 대해 의문을 제기하였다. 스퍼버와 윌슨의 견해에 따르면, 절차적 부호화는 의사소통의 암시적인 면뿐만 아니라 명시적인 면에서도 중요한 역할을 행한다. 보다 구체적으로 말하면, 대명사, 지시사, 그리고 심지어 서법, 시제, 도치된 어순 등은 기본적인 외축과 상위수준의 외축이 유도되는 추론 연산에 대한 정보를 부호화한다고 스퍼버와 윌슨은 제안하였다(Blakemore 2004).

6.3 포더의 '중앙 처리'에서부터 '마음 이론'의 하위모듈까지

6.3.1 인지적 모듈방식에 대한 포더의 이론

마음에는 화용론 모듈(pragmatics module)이 존재하는가? 또는 보다 자세히 표현하면, 발화 이해란 선천적으로 명시된 나름의 원리와 장치들을 지닌 전문화된 인지 영역인가라는 질문으로 시작하여 보자. 이 질문에 대답하기 위해서는 인지적 모듈방식에 대한 포더의 이론을 먼저 살펴볼 필요가 있다.

현재 가장 영향력있는 마음 이론들 중의 하나는 언어와 언어학에 대한 촘스키의 견해에 의해서 부분적으로 영감을 받은 Fodor(1983)에 의해서 제시된 이론이다.[11] 현재는 고전이 된, 인지적 모듈방식에 대한 포더 이론의 주요 논제에

11) 다른 하나는 병렬 분산 모델(parallel distributed models) 또는 신경망(neural networks)이라 불리는 연결주의(connectionism)이다. 인간의 인지는 수많은 간단한 단위들의 상호작용을 통해서 작동한다는 것이 연결주의 모델의 주요 논제이다. 이러한 처리는 전체 시스템에 걸쳐서 분포되어 있다. 연결주의에 대한 소개로는 Bechtel and Abrahamson (1991)과 Horgan and Tienson(1996)을 참조하시오. 80년대 후반과 90년대 초반에 인지의 구조에 대하여 인지과학과 인지 언어학계에서 연결주의자들과 기호학자들 간에 열띤 논쟁이 있었다. 예를 들어 Fodor and Pylyshyn(1988)과 Chalmers(1993) 간의 공방을 참조하시오.

따르면 호모 사피엔스의 마음 구조는 대략 중앙 처리장치(central processor)와 다수의 인지적 시스템들(cognitive systems)로 나뉜다고 한다. 모듈(modules)이라 부르는 이런 전문화된 인지적 시스템들은 비교적 잘 정의된 다수의 특성들을 지닌다: 이 모듈들은 영역에 고유하며(domain-specific, 특정 영역에 전문화되어 있다), 일차적이고(primary, '조합된' 것이 아니라, 즉 다른 여러 일차적 장치들로 구성된 것이 아니다), 연산에서 자율적이며(computationally autonomous, 메모리와 같은 정신의 자원을 다른 인지적 시스템들과 공유하지 않으며), 빠르고(fast) 강제적이며(mandatory, 예를 들면 우리에게 노출된 소리를 들을 수밖에 없고), 선천적으로 상세화되었으며(innately specified, 그 구조와 기능이 어떤 학습 과정만에 의해서 결정되지는 않고), 정보면에서는 캡슐에 싸여있다(informationally encapsulated, 어떤 정보에도 접근불가능하며, 중앙 통제로부터의 간섭없이 작동한다). 오감-시각, 청각, 후각, 미각, 촉각-이 그런 인지 시스템들이며, 개별 시스템이 하나의 모듈 또는 모듈들의 클러스터를 형성한다. 언어는 또 다른 하나의 모듈 또는 모듈들의 클러스터로 간주된다. 이런 모듈들은 중앙 시스템에 속하며, 이 중앙 시스템은 특정 영역에 고유하지도 않으며 정보면에서도 캡슐화되어 있지 않다. 그 중앙 시스템은 이성적 사고 형성, 문제 해결, 신념 확정 등과 같은 일반적인 정신적 능력을 담당하고 있다. 또한 전적으로 이 역할에 제한되는 것은 아니지만, 모듈의 주요 기능들 중 하나는 중앙 시스템에 '입력'을 제공하는 것이다. 그러므로 포더는 오감을 전담하는 모듈들처럼 언어를 입력 전담 시스템으로 간주하였다[12)](Fodor 1983, Huang 2001a, Smith 2004).[13)]

---

12) 그러나 언어를 입력 시스템으로 규정하는 것은 Chomsky(1986: 18)에 의해서 반박되었다. 촘스키 견해에 따르면, 언어 능력은 입력 시스템이나 출력 시스템이라기보다는 지식에 관한 인지적 시스템이라고 한다. 포더와 촘스키 간의 또 다른 차이점들에 대한 논의는 Smith(2004) 참조.

13) 철학적 관점에서의 논평으로는 Atlas(1997)을 참조하시오. 아트라스의 견해에 따르면, 발언은 모듈적이고 해석학적이다. 처음에 소리가 알고리즘적으로 의미 정보로 번역된다는 점에서 모듈적이고, 그 다음에 명제적 내용 뒤에 숨어있는 화자의 의도가 해석된다는 점에서 해석학적이다.

이 책에 대한 익명의 한 논평자는 포더에 의해 채택된 모듈 방식이 언어가 어떻게

6.3.2 스퍼버와 윌슨의 초기 입장: 포더식 '중앙 처리'로서의 화용론

위에서 언급한 바와 같이 모듈들의 상이한 속성들을 가정하면, 화용론 또는 발화 이해가 고전적인 포더식의 의미에서 모듈에 해당하는가라는 질문이 제기된다. 초기 스퍼버와 윌슨에 의해서 제시된 답변은 그렇지 않다는 것이다(Sperber and Wilson 1986, Wilson and Speber 1986). 스퍼버와 윌슨은 그 대안으로서 포더식의 의미에서 대표적인 비모듈적인 처리 경우인 과학적 이론화 작업처럼 화용론은 비록 의식적이고 숙고적이라기보다는 즉흥적이고 직관적이라 할지라도 포더식의 추론 중앙 처리장치의 일부라고 주장하였다. 또한 포더식의 중앙 시스템은 적합성을 최대화하는 경향을 보이는 방식으로 작동하는 비논증적인 추론 과정이라고 가정하였다. 포더는 중앙 처리 장치가 비귀납적인 방식을 따라 불가사의하게 작동하여 본질적으로는 비구조적이며 추정컨대 조사불가능하다고 인정하는 반면에, Sperber and Wilson(1986)은 중앙 처리 장치를 강한 귀납적 요소를 갖고 있는 추론 생성 시스템으로 간주하였다.

6.3.3 스퍼버와 윌슨의 현재 입장: '마음 이론'의 하위 모듈로서의 화용론

스퍼버와 윌슨의 견해에 의하면, 최근 인지과학의 일반적인 경향은 비교적 덜 세분화된 중앙 시스템과 전문화된 모듈이라는 포더식의 기본적인 이분법으로부터 벗어나 인간의 마음에 대하여 점점 모듈적인 개념 쪽으로 변해가고 있다.[14] 이러한 배경 하에서 스퍼버와 윌슨은 화용론 또는 발화 이해를 포더식의 추론적인 중앙식 처리과정으로 간주하는 초기의 입장을 포기하였다(Sperber and Wilson 2002, Wilson and Speber 2004). 그 대신 그들은 최근 발화 이해란

생성되고 이해되는가에 대한 처리적 설명에서 아무런 역할도 하지 않는다고 지적해 주었다. 사실 신경과학에서 최근의 많은 연구들은 언어학적 정보, 예를 들어 어휘적 정보와 통사적 정보는 병렬적으로 처리된다는 점을 보여주었다.

14) 이 점을 앞서와 동일한 익명의 논평자는 강하게 비판하였다. 그는 스퍼버와 윌슨의 주장과는 달리, 사실 인지과학 내에서는 언어 발달기에 대단한 적응성과 연결성이 있다는, 그리고 언어를 다룸에 있어서 병렬적 처리가 이루어진다는 더욱 더 강력한 증거가 있다고 말했다. 습득 과정에 대한 최근의 설명으로는 Clark(2003, 2004)와 Tomasello (2003) 참조.

마음 해석(mind-reading) 또는 '마음 이론'(theory of mind)을 위한 보다 더 모듈적인 능력과 관련한다는 견해를 취하고 있다. 여기서 마음 이론은 정신 상태나 의도를 다른 사람들에게 그들의 행동에 기초하여 추론적으로 부여하는 보다 일반적인 초의식심리학적 능력과 관련한다(Davies and Stone 1995, Carruthers and Smith 1996). 또한 마음 해석 이론에서는 화용론적 능력을 다루는데 하위모듈이 필요하지 않다는 널리 알려진 가정(Bloom 2000, 2002)과는 반대로, 발화 이해는 '마음 이론'의 별개 해석 하위모듈에, 즉 나름의 특수한 원리들과 장치들을 갖고 있는 전문적이고 자동적인 연산 장치에 영향을 받는다고 스퍼버와 윌슨은 주장하였다. '마음 이론'의 이해 하위모듈로의 작용은 적합성의 의사소통적 원리에 의해서 보강되며, 적합성 이론의 이해 절차를 하나의 기본적인 구성요소로 지니고 있다. 영역에 고유한 전문적인 추론 장치인 적합성 이론적 이해 절차가 주어지면, 청자는 제시된 증거를 토대로 하여 화자가 의미한 바를 추론해낼 수 있을 것이다(Sperber and Wilson 2002, Wilson and Sperber 2004).

6.4 적합성 이론과 그라이스의 고전이론/신이론과 비교

적합성 이론과 그라이스의 고전이론/신이론 간의 주요 차이점은 무엇인가? 첫 번째 차이점은 인간의 의사소통에 대한 추론 이론이 사용 원리들 혹은 인지 원리들의 연구에 기반해야 하는가라는 질문과 관련한다. 모든 화용 이론들이 갖는 중요한 논점들 중의 하나는 이용가능한 증거를 토대로 하여 청자가 화자의 의도된 의미를 어떻게 밝혀내는 가를 설명하는 것이다. 그라이스가 내놓은 답변은 다음과 같다: 발화는 자동적으로 어떤 기대를 제기하고, 이 기대로 인해 청자는 화자가 의도한 바 쪽으로 향한다. (그러나 Bach 1999a, Saul 2002 참조; 또한 아래 주석 16 참조.) 보다 자세히 말하면, 그라이스는 이런 기대를 협동의 원리와 일련의 대화 격률들로써 설명한다. 본질적으로 그라이스의 협동의 원리와 여기에 관련된 대화 격률들은 인간의 의사소통이 갖는, 그리고 실로 목표지향적인 (인간의) 모든 행위가 갖는 합리적 속성에 기반한 사용 원리들이다(Grice 1989: 28). 달리 말하면, 그것들은 효율적이고 효과적으로 의사소통하기 위하여 화자와 청자에 의해서 비록 암묵적이지만 공동으로 인식되는 일반적인 의사소통 규범이다. 협동의 원리와 이에 따르는 대화 격률들이 어디에서 유래하였으며, 화자와 청자가 그것들을 어떻게 아는가? 그라이스는 이런 추론 원리의 근원과 우리 인지체계 전반에서의 그 위치에 대하여 태도 유보적이지만, 그것들은 학습되는 것 같다는 것이 그가 제시할 수 있는 가능한 답변들 중의 하나이다. 그의 말을 인용하면, '사람들이 이런 방식으로 행동한다는 것은 쉽게 인정되는 경험적 사실이다. 사람들은 어린 시절에 그렇게 행동하는 것을 배웠고, 그렇게 행동하는 습관을 잃어버리지 않았다. 그리고 그 습관으로부터 급격히 벗어나는 것은 참으로 상당한 노력을 필요로 할지 모른다.'(Grice 1989: 29)

다른 한편, 적합성 이론은 화용론 이론화의 전체 무게 중심을 사용 원리 연구로부터 인지 원리 연구로 변경하려는 시도이다(Levinson 1989). 적합성 이론 체계에서 화용론은 적합성이라는 하나의 개념으로 축소되고, 이 개념은 적합성에 대한 두 개의 원리로 실현된다. 그러나 그라이스의 협동의 원리와 이에 딸린 격률들과는 달리, 적합성의 원리들은 화자를 겨냥한, 청자가 알고 있는, 그리고 의사소통에서 준수되거나 이용되는 그런 격률이 아니다. 오히려, 이 원리들은 인간의 인지에 대한 일반적인 견해에 토대를 두고서, 이에 대한 명시적인 지식을 가지고 있는 의사소통자들이 없이도 작동하는 인간의 정신적 능력을 무의식적으로 반영한 것이다. 화자와 청자는 적합성 원리들을 어떻게 따르는가? 그들은 따르지 않는다. Sperber and Wilson(1987)에 따르면, '재생해내기 위해서 유전학의 원리들을 알 필요가 없는 것처럼, 의사소통자와 청중은 의사소통하기 위하여 적합성 원리를 알 필요가 없다. ... 의사소통자들은 적합성 원리를 "따르지" 않으며, 그들이 그 원리를 위반하고자 할지라도 할 수 없다. 적합성 원리는 예외없이 적용된다. 즉 모든 현시적 의사소통 행위는 적합성을 추정하게 해준다.' 그러므로 적합성은 무의식적인 추론의 한 형식이다. 약간 달리 표현하면, 적합성 원리들은 그 자체가 처리의 대상이 아닌 관리하는 인지적 원리들이다. 이 점은 적합성 이론에 반증을 들 수 있는가라는 보다 커다란 이슈를 제기한다. 적합성은 예외없는 일반화라는 점을 인정하면, 어떤 반례로부터도 면제되는 것 같다. (Levinson 1989, Huang 1991, 1994, 2000a, 2001a 참조, 그러나 이에

대한 반박으로는 Wilson and Speber 2004 참조.)[15]

둘째로, 적합성 이론과 그라이스의 고전이론/신이론은 명시적 내용과 암시적 내용을 복구할 때 외축과 함축의 별개 개념들이 각각 필요한가의 여부에서 차이를 나타낸다. 6.2.1 절에서 이미 언급한 바와 같이, 그라이스의 견해에 따르면, 지시체가 확인되고, 직시 표현이 해석되며, 중의성이 해소될 때까지 말해진 것의 명제 내용이 완전하게 제 모습을 나타내지 못한다. 이 모든 것이 어떻게 이루어질 수 있을까? Grice(1989: 25)는 명시적 명제 내용의 복원을 주로 언어적인 분석과 문맥적인 분석의 결과로 간주하는 것 같았다. 이를 스퍼버와 윌슨은 다음과 같이 비판한다. 즉 그라이스의 패러다임에서 암시적 내용(함축)의 복원만이 정확히 화용론이라고 간주되며, 그 결과 명시적 내용을 연산하는 데 있어서 화용론이 행하는 주요 역할이 간과된다. 따라서 스퍼버와 윌슨은 외축이라는 그들만의 개념을 제시하게 된다. 외축은 적합성 이론에서 매우 중요한 역할을 행하며, 그 결과 많은 유형의 그라이스식 함축이 외축으로 간단히 정리된다. 예를 들어, '접속문 연결 해석', '다리놓는 교차 지시'(2 장 참조) 등의 많은 경우들이 이에 해당한다.

이와는 달리 신그라이스식의 화용 체계에서는 명시적/암시적 구분을 포기한다(Levinson 2000: 195-6). 소위 외축은 대화함축을 야기하는 것과 동일한 화용론적 장치로부터 나온다고 레빈슨은 주장했다. 그러므로 외축은 함축과 거의 동일한 것이다. 이것은 이번에는 그라이스의 원(Grice's circle)이라 알려진 문제, 즉 말해진 것이 대화상 함축된 것을 결정하고 동시에 대화상 함축된 것에 의해서 결정되는 것 같다면, 대화상 함축된 것이 말해진 것과는 다르게 어떻게 규정될 수 있으며 그리고 말해진 것을 토대로 어떻게 계산될 수 있는 가라는 문제를 제기한다(Levinson 2000, Huang 2001a). 따라서 화용론-의미론의 경계면에 대해 '수용되는' 견해, 즉 의미론의 출력이 화용론의 입력이 된다는 견해를 거부해야 하며, 함축이 의미론 '이전'에서 어떤 체계적인 역할을 하도록 허용하는, 다시

15) 학문 이론에 대한 포퍼식의 최소 기준들 중의 하나는 거짓화 가능성인데, 이에 따르면 (언어학도 여기에 속하는 데) 경험적으로 기초한 이론들은 다만 반박될 수 있을 뿐, 참으로 증명될 수는 없다고 한다(Popper 1973).

말하면 발화의 진리 조건적 내용을 결정하는 데 도와주도록 해야 한다고 레빈슨은 제안하였다(Levinson 2000, Huang 2001, 2003, 2004b).

셋째로, 인간의 의사소통에 대한 추론 이론이 두 층위를, 또는 세 층위를 포함하는가와 관련된 차이점이 있다. Levinson(1995, 2000)은 그라이스의 일반 함축 대 특정 함축의 이분법에 기초하여 추정적 의미에 관한 이론을 발전시켰다. 전통적인 표준적 견해에 따르면, 의사소통 이론에는 단지 두 층위의 의미만이 있다: 문장 의미의 층위 대 화자 의미의 층위, 또는 유형과 토큰이라는 Lyons(1977: 13-18)의 구분을 사용하자면 문장 유형 의미(sentence-type-meaning)의 층위 대 발화 토큰 의미(utterance-token-meaning)의 층위 구분이 있다. 하지만, 그러한 견해는 '많은 종류의 화용론적 추론이 갖는 규칙성, 재현성, 체계성 등을 과소평가하기 때문에 분명 부적당하고, 참으로 아마도 해로울 수 있다'고 Levinson(2000: 23)은 주장하였다. 그는 일반적으로 받아들여지는 문장 유형 의미와 발화 토큰 의미의 두 층위에다가 발화 유형 의미(utterance-type-meaning)라는 세 번째 층위를 추가할 것을 제안하였다. 이 세 번째 층위는 일반화된, 선호되는, 또는 무표적인 해석의 층위이다. 이러한 해석은 화자 의도에 대한 직접적인 연산에 의존하지 않고, 오히려 언어가 어떻게 특징적으로 사용되는가에 대한 예상에 의존한다. 일반 대화함축은 예상할 수 있고, 안정적이고, 심지어 표준화되거나 관례화된 해석을 가지고 있기 때문에 이 층위에 포함되어야 한다고 레빈슨은 주장하였다(Bach 2004, Noveck 2001, Bezuidenhout 2002, Hamblin and Gibbs 2003, Papafragou and Musolino 2003, Bezuidenhout and Morris 2004, Breheny, Katsos, and Williams to appear). 이런 식으로 설명하면, 특정 함축 보다는 일반 함축에 주로 관여하는 대화함축의 신그라이스식 화용 이론은 본질적으로 한편에 문장 유형 의미와 다른 한편에 발화 토큰 의미가 있는 그 중간에 위치하는 발화 유형 의미에 대한 이론이 된다. 달리 말하면, 이는 궁극적으로 추정적 의미, 즉 일반화된, 무표적인, 그리고 당연한 것으로 여겨지는 화용론적 추론에 대한 이론이다(Jaszczolt 2002, 2005).

그러나 Levinson(2000)에서 지적한 바와 같이, 이러한 발화 유형 의미라는 중간 층위를, 한편으로 예를 들어 캄프의 담화표상이론(DRT, Kamp and Reyle

1993)과 같은 문장 유형 의미의 상위 층위로 축소하려는 시도들이, 다른 한편으로는 적합성 이론이나, Thompson(1990)의 수용에 의한 설명, 또는 인공지능에서의 '국지적 화용론'(Local pragmatics) 등과 같은 발화 토큰 의미의 하위 층위로 축소하려는 시도들이 있어왔다. 저자의 견해로는 1 장에서 논의한 '오캄의 면도날'로 알려진 상위이론적 원리를 감안하면 그러한 축소주의자들의 노력이 비록 바람직할지라도 성공할 수 없다. 실패하게 될 이유는 다음과 같다: 일반 대화함축은 취소가능하여, Sperber and Wilson(2002)에서 주장하는 바와 같이 코드처럼 작동하지 않는다. 이 점으로 인해 그 함축을 의미론화하는 것이 어려울 것이다. 다른 한편, 다른 조건들이 같다면 유형에 대한 이론이 더 큰 예측력과 설명력을 가진다는 점에서 토큰에 대한 이론보다도 원칙적으로 더 낫다. 그러므로 일반 대화함축을 문맥에서 이끌어낸, 또는 '임시적인', 또는 '일회성의' 추론으로 축소하려는 어떤 시도도 거부되어야 한다(Reboul 2004). 이런 논증이 옳다면, 무표적이지만 취소가능한 해석이 그 중간에 위치하는 바, 의사소통의 세 층위 이론이 그런 중간층위가 없는 두 층위의 이론보다도 원칙상 선호되어야 한다(Huang 1991, 1994, 2000a, 2003, 2004b, 2006b).

끝으로 대화함축 유형 또는 문맥 유형에서의 차이와 관련한 차이점이 앞서 논의한 의사소통 이론 층위와 관련한 차이점과 다소 관련된다. 그라이스의 체계에서는 두 유형의 대화함축, 즉 일반 대화함축과 특정 대화함축이 존재한다. 그러나 이에 대한 대안으로서 단 하나의 대화함축 유형만이 그리고 두 유형의 문맥이 즉, 무표적 문맥과 특정한 문맥이 존재한다고 주장할 수 있다. 이와는 달리 적합성 이론에서는 대화함축 유형에서나 문맥 유형에서 차이가 없다. 이미 언급한 바와 같이 모든 대화함축은 문맥에서 이끌어낸, 또는 '임시적인', 또는 '일회성의' 일종의 추론, 즉 저자가 r-함축이라 부르는 것으로 축소된다(Levinson 1989, Huang 1991, 1994, 2000a, 2001a, 2003, 2004b, 2006b).[16] 여기서

16) 적합성 이론과 그라이스의 고전/신 이론은 보이는 바와는 달리 양립할 수 없는 것은 아니라고 주장하는 Saul(2002)를 참조하시오. 이는 그라이스의 주 목표가 화자의미 또는 발화 생성에 관한 이론을 개발하는 것인 반면에, 스퍼버와 윌슨은 일차적으로 발화 이해에 관한 인지적 심리적 이론을 구축하는 것에 관심을 갖고 있기 때문이다(Horn 2004). 발화 생성과 이해 간에 의미 불일치가 있을 경우, Saul(2002)에서 청자-함축이라

논의한 몇몇 이슈들에 대해서는 다음 장에서 다시 논의할 것이다.

6.5 요약

본 장에서는 스퍼버와 윌슨의 적합성 이론에 초점을 맞추어 화용론과 인지의 경계면을 살펴보았다. 먼저 6.1 절에서 적합성 이론의 인지적 원리와 의사소통적 원리를 살펴보았다. 그리고 6.2 절에서는 적합성 이론에서의 외축, 함축, 개념적 차이 대 절차적 차이 개념들을 논의하였다. 6.3 절의 주제는 화용론 또는 발화 이해를 포더식의 추론적 중앙처리로 처리하는 것에서부터 '마음 이론'의 한 하위 모듈이라는 견해로의 최근 적합성 이론의 변화였다. 끝으로 6.4 절에서는 적합성 이론과 고전적/신 그라이스 화용 이론을 비교, 대조하였다.

주요 개념들

적합성
적합성의 인지적 원리
적합성의 의사소통적 원리
인지적/문맥적 효과
처리 노력
의사소통에 관한 부호 모형 대 추론 모형
현시적-추론적 의사소통
외축
충족
자유로운 의미보충
임시적 개념 구성

부르는 것을 가지게 된다. (이에 대한 예들로서는 Thomas 1995: 58-61, Gibbs 1999: 5-6 참조.) 이 견해는 Bach(1999a)에 반향되어, 발화 이해는 화용론의 문제가 아니라 인지 심리학, 사회 심리학의 문제라고 주장한다(Levinson 2004). 사울과 바흐는 적합성 이론이 그라이스 사고의 주된 목표를 오해했다고 본다.

느슨한 사용
상위수준의/고차의 외축
r-함축
함축된 전제 대 함축된 결론
강 r-함축 대 약 r-함축
개념적 의미 대 절차적 의미
모듈
중앙 처리장치
마음 해석 이론
그라이스의 원
의사소통 이론에서 두 층위 대 세 층위
문장 유형 의미
발화 유형 의미
발화 토큰 의미

연습문제

1. 다음 예들의 외축은 무엇인가?
   (1) I've visited the Great Wall in China.
   (2) The thieves have stolen everything.
   (3) 'Much of the Walled Garden at the Botanic Garden is made up of rectangular botanical family borders.' *The University of Oxford, Botanic Garden Living Library*
   (4) The oven is hot enough.
   (5) Jane has found a mole.
   (6) Nobody understood the professor's talk on genetic engineering.
   (7) The building collapsed some time after the bomb went off.
   (8) Little Johnny ate the chocolate heart on the cake.
   (9) John told Steve that he had won the prize.

(10) I haven't shaved.

(11) They went to a pizza restaurant. The Italian waiter was handsome.

(12) The children are coming.

2. 다음 예들의 고차 외축은 무엇인가?

(1) Frankly, I don't fancy him.

(2) 아버지가 아들에게: Please pick up the books on the floor.

(3) Their European patent has been granted.

(4) 존이 부인에게: I shan't drink heavily any more.

3. 다음 대화들에서, 함축된 전제와 함축된 결과는 무엇인가?

(1) 존: Let's go and watch *The Last Emperor* directed by Bernardo Bertolucci.
메리: Period epics are tedious.

(2) 손님: I'm afraid I'm late. Am I still in time for dinner?
접대원: I'm afraid, Sir, the kitchen has already closed.

(3) 존: Has Steve's paper been accepted for presentation at the conference?
메리: His was one of the best papers submitted.

(4) 존: Lucy doesn't seem to have a boyfriend these days.
메리: She's been paying a lot of visits to London lately.

(5) 존: How about going out to play football?
메리: It's snowing heavily.

(6) 존: I've run out of soy sauce.
메리: There's a small Chinese supermarket just around the corner.

4. 다음에서 강한 함축은 무엇이고, 가능한 약한 함축들은 무엇인가?

(1) 존: Would you like any beef, or pork perhaps?
메리: I'm a vegetarian.

5. 인지적 노력은 무엇이고, 처리 노력은 무엇인가? 이들은 어떻게 측정될 수 있는가?

6. 적합성의 인지적 원리는 무엇인가? 적합성의 의사소통적 원리는 무엇인가? 두 원리간의 관계는 무엇인가?

7. 발화가 가지고 있는 불완전한 논리형태를 외축으로 강화시키는 데에 있어서 화용론이 어느 영역에서 중요한 역할을 하는가?

8. 포더식의 모듈들이 갖는 중요한 속성들은 무엇인가?

9. 인간 마음에 대한 전반적인 구조 내에서 차지하는 발화 이해의 위치와 관련하여 최근 적합성 이론의 변화는 무엇인가?

10. 적합성 이론과 그라이스의 고전/신 이론 간의 주요 차이점들은 무엇인가?

더 읽을 거리

Sperber and Wilson(1995).
Wilson and Sperber(2004).
Carston(2002). 1 & 2장.

제 7 장

화용론과 의미론

앞 장에서 우리는 적합성 이론을 가지고서 화용론과 인지 간의 경계면을 살펴보았다. 본 장에서는 화용론-의미론 경계면(pragmatics-semantics interface)을 논의하도록 한다.

의미론과 화용론은 주로 의미 연구와 관련하는 언어학의 두 하위 영역이라는 정도로 받아들여지고 있다. 그러나 의미론과 화용론의 개별 영역은 무엇인가? 의미론과 화용론은 구별될 수 있는가? 두 영역은 독립적인가 아니면 상호 중첩되는가? 두 영역이 어느 정도로 그리고 어떻게 서로 상호작용하는가? 이러한 질문들은 그간 언어학자와 언어 철학자들을 괴롭혀왔고 여전히 괴롭히고 있다. 본 장에서 우리는 이런 질문들에 대해 보다 만족스런 답변을 제시하고자 하는 언어학자와 언어 철학자들의 최근 시도들을 비판적으로 개관해보도록 한다.

본 장의 구성은 다음과 같다. 7.1 절에서는 의미론과 화용론 관계에 대해 두 가지 주요 이론적 입장들을 살펴본다. 그리고 7.2 절에서는 의미론-화용론 간의 주요 구분방법들에 초점을 둔다. 마지막 7.3 절에서는 말해진 것에 대한 고전적인 그라이스 개념으로의 화용론적 개입을 다루어 보는데, 이 주제는 최근 언어학자와 언어 철학자 사이에 그리고 의미론자과 화용론자 간에 벌어진 열띤 논쟁의 중심에 놓여있다. 여기서는 말해진 것과 함축된 것에 대한 그라이스의 설명(7.3.1), 적합성 이론가들의 외축이라는 개념(7.3.2), 화용론적으로 풍부하게 말해진 것에 대한 르까나띠의 생각(7.3.3), 바흐의 대화함축 개념(7.3.4), 그리고 화용론적 추론이란 단지 신 그라이스식 대화함축에 불과하다는 레빈슨의 논증(7.3.6) 등을 다루어본다. 7.3.4 절과 7.3.6 절 사이의 7.3.5 절에서는 외축/화용론적으로 풍부하게 말해진 것/내축 개념 등이 대화함축과 구분될 수 있는지를 논의한다. 그리고 마지막 소절에서는 그라이스, 적합성 이론가들, 르까나띠, 바흐, 레빈슨 분석들 간의 비교를 간단히 제시한다(7.3.7).

7.1 축소주의 대 보완주의

의미론과 화용론 간의 관계에 대하여 두 가지 주요 이론적 입장은 (i) 축소주의(reductionism)와 (ii) 보완주의(complementarism)로 구분할 수 있다(Huang

2001a).[1] 전자에 따르면, 의미론과 화용론 간에 추정상의 구분은 없어져야 하며 (Lakoff 1972, 1987, Jackendoff 1983: 105-6, 1990: 18, 1992: 32, Langacker 1987: 154, Mattews 1995), Levinson(2000)에서는 이를 '화용의미론'(pragmantics)이라 명명하였다. 이러한 환원주의 진영은 다시 두 진영으로 구분될 수 있는데, (i) 화용론이 전적으로 의미론으로 축소되어야 한다는 소위 의미론적 축소주의 (semantic reductionism)를 취하는 진영과, (ii) 예를 들어 Recanati(2004b)에서 화행론적 견해라 부르는 바에 의해 표현된 바와 같이, 의미론이 전적으로 화용론 내에 포함되어야 한다는 소위 화용론적 축소주의(pragmatic reductionism: Huang 2001a)라 불릴 수 있는 입장을 견지하는 진영이 있다.[2] 그러나 이러한 축소주의 입장은 비교적 논란의 여지가 없는 의미론적인 함의(1 장 참조)나 화용론적인 대화 함축(2 장 참조)과 같은 언어 현상들이 존재한다는 사실과 모순된다.

축소주의자들의 입장과는 반대로, 보완주의자들은 원칙적으로 의미론과 화용론 간의 구분이 유지될 수 있다고 보는데, 이는 이상 언어철학자들에 의해 처음 도입된 구분이었다(Frege 1897, Morris 1938, Carnap 1942, 1 장 참조). 보완주의는 다시 소위 '급진적 의미론'(radical semantics)과 '급진적 화용론'(radical pragmatics)으로 구분할 수 있다. (이상 언어철학자들과 1970년대의 생성 의미론자들과 같은) 급진적 의미론자들은 의미 연구의 상당한 부분이 의미론에 속한다고 주장하는 반면에, (일상 언어철학자들과 같은) 급진적 화용론자들은 의미 연구의 많은 부분들을 가능한 한 화용론으로 흡수하고자 시도하였다.[3] 오늘날

1) '보완주의' 용어는 Leech(1983: 6)에서 빌려 왔다.

2) Leech(1983: 6)에서는 두 개의 극단적인 입장을 각기 '의미론주의(semanticism)'와 '화용론주의(pragmaticism)'라 불렀다. 이는 Posner(1980)의 '의미 일원론(monism of meaning)'과 '사용 일원론(monism of use)'에, 그리고 Dascal(1981)의 '급진적 축자주의(radical literalism)'와 '급진적 문맥주의(radical contextualism)'에 해당한다. Posner(1980)와 Dascal(1981)에 대한 논의로는 Turner(1997) 참조.

3) Posner(1980)에서는 이 두 개의 중간적 입장들을 '의미-최대주의자(meaning-maximalist)'와 '의미-최소주의자(meaning-minimalist)' 범주로 각각 포괄한다. Dascal(1981)에서는 이 두 개의 중간적 입장들을 '온건한 축자주의(moderate literalism)'와 '온건한 문맥주의(moderate contextualism)'라 명명하였다. 최근 Recanati(2004a: 83-6)에서는 다양한 극단적 그리고 중간적 입장들을 '축자주의(literalism)', '직시주의(indexicalism)', '혼합주의(syncretism)', '유사 문맥주의(quasi-contextualism)', '문맥주의(contextualism)' 등으로 불렀다. 그는 또한

에는 의미론과 화용론을 의미의 다른 면들을 밝혀주는, 그리고 보완적이지만 상이한, 언어학의 하위 영역으로 간주하는 보완주의자들의 견해가 널리 받아들여진다.

7.2 의미론과 화용론 구분하기

의미론과 화용론 간의 구분은 다양한 방식으로 표현되어 왔다. 예를 들어 Lyons(1987)에서는 다음과 같은 이분법으로 구분하고자 시도하였다: (i) 의미 대 사용, (ii) 관례적 의미 대 비관례적 의미, (iii) 진리 조건적 의미 대 비진리 조건적 의미, (iv) 문맥 독립성 대 문맥 의존성, (v) 축자적 의미 대 비축자적 의미, (vi) 문장(또는 명제) 대 발화, (vii) 규칙 대 원리, (viii) 능력 대 수행. 이외에도 다음의 이분법들을 추가하기도 한다: (i) 타입 대 토큰, (ii) 내용 대 힘, (iii) 언어적 의미 대 화자 의미, (iv) 말하기 대 함축하기, (v) 언어적으로 부호화된 의미 대 비언어적으로 부호화된 의미, (vi) 합성성 대 비합성성, (vii) 의도 의존성 대 의도 독립성(Levinson 1983, Bach 1999a, Nemo 1999, Szabó 2005a).[4] Bach(1999a, 2004)에 따르면, 이러한 표현들 중 (i) 진리 조건적 의미 대 비진리 조건적 의미, (ii) 관례적 의미 대 비관례적 의미, (iii) 문맥 독립성 대 문맥 의존성 등의 세 가지가 특히 영향력있는 이분법으로 간주된다. 이들을 차례로 살펴보자.

7.2.1 진리 조건적 의미 대 비진리 조건적 의미

첫째, 의미론과 화용론 간의 구분은 진리 조건적 의디 대 비진리 조건적 의미로 표현되어 왔다. 이에 따르면, 의미론은 진리 조건적 의미를, 또는 Recanati

---

이 용어들을 순서가 있는 척도에 올려놓고서 처음 세 개의 주의를 축자주의 쪽에, 그리고 마지막 두 개의 주의를 문맥주의 쪽에 위치시켰다.

4) 이 외에도 의미론과 화용론 간의 경계를 구분하는 30 가지 이상의 방법을 나열한 Nemo and Cadiot(1997), Turner(1999)에 수록된 논문들, Bianchi(2004a), Szabó(2005b) 등을 참조하시오.

(2004b)의 용어로는 단어와 세계 간의 관계를 다루고, 화용론은 비진리 조건적 의미와 관련된다. 화용론에 대한 이러한 기술은 '화용론 = 의미 − 진리 조건들'이라는 잘 알려진 개즈다식의 표현에 나타난다(Gazdar 1979: 2).

그러나 Recanati(2004b)에서 카르납식 접근법이라 부르는, 의미론-화용론 간 구분에 대한 이런 접근법의 핵심에는 다수의 문제점들이 있다. 첫째, 아무 것도 지시하지 않음으로써 진리 조건적 내용에 어떤 기여도 하지 않는 언어 형태들이 있다. Good morning!과 같은 인사말, but과 같은 고정 함축 유발자들, 명령문과 같은 통사적 구조들이 전형적인 경우에 속한다. 둘째로 더욱 중요한 것은, 1 장과 6 장에서 언급하였고 아래 7.3 절에서 자세히 논의하게 되겠지만, 언어적으로 부호화된 문장 의미가 그 진리 조건들을 항상 전적으로 결정하는 것은 아니라는 점이다. (즉, 1 장에서 논의한 언어적 미결정성 논제. 예를 들어, Austin 1962, Atlas 1977, 1989, 2005, Searle 1979, 1992, 1996, Nunberg 1979, Travis 1981, 1997, Sperber and Wilson 1986, 1995, Recanati 1989, 1994, 2004a, 2004b, Bach 1999a, 2004, Levinson 2000, Carston 2002, Horn 2004; 그러나 다른 견해들로는 Borg 2004, Cappelen and Lepore 2004 참조.) 또한 발화된 문장의 진리조건적 내용 안으로 화용론적 개입이 종종 일어난다. Cohen(1971), Wilson(1975), Atlas (1977), Gazdar(1979) 등 초기 연구들의 본을 따라, 예를 들어 Levinson(2000)은 신그라이스적 대화 함축이 발화된 문장의 진리 조건들에 개입할 수 있음을 (또는 기여할 수 있음을) 보여주었다. 이상을 참작하여 Recanati(1993, 2004b)에서는 화용론의 일부분을 '진리 조건적 화용론'이라 명명하였다. 만약 이 견해가 맞는다면, 진리 조건적 제약 자체는 원칙적으로 의미론과 화용론을 구분할 수 없다는 결론에 도달하게 한다. 아래 7.3 절에서 진리 조건적 내용 안으로의 화용론적 개입 문제를 다시 다루겠다.

7.2.2 관례적 의미 대 비관례적 의미

둘째, 의미론과 화용론 간의 경계선은 관례적 의미 대 비관례적 의미에 의해서 규정되어 왔다.[5] Katz(1977) 이래로 영향력있는 이 견해에 따르면, 의미론은 의미의 관례적인 면을, 그리고 화용론은 의미의 비관례적인 면을 연구한다. 따라서 사실상 관례적인 의미론적 해석은 취소될 수 없는 반면에, 속성상 비관례적인 화용론적 추론은 취소될 수 있다.

그러나 무엇보다도 Bach(1999a, 2004)에서 지적한 바와 같이 이런 방식으로 의미론-화용론을 구분짓는 것은 그 관례적 의미가 사용과 밀접히 연관되어 있는 언어 표현들이 존재한다는 사실에 문제를 제기한다. 이에 대한 적절한 경우가 담화 직시 표현이다. 5 장에서 본 바와 같이, anyway, after all, besides, by the way, in conclusion 등과 같은 담화 직시 표현들의 주요 기능은 그 표현들을 포함한 발화와, 선행 담화의 어떤 부분 간에 관계가 있다는 점을 알려주는 데 있다(Levinson 1983: 87-8). 달리 말하면, '(그 표현들이 처음에 등장할 때 또는 다른 방식으로 나타날 때) 그들의 의미 기여를 명시하는 유일한 방법은 그들이 어떻게 사용되는가를 명시하는 것이다'(Bach 1999a: 71). 주의해야 할 또 다른 점은 언어 현상의 관례성은 가부의 문제가 아니라 정도성의 문제일 수 있다는 점이다. 예를 들어 Levinson(2000)의 연구에 의존하고 있는 Jaszczolt(2002: 225-6)에서 관찰하는 바와 같이, Grice(1989)에 의해서 확인된 세 유형의 함축들 (2 장 참조) 중에서 고정 함축이 가장 관례적이어서 가장 '의미론적이고' 가장 덜 '화용론적'이다(그러나 아래 참조). 그리고 특정 대화함축이 가장 덜 관례적이어서 가장 덜 '의미론적이고' 가장 '화용론적'이며, 일반 대화함축은 그 중간 어딘가에 위치한다.[6] 달리 말하면, 함축의 세 유형은 그 경계선을 긋기가 어려운 의미-화용론의 연속체를 형성한다. 이러한 사실들로부터 우리는 (그 사이에 의미론-화용론 간의 구분이 또한 의미-사용 간의 구분에 기초한다고 보면) 의미론-화용론간의 구분과 관례적-비관례적 의미 구분간의 깔끔한 상관관계가 존재하지 않는다는 결론에 도달할 수 있다.[7]

다음으로, 의미론-화용론 간의 구분이 어떻게 정의되는가에 따라 종종 특정

---

5) 관례적 의미는 언어 표현의 의미이고 비관례적 의미는 언어 표현의 의미가 아니라는 점을 여기서 언급해야 한다. 이 점을 저자에게 명백하게 지적해준 켄트 바흐에게 감사한다.

6) 그러나 일반 대화함축은 관례적이 아니라 표준적이라는 견해를 보이는 Bach(1995)를 참조하시오.

7) 이 점을 저자에게 짚어준 르까나띠(개인적 토론)에게 감사한다.

언어 현상이 의미론 영역의 일부분 또는 화용론 영역의 일부분으로 분류될 수 있다는 점에 주의해야 한다. 고정함축이 이런 경우이다. 의미론이 진리 조건들에 영향을 끼치는 의미 양상들에 관련하는 것으로 간주된다면, 2 장에서 언급한 바와 같이 고정함축은 진리 조건들에 아무런 기여도 하지 않기 때문에 고정함축 연구는 두 영역들 중 의미론 보다는 화용론 쪽에 속한다 (그러나 Bach 1999b 참조). 다른 한편, 화용론은 비관례적이어서 취소가능한 추론을 다루는 것으로 간주한다면, 고정함축은 취소될 수 없기 때문에 의미론의 영역 내에 그러나 화용론의 영역 밖에 놓이게 된다(Horn 1988, Huang 2001a).

7.2.3 문맥 독립성 대 문맥 의존성

끝으로, 의미론-화용론 간의 구분은 문맥 독립성 대 문맥 의존성 간의 구분과 동일시된다. 이 표현에 따르면, 어떤 언어 현상이 문맥과 관련하여 변하지 않으면 의미론의 대상이 된다. 이와 반면에, 어떤 언어 현상이 문맥에 민감하면 화용론의 연구 주제가 된다.

그러나 의미론-화용론 간의 구분에 대한 이런 형식화는 문맥이 의미론에서 아무런 역할도 하지 않는다는 잘못된 가정에 기반하고 있다. 이런 가정과는 반대로, Bach(1999a)에 따르면 특히 언어철학자들이(예, Kaplan 1989) 순수한 지시표현이라 부르는 I, here, now 등과 같은 직시표현과 지시사들의 경우는 그 내용이 문맥에 따라 변화하는 의미론 쪽에 속한다. 따라서 바흐는 (i) 좁은 문맥(narrow context)과 (ii) 넓은 문맥(broad context)이라는 두 유형의 문맥을 가정하였다. 좁은 문맥이란 누가 누구에게 언제 어디서 말하는 가와 관련된 변항들에게 의미 값을 할당하거나 그 내용을 결정하는 것과 관련된 문맥상의 정보를 가리킨다. 이와 같이 정의되는 좁은 문맥은 사실상 의미론적이다. 이와는 반대로, 넓은 문맥이란 화자가 명백하게 의미하고자 하는 바의 작업과 관련한 문맥적 정보로 간주된다. 이는 또한 화행의 성공적이고 적정한 수행과도 관련된다(4 장 참조). 그러므로 넓은 문맥은 사실상 화용론적이다. 따라서 말할 필요 없이, 좁은 문맥은 넓은 문맥에 비해서 그 영역이 훨씬 제약적이고 그 역할이 더 제한적이다(Recanati 2004b). 문맥이 의미론과 화용론 양쪽에서 어떤 역할을 수행한다고 가정한다면, 의미론-화용론 간의 구분은 문맥 의존성과 문맥 독립성 간의 구분에 대응될 수 없다.

종합하면, 의미론과 화용론 간의 구분은 진리 조건적 의미 대 비진리 조건적 의미, 관례적 의미 대 비관례적 의미, 문맥 독립성 대 문맥 의존성 등의 어떤 구분법과도 '체계적으로' 일치하지는 않는다. 그러나 이 점은 의미론과 화용론이 나름의 특성을 가지고 있지 않다는 것을 반드시 의미하지 않는다. Recanati (2004b)에서는 화용론적 해석이 갖는 세 가지 본질적인 특질들을 제시하였다. 첫째는 관대함(charity)으로서, 대화 참여자들이 이성적이라고 가정할 때에만 화용론적 해석이 가능하다는 점을 의미한다. 둘째는 비단조성(non-monotonicity)인데, 이는 화용론적 해석이 취소가능하다는 점을 말한다. 르까나띠에서 제시한 마지막 셋째는 전체성(holism)인데, 이는 화용론적 해석의 취소 가능성을 감안하면 그런 해석에 원칙상 영향을 미칠 수 있는 문맥 정보의 양에는 실제 한계가 없다는 점이다. 이상을 종합해보면, 세 가지 특질들은 르까나띠가 화용론적 해석의 해석학적(hermeneutic) 특성이라 일컫는 것을 형성한다. 화용론적 해석의 이런 해석학적 특성은 의미론적 해석이 갖는 알고리즘적이면서 기계적인 특성과 현저한 대비를 이룬다.

7.3 말해진 것으로의 화용론적 개입과 의미론-화용론 경계면

최근 의미론과 화용론 간의 상호작용과 작업 분담에 대하여 언어학자들 사이에(Sperber and Wilson 1986, 1995, Levinson 2000, Carson 2002), 언어 철학자들 사이에(Travis 1981, 1985, 1991, Recanati 1989, 1993, 2004a, 2004b, 2005, Bach 1994a, 1994b, 2004, 2005), 또한 의미론자들 사이에(Stanley and Szabó 2000a, Berg 2002, Borg 2004, Cappelen and Lepore 2005, King and Stanley 2005), 그리고 화용론자들 사이에(Bach, Carston, Levinson, Recanati, Sperber and Wilson) 격렬한 토론이 있었다. 이 토론에서는 말해진 것에 대한 고전적인 그라이스식 개념으로의 화용론 개입이 중심을 이루었다. 이 절에서 우리는 적합성 이론가

들, 르까나띠, 바흐, 레빈슨 등에 의해서 제시된 가장 영향력 있는 네 개의 화용론적 제안들을 살펴보겠다.

7.3.1 그라이스: 말해진 것 대 함축된 것에 대한 재고

2 장과 6 장에서 언급한 바와 같이, 고전적인 그라이스 설명에서는 말해진 것과 대화상 함축된 것이 서로 구분된다(Grice 1985: 25). 그러나 Levinson(2000)에서 지적된 바와 같이, 말해진 것에 대한 그라이스의 정의는 대략 다음과 같이 제시될 수 있지만(Levinson 2000: 170), 오히려 복잡하고 선명하지 않다.

(7.1) 말해진 것에 대한 그라이스의 개념

*U*가 *x*를 발화함으써 *p*를 말하기 위한 필요충분조건들은 다음과 같다:

a. *x*가 *p*를 관례적으로 의미한다.

b. *U*가 화자 의미로 *p*를 지닌다.

c. *p*는 고정함축이 제거된 *x*의 관례적 의미이다.

여기서 *U*는 화자를, *p*는 명제를, 그리고 *x*는 언어표현을 가리킨다. 이런 정의를 고려해볼 때, 말해진 것이란 일반적으로 (i) 고정함축이 배제된 문장의 관례적 의미와, (ii) 발화된 문장의 진리 조건적 명제 내용으로 간주된다(Grice 1985: 25, Levinson 1983: 97, 2000: 170, Neale 1992: 520-1, Clark 1996: 141, Carston 2002: 114-15).[8] 그러나 Grice(1989: 25)에 따르면 우리가 말해진 것을 이끌어내기 이전에 우리는 먼저 (i) 6 장의 (6.5)와 아래 (7.2)에서처럼 지시체를 확인해야 하고, (ii) 6 장의 (6.11)과 아래 (7.3)에서처럼 직시표현을 고정시켜야 하며,

---

8) 용어 '말해진 것'은 적어도 세 가지 방식으로 중의적임에 주의하시오. 첫째, '말해진 것'은 '기술적으로 그리고 인공적으로 엄밀한 의미'에서 이해된다(Salmon 1991). 둘째, 일상적인 의미인 '기술된 것'으로 이해된다(Levinson 2000: 194). 셋째, '말해진 것'은 기술적인 의미에서의 '일반적인 내용'과, 일상적 의미인 '문맥상으로 풍부해진 내용' 간에 중의성을 띤다(Berg 2002; Recanati 1989, 1993, 2004a, 2005, Barker 2003). '말해진 것'의 다른 중의성은 '발화수반 의미' 대 '발화효과 의미'와도 관련한다(Bach 1994a, 1994b, 2001, 2004, 2005, Szabó 2005a).

(iii) 6 장의 (6.12)-(6.14)와 아래 (7.4)에서처럼 중의적인 경우를 해결해야 한다.

(7.2) (중국어, Huang 2000a)[9]

a. Chen Xiansheng renwei Liu Xiansheng tai kuangwang, ∅
Chen Mr think Liu Mr too arrogant
zongshi kanbuqi ziji.
always look down upon self
'전씨$_1$는 류씨$_2$가 너무 거만하고, (그$_2$가) 항상 자신$_1$을 얕본다고 생각한다.'

b. Chen Xiansheng renwei Liu Xiansheng tai zibei, ∅
Chen Mr think Liu Mr too self-abased
zongshi kanbuqi ziji.
always look down upon self
'전씨$_1$는 류씨$_2$가 너무 거만하고, (그$_2$가) 항상 자신$_2$을 얕본다고 생각한다.'

(7.3) Mary: How do *I* look?
John: *You* look really cool!

(7.4) (Levinson 2000: 174)

a. The view could be improved by the addition of a plant out there.
plant = 꽃, 나무, 식물 등과 같은 살아있는 유기체

b. The view would be destroyed by the addition of a plant out there.
plant = 공장

이외에도 Levinson(2000, 172-86)에서는 (7.5)에서처럼 (iv) 생략 복원하기와, (v) (7.6)에서처럼 일반성 제한하기 현상들을 추가한다.

---

9) (7.2a)에서 중국어 재귀사 ziji는 자신의 국지적 절 밖에서 그 선행어를 갖는다는 점에 유의하시오. 이런 용법의 재귀사는 '원거리 재귀사'라 불린다. 사실 세계의 많은 언어들은 원거리 의존관계를 보이는 재귀사들을 허용한다(Huang 1994, 1996, 2000a). 다음 장에서 원거리 의존 재귀현상을 다루도록 하겠다.

(7.5) (Barton 1988)

A: They won't visit Mary's parents.

B: Old grundge.

(7.6) I don't drink.

Bach(2004)에 따르면, 다음 세 가지 경우들을 기술하기 위해서는 말해진 것의 그라이스 개념이 필요하다. 첫째, 대화함축과 간접화행에서처럼 화자는 자신이 말한 바와 그 밖의 무언가를 의미하는 경우가 있다. 둘째, 은유, 아이러니, 과장법 등과 같은 비축자적 발화에서처럼 화자는 어떤 것을 말하지만 그 대신 다른 무언가를 의미하는 경우가 있다. 마지막으로, 예를 들어 화자가 다른 누군가의 시를 큰소리로 대독할 때처럼 무언가를 말하지만 그것으로 어떤 것도 의미하지 않는 경우가 있다(바흐와의 개인적인 대화).[10][11]

그리고 대화상 함축된 것은 말해진 것과 대비되어 정의되고, 말해진 것을 토대로 계산된다. (그리고 M-함축의 경우, 말해진 것이 어떻게 표현되는가도 함께 고려된다.) 간단히 표현하면, 대화상 함축된 것은 다음과 같이 정의될 수 있다(Levinson 2000: 171).

(7.7) 대화상 함축된 것에 대한 그라이스의 개념

*U*가 *p*를 말함으로써 *q*를 대화상 함축하기 위한 조건은 다음과 같다:

a. *U*가 격률들을 준수하는 것으로 가정되고,

b. *q*의 가정이 (a)를 유지하기 위해 요구되며,[12]

c. *U*는 청자가 (b)를 인식할 것으로 생각한다.

---

10) 세 번째 경우가 존재한다는 점에 근거하여 바흐(개인적인 대화)는 (7.1b)가 제외되어야 한다고 주장했다.

11) 바흐의 세 번째 경우를 제외하면, 말해진 것은 또한 말해진 것과 함축된 것의 합인 전달된 것/의도된 것(what is communicated/meant)과 대비를 이룰 수 있다(Levinson 2000, Carston 2002, Horn 2004). 발화수반 의미에서의 말해진 것과, 발화효과 의미에서의 말해진 것 간의 구분은 Szabó(2005a)에서 제시된다.

12) 바흐(개인적인 대화)는 (7.7b)에서 '*q*의 가정'은 '*U*가 *q*를 의미한다는 가정'으로 대체되어야 한다고 지적한다.

이런 식으로 정의할 경우, 말해진 것은 대화상 함축된 것에 대한 입력을 제공하는 것으로 볼 수 있다.

그러나 (7.2)-(7.6)에서의 해석은 일종의 화용론적 추론과 관련하는 것으로 드러난다. (7.2a)의 문맥에서 Chen Xiansheng(전씨)은 중국어 원거리 재귀사 ziji의 가장 적합한 선행어인 반면에, (7.2b)의 문맥에서는 Liu Xiansheng(류씨)이 ziji의 가장 그럴듯한 선행어가 된다. (7.3)의 직시표현을 해석하는 데 있어서는 그라이스의 관련성 격률이 역할을 행한다. (7.4)에서 plant의 중의성은 어떤 견해를 가장 쉽게 증명하거나 또는 반박할 수 있는 것은 무엇인가에 대한 우리의 실세계 지식에 주로 의존해서 해소된다. 다음으로, Barton(1988)에서 보여준 바와 같이, (7.5)에서 생략된 성분의 해석은 상당한 규모의 그라이스식 추론을 요한다. 끝으로 (7.6)에서의 술어 drink는 '술을 마시다'로 화용론상 축소되어야 한다. 달리 말하면, (7.2)-(7.6)과 같은 예들에서는 그라이스가 말해진 것이라 부른 것을 밝혀내는 데 관련하는 관례적이고 진리 조건적인 내용 안으로 일종의 화용론적 개입, 즉 화용론적으로 추론된 내용의 개입이 일어난다(Levinson 2000, Huang 2004b).13)

말해진 것의 고전적인 그라이스식 표현 안으로의 그리고 그 너머로의 화용론적 개입에 대한 분석에서 두 가지 점들이 특히 흥미롭다. 첫째는 문제의 화용론적 개입이란 무엇인가에 대한 질문과 관련한다. 둘째로, 화용론적 개입을 고려하면서 의미론과 화용론의 개별 영역을 규정하는 최선의 방법은 무엇인가라는 질문이다. 다음으로 이에 대한 언어학자와 언어 철학자들에 의해서 제시된 몇 가지 답변들을 살펴보자.

7.3.2 적합성 이론가들: 외축

앞 장에서 자세히 논의한 바와 같이, 말해진 것의 그라이스 개념으로의 화용론적 개입을 적합성 이론에서는 외축으로, 즉 발화에 의해서 부호화된 불완전한 개념 표상들 또는 논리 형식들 중의 하나를 추론적으로 전개시키는 것으로 분석

13) 바흐(개인적인 대화)는 말해진 것으로의 어떤 화용론적 개입이 있다는 점을 부정했다.

한다. 달리 말하면, 외축은 발화된 문장에 대해 언어학적으로 제시된 불완전한 논리 형태를 풍부히 하여 완전한 명제적 내용을 산출해내는 기능을 한다. 따라서 이 개념은 함축된 것의 측면이라기보다는 말해진 것의 측면에 관련한다. 그러나 적합성 이론에서는 말해진 것의 그라이스적 개념을 포기한다. 그 결과, 스퍼버와 윌슨의 체계에서 명시적-암시적 차이, 즉 발화의 명시적인 내용과 암시적 취지 간의 차이는 외축과 함축이라는 적합성 이론적 용어로 달리 표현된다 (Sperber and Wilson 1986, 1995, Carston 1998, 2002, 2004).

7.3.3 르까나띠: 화용론상 강화된 말해진 것

Recanati(1989, 1993, 2001, 2002, 2004a, 2004b)에서 취하는 입장은 적합성 견해와 다소 유사하다. 르까나띠에 따르면, 말해진 것 중에는 화용론적으로 풍부하게 되어야만 하는 양상들이 있다. 달리 말해 르까나띠의 견해에 따르면, 말해진 것 또는 말해진 것과 연결된 명제는 표현되지 않은 구성성분들 (unarticulated constituents)과 반드시 관련한다.[14] 특히 Recanati(2004b)에서는 언어적 (또는 문장) 의미와 말해진 것 간의 차이를 중재할 세 가지 유형의 일차적인 화용론적 과정(primary pragmatic processes)을[15] 가정하였다.[16] 첫째,

---

14) 표현되지 않은 구성성분은 표현되지 않은 명제적 구성성분을 의미한다. 이런 르까나띠의 견해는 다른 많은 사람들 중에서도 Searle(1979, 1980, 1983)과 Travis(1981, 1985, 1991) 등이 공유한다. 최근 표현되지 않은 구성성분들의 가정은 언어 철학 내에서 열띤 관심의 중심에 놓여 있다(Perry 1998, Stanley 2000, Stanley and Szabó 2000a, 2000b, Taylor 2001).

15) Recanati(1993: 260-1)에 따르면, 일차적인 화용론적 과정은 말해진 것을 구성할 때 어떤 역할을 행하는 개념이다. 달리 표현하면, 이 개념은 말해진 것을 화용론적으로 강화한다. 이와는 대조적으로, 이차적인 화용론적 과정은 무언가가 말해졌다고 혹은 명제가 표현되었다고 전제하는 과정이다. 적합성 이론의 의미에서 함축이 (즉 r-함축이라 부르는 것이) 이 범주에 속한다.

16) 르까나띠의 의미에서 언어적 (또는 문장) 의미는 대략 Kaplan(1989)의 특성(character), Perry(1993)의 역할(role) 개념에 부합하는 반면에, 말해진 것은 대략 캐플란의 내용 (content, 즉, 명제), 페리의 값(value)에 해당한다. 특성과 내용의 캐플란 개념들에 대한 재조명은 Braun(1995, 1996)을 참조하시오. '의미론이 문맥과는 독립적으로 표현 유형들에게 할당하는 것은 풍부한 내용이 아니라, 문맥으로부터 내용으로 가는 함수로 형식상 표현될 수 있는 언어 의미나 특성이다'라고 몇몇 학자들은 (예를 들어, Kaplan 1989, Stalnaker 1999) 주장해 왔다(Recanati 2004b: 447).

Recanati(1989, 1993: 243, 2002, 2004a: 23)에서 '충족'(saturation)이라 부르는 과정이 있다. 이미 6 장에서 언급한 바와 같이 충족은 언어적으로 분해된 논리 형태에서 나타나는 슬롯, 위치 또는 변항 등이 문맥적으로 채워지는 화용론상의 과정이다. 달리 표현하면, 이런 유형의 화용론적 강화 과정에서 그 발화가 완전한 명제를 표현하기 위해서는 슬롯이나 위치, 변항 등이 문맥적으로 충족되어야만 한다. 충족 과정은 언어학적으로 결정되는 전형적인 '하의상달식의' 과정, 즉 발화 자체 내에 존재하는 언어표현에 의해서 야기되는 과정이다. 충족을 야기하는 표현들로는 (7.8a)에서처럼 명시되지 않은 비교 집합, (7.8b)에서처럼 소유 구문, (7.8c)에서처럼 자유변항 슬롯을 지닌 표현 등이 있다(Recanati 2004b).

(7.8) a. Elizabeth is cleverer.
b. I enjoyed reading John's book.
c. John was late.

예문 (7.8)은 예를 들어 (7.9)와 같이 화용론상으로 충족될 수 있다.

(7.9) a. Elizabeth is cleverer [than Naomi].
b. I enjoyed reading the book [written by] John.
c. John was late [for the seminar].

두 번째 유형의 일차적인 화용론적 과정은 르까나띠가 '자유로운 강화'(free enrichment)라 부르는 것이다. 이 경우, 비록 발화된 문장에 대한 언어적으로 분해된 논리 형태에서 명시적인 직시표현이나 불명료한 슬롯이 없는 것처럼 보인다할지라도 그 논리 형태는 개념적으로 강화될 필요가 있음을 우리는 이미 6 장에서 살펴보았다. 자유로운 강화의 과정은 언어학적이라기보다는 전적으로 화용론적이기 때문에 '자유롭다'. 자유로운 강화는 전형적인 수의적 과정이며, 문맥적으로 유도되는 '상의하달식' 과정이다(Recanati 2004a: 24-6).

르까나띠는 자유로운 강화에 대해 두 개의 하위 유형을 설정하였다. 첫째, 강화(strengthening) 또는 논리적 강화(logical enrichment)라는 하위 유형이 있다. 강화는 충족의 결과인 완전한 명제를 입력으로 받아들여 원래의 입력 명제를 함의하는 보다 풍부한 명제를 출력해 낸다. (7.10)으로 설명하여 보자.

(7.10) a. 'Some people are a bit surprised when they find out I've got a brain.' (Catherine Mcqueen)

b. The Buddhist temples are some distance away.

c. I have brushed my teeth.

(7.10)의 문장들에 의해서 표현된 명제들은 (7.11) 문장들에 의해서 표현된 명제들로 강화된다. 독자들이 스스로 검증할 수 있는 바와 같이, (7.11)의 문장들이 표현하는 강화된 명제들은 (7.10)의 원래 입력 명제들을 함의한다.[17]

(7.11) a. 'Some people are a bit surprised when they find out I've got a [high-functioning] brain.'

b. The Buddhist temples are [a considerable] distance away.

c. I have brushed my teeth [this morning].

강화의 두 번째 하위 유형은 확장(expansion)이라는 Bach(1987)의 용어에 해당한다. 이 하위 유형에서는 문맥에 의해 제공된 개념적 구성성분들이 첨가될 필요는 있지만, 이 입력으로부터 산출되어 나오는 출력 명제는 원래의 입력 명제를 함의할 필요는 없다. 이는 다음 (7.12) 예에 의해서 설명된다.

(7.12) a. The windows are bullet-proof.

b. I have nothing to wear.

17) 그러나 Bach(1994a)의 견해에서는 함의가 강화 개념에서 아무런 역할을 하지 않는다. 이는 (7.10)의 문장들이 부정문이 되면 관련된 함의가 다른 방향으로 적용되지만, 화용론상의 함의는 동일할 것이기 때문이다.

(7.12)의 문장들에 의해서 표현된 명제들은 (7.13)의 문장들에 의해서 표현된 명제들로 확장된다. 그러나 (7.13)의 확장된 명제들은 (7.12)의 명제들을 함의하지 않는다.[18)]

(7.13) a. the windows [of the president's limousine] are bullet-proof.
b. I have nothing [suitable] to wear [to John's wedding].

끝으로, Nunberg(1979, 1995, 2004)와 Fauconnier(1985)를 따라 Recanati (2004a: 26-7)에서 의미론적 전이(semantic transfer)라고 부르는, 일차적인 화용론적 과정의 세 번째 하위유형이 있다. 이 유형에서 출력 명제는 입력 명제에 의해 축자적으로 표현된 개념을 강화한 버전도 약화시킨 버전도 아니다. 오히려, 원래의 입력 명제에 의해서 부호화된 이전의 개념과 새로운 개념 사이에 현저한 기능적 관련성이 존재한다면, 출력 명제는 다른 개념을 표현하게 된다. 간단히 말해서 b를 가리키기 위해서 a를 지시하는 그런 경우이다. 의미론적 전이에 대해 잘 알려진 몇몇 예들은 원래 Nunberg(1979)와 Fouconnier(1985)에서 기인하는 다음 (7.14)에서 볼 수 있다.

(7.14) a. I am parked out back.
b. Shakespeare is on the top shelf.
c. The ham sandwich left without paying.

(7.14a)에서 술어 parked out back은 축자적 의미로 차가 후진 주차되었을 때 차의 속성을 가리킨다. 의미적 전이의 결과, 이 술어는 후진 주차된 차를 가진 사람(예를 들어 소유자 또는 운전사)의 속성을 가리키게 되는 전혀 다른 의미를 지닌다. (7.14b)에서 고유 명사 Shakespeare는 축자적으로는 어떤 개인을 가리키

18) 르까나띠(개인적인 대화)는 강화와 확장이 두 개의 상이한 현상이 아니라 풍부함을 해석하는 두 가지 방식이라고 지적하였다. 그는 하나의 단일한 개념이 이 둘을 설명할 수 있다고 믿었다.

지만, 의미적 전이를 통해서 그에 의해 쓰여진 어떤 책들을 가리키는 데 사용된다. 마지막으로 (7.14c)에서 the ham sandwich라는 표현은 의미적 전이를 통해서 '햄 샌드위치를 주문한 고객' 또는 '햄 샌드위치 주문자'라는 유도된 속성을 부여하는 데 사용된다(Nunberg 2004, Recanati 2004a, Pustejovsky 1995, Jackendoff 1997, Montalbetti 2003, Cruse 2004).[19)]

7.3.4 바흐: 대화 내축

세 번째 접근법은 Bach(1994a, 1994b, 1999a, 2001, 2004)에 기인한다. 바흐에 따르면, 의사소통적 내용의 어떤 면들은 말해진 것의 일부 또는 함축된 것의 일부로 인식될 필요가 없기 때문에, 말해진 것으로의 화용론적 개입이 존재하지 않는다. 오히려 그런 면들은 말해진 것과 함축된 것의 중간 지대를 형성하며, 화자 의미의 이런 중간 층위를 바흐는 대화 내축(conversational impliciture)이라 불렀다.

그러면 대화 내축이란 무엇인가? 먼저 (7.15)의 예들을 살펴보자.

(7.15) a. John is ready.
b. Steel is not strong enough.
c. John has finished.
d. John is too tired.
e. John needs a boat.
f. President Chirac has just arrived.

바흐에 따르면, (7.15)에 있는 각각의 문장들은 불완전한 명제를 표현하고 있다. 달리 말하면, 이 문장들은 아직 명제가 되지 못해서 진리 조건적으로 평가될 수 없다. 바흐는 이런 종류의 단편적 명제를 명제적 근간(propositional radicals)이라 명명하고, 이 명제적 근간이 완전한 명제가 되기 위해서는 문맥상에서

19) 그의 이론과 적합성 이론 간의 차이에 대한 논의는 Recanati(2004a: 3장) 참조.

완성되거나 충족될 필요가 있다. 완성(completion)이라는 화용론적 과정이 (7.15)의 명제적 근간들에게 그 밖의 내용을 제공하여 (7.16)에서와 같은 최소한이지만 그러나 완전한 명제로 나타날 것이다. 그러면 (7.16)의 완전한 명제는 진리치를 할당받을 수 있다.

(7.16) a. John is ready [for the interview]
b. Steel is not strong enough [for that part of the roof]
c. John has finished [writing his MBA thesis]
d. John is too tired [to carry the suitcase]
e. John needs a boat [to cross the river]
f. President Chirac has just arrived [at Buckingham Palace]

다음으로 계속 (7.17)의 예들을 다루어 보자.

(7.17) a. I have had a shower.
b. She has nothing to wear.
c. Everyone was touched by *Captain Corelli's Mandolin.*
d. John and Mary are married.
e. John has eaten a lot of oily fish recently and his blood cholesterol level has been lowered.
f. You are not going to die.
g. The little boy has had measles.
h. There are nine thousand students in this university town.
i. John and Mary did some groundbreaking research in climate change.
j. Kelly Holmes won two gold medals at the 2004 Athens Olympic Games.

바흐에 따르면, (7.15)와는 달리 (7.17)의 개별 문장들은 최소한이지만 완전한 명제를 표현한다. 하지만 그런 명제는 화자가 의미하고자 의도하는 바가 결여되어 있어서 확장될 필요가 있다. 확장(expansion)이라는 화용론적 과정을 통해서 발화 문장의 명제가 풍부해지고, 보다 풍부한 명제가 만들어진다. 그러면 화용론상 강화된 명제는 화자가 의도한 의미와 동일하게 될 것이고, 따라서 여기에 적절한 진리 조건을 할당할 수 있게 된다. (7.17)에 대해 화용론상으로 확장된 명제들을 (7.18)과 같이 제시할 수 있다.

(7.18) a. I have had a shower [this morning]
b. She has nothing [appropriate] to wear [at tonight's party]
c. Everyone [who went to see the film] was touched by *Captain Corelli's Mandolin*
d. John and Mary are married [to each other]
e. John has eaten a lot of oily fish recently and [as a result] his blood cholesterol level has been lowered
f. You are not going to die [from the injury]
g. The little boy has had measles [before]
h. There are [approximately] nine thousand students in this university town
i. John and Mary did some groundbreaking research in climate change [together]
j. Kelly Holmes won two [exactly/precisely] gold medals at the 2004 Athens Olympic Games

(7.16)과 (7.18)에서 각괄호의 개별 의미 요소들은 의사소통되는 바에 분명히 기여한다. 바흐는 이와 같이 화용론상 강화된 명제의 용기를 내축이라 불렀는데, 이는 말해진 것에서 그 명제가 불명료하게 나타나기 때문이다. 특히 내축이란 말해진 것에 대한 분명치 않은 강화, 약화, 상세화라고 할 수 있다. Bach(1994b: 273)에 의하면, "내축이란 말해진 것 이상을 말한다. 그러나 말해진 것에 외적으로 추가되는 명제인 함축과는 달리, 내축은 말해진 것으로부터 만들어진다."

이런 식으로 기술되는 내축은 그라이스의 말해진 것과 함축된 것 간의 중간자적 성격의 범주로서, 의사소통 내용에 대한 제 3의 범주를 표현한다. Horn

(2004)에서 말한 바와 같이, 내축이란 (7.19)에서 볼 수 있는 바와 같이 적정하게 취소될 수 있기 때문에 말해진 것의 구성요소가 될 수 없다. 또한 이것은 진리 조건에 관련되기 때문에 대화함축으로 유도될 수도 없다. (그러나 아래 7.3.6 절을 참조; 주로 적합성 이론의 관점에서 바흐의 내축 개념에 대한 비판은 Vincente 2002 참조.)

(7.19) a. I have had a shower, but not this morning.
b. John and Mary are married, but not to each other.
The title of a country song (Horn 1989: 390)
When you are married, but not to each other.
c. John has eaten a lot of oily fish recently and his blood cholesterol level has been lowered, but the latter is not necessarily the result of the former.

☞ 연습문제 1

7.3.5 외축/화용론상 강화된 말해진 것/내축 등이 함축과 구분될 수 있는가?

앞서 세 소절들에서 우리는 말해진 것의 고전적인 그라이스식 개념으로의 화용론적 개입에 대하여 적합성 이론가들, 르까나띠, 바흐 등의 설명을 살펴보았다. 논의하고 있는 화용론적 추론을 외축으로 분석하는 적합성 이론가들의 설명, 말해진 것에 대한 화용론상 강화된 면으로 보는 르까나띠의 설명, 그리고 내축으로 분석하는 바흐의 설명 등을 볼 때 중요한 하나의 질문이 제기된다. 즉 외축, 화용론상 강화된 말해진 것, 내축 등의 개념이 대화함축과 구분될 수 있는가? 달리 말하면, 발화에서 화용론적으로 결정된 면이 대화상 함축된 것의 일부라기보다는 외축, 또는 말해진 것의 일부, 또는 내축으로 어떻게 인식될 수 있는가? Recanati(1993)는 이 질문에 대해 두 개의 답변을 제시하였지만 둘 다 문제가 있다.

첫째, 외축/화용론상 강화된 말해진 것/내축 등과 대화함축 간의 구분은 직관적 토대에 근거하여 구분될 수 있다고 르까나띠는 주장하였다. 그는 활용성 원리(availability principle)로 이를 구체화하고 있다.

(7.20) Recanati(1993)의 활용성 원리
발화 의미 중 화용론적으로 결정된 면이 말해진 것의 일부인가를 결정함에 있어서, 즉 말해진 것과 관련하여 결정을 내릴 때, 우리는 항상 그 문제에 대한 이론에 앞선 우리의 직관을 유지하고자 노력해야만 한다.

활용성 원리가 기본적으로 말하고자 하는 바는 다음과 같다: 말해진 것의 화용론상 강화된 면은 화자와 청자에게 의식적으로 이용가능하다는 것이다. 적절한 예로써 (7.21)을 살펴보자.

(7.21) a. Mary has broken a leg.
b. Mary has broken a leg, either her own or someone else's.
c. Mary has broken her own leg.

표준적인 그라이스식 설명에 따르면, (7.21a)에서 말해진 것은 (7.21b)에 표현되어 있다. 그러나 화용론적으로 결정된 이런 해석은 이론 이전의 우리 직관에 어긋나는 것 같다. 따라서 르까나띠의 활용성 원리에 의하여 (7.21b)는 말해진 것으로서는 거부된다. 이와는 달리 이론에 앞선 우리의 직관이 주어지면, (7.21c)에서와 같이 화용론적으로 확장된 해석이 말해진 것의 일부가 된다. 그러므로 활용성 원리에 의하여, 화용론적으로 결정된 이와 같은 면은 대화상 함축된 것의 일부가 아니라 말해진 것의 일부로 간주된다. 그러나 Richard(1990), Horn(1992b), Bach(1994a: 137-9, 2002), Levinson(2000: 197), Carston(2002) 등에서 지적한 바와 같이, 이론에 앞선 우리의 직관은 대다수의 경우 신뢰할 수 없는 경향이 있다는 점을 고려하면 르까나띠의 활용성 원리는 보다 신중하게 이용되어야 한다.[20]

외축/화용론상 강화된 말해진 것/내축 등과 대화함축 간의 구분에 대하여 르까나띠가 제기한 두 번째 테스트는 본질적으로 Cohen(1971)의 초기 제안을 따르고 있는 영역 원리(scope principle)이다.

(7.22) 코헨-르까나띠의 영역 원리
의미 중에서 화용론적으로 결정된 부분이 말해진 것(따라서 대화함축이 아님)의 일부이기 위한 필요충분조건은 그 부분이 논리 연산자의 영역 내에 존재해야 한다.[21]

Cohen(1971)은 영어 and에 대한 그라이스의 분석에 처음으로 심각한 도전을 제기하였다. 표준적인 그라이스식 설명에 따르면, (7.23a)과 (7.23b)는 사건들

---

20) Gibbs and Moise(1997)에서는 말해진 것과 함축된 것 간의 그라이스적 이분법에 대하여 오프라인상의 실험적 연구를 제시하였다. 여러 범위의 실험적 조건들이 제시되었을 때 피실험자들은 화자들이 말한 바를 가장 잘 반영한 것으로서 비화용론적으로 강화된 최소의 해석보다는 화용론적으로 강화된 최소의 해석을 압도적으로 선호한다고 본다. 이러한 증거를 토대로 하여 Gibbs and Moise(1997)는 다음의 결론들을 이끌어낸다. (i) 사람들은 말해진 것과 함축된 것 간의 구분에 대하여 분명한 직관을 가지고 있고, (ii) 비화용론적으로 강화된 최소의 해석보다는 화용론적으로 강화된 최소의 해석을 말해진 것에 대응되는 것으로 간주하며, (iii) 이런 결과들이 르까나띠의 활용성 원리를 뒷받침해준다(Bezuidenhout and Cutting 2002, Gibbs 2002 참조). 그러나 Gibbs and Moise(1997)의 실험들 중 몇 가지를 재현한 나중의 심리화용론적 실험에서 Nicolle and Clark(1999)는 몇몇 피실험자들이 화용론적으로 강화된 말해진 또는 비화용론적으로 강화된 최소의 해석보다는 대화함축을 선택하는 경향이 있다고 보고한다. 이 실험으로 Nicolle and Clark(1999)는 말해진 것 대 함축된 것에 대한 사람들의 직관이나 르까나띠의 활용성 원리를 뒷받침해주는 실험적 증거는 없다는 결론에 도달한다. Nicolle and Clark(1999)에 대한 답변은 Gibbs(1999)를 참조하고, 또한 Carston(2002: 167-8)과 Huang(2004b)을 참조하시오. 확실히 저자가 아는 바로는 외축, 화용론상 강화된 말해진 것, 내축 등의 소위 다양한 유형의 화용론적 추론들을 구분할 수 있는 화용론 내의 실험적 연구들은 현재 없다. 최근의 다른 심리화용론적 작업으로서는 Noveck and Sperber(2004)에 수록된 논문들을 참조하시오.

21) 코헨-르까나띠의 영역 원리는 적합성 이론가들에 의해서 분명히 지지를 받고 있다 (Carston 2002: 191-5). 저자가 생각하기로는 이탤릭으로 쓰인 부분을 추가하여 원칙적으로 내축을 대화함축과 구별하는 데 사용될 수 있다고 본다. 즉 '화용론적으로 결정된 의미 부분은 말해진 것 *또는 암시적인 것*(따라서 대화함축이 아님)의 부분이기 위한 필요(충분)조건은 그 부분이 논리 연산자들의 영역 내에 존재해야 한다.'

간의 시간적 순서가 다를지라도 정확히 동일한 진리 조건적 내용을 갖는다. Strawson(1952), Ryle(1954), Urmson(1956) 등에 의해서 관찰된, 전달된 의미에서의 이런 시간 순서의 차이는 (7.24a)와 (7.24b)에서 제시한 바와 같이 일반 대화함축에 의해서 설명된다.

(7.23) (Cohen 1971)

a. The old king has died of a heart attack and a republic has been declared.

b. A republic has been declared and the old king has died of a heart attack.

(7.24) a. The old king has died of a heart attack [first] and [then] a republic has been declared.

b. A republic has been declared [first] and [then] the old king has died of a heart attack.

코헨의 견해에 따르면, 그라이스의 이런 분석은 유지될 수 없다. (7.23a)와 (7.23b)가 정말로 동일한 진리 조건적 내용을 지니고 단지 대화함축에서만 차이가 난다면, if에 대한 그라이스의 분석을 고려해 볼 때 (7.25a)와 (7.25b)에서처럼 이들이 조건문의 선행부에 내포되었을 때에도 동일한 진리 조건적 내용을 가져야만 한다.

(7.25) a. If the old king has died of a heart attack and a republic has been declared, then Tom will be quite content.

b. If a republic has been declared and the old king has died of a heart attack, then Tom will be quite content.

그러나 (7.25a)와 (7.25b)는 진리 조건적으로 동일하지 않다. (7.23a)와 (7.23b)의 접속문들간에 적용되는, 화용론적으로 추론되는 시간 관계는 (7.25a)와 (7.25b)에서의 조건문의 선행부 내에 통합된 일부분이다. 사건들 간의 어떤 시간 순서에서는 톰이 행복하겠지만, 다른 시간 순서에서는 톰이 불행할 것이다(Cohen 1977). 이는 화용론적으로 추론된 시간 관계가 조건문의, 즉 하나의 논리 연산자의 영역 내에 들어있다는 것을 알려준다. 같은 이유로, 시간 관계는 또한 부정, 이접, 비교 등의 다른 논리 연산자들의 영역 내에 들어간다. 그렇다면 화용론적으로 유도된 시간 관계는 진정한 대화함축이 아니라 외축/말해진 것의 화용론적 부분/내축 등이라고 Recanati(1993)는 주장한다.

얼핏 보면 영역 테스트는 대화함축과 외축/화용론상 강화된 말해진 것/내축 간의 구분에 대해 좋은 토대를 제공해주는 것처럼 보인다. 예를 들어 (7.8b)를 보자. 편의상 (7.26a)로 다시 쓰도록 한다.

(7.26) a. I enjoyed reading John's book.
b. I enjoyed reading the book [written by] John.

(7.26a)가 (7.27a)와 같이 부정되었을 때 (7.27b)에서 보는 바와 같이 충족된 바는 유지된다.

(7.27) a. I didn't enjoy reading John's book.
b. I didn't enjoy reading the book [written by] John.

달리 말하면, (7.27a)에서 화용론적으로 결정된 의미 요소는 부정의 영역 내에 들어간다. 코헨-르까나띠의 영역 테스트에 의하면, 이는 대화함축이라기 보다는 외축/말해진 것의 화용론적 부분/내축 등에 해당한다.

이와는 대조적으로, 이제 앞 장에서 r-함축이라 불렀던 경우를 살펴보자. (7.28)에서 메리의 답변은 (7.29)에 제시된 화용론적 추론을 갖는다. 그러나 이러한 화용론상 추론된 의미 요소는 (7.30)에서 볼 수 있는 바와 같이 조건의 영역 내에 들어가지 않는다.

(7.28) John: Has Steve's paper been accepted for presentation at the conference?
Mary: His is one of the best papers submitted.

(7.29) Steve's paper has been accepted for presentation at the conference.

(7.30) If Steve's is one of the best papers submitted, it has the chance to win a prize.

그 이유는 (7.30)의 결론부가 그 학술대회에서 발표하기로 수락된 논문에 의존하지 않기 때문이다. 그러므로 논의되는 화용론적 추론은 외축/말해진 것의 화용론상 강화된 부분/내축 등이 아니라, 진정한 대화함축이다.

그러나 코헨-르까나띠의 영역 테스트에는 심각한 문제가 있다. 르까나띠 자신에 의해서 지적된 바와 같이, 그 문제는 상위언어적 부정과 관련한다. 상위언어적 부정이란 형태통사적 형태, 음성적 실현, 스타일이나 사용역, 또는 잠재적으로 유발되는 함축 등을 포함하여 어떤 이유로 이전 발화를 포기하는 장치임을 우리는 이미 2 장에서 보았다. 2 장에서 나열한 예들 이외에도 아래에 추가적으로 다른 예들을 제시할 수 있다.

(7.31) a. John isn't overweight, he's downright obese.
b. Mary won't give you a [va:z], she'll give you a [vei:z].
c. I don't use elevators, I use lifts.

이 예들 중에서 특히 (7.31a)가 우리 논의와 관련있다. 그러나 논의를 지속하기 이전에 먼저 (7.32)를 살펴보자. 2 장에서 언급한 바와 같이 (7.32)를 발화하는 것은 (7.33)에 제시된, 이제는 친숙하게 된 $Q_{\text{-scalar}}$ 함축을 야기한다.

(7.32) <obese, overweight>
John's overweight.

(7.33) John's not obese.
John is no more than overweight.

예문 (7.32)가 (7.34)처럼 기술 부정되었을 때 원래의 $Q_{\text{-scalar}}$ 함축이 유지된다는 점에 주의해라. 달리 말하면, 그 함축은 부정의 영역 내에 들어간다. 따라서 코헨-르까나띠의 영역 테스트를 따르면, 그 화용론적 추론은 함축일 수가 없다. 오히려 외축 내지는 말해진 것의 화용론적 부분으로 간주된다.

(7.34) John isn't overweight, he's quite slim.

이 분석은 적합성 이론가들, 르까나띠, 바흐 등에게 중요하다. 적합성 이론가들의 경우 이 분석으로 인해 현재 대화함축으로 간주되는 $Q_{\text{-scalar}}$ 함축을 외축으로 처리하게끔 강요받을 수 있다. 그러나 대부분의 신그라이스식 일반 대화함축들이 르까나띠와 바흐의 체계 내에서는 말해진 것의 화용론적 부분 또는 내축으로 축소될 것이다.[22)]

예문 (7.32)가 상위언어적 방식으로 부정된 (7.31a)로 돌아가 보면, 화자는 존이 과체중이라는 것을 부정한다. 왜냐하면 이는 화자가 주장한 바, 즉 존이 아주 지나치게 살쪘다는 것에 의해서 함의되기 때문이다. 여기서 거부된 것은 바로 동일한 $Q_{\text{-scalar}}$ 함축과 다름없다. 달리 표현하면, (7.31a)에서 함축은 부정 영역 밖에 위치한다. 코헨-르까나띠의 영역 기준에 의하면, 여기서의 화용론적 추론은 진정한 대화함축으로 간주되어야 한다. (7.32)와 (7.31a)에서 보여준 대조가 바로 수수께끼를 야기한다. 즉 왜 동일한 $Q_{\text{-scalar}}$ 함축이 부정의 영역 내에 들어가기도 하고 들어가지 않기도 하고, 그래서 진정한 대화함축일 수도 있고

---

22) 아래 (i)과 (ii)에서 보는 바와 같이, 전제와 고정함축이 부정의 영역 내에 들어있다고 보면, 적합성 이론이나 르까나띠 이론이나 바흐의 이론 내에서 이 현상들은 각기 외축, 화용론상 강화된 말해진 것, 그리고 내축으로 처리되어야만 한다.

(i) a. The boy cried wolf again.
b. The boy didn't cry wolf again.
>> The boy cried wolf before

(ii) John is poor but he is honest.
It is not the case that John is poor but he is honest.
+>> There is a contrast between poverty and honesty

아닐 수도 있는가?(Levinson 2000 참조) 이 문제를 처리하기 위해서 르까나띠에 의해서 제안된 해결책은 논리 연산자가 언제 상위언어적으로 사용되고 사용되지 않는가를 결정하기 위해서 이론에 앞선 우리의 직관에 호소하는 것이다. 활용성 원리가 영역 원리보다도 더 근본적이라는 견해를 르까나띠가 취한 것은 바로 이런 종류의 고려가 있었기 때문이다. 이상으로 보건대, 외축/화용론상 강화된 말해진 것/내축 등은 원론적인 토대에서 보면 대화함축과 구분되지 않을 수 있다.

7.3.6 레빈슨: 대화함축

마지막으로 말해진 것으로의 화용론적 개입을 대화함축으로 분석하는 Levinson(2000)을 살펴보자. 레빈슨의 견해에 따르면, 말해진 것으로의 화용론적 개입은 외축, 또는 화용론상 강화된 말해진 것, 또는 내축 등도 아니다. 오히려 그것은 단지 신그라이스식 대화함축에 불과하다. 이에 대한 이유는 두 가지이다. 첫째로, 말해진 것으로의 화용론적 개입은 대화함축을 만들어내는 것과 동일한 그라이스의 추론 메커니즘에 의해서 일어난다. 둘째로, 앞 소절에서 살펴본 바와 같이 소위 외축/화용론상 강화된 말해진 것/내축 등을 원론적인 토대하에서 구분하는 데 사용할 믿을만한 테스트가 현재 없다는 것이다.

Cohen(1971), Wilson(1975), Atlas(1977), Gazdar(1979) 등을 따라서 Levinson (2000)은 그라이스와는 반대로 대화함축이 진리 조건적 내용에 개입할 수 있다고 주장하였다. 이 점은 시간상으로 그리고 인과율적으로 비대칭적인 접속문 (7.23)과 조건문 (7.25) 등을 통해서 이미 증명되었으며, Cohen(1971)에서는 and와 if의 진리 함수성에 대한 그라이스 분석을 반박하기 위하여 이 예들을 사용하였다.

레빈슨은 이런 고전적인 코헨-윌슨의 논증을 확장하여 말해진 것 또는 명제가 축자적으로 어떻게 표현되는 가에 대한 연구에 적용하였다. 그는 신그라이스식 대화함축이 지시성과 이와 관련된 현상들을 결정하는 데 어떻게 관여하는지에 대해 관심의 초점을 두고 있다.

[지시체 해결]

예 (7.35)를 보자.

(7.35) (Levinson 2000: 218, 227)
(문맥: 두 남자가 뚜렷이 시야에 들어온다. 한 남자는 가까이에 두 아이를, 그리고 다른 남자는 가까이에 세 아이를 데리고 있다. 전자는 화자의 형이고, 후자는 화자의 처남이다.)
The man with two children near him is my brother; the man with three children near him is my brother-in-law.

(7.35)에서 화자가 말한 것은 (7.36)에 해당한다.

(7.36) The man with *at least* two children near him is my brother; the man with *at least* three children near him is my brother-in-law.

이는 지시 표현 the man with two children near him이 화자의 형과 화자의 처남을 똑같이 지시한다는 결론으로 이끈다. 따라서 한정기술에 대한 어떤 의미론에서 보면, 그 지시표현은 문장 (7.35)을 거짓이거나(Russell 1905) 진리치가 없는 것으로(Strawson 1950) 만들 것이다. 그러나 이는 직관적으로 틀리다. 즉 그 한정표현은 문장 (7.35)를 거짓으로 만들지도 않으며 지시하지 못하는 것도 아니다. 이와는 반대로, 그 표현은 적정하게 뭔가를 지시하며 성공적으로 가리킨다. 이것이 어떻게 가능할 수 있을까? 레빈슨에 따르면, the man with two children near him을 '정확히 두 아이를 곁에 데리고 있는 남자'로, 그리고 the man with three children near him을 '정확히 세 아이를 곁에 데리고 있는 남자'로 $Q_{\text{-scalar}}$ 함축에 의해 강화함으로써 개별 지시체들을 선택하기 때문이다. (1 장과 2 장 참조.) 이는 (7.37)에 표현된다.[23)]

---

23) 함축적으로 결정된 한정표현의 지시체는 Donnellan(1966)의 지시적 용법 대 부가적 용법, 또는 Kripke(1977)의 의미적 지시체 대 화자 지시체 간 구분으로 축소될 수 없다는 논증에 대해서는 Levinson(2000: 3.4.1 절)을 참조하시오.

(7.37) The man with [exactly] two children near him is my brother; the man with [exaclty] three children near him is my brother-in-law.

다음 (7.38)을 살펴보자.

(7.38) a. John said that he won the ten metres platform diving yesterday.
b. John said that the young man won the ten metres platform diving yesterday.

(7.38)은 대용어 지시체와 관련한다. 직관적으로 보면, (7.38a)에서 대명사 he는 John과의 공지시 관계가 선호되며, 한정기술 the young man은 John과는 다른 지시체를 갖는다. Huang(1991, 1994, 2000a, 2004a, 2006c)과 Levinson(1987a, 1987b, 1991, 2000) 등에서 보여준 바와 같이, 이러한 대조는 I-함축과 M-함축간의 상호작용에 의해서 설명될 수 있다. (7.38a)에서 he와 John 간의 선호되는 공지시적 해석은 I-원리의 작용 때문이다. (당신은 의미상 일반적인 대용어 표현 he를 사용하고, 나는 의미적으로 더욱 명시적인 해석 he = John을 갖는다.) (7.38b)에서의 분리된 지시체 해석은 M-원리의 작동 결과이다. (당신은 유표적이고 더욱 장황한 대용어 표현 the young man을 사용하고, 나는 유표적인 해석 the young man ≠ John을 얻는다.) 이상은 신그라이스식 대화함축이 한정적 지시체와 대용어적 지시체의 해결에 기여한다는 것을 알려준다. 다음 장에서는 대용어 지시체의 화용론에 대한 논의로 다시 돌아갈 것이다.

[직시표현 고정하기]

예 (7.39)에서 시간 직시 표현 Sunday의 해석을 살펴보자.

(7.39) We'll go to church on Sunday.

5 장에서 언급한 바와 같이 yesterday, today, tomorrow 등과 같은 시간 직시 표현들은 달력상의 용어에 우선하여 사용된다. 그러므로 토요일에 사용된

Sunday는 (7.40)에서 지시하는 바와 같이 내일이 아니라는 취지의 $Q_{\text{-scalar}}$ 함축을 야기할 것이다.

(7.40) (토요일에 말한 경우)
<tomorrow, Sunday>
We'll go to church on Sunday.
Sunday +> ~ tomorrow

그 이유는 다음과 같다. 즉 문제의 일요일이 내일이라면, 주어진 오늘 관점에서 보면 많은 일요일들이 있지만 내일은 단 하나만 있기 때문에 화자는 의미상 더 정보적인 직시 표현 tomorrow를 사용하였을 것이다. 이는 신그라이스의 대화함축이 직시 요소나 지시 요소들을 고정시키는 데 하나의 역할을 행한다는 레빈슨의 주장을 뒷받침해주는 증거이다.

[중의성 해소]

(7.41)의 통사구조가 갖는 중의성이 일반 $Q_{\text{-scalar}}$ 함축에 의해 어떻게 해소되는지 살펴보자.

(7.41) (Levinson 2000: 175)
John is an indiscriminate dog-lover: he likes some cats and dogs.
a. John likes [some cats] and dogs.
John likes some cats and dogs in general.
b. John likes [some [cats and dogs]].
John likes some cats and some dogs.

(7.41)의 두 번째 절은 구조상 중의적이다. (7.41a) 또는 (7.41b)와 같은 방식으로 이해될 수 있다. (7.41a)의 구조를 가정할 경우, 그 절을 사용하는 것은 존이 모든 고양이를 좋아하는 것은 아니라는 일반 $Q_{\text{-scalar}}$ 함축을 만들어낸다. 이러한

함축은 첫 번째 절이 갖는 의미적 내용과 조화를 이룬다. 그러나 (7.41b)의 구조를 가정할 경우, 그 절을 발화하는 것은 존이 모든 고양이들과 모든 개들을 좋아하는 것은 아니라는 일반 $Q_{\text{-scalar}}$ 함축을 야기한다. 하지만 이러한 해석은 첫 번째 절이 갖는 의미적 내용과 조화를 이루지 못한다. 따라서 (7.41)의 전체 문장이 모순적이지 않기 위해서 (7.41a)의 통사구조가 허용되고 (7.41b)의 구조는 배제된다. 이는 신그라이스식 대화함축이 (7.41)과 같은 예들의 통사구조가 갖는 중의성 해소에 개입한다는 것을 보여준다.

[생략 복원하기]

Huang(2000a: 133, 147)에서 지적한 바와 같이, VP-생략의 복원은 때때로 화용론적으로 이루어져야 한다. 예 (7.42)를 가지고 설명하여 보자.

(7.42) (Huang 2000a: 133)
I will, if you will.

(7.42)에서 생략된 요소의 해석은 문맥에 의존한다. 즉 생략된 성분은 주위의 물리적 문맥으로부터 보충될 것이다. 이는 그라이스의 관련성 격률로 인해서 특정 대화함축과 더불어 I-함축을 통해서 달성될 수 있다. 다음 (7.43)에 제시된 것은 문맥상 유도될 수 있는 하나의 해석이다.

(7.43) (수영장에서)
I will jump into the swimming pool, if you will jump into the swimming pool.

[일반성 제한하기]

마지막으로 일반성 제한하기 현상도 동일하게 설명된다고 말할 수 있다. 여기서 일반성 제한하기는 (7.44)에서처럼 Q-함축에 기반하는 그룹과 (7.45)에서처럼 I-함축에 기반하는 그룹으로 분류할 수 있다.

(7.44) a. The soup is warm.

b. John cut a finger.

c. John folded the newspaper neatly into a rectangle.

(7.45) a. She had two eggs for breakfast this morning.

b. The FBI agent is talking to his secretary.

c. The watermelon is red.

(7.44)의 발화들은 (7.46)에 표현된 명제들로 Q-제한된다.

(7.46) a. The soup is[n't hot].

b. John [didn't] cut a [thumb].

c. John [didn't] fold the newspaper neatly into a [square].

(7.45)의 발화들은 (7.47)에 표현된 명제들로 I-제한된다.

(7.47) a. She had two [hen's] eggs for breakfast this morning.

b. The FBI agent is talking to his [female] secretary.

c. The watermelon is red [in its inside flesh].

따라서 신그라이스식 대화함축은 또한 일반성 제한하기에 관여한다는 결론을 내릴 수 있다.

이외에도, 고전적인 코헨-윌슨의 논증을 비교문, 이접문, because-절 등과 같은 다른 논리적 연결 구문에 확장할 수 있다고 레빈슨은 주장했다. 예 (7.48)-(7.50)이 이를 설명해준다.

(7.48) 비교문

Brushing your teeth and going to bed is better than going to bed and brushing your teeth.

(7.49) 이접문

Susan either suffered a heart attack and underwent quadruple by-pass surgery, or underwent quadruple by-pass surgery and suffered a heart attack; but I don't know which.

(7.50) because-절

Because some of her Ph.D. students came to her talk, Professor Heim was unhappy.

레빈슨은 조건문을 포함한 이런 구문들을 '개입하는 구문'(intrusive constructions)이라 명명한다. 이 구문들에서 '구문 전체의 진리치는 그 부분들의 함축에 부분적으로 의존하기' 때문이다(Levinson 2000: 198).[24] 비교문 (7.48)의 진리조건적 내용은 (7.51)에서처럼 and가 'and then'의 의미로 사용되는 데에서 유래하는 일반 I-함축에 의존한다. 그렇지 않으면 (7.48)은 모순적일 것이다. 이접문 (7.49)에서도 동일한 I-함축의 개입이 나타난다. (7.52)에서처럼 'and then'으로 I-강화되는 and가 없이는 두 개의 이접절이 동일한 의미 내용을 갖게 될 것이고, 이는 두 가능성에 대해 모르겠다는 화자의 주장을 모순적인 것으로 또는 비정상적인 것으로 만들 수 있다. 끝으로 because-절 (7.50)에서의 양화사 some은 (7.53)에서처럼 'some but not all'의 Q-함축을 지녀야 한다. 그렇지 않으면, 하임 교수가 느끼는 불편함은 설명되지 못할 것이다. (그러나 because-절에 대한 다른 견해로는 Horn 2004, King and Stanley 2005 참조.) 반복하면, 복합 구문의 진리조건은 그 부분들의 함축을 고려하여 계산되어야만 한다는 결론을 피할 수 없다.

(7.51) Brushing your teeth and [then] going to bed is better than going to bed and [then] brushing your teeth.

(7.52) Susan either suffered a heart attack and [then] underwent quadruple by-pass

24) 또한 다음의 내용을 갖는 Green(1998)의 내포된 함축 가설(embedded implicature hypothesis)을 참고하시오. '문장 *S*를 주장하는 것이 보편적 규칙성을 갖고서 *p*라는 함축을 전달한다면, *S*가 내포되었을 때 의미론적 목적상 일반적으로 내포된 것으로 이해되는 내용은 명제 (*S* & *p*)이다.'

surgery, or underwent quadruple by-pass surgery and [then] suffered a heart attack; but I don't know which.

(7.53) Because some [but not all] of her Ph.D. students came to her talk, Professor Heim was unhappy.

Levinson(2000)에서 주장한 바와 같이 신그라이스식 대화함축이 진리 조건적 내용에 개입할 수 있다면, 의미론-화용론 경계면에 대하여 수용되고 있는 견해, 즉 의미론의 출력이 화용론의 입력으로 작용하고, 그러면 이 화용론은 축자적 의미를 화자 의미에 대응시켜준다는 견해를 거부해야만 한다. 오히려 그라이스식 화용론이 의미론 '이전'에 어떤 체계적인 역할을 수행하도록, 즉 발화된 문장의 진리 조건적 내용을 결정하는 데 도와주도록 허용해야만 한다(Taylor 2001). Levinson(2000: 242)에서 말하고 있는 바와 같이, '의미론과 화용론의 상호작용을 전자의 출력이 후자의 입력이 된다는 전통적인 방식보다는 서로 다른 과정이 깊숙이 맞물려 있는 것으로 재해석을 시도해보는 것은 당연하다.' 이러한 급진적인 제안은 의미 이론에 관한 전반적인 체계를 근본적으로 재구성할 필요가 있다는 말과 같다.

☞ 연습문제 2

7.3.7 다섯 가지 분석들의 비교

[그라이스]

말해진 것에 대한 그라이스의 개념은 주로 의미론적이다. 즉 말해진 것은 표현된 명제를 결정하는 데 있어서 (i) 지시체를 결정하고, (ii) 직시 표현을 완성하며, (iii) 중의적인 표현들을 해소하는 등 일련의 선조건들과 함께, 문장의 의미론적 표상 또는 언어적 의미를 구성한다. 그라이스의 의미에서 말해진 것은 최소한의 완전한 명제이다. 이와 비교하여, 그라이스의 표현대로, 대화상 함축된 것은 Levinson(2000: 195)의 용어를 빌리면, 강화되고 추가된 명제들을 처리하고자 의도된 것이다. 따라서 고전적인 그라이스의 패러다임 내에서 보면, 의미론적 표상과 최소한의 명제는 의미론에 속하는 반면에, 강화되고 추가된 명제들은 화용론의 관심 대상이다. 그리고 지시, 직시, 중의성 등에 대한 화용론적 해결이 그라이스에 있어서는 어느 영역에 속하는지 불분명하다.

[적합성 이론가들]

적합성 이론가들은 '말해진 것'의 용어를 사용하지 않음에도 불구하고, 말해진 것에 대하여 보다 넓고 더 화용론적인 개념을 취해왔다. 적합성 이론에서 말해진 것은 대략 두 부분으로, 즉 의미론적 표상과 외축으로 나뉠 수 있다. 외축은 Sperber and Wilson(1986, 1995)에서 명시적 내용이라 부르는 바의 화용론상 강화된 층위를 담당하고 있다. 이 외축은 직시표현과 중의성에 대한 화용론적 해소와, 강화된 최소한의 명제들을 커버한다. 다른 한편으로 r-함축은 추가된 명제들을 설명해준다. 그러므로 의미론적 표상은 의미론의 영역에 속하고, 외축과 r-함축은 화용론에 속한다고 결론내릴 수 있다.

[르까나띠]

적합성 이론가들과 유사하게 르까나띠 또한 말해진 것에 대하여 보다 광범위하고 보다 화용론적인 개념화를 지지하였다. Levinson(2000)이 '기술된 것에 대한 일상적 의의'라고 명명한 것에 의하면, 말해진 것에 대한 적합성 이론가들과 르까나띠의 개념은 Berg(2002)가 '문맥적으로 풍부해진 내용'이라 일컫는 것으로 간주된다. 르까나띠의 견해에 따르면, 말해진 것은 의미론적 표상이나 문장 의미를 의미적 부분으로서, 그리고 화용론상 강화된 말해진 것을 화용론적 부분으로서 지니고 있다(Recanati 2004a: 6). 의미론적 부분은 Recanati(2000)이 i(ntuitive)-내용 (발언의 직관적인 진리조건적 내용)이라 명명하고 Recanati (2001)이 '(최소한도로) 말해진 것'라고 명명한 것에 대략적으로 해당한다. 반면에 화용론적 부분은 Recanati(2000)이 c(ompositional)-내용 (발언에서 합성적으로 표현된 내용)이라 명명하고 Recanati(2001)에서 '(최대한도로) 말해진 것'라고 명명한 것에 대응한다. 지시체 할당, 직시 표현 확인, 중의성 해소, 확장된 최소한의 명제 등 모두는 화용론상 강화된 말해진 것어 속한다. 단지 추가된 명제들만이 대화함축의 결과이다.

[바흐]

적합성 이론가들, 르까나띠 등과는 달리, 바흐는 말해진 것에 대해 원래 그라이스의 최소한도 개념보다도 더 협소한 개념을 선택하였다. Grice(1989)를 따르는 Bach(1994a, 2001, 2004)는 말해진 것란 '발화된 문장의 관례적 의미와 밀접히 연관'되어야 하며, '[그 문장의] 요소들, 그들 간의 순서, 그리고 그들의 통사적 속성에' 부합해야 한다는 견해를 펼쳤다(Grice 1989; 87). 그는 말해진 것에 대한 이런 보다 협소한 기준을 '통사적 상관관계 제약'(syntactic correlation constraint)라 명명했다. (그러나 그 타당성에 대해서는 Carston 2002: 172-3, 181 참조.) 이런 식으로 이해되는 말해진 것은 발화된 문장의 관례적이고 의미론적인 내용과 통사적 구조에 밀접히 연결되어 있다.[25] 말해진 것에 대한 이러한

25) 그라이스의 고정함축 개념을 제거하려는 시도로서 Bach(1999b)에서는 간접 인용 테스트 (Indirect Quotation test, IQ test)를 설정하였다.

(i) 바흐의 간접 인용 테스트
문장의 어떤 요소가 그 문장의 발화 상에서 말해진 것에 기여하기 위한 필요충분조건으로는 그 요소가 그 발화의 정확하고 완전한 (동일 언어로) 간접 인용일 수 있어야 한다. 이때 간접 인용은 말해진 것을 명시하는 'that'-절 내에 그 요소 또는 이에 상응하는 요소를 포함해야 한다.

이 테스트에 따르면, but, still, even 등은 (ii)에서처럼 간접 인용 내에 곧장 포함될 수 있기 때문에 말해진 것의 일부이다. 이와는 달리, in other words, frankly, nevertheless 등은 간접 인용 테스트를 통과하지 못하기 때문에 말해진 것의 구성요소가 되지 못한다. 이는 (iii)에서 볼 수 있다.

(ii) a. Mary is fast asleep, but Victoria is wide awake.
b. John said that Mary is fast asleep, but Victoria is wide awake.
(iii) a. In other words, the patent should be granted in amended form.
b. ?John said that in other words, the patent should be granted in amended form.

그러나 이 테스트에는 문제점들이 있다. 예를 들면, 바흐의 견해에서 frankly는 말해진 것에 기여해서는 안 된다. 그러나 Carston(2002: 176)의 다음 예에서 보는 바와 같이

발화적 의의는 말해진 것을 문맥적으로 강화된 내용과는 달리 일반적인 내용으로 표현하는 Berg(2002)의 견해와 대략적으로 동일하다. 또한 바흐의 설명에 따르면, 지시체 결정, 직시표현 고정하기, 중의성 해소 등도 말해진 것의 일부이다. 말해진 것의 의미론적 표상은 명제 이전 단계에 속할 수 있다. 달리 말하면, 그것은 바흐가 명제적 근간이라 불렀던 것의 형태를 띨 수 있다. 명제적 근간과 최소의 명제는 각각 확장과 완성이라는 과정을 거쳐 암시적인 것, 즉 내축으로 변환된다. 그리고 이 내축이 고전적인 그라이스 추론 메커니즘(협동의 원리와 격률들)에 입력을 제공하여 그 결과로서 대화함축을 산출해낸다. 그러므로 바흐의 이론에서 말해진 것과 함축된 것의 전통적인 이분법은 말해진 것, 암시된 것, 함축된 것 등의 삼분법으로 대체된다. 말해진 것은 의미론의 영역 내에 속하지만, 암시된 것과 함축된 것은 화용론의 관심 대상들이다.

Horn(2004)에서 지적된 바와 같이, 말해진 것에 대한 고전적인 그라이스식의 의미론적 개념화는 함축된 것에 대한 후기-의미론적 정통 그라이스식의 표현과 더불어 신고전적 방식으로 유지된다는 점이 바흐 모델이 갖는 주요 매력들 중의 하나이다. 그러나 이 매력은 말해진 것과 함축된 것 사이에 또 하나의 표현 층위를 가정하고서야 얻어질 수 있다는 점이 (단점이 있다면) 이 모델의 단점이 된다.

[레빈슨]

레빈슨은 말해진 것에 대하여 고전적인 그라이스식의 표현을 유지하였다. 위에서 언급한 바와 같이, 말해진 것에 대한 그라이스식의 의미론적 개념화는 의미론적 표상, 표현된 명제를 결정하기 위한 일련의 선조건들, 그리고 최소

이것은 간접 인용 테스트를 통과하는 것 같다. 중국어의 경우에도 동일하다고 말할 수 있다(Feng 2006).

(iv) Beth said that frankly she'd had enough of John's lies.

말해진 것이 통사론이나 이론에 앞선 직관에 의해서 제한되는가에 대한 바흐와 르까나띠 간의 최근 논쟁에 대해서는 예를 들어 Bach(2001)과 Recanati(2001)을 참조하시오.

명제들로 이루어진다. 그러나 그라이스와는 달리, 레빈슨은 진리 조건적 내용을 할당하는 데 대화함축이 개입하는 것을 허용한다. 달리 말하면, 레빈슨의 견해에서 대화 함축은 추가적인 명제들과 같은 의미론 이후의 현상들을 설명하는 데 필요할 뿐만 아니라, 대화함축은 지시체 결정, 직시 해소, 중의성 해소, 생략 복원, 일반화 제한하기 등과 같은 의미론 이전의 현상들을 설명하는데도 요구되며, 또한 비교문, 조건문, because-절 등과 같은 복합 구문들에서 진리조건들에 영향을 끼치기 위해서도 필요하다. 그러므로 레빈슨식의 신그라이스 체계 내에서는 단지 의미론적 표상만이 의미론의 적정 영역으로 범주화된다. 그 밖의 나머지 것들은 화용론에서 다루어진다.

마지막 장에서 언급한 바와 같이, 대화함축이 명제 내용에 기여할 수 있다는 레빈슨의 논증은 그라이스의 원이라 알려진 문제, 즉 말해진 것이 함축된 것을 결정하고 동시에 함축된 것에 의해서 결정되는 것 같다면 함축된 것이 어떻게 말해진 것과 대비되어 규정될 수 있고, 말해진 것의 토대 하에서 계산될 수 있는가의 문제를 야기한다(Levinson 2000, Huang 2001a). 이 문제를 다루기 위해서 레빈슨이 제시하는 제안에 따르면, 의미론과 화용론이 상호간 독립적이며, 의미론의 출력이 화용론의 입력이라는 전통적으로 '수용되는' 견해를 포기해야 한다는 것이다. 그리고 오히려 의미론과 화용론을 중첩되고 밀접한 관련을 맺는 두 개의 연구 영역으로 간주해야 한다고 한다.

[결론]

위에서 논의한 다섯 가지 분석에서 반영된 의미론-화용론간의 구분은 (7.54)와 같이 제시될 수 있다.

(7.54) 의미론-화용론의 경계면(Levinson 2000: 195)

<table>
<tr><th>저자</th><th>의미
표상</th><th>직시와
지시체 해소</th><th>최소한의
명제</th><th>강화된
명제</th><th>추가적
명제</th></tr>
<tr><td>그라이스</td><td></td><td colspan="3">말해진 것</td><td colspan="2">함축</td></tr>
<tr><td>적합성
이론가들</td><td></td><td colspan="3">외축</td><td>함축</td></tr>
<tr><td>르까나띠</td><td></td><td colspan="3">화용론상 강화된 말해진 것</td><td>함축</td></tr>
<tr><td>바흐</td><td colspan="2">말해진 것</td><td colspan="2">내축</td><td>함축</td></tr>
<tr><td rowspan="2">레빈슨</td><td colspan="3">말해진 것</td><td colspan="2"></td></tr>
<tr><td></td><td colspan="4">함축</td></tr>
</table>

의미론 화용론

종합하면, (7.54)에서 볼 수 있는 바와 같이 모든 사람들이 동의하는 것은 문장의 의미 표상 또는 언어적 의미 층위가 존재하며, 이 층위는 의미론에 속한다는 것이다. 다음으로 적합성 이론가들, 르까나띠, 바흐, 레빈슨 등이 공통으로 갖고 있는 생각은 말해진 것에 대한 원래 그라이스식 개념의 적어도 일부분은 그라이스가 인정한 것보다도 더 많이 화용론에 기여한다는 것이다. 그러나 그들은 다음 두 가지 점을 동의하지 않는다. 첫째, 적합성 이론가들, 르까나띠, 레빈슨 등은 말해진 것에 대해 화용론적인 실질적 개입이 있다고 믿는 반면에, 바흐는 그러한 개입이 있다는 점을 부인하고, 말해진 것과 함축된 것 사이에 중간 층위를 설정한다. 둘째, 이러한 의견 차이는 논의의 대상인 화용론적 추론의 속성과 관련한다. 적합성 이론가들, 르까나띠, 바흐 등에 있어서 문제의 화용론적 추론은 대화함축과는 다른 특수한 종류의 것이다. 반면에 레빈슨에 있어서 그 추론은 대화함축과 동일한 것이다. 분명히 이러한 차이는 의미론의 영역과 화용론의 영역에 대해서, 의미론과 화용론 간의 경계면에 대해서, 그리고 의미 이론 전반에 대해서 어떤 의미를 지닌다. 다른 것들이 동일하고, '오캄의 면도날' ('이론적인 개체들은 필요 이상으로 증폭될 수 없다', 1 장 참조)로 알려진 상위이론적 원리를 고려한다면, 레빈슨의 모델이 발화의 해석에 있어서 다른 모델들보다도 적은 수의 표현 층위들을 가정하고 있기 때문에 이론상 그리고 방법론상 선호된다.

7.4 요약

본 장은 화용론과 의미론 간의 경계면과 작업분담을 다루었다. 7.1 절에서는 의미론과 화용론 간의 관계에 대한 두 가지 이론적 입장, 즉 축소주의와 보완주의를 논의하였다. 그리고 7.2 절에서는 의미론과 화용론 간의 경계를 짓는 영향력 있는 세 가지 방식들을 조사해보았고, 언어학의 이 두 핵심 영역들 간에는 분명한 경계 설정이 없는 것 같다는 점을 보았다. 마지막 7.3 절에서는 언어학자와 언어 철학자들에 의해서 그리고 의미론자들과 화용론자들에 의해서 왕성하게 논의되어 왔고 여전히 논의되는 문제인, 말해진 것에 대한 고전적인 그라이스식 개념화로의 화용론적 개입에 주안점을 두었다. 특히 적합성 이론가들, 르까나띠, 바흐, 레빈슨 등에 의해서 제시된 제안들에 집중하였다. 그 결과, 의미론과 화용론이 두 개의 상이한 연구 영역을 형성하지만, 영역들간에 깔끔하고 체계적인 방식으로 경계선을 긋는다는 것이 쉽지 않을 정도로 뒤얽혀있다는 일반적인 결론을 이끌어 낼 수 있었다.[26] Recanati(2004b)에서는 '의미론과 화용론 간의 구분에 대한 현재의 제시방법은 모순적이고 정당화되지 못한 가정들 투성인 경향이 있다'(Lyons 1987: 155)라는 거의 20년 전 라이언스가 말한 다소 염세적인 문구를 반복하면서 다음과 같이 결론을 맺고 있다:

> 의미론/화용론 간의 구분에 대한 원론적인 토대는 무엇인가, 그리고 그 경계선은 어디에 놓여있는가라는 한 쌍의 질문에 대해 답변을 제시하겠다고 주장하는 것은 쓸데없는 일이다. 이 질문들에 대해 여전히 답변을 제시할 수 있지만, 그러나 그 경우 또한 다른 가설에 의존해야만 한다.

26) 의미론과 화용론의 경계선에 양다리를 걸치고 있는 언어 현상들도 있다. 전제가 하나의 그런 현상이고, 또 다른 현상으로는 직시현상이 있다.

주요 개념들

의미론-화용론 경계면
축소주의
의미론적 축소주의
화용론적 축소주의
보완주의
급진적 의미론
급진적 화용론
협의의 문맥 대 광의의 문맥
관대함
비단조성
전체성
말해진 것
의사소통된 것/의도된 것
화용론적 개입
발화되지 않은(명제적) 구성성분
일차적인 화용론적 과정
충족
자유로운 강화
강화
확장
의미적 전이
활용성 원리
영역 원리
(대화)함축
명제적 근간
완성
개입하는 구문
간접 인용 테스트(IQ 테스트)

연습문제

1. 다음 명제들 중에서 충족(르까나띠) 또는 완성(바흐)을 필요로 하는 것은 어느 것인가? 자유로운 강화(르까나띠) 또는 확장(바흐)을 필요로 하는 것은 어느 것인가? 의미적 전이를 필요로 하는 것은 어느 것인가? 느슨함을 필요로 하는 것은 어느 것인가? 그러면 그 명제들을 충족하거나/완성하거나, 자유로이 강화시키거나/확장하거나, 느슨하게 하거나 또는 '전이'시킬 수 있는가?
   (1) I haven't been to Australia.
   (2) Christmas is some time away.
   (3) Mary is not slim enough.
   (4) The tram is full.
   (5) In all probability John is going to marry the pretty face.
   (6) The university campus is some distance from the rail station.
   (7) Peter and Susan drove to LA. Their car broke down half way.
   (8) This laptop is cheaper.
   (9) Confucius is on the top shelf. It's bound in leather.
   (10) She's a real beauty with brains.
   (11) The children stood in a circle around the Christmas tree.
   (12) The semantics/pragmatics conference starts at nine.
   (13) Susan lost everything.
   (14) People say that he owns a van Gogh.

2. 다음 구문들로 화용론적 개입이 일어나는가? 각각의 경우, 어떤 유형의 대화함축이 관련하는지 찾아낼 수 있는가?
   (1) It's better to be faithful to your wife than to be not unfaithful to her.
   (2) If some of his children oppose the government's immigration policy, the minister will not resign, – but if all of them do, he will.
   (3) Helen either had a baby and got married or got married and had a baby, but I don't know which.
   (4) Living in a not undemocratic country is worse than living in a democratic one.

(5) Because a mathematician and an economist wrote the monograph, it sold well.
(6) It's better to stop your car than to cause it to stop.
(7) John persuaded Catherine to marry the man who loves her, but not the man who likes her.

3. 의미론과 화용론 간의 관계에 있어서 축소주의와 보완주의 간의 주요 차이점은 무엇인가?

4. 의미론과 화용론은 진리조건 대 비진리 조건, 관례적 의미 대 비관례적 의미, 문맥 독립성 대 문맥 의존성 간의 차이를 토대로 하여 왜 체계적으로 구분될 수 없는가?

5. 외축/화용론상 강화된 말해진 것/내축 등이 원론적인 토대 하에서 대화함축과 구분될 수 있는가? 그렇다면 어떻게? 그렇지 않다면 그 이유는 무엇인가?

6. 대화함축이 '개입하는 구문'의 진리조건 결정에 영향을 끼친다는 주장을 지지하기 위해서 레빈슨이 들고 있는 주요 증거는 무엇인가?

7. 이 장에서 논의하고 있는, 말해진 것으로의 화용론적 개입 분석에 대한 임의의 두 가지 분석을 비교/대조하여라. 바흐가 그런 개입이 있다는 점을 부인함에도 불구하고 그의 내축 이론도 그 분석들 중의 하나일 수 있다.

8. 의미론과 화용론 간의 작업분담과 상호작용에 대한 당신의 견해는 무엇인가?

더 읽을 거리

Bach(1994a).
Levinson(2000) 3장.
Recanati(2004b).
Carston(2002) 2장.

제 8 장

화용론과 통사론

앞 장에서 우리는 화용론과 의미론의 경계면을 논의하였다. 본 장에서는 대용현상과 결속에 초점을 두고서 화용론과 통사론의 경계면(pragmatics-syntax interface)을 살펴보도록 한다.[1)]

일반적으로 대용현상(anaphora)은 두 개의 언어 요소들 간의 관계로 규정될 수 있는데, 이에 따르면 (대용표현 anaphoric expression으로 불리는) 어떤 요소의 해석이 (선행어 antecedent로 불리는) 다른 요소의 해석에 의해서 어떤 방식으로 결정된다(Huang 2000a: 1, 2004a, 2006c). 통사범주 용어로 보면 대용현상은 (i) N'를 포함하는 NP-대용현상(NP-anaphora)과 (ii) VP-대용현상(VP-anaphora)의 두 그룹으로 나뉜다.[2)] NP-대용현상에서는 대용표현과 그 선행어가 명사구이다. 예 (8.1)이 이를 설명해준다.

(8.1) Mike$_1$ said that he$_1$ almost lost his$_1$ life to cancer.

예 (8.1)에서 he와 his는 대용표현이고, Mike는 그 선행어이며, he, his, Mike 모두 명사구이다. 이와는 달리 N'-대용현상에서는 대용표현과 그 선행어는 명사구라기보다는 N'이다. 예 (8.2)는 N'-대용현상을 보여준다.

(8.2) John's sister is a nursery teacher, and Bill's Ø is a policewoman.

예 (8.2)에서 Ø로 표현된 공범주는 대용표현이고, sister가 그 선행어이다. 이 대용표현이나 선행어는 완전한 명사구가 아니다. 본 장에서는 생성문법 문헌에서 결속현상으로 알려진 NP-대용현상 유형에 초점을 맞추도록 한다.

Huang(1991, 1994, 2000a, 2004a, 2006c)에서 지적한 바와 같이, 대용현상은 언어 이론에서 통사론, 의미론, 화용론 간의 경계면에 대한 연구의 중심에 놓여

---

1) 화용론과 통사론 경계면에서 수동화, 주제화, 부정어 이동 등과 같은 다른 주제들에 대한 논의는 예를 들어 Green(2004)를 참조하시오.

2) 본 장에서는 VP-대용어를 논의하지 않겠다. 관심 있는 독자는 Huang(2000a, 2006c)를 참조하시오.

있다. 또한 이 현상은 심리언어학, 전산언어학, 언어철학, 인지과학의 언어관련 부분에서 주요 관심사이며, 다음의 여러 이유들로 해서 이런 관심을 불러일으켜 왔다. 첫째, 대용현상은 자연언어가 보여주는 가장 복잡한 현상들 중의 하나이므로 당연히 매혹적인 문제들의 근원이 된다. 둘째, 대용현상은 인간 마음의 본성에 대한 우리의 이해를 촉진시켜주는 점에 대한, 그리고 Chomsky(1981, 1995)가 언어학의 근본적인 문제로 간주한 것, 즉 언어습득의 논리적 문제에 대한 해답을 얻는데 도와준다는 점에 대한, 몇 안 되는 '매우 훌륭한 테스트들'(Chomsky 1982: 23) 중의 하나로 오랫동안 간주되어 왔다. 특히, 인간은 (아래에서 자세히 설명하게 될) 언어능력으로 알려진, 언어에 대한 어떤 내적이고 무의식적인 지식을 가지고 태어난다는 주장에 대해 대용현상의 어떤 면들이 그 증거를 제시해준다고 Chomsky(1981)는 반복적으로 주장해 왔다. 셋째, 대용현상은 통사적, 의미적, 화용적 요소들과 상호작용하는 것으로 알려져 있어, 언어이론에서 통사론, 의미론, 화용론 간의 관계에 관한 경쟁적인 가설들에 대하여 검증 토대를 제공해주고 있다.

본 장은 다음과 같이 구성된다. 첫째, 8.1 절에는 언어와 언어학에 대한 촘스키의 견해를 요약해본다. 그리고 8.2 절에서는 촘스키의 결속이론을 개관해보고, 계속해서 8.3 절에서는 촘스키의 결속이론이 갖는 문제점들을 논의하도록 한다. 8.4 절에서는 Huang(2000a, 2000b, 2004a, 2006c) 등에서 발전시킨, 대용현상에 대한 신그라이스식 수정 화용이론을 제시한다(Levinson 1987a, 1987b, 1991, 2000, Huang 1991, 1994). 마지막 8.5 절에서는 화용론과 통사론의 경계면에 대한 우리의 화용론적 접근법이 갖는 이론적 의의를 간단히 논의하겠다.

8.1 언어와 언어학에 대한 촘스키의 견해

Chomsky(1986, 1995)의 견해에 의하면, 언어학은 근본적으로 인간 마음/두뇌의 본질에 관련한다. 언어학의 주요 이슈는 언어에 대한 지식(knowledge of language), 즉 그 속성(언어의 지식을 구성하고 있는 것은 무엇인가), 기원 (언어의 지식은 어떻게 습득되는가), 용법(언어의 지식은 어떻게 사용되는가)에 관한 것이다. 생성문법(generative grammar)의 궁극적인 목표는 촘스키가 언어학의 기본적인 문제로 간주한 것, 즉 언어 습득의 논리적 문제, 다시 말하면 어린 아이가 자기가 갖고 있는 언어에 대한 매우 한정된 지식 또는 불충분한 증거들을 토대로 해서 언어의 지식을 표현하는 추상적이고 복잡한 기저 시스템을 빨리 습득하는 것이 어떻게 가능한 가에 대한 문제에 답변을 제공하는 것이다. 이 문제는 플라톤-러셀의 문제(Plato-Russell's problem)로 알려진 것의 특별한 경우로, 즉 우리가 활용할 수 있는 증거가 아주 빈약하다면 그렇게 많은 것을 어떻게 알 수 있는가를 설명하는 것으로 간주된다. 이런 언어 습득의 논리적 문제에 대해 촘스키가 제시한 답변은 내재성 가설(innateness hypothesis)이다. 대략적으로 말하면, 인간은 언어능력(language faculty)으로 알려진, 언어에 대한 내적이고 무의식적인 어떤 지식을 가지고 태어났다는 주장이다. 인간의 마음/두뇌의 한 구성요소 또는 모듈인 언어능력의 초기 상태는 보편문법(Universal Grammar: UG) 이론의 한 대상이 된다. 또한 언어 지식에 대한 기저 시스템은 표층적으로 보이는 것보다도 더 단순하다는 가정이 이런 내재성 가설과 얼마간 연관된다 (Chomsky 1986, 1995). 과거 50년간 생성문법의 발전은 주로 아이들의 학습능력, 내재성, 보편성 등과 같은 이런 기본적인 문제들에 관련한다. 그리고 촘스키 생성문법의 중심에 놓여있는 한 연구 주제가 생성 이론의 문헌들에서 결속현상으로 알려진 NP-대용현상 유형이다.

8.2 촘스키의 결속 이론

이미 1 장에서 언급한 바와 같이, 원리와 매개변항 이론(principles-and-parameters theory)과 그 후속 이론인 최소주의 이론(minimalist)에서[3] Chomsky(1981, 1995)

3) 최소주의 프로그램은 촘스키의 생성문법에 대한 가장 최근의 정통적인 버전이며, 이는 촘스키의 원리-매개변항 접근법에 대한 지배결속 버전에서 나왔다. 최소주의에 대한 완전한 이론이 아직 나오지는 않았지만, 이 프로그램은 대략 다음과 같이 제시될 수 있다. 최소주의 체계에서는 네 개의 표현 층위들이 논리형태(LF)와 음운형태(PF)의 두 경계 층위들로 축소된다. LF는 의미-개념 체계에 대한 입력을, PF는 조음-지각 체계에 대한 입력을 제공한다. 이는 '개념적 필연성'이라 알려진 촘스키의 믿음을 반영하고

는 NP에 대해 두 유형의 추상적 자질, 즉 대용어와 대명사류를 구분하였다. 대용어(anaphor)는 지시적으로 의존되어야 하며, 그리고 적절히 정의된 최소 통사 영역 내에서 결속되어야만 하는 NP의 자질 표현이다. 반면 대명사류(pronominal)는 지시적으로는 독립적이지만 앞서의 통사 영역 내에서 자유로워야만 하는 NP의 자질 표현이다. 촘스키는 대용어와 대명사류를 두 개의 독립적인 이항의 자질들로 해석하면서, 이상적으로는 한 언어에서 -명시적인 것과 비명시적인 것으로 구분하여- 네 가지 유형의 NP를 예상할 수 있다고 가정하였다.

(8.3) Chomsky(1995: 41)의 NP 유형론

	명시적	비명시적
a. [+anaphor, -pronominal]	어휘적 대용어	NP-흔적
b. [-anaphor, +pronominal]	대명사	*pro*
c. [+anaphor, +pronominal]	-	PRO
d. [-anaphor, -pronominal]	고유명사	*wh*-흔적/변항

네 가지 유형의 공 범주들을 제외하면 (그 예로는 1 장의 주석 3을 참조하시오. 이에 대한 논평으로는 Huang 1992, 1994, 1995, 2000a 등을 참조하시오), 다음 (8.4)는 명시적 NP를 어휘적으로 실현한 세 유형들을 보여준다.

(8.4) 명시적 NP

a. 어휘적 대용어

The anti-war campaigners congratulated *themselves/each other.*

b. 대명사

있다. 즉 언어는 소리와 의미 간의 사상이므로, 다른 조건이 동일하다면 언어는 한편으로 소리라는 물리적 세계에, 다른 한편으로 인지라는 정신적 세계에 연결하는 데 필요한 장치들만을 배치할 것이다. 어휘부 외에, 촘스키가 현재 연산 시스템이라 부르는 통사론이 두 경계면 사이에 위치한다. 그리고 통합(Merge)과 이동(Move)이라는 두 개의 일반화된 변형과, 도출을 규정하는 문자화(Spell-out)라는 하나의 비변형만이 존재한다. 또한 다수의 경제성 원리들이 가정되고, 도출과 표현이 이 원리들에 따른다(Chomsky 1995; Hornstein, Nunes, and Grohmann 2005; Seuren 2004; 주 16, 17).

He was killed by 'friendly fire' in Iraq.

c. 고유명사/ 한정기술

John/the section head bitterly regretted last month's attack on his boss.

(8.4)에 나열된 세 유형의 명시적 NP 중에서 대용어, 대명사류, 지시표현(r[erefential]-expressions)은 각기 결속조건 A, B, C(binding conditions A, B, C)의 적용을 받는다. (최소주의 체계 내에서 이 조건들에 대한 해석은 Chomsky 1995: 211 참조하시오.)

(8.5) Chomsky(1995: 96)의 결속조건

A. 대용어는 국지적 영역 내에서 결속되어야 한다.

B. 대명사류는 국지적 영역 내에서 자유로워야 한다.

C. 지시표현은 자유로워야 한다.

결속(binding)에 대한 정의는 (8.6)과 같다(Chomsky 1981, 1995: 93).

(8.6) α 가 β 를 결속하기 위한 필요충분조건은

(i) α 가 논항-위치에 있고,

(ii) α 가 β 를 성분통어하고,

(iii) α 와 β 는 공지시 관계에 있다.

(8.6)(i)에 따르면, (8.5)에 명시된 결속조건들은 비논항-결속(즉, 비논항 위치에 있는 범주에 의해서 결속)이 아니라 논항-결속(즉, 논항 위치에 있는 범주에 의해서 결속)에 적용된다. 성분통어(c-command)는 보통 다음과 같이 정의된다:

(8.7) α 가 β 를 성분통어하기 위한 필요충분조건은

(i) α 가 β 를 관할하지 않고,

(ii) β 가 α 를 관할하지 않으며,

(iii) α 를 관할하는 첫 번째 가지 치는 교점이 또한 β 를 관할한다.

끝으로 국지적 결속 영역의 개념은 지배범주(governing category: GC)나 완전한 기능 복합체(complete functional complex: CFC)에 의해서 표준적으로 정의된다. 지배범주에 대한 하나의 일반적인 해석은 (8.8)에 주어진다.

(8.8) α가 β의 지배범주이기 위한 필요충분조건은 α가 β, β의 지배자, 그리고 β에 접근가능한 SUBJECT 등을 포함하는 최소범주(즉 최소의 NP 또는 S)이다.

결속에 대한 전형적인 패턴은 (8.9)에 제시된 영어 예에서 설명할 수 있다.

(8.9) a. Bach_1 adored himself_1.
b. Bach_1 adored him_2.
c. Bach_1 adored Bach_2.

(8.9a)에서 himself는 재귀사이고, 따라서 촘스키의 의미에서는 대용어이다. 그 자체로 결속조건 A를 받고, 이 조건에 따르면 국지적 선행어인 Bach에 결속되어야만 한다. 다음 (8.9b)에서 대명사 him은 결속조건 B를 받는다. 결속조건 B에 의해 이 대명사는 국지적 영역 내에서 결속될 수 없고, 따라서 him과 Bach의 지시체는 서로 분리된다. 끝으로 (8.9c)에서 두 개의 Bach는 지시표현들이다. 결속조건 C에 의하여 두 번째 Bach는 첫 번째 Bach와 공지시 관계를 가질 수 없다. 따라서 촘스키는 결속조건 A, B, C가 대용어, 대명사류, 지시표현들의 통사적 분포를 설명해준다고 결론내렸다.4)

---

4) 촘스키의 접근법은 근본적으로 보면 통사적 혹은 '기하학적' 접근법으로서, 결속현상이 성분통어, 지배, 국지성 등과 같이 순전히 구조적인 개념들에 호소함으로써 형상적인 용어들로 주로 규정된다. 통사적으로 기초한 이런 접근법과는 달리, Reinhart and Reuland(1993)의 재귀성 이론에 의해서 대표되는 의미론적 또는 논항 구조적 접근법이 있다. 의미론적으로 방향지워진 접근법은 일차적으로 논항구조의 용어로써 결속현상을 설명하고자 시도한다. 의미론적 접근법에 대한 자세한 논의는 Huang(2000a, 2004a)를 참조하시오.

8.3 촘스키의 결속 이론에 대한 문제점

8.3.1 결속조건 A

범언어적으로 보면 촘스키의 결속이론은 문제가 있다. 먼저 결속조건 A 패턴을 들어보자. 우선 세계의 많은 언어들은 자기의 국지적 통사 영역 밖에서 그리고 심지어는 문장 경계를 넘어서 담화 상에서 결속되는 재귀사, 즉 원거리 재귀사(long-distance reflexives)를 허용한다. 이런 언어들로는 동아시아, 남아시아, 동남아시아 대부분의 언어들(중국어, 드라비다어, 말레이어 등), 스칸디나비아 본토와 섬의 언어들(노르웨이어, 스웨덴어, 아이슬란드어 등), (스칸디나비아어들과는 다른) 몇몇 게르만어와 로망스어들(네덜란드어, 이태리어, 고대 프로방스어 등), 몇몇 슬라브어들(체코어, 폴란드어, 러시아어), 그리고 현대 그리스어, 키난더어, 북부 포모어 등이 있다. 다음은 중국어 예이다.

(8.10) (중국어)

Xiaoming$_1$	shuo	Xiaohua$_2$	kanbuqi	ziji$_{1/2}$.
Xiaoming	say	Xiaohua	look down upon	self

'샤오후아$_2$가 그$_1$/자기$_2$를 얕본다고 샤오밍$_1$이 말한다.'

(8.8)에 의하면, 중국어의 형태론상 단순 재귀사/대용어 ziji(자기)의 국지적 결속 영역은 내포절이다. 그러나 결속조건 A의 예측과는 달리, 재귀사 ziji는 자신의 국지적 결속 영역 밖에 위치하는 주절 주어 Xiaoming에 의해서 결속될 수 있다.5)

네덜란드어와 노르웨이어에서의 형태상 단일한 어떤 재귀사들의 분포는 촘스키의 결속조건 A에 대하여 두 번째 유형의 반례를 제기한다. (예를 들어 Reinhart and Reuland(1993)에서 보면) 이런 유형의 재귀사 용법은 내재적(즉,

5) 최근 촘스키의 결속이론에 대하여 원거리 재귀화에 의해 제기된 국지성 문제를 다루는 다수의 생성문법적 전략들이 있어 왔다. 그러나 Huang(1996, 2000a)에서 제시한 바와 같이 이 제안들 중 어느 것도 실제 작동하지는 않는다.

자기-지향적) 재귀화 문맥과 외재적(즉, 타자-지향적) 재귀화 문맥에서 대조를 보인다고 한다. 내재적 또는 자기-지향적이란, 술어가 지시하는 행위가 전형적으로 행위자 인간이 자기에게 행하는 것을 의미하며, 반면에 외재적 또는 타인-지향적의 경우, 술어가 지시하는 행위가 전형적으로 타인 쪽으로 지향된다. 형태상 단일한 재귀사가 전자에서는 (8.11a)에서처럼 국지적으로 결속될 수 있는 반면에, 후자에서는 (8.11b)에서처럼 국지적으로 결속될 수 없다는 차이를 보인다.

(8.11) (네덜란드어)

a. Rint schaamt zich.
Rint schames self.
'린트는 부끄러워한다.'

b. *Rint veracht zich.
Rint despises self.
'린트는 자신을 멸시한다.'

(8.11a)에서 술어는 자기-지향적이고, 따라서 네덜란드어의 형태상 단일한 재귀사/대용어 zich(자기)가 허용된다. 그러나 (8.11b)에서 술어는 타인-지향적이어서 zich는 허용되지 않는다. zich는 촘스키의 의미에서 대용어인데, (8.11b)에서 보면 자신의 국지적 결속 영역 내에서 왜 허용되지 않는가?

범언어적으로 보면, 재귀사/대용어의 분포가 촘스키의 결속조건 A를 두 방향에서 위반한다는 증거가 있다. 한편으론 중국어에서처럼 재귀사/대용어가 자신의 국지적 영역 밖에서 결속될 수 있고, 다른 한편으론 네덜란드어에서처럼 재귀사/대용어가 자기의 국지적 영역 내에서도 결속되지 못할 수 있다.

☞ 연습문제 1~2

8.3.2 결속조건 B

다음으로 결속조건 B 패턴을 살펴보자. 다시금 다양한 언어들에서의 증거들을 보면, 촘스키의 결속조건 B에 대해 심각한 의구심이 일어난다. 우선 세계의 많은 언어들이 재귀사를 가지고 있지 않으며, 공지시 관계를 부호화하는 수단들 중의 하나로 대명사를 이용한다. 이런 언어들로는 몇몇 저지 서게르만어들(고대/중세의 네덜란드어, 고대 영어, 고대 프리슬란드어, 아마도 서 플라망어와 현대 프리슬란드어), 바마코의 밤바라어, 성경의 히브리어, 수에즈 지협의 사포텍어, 대다수의 오스트레일리아어(검베인거어, 지와리어, 냐와이기어), 몇몇 오스트로네시아어(차모르어, 킬리빌라어, 타히티어), 몇몇 파퓨아어(하웨이어), 많은 피진어와 크리올어들(스페인어 기반의 빨렝께어, 비슬라마어, 치누크 속어, 프랑스어 기반의 과달루페어, 아랍어 기반의 키누비어, 크리욜어, 마르티니크의 크레올어, 니그로홀란드어) 등이 있다. 아래는 피지어의 예이다.

(8.12) (피지어, Levinson 2000에서 인용)

Sa	va'a-.dodonu-.ta'ini	'ea	o	Mika.
ASP	correct	3SG-OBJ	ART	Mika.

'마이크가 자신/그를 수정했다.'

둘째, 일인칭 그리고/또는 이인칭 재귀사가 없는 언어들이 있다. 이런 언어들에서는 그 대신 일인칭 대명사와 이인칭 대명사가 결속 대용어로 사용된다. 예를 들면, 몇몇 게르만어(덴마크어, 네덜란드어, 아이슬란드어)와 로망스어(프랑스어와 이태리어)가 이 유형에 속한다.

(8.13) (덴마크어, Huang 2000에서 인용)

Jeg	barberede	mig.
I	shaved	me

'나는 면도했다.'

(8.14) (독일어)

Du denkst immer nur an dich.
you think always only of you
'너는 항상 단지 너 자신만을 생각한다.'

셋째, 삼인칭 재귀사가 사용될 수 없는 통사적 구조에서 국지적으로 결속된 삼인칭 대명사의 사용이 여러 언어들에서 나타난다. (8.15)의 이태리 피에몬테 방언에서 이를 볼 수 있다. 이와 유사한 예들이 카탈로니아어, 프랑스어, 갈리시아어, 포르투갈어, 루마니아어, 러시아어, 사르데냐어, 스페인어, 차후르어에서 나타난다.

(8.15) (이태리 피에몬테 방언, Burzio 1991)

Giuanin a parla sempre d' chiel.
Giuanin CL-speak always of him
'쥬아닌은 항상 자신에 대해 이야기한다.'

이상으로 보면, 세계의 언어들에서 대명사를 대용어로 사용하는 것이 Reinhart and Reuland(1993)에서 주장된 바와 같이 그렇게 유표적인 것은 아니다. 따라서 촘스키의 결속조건 B가 전적으로 정확할 수는 없다. 이는 촘스키의 결속조건 B에 따르면, 대명사류는 자신의 국지적 영역 내에서 결속되는 것이 허용되지 않기 때문이다. 그러나 이미 앞서 (8.12)-(8.15)에서 본 바와 같이, 대명사의 결속이 허용된다.

8.3.3 대용어와 대명사류 간의 상보적 관계

다음으로, 촘스키의 결속조건 A와 B에 대한 표준적 규정에 따르면, 대용어와 대명사류는 엄격한 상보적 분포관계를 가져야하는 것으로 예측된다. 즉, 대용어는 대명사류가 나타날 수 없는 곳에서만 나타날 수 있고, 또한 그 역도 성립한다. 이는 두 개의 결속조건들이 서로를 비치는 정확한 거울상이기 때문이다.

그러나, 대용어와 대명사류 간에 이와 같이 예측되는 분포상 상보관계는 생성 문법론자들의 꿈의 세계인 것 같다. 심지어 영어와 같은 '통사적' 언어에서도 이런 상보성이 깨지는 통사 환경들을 찾는 것은 어렵지 않다. (i) '그림의' NP (8.16a), (ii) 부가어 PP (8.16b), (iii) 소유의 NP (8.16c), (iv) 강조의 NP (8.16d) 등이 잘 알려진 경우들이다.

(8.16) a. John $Kerry_1$ saw a picture of $himself_1$/him_1 in *The New York Times.*
b. $Steve_1$ looked behind $himself_1$/him_1.
c. [Pavarotti and $Domingo]_1$ adore [each $other's]_1$/$their_1$ performances.
d. $Pavarotti_1$ said that tenors like $himself_1$/him_1 would not sing operas like that.

설상가상으로 보다 다양한 언어들을 살펴보면, 촘스키의 결속조건 A와 B가 함의하는 완전한 분포적 상보성이 불안정한 토대에 근거하고 있음을 알게 된다. 첫째, 앞서 언급한 바와 같이 재귀사가 자신의 국지적 영역 밖에서 결속되는 것을 체계적으로 허용하는 원거리 재귀화 언어들이 존재한다. 이런 언어들에서는 (8.17)에서 예시하는 바와 같이, 대용어와 대명사류 간의 통사적 분포에서 체계적인 중첩이 일어난다.

(8.17) (말레이어)

$Fatimah_1$	mengadu bahawa	Ali_2	mengecam	$dirinya_1$/nya_1.
Fatimah	complain that	Ali	criticize	self-3SG/3SG

'$파티마_1$는 $알리_2$가 $그녀_1$/$자신_1$을 비난한다고 불평한다.'

둘째, Burzio(1996)와 Huang(2002a)에서 제안한 바와 같이, 언어들은 소유격의 결속 대용어와 관련하여 세 유형으로 나뉜다: (i) 대용어는 허용하고 대명사류는 허용하지 않는 언어 (바스크어, 체첸어, 덴마크어, 힌두어/우르두어, 잉구시어, 카슈미르어, 노르웨이어, 라틴어, 러시아어), (ii) 대명사류는 허용하고 대용어는 허용하지 않는 언어 (아랍어, 아칸어, 독일어, 구구 이미디르어, 스페인어), (iii) 대용어와 대명사류를 모두 허용하는 언어 (방갈라어, 중국어, 일본어, 한국어, 말레이어, 말라얄람어, 마라타어, 싱할라어, 타밀어, 터키어) (연습문제 5 참조). 첫 번째 '재귀사만'의 유형에서는 (8.18)에서 보는 바와 같이 소유격 명사와 선행어가 '근처에' 있어서 대명사가 아니고 단지 재귀사만이 공지시 관계를 부호화하도록 허용한다.

(8.18) (기미라어, Huang 2002에서 인용)
ba/yi dor gotue.
3-REFL/his sheep sold-3-M-FIN
'그$_1$는 그 자신$_1$/그$_2$의 양을 팔았다.'

두 번째 '대명사만'의 유형에서는 (8.19)에서 보는 바와 같이 소유격 재귀사가 없거나 소유격 재귀사가 사용될 수 없기 때문에, 대명사만이 허용된다.

(8.19) John$_1$ loves his$_{1/2}$ wife.

마지막으로 세 번째 '재귀사와 대명사'를 허용하는 유형에서는 (8.20)에서와 같이 소유격 명사와 선행어가 재귀사를 허용할 정도로 '근접해' 있고, 또한 동시에 대명사를 허용할 정도로 '떨어져' 있다.[6)]

---

6) Huang(2002a)에서 언급한 바와 같이, 하나의 언어 내에서 여러 유형의 혼합이 있을 수 있다. 예를 들어, 문다니어는 다음 예들에서 볼 수 있는 바와 같이 삼인칭 단수에서는 '재귀사만'을 허용하는, 그러나 삼인칭 복수에서는 '대명사만'을 허용하는 언어이다. (Parker 1986에서 가져온 자료.)

(i) ta$_1$ dzi akende a-zi$_1$/to$_2$.
3SG eat banana self's/his
'그$_1$는 자신$_1$/그$_2$의 바나나를 먹었다.'
(ii) bɔ$_1$ le ni eghi bɔb$_{1/2}$.
they 3PL take things their
'그들$_1$은 그들$_{1/2}$의 물건을 가져갔다.'

(8.20) (오리야어, Ray 2000)

raama$_1$ nija$_1$/taa$_1$ bahi paDhilaa.
Rama self's/his book read
'라마$_1$는 자신$_1$/그$_1$의 책을 읽었다.'

촘스키의 결속조건 A와 B는 '재귀사만'의 그리고 아마도 또한 '대명사만'의 언어들에서는 국지적 결속 영역을 어떻게 정의하느냐에 따라서 소유격의 결속 대용어 분포에 대해 정확한 예측을 해주는 반면에, '재귀사와 대명사 양자' 유형의 언어들에 대해서는 분명히 잘못된 예측을 해준다.

셋째, 분포상 중첩의 또 다른 유형이 범언어적으로 발견된다. 이 유형은 어떤 강조 문맥과 관련한다. 형태상으로 보면, 강조 표현은 단일하거나 복잡할 수 있다. 형태상 복잡한 강조 표현은 보통 '대명사/재귀사 – 첨가어/수식어'의 형태로 나타나며, 여기서 첨가어/수식어는 '자신', '동일', '신체', '머리', '눈', '영혼', '골수', '종자' 등의 의미를 지니거나 또는 소유격 명사의 경우 '자신'의 의미를 지닌다(Levinson 1991, Baker 1995, König and Siemund 2000). 이런 형태상 복잡한 강조 표현들은 대명사와 교대할 수 있다.

(8.21) 대명사 대 대명사+'자기'
Mary thinks that her son is more musical than her/herself.

(8.22) 대명사 대 대명사+'동일'
(프랑스어)
François pense que Viviane aime Pierre plus que lui/lui-même.
François believes that Viviane loves Pierre more than him/him-same
'프랑소와는 비비안느가 그/그자신보다도 피에르를 더 사랑한다고 믿는다.'

(8.23) 대명사 대 대명사+'자신'
The little boy is struggling with his/his own shoe laces.

그러므로 촘스키의 결속조건 A와 B에 의해서 규정된 대용어와 대명사류 간의 엄격한 분포적 상보성은 유지될 수 없다고 결론지을 수 있다.

8.3.4 결속조건 C

마지막으로 결속조건 C 패턴을 보자. Chomsky(1981)를 따라서 Lasnik(1989)에서는 결속조건 C는 결속조건 C_1과 C_2로 불리는 두 개의 하위조건들로 분리해야한다고 주장하였다.

(8.24) 라스닉의 결속조건 C

C_1: 어떤 지시표현은 모든 곳에서 다른 지시표현들로부터 자유롭다.

C_2: 어떤 지시표현은 모든 곳에서 대명사로부터 자유롭다.

결속조건 C_1이 말하는 바는 어떤 지시표현이 문장의 어느 곳에서도 다른 지시표현에 의해 결속될 수 없다는 것이고, 결속조건 C_2가 말하는 바는 어떤 지시표현이 문장의 어느 곳에서도 대명사에 의해 결속될 수 없다는 것이다. 또한 결속조건 C_1은 매개변항적 변형을 보이지만, 결속조건 C_2는 언어 보편적이라고 라스닉은 주장했다.

그러나 결속조건 C를 이런 식으로 바라보는 것은 타당하지 않다. 먼저 결속조건 C_1을 들어보자. 범언어적으로 특히, 중국어, 방갈라어, 힌두어/우르두어, 일본어, 말라야람어, 신할라어, 베트남어, 타이어 등과 같은 몇몇 동아시아어, 남아시아어, 남동아시아어 등에서 반례들을 쉽게 찾아볼 수 있다.

(8.25) (타이어)

Cɔɔn$_1$ chɔɔp Cɔɔn$_1$.

John likes John

'존이 존을 좋아한다.'

다음으로 결속조건 C_2가 언어보편적으로 유지될 수 있는가하는 질문이 제기된다. 다음 영어의 고전적인 예(Evans 1980)가 보여주는 바와 같이, 그 답변은 부정적이다.

(8.26) Everyone has finally realized that $Oscar_1$ is incompetent.
Even he_1 has finally realized that $Oscar_1$ is incompetent.

(8.26)에서 두 번째 문장의 지시표현은 동일한 문장의 주절 내에 있는 대명사에 의해서 선행되고, 성분통어되지만, 결속조건 C_2와는 반대로 그 대명사에 의해 결속된다.[7] 그러므로 결속조건 C_2 또한 잘못되었다는 결론을 피할 수 없다.

☞ 연습문제 3

8.4 대용어에 대한 신그라이스식 수정 화용 이론

앞 절에서 우리는 범언어적 결속 패턴들을 설명하는데 있어서 촘스키의 결속조건들이 적합하지 않음을 보았다. 본 절에서는 Huang(2000a, 2000b, 2001b, 2001c, 2001d, 2002b, 2004a, 2006c, 2006d), Levinson(1987b, 1991, 2000), Huang(1991, 1994, 1995, 1996)에 기초하여 대용현상에 대한 신그라이스식 수정 화용 이론을 제시하고자 한다.[8] 예를 들어 Huang(1991, 1994, 2000a: 212-214, 2004a)에서 강조한 바와 같이, 저자가 제안해 오고 있는 대용현상에 대한 화용 이론은 언어학 이론 내에서 통사론적, 의미론적, 화용론적 차원의 존재와 그 설명 방식을 부정하는 것은 아니다. 이와는 반대로, 이 화용 이론은 화용론적으로 동기부여된 제약들에 대하여 축소불가능한 문법적인 스펙트럼의 독립성을

7) 이런 종류의 반례를 수용하는 하나의 제안으로는 Evans(1980)의 노선을 따라서 결속이론을 지시적 의존관계에 대한 이론으로 재해석하는 것이다. 이 견해에서, (8.26)의 대명사가 갖는 지시체는 이전 문장에서 선행적으로 부여되어야만 하고, 따라서 그 대명사는 적정의 그 지시표현과 우연히 공지시 관계를 가질 수 있게 되어 결속조건 C_2를 준수하게 된다. 그러나 Huang(2000a, 2004a)에서 지적한 바와 같이, 그러한 탈출 기재가 과다/과소생성되는데, 이는 에반스 제안이 (8.26)과 같은 반례들을 완전하게 설명하는 데 있어서 타당하지 않다는 점을 가리켜준다.

8) 대용현상에 대한 초기의 신그라이스식 화용론 분석들에 대한 개관은 Huang(1991, 1994, 2004a)를 참고하시오.

가정한다. 즉 그라이스식 화용론적 추론의 계산은 독립적인 통사 구조 차원과 의미 표현 차원 위에서 행해져야 한다. 저자가 주장해오고 있는 바는 문법의 핵심에 놓여있다고 생각되는 많은 대용어 처리과정을 결정하기 위해서 화용론이 통사론과 상호작용한다는 것이다. 만약 그렇다면 현재 문법적 용어로 제공되고 있는 대용현상에 관한 대부분의 언어학적 설명이 화용론으로 옮겨갈 필요가 있고, 따라서 화용론과 통사론의 상호작용이자 작업분담(interaction and division of labour between pragmatics and syntax)을 보여주는 것이다. 이러한 화용론과 통사론 간의 상호작용과 작업분담을 칸트식 슬로건으로 다음과 같이 요약할 수 있다: 통사론없는 화용론은 공허하고, 화용론없는 통사론은 맹목적이다(Huang 1994: 259, 2000a: 213).[9] 여기서 화용론이 하는 일은 발화에 대한 생성 내지 해석을 제약하는 일련의 보충적, 설명적 원리들을 제공하는 것이고, 이 원리들은 언어학적 표상 내지 언어학적 설명에 있어서 중요하고도 필수불가결한 것들이다. 왜냐하면 Horn(1988: 115)에서 지적한 바와 같이, '언어 사용에 대하여 체계적으로 설명하는 것이 언어 구조를 보다 단순하고 명쾌하게 기술할 수 있게 해주기' 때문이다.

신그라이스식 수정 화용 이론의 기초를 이루고 있는 중심적인 생각은 대용현상의 어떤 패턴들에 대한 해석이 화용론적 추론을 사용하여 이루어질 수 있다는 것이다. 이때 추론은 문법에서 이용 가능한 여러 선택사항들에 대한, 그리고 특정한 경우에 특정 대용어 표현이나 구문들을 체계적으로 사용하는 것에 대한 언어 사용자의 지식에 의존한다. 달리 말하면, 대용성이란 (결속조건들이 특정 어휘 항목들에 가해지는 제약들로 제시될 수 없다는 사실에서 볼 수 있는 바와 같이) 특정 어휘 항목들이 지닌 속성이 아니라, 어휘 항목들의 체계적인 사용에 관한 속성이다(Levinson 2000: 270). 그러나 이론 자체에 들어가기 이전에, 먼저 대용 현상의 일반적인 패턴을 살펴보자.

9) 칸트의 순수 이성 비판에서 나오는 원래의 격언은 다음과 같다: '지각없는 개념은 공허하고, 개념없는 지각은 맹목적이다'(75B, Norman Kemp Smith 번역).

8.4.1 대용현상의 일반적 패턴

다음과 같은 대조 쌍들을 살펴보자.

(8.27) a. Verdi_1 liked $\text{his}_{1/2}$ operas.
b. He_1 liked Verdi's_2 operas.

(8.28) a. Mary_1 said that $\text{she}_{1/2}$ was an animal rights activist.
b. She_1 said that Mary_2 was an animal rights activist.

(8.29) a. The rose_1 on the windowsill has come into blossom. The flower_1 is beautiful.
b. The flower_1 on the windowsill has come into blossom. The rose_2 is beautiful.

여기에는 분명한 패턴이 존재한다. 즉 의미론상 일반적인 축소된 대용어 표현은 (8.27)-(8.29)의 a 문장들이 보여주는 바와 같이 국지적으로 공지시 관계를 갖는 해석을 지시하는 경향을 보이는 반면에, 의미론상 특수한 긴 대용어 표현은 (8.27)-(8.29)의 b 문장들이 보여주는 바와 같이 국지적으로 공지시 관계를 갖지 않는 해석을 지시하는 경향이 있다.[10] Levinson(1987b, 1991, 2000)을 따라 이를 대용현상의 일반적 패턴(general pattern of anaphora)이라 부르자.

(8.30) 대용현상의 일반적 패턴
의미론상 일반적인 축소된 대용어 표현은 국지적으로 공지시 관계의 해석을 선호하는 경향이 있고, 의미론상 특수한 긴 대용어 표현은 국지적으로 비공지시 관계의 해석을 선호하는 경향이 있다.

---

10) (8.9b)에서 예를 든 결속조건 B를 참조하시오. 여기서 의미론상 특수한 축소된 대용 표현은 국지적으로 전혀 다른 지시체를 가리키는 해석을 갖는다. 그러나 잠시 후 보게 되겠지만, 이는 정확히 대용현상에 대한 수정 화용이론이 예측해주는 바이다.

8.4.2 대용현상에 대한 신그라이스식 수정 화용이론의 장치들

대용현상의 일반적인 패턴이 언어적 지시 영역에서 보면 2 장에서 논의한 레빈슨식의 신그라이스식 세 가지 화용원리들의 체계적인 상호작용 결과라고 가정하면, 이제 다음에 제기될 문제는 이 원리들의 작용으로 어떻게 이를 설명할 수 있을까 하는 것이다.

Q-원리, I-원리, M-원리 등을 대용어 지시 영역에 적용하면, 다양한 유형의 대용어 표현들의 해석에 대한 '신그라이스식 수정 화용 이론의 장치들(revised neo-Gricean pragmatic apparatus)'을 유도해낼 수 있다. Burzio(1991, 1996), Levinson(1991, 2000), Huang(1991, 1994, 2000a) 등의 노선을 따라 (8.31)과 같이 '상이한 유형의 대용어 표현에 대한 지시성 위계구조(hierarchy of referentiality for different kinds of anaphoric expression)'를 가정하면, 대용현상에 대한 화용이론의 장치들은 (8.33)에 제시된 '수정된 지시 분리 추정론(revised disjoint reference presumption: RDRP)'과 함께 (8.32)와 같이 제시될 수 있다.

(8.31) 상이한 유형의 대용어 표현들에 대한 지시성 위계구조
대용어 < 대명사류 < 지시표현
(대용어는 대명사류보다 덜 지시적이고, 대명사류는 지시표현보다 덜 지시적이다.)[11]

(8.32) 대용현상에 대한 신그라이스식 수정 화용이론 장치들(Huang 2000a, 2004a)
(a) 해석 원리들
(i) 대용표현 x의 사용은 (ii)나 (iii)의 경우가 아니라면 국지적으로 공지시적 관계를 갖는 해석을 I-함축한다.
(ii) x는 y보다 의미론상 더 강한, 대용적 혼-척도 $<x, y>$가 존재하는 경우, 지시 관점에서 보면 y의 사용은 x의 사용과 연관되는 I-함축의 여집합을 Q-함축한다.
(iii) x가 y보다 더 단순하거나 무표적인, 대용적 M-척도 $\{x, y\}$가 존재하는

11) 공범주나 공백의 지시성에 관해서는 어떤 것은 대용어와, 또 어떤 것은 대명사류와 같이 그룹지을 수 있다.

경우, 지시 또는 기대 관점에서 보면 *y*의 사용은 *x*의 사용과 연관되는 I-함축의 여집합을 M-함축한다.

(b) 일관성 제약들

위의 (a)에 의해서 암시된 해석들은 다음과 함께 일관성의 요구조건들에 의해서 제약받는다:

(i) RDRP(아래 8.33 참조)

(ii) 정보 현저성

(a) 주절 구문의 함축이 종속절 구문의 함측에 우선시될 수 있다.

(b) '화제 > 주어 > 목적어 등'의 위계구조를 갖는 선행어의 현저성에 따라서 공지시에 대한 함축이 선호될 수 있다.

(iii) 일반적인 함축 제약들:

(a) 배경지식 가정들,

(b) 문맥적 요소들,

(c) 비자연적 의미,

(d) 의미론상의 함의

(8.33) 수정된 지시 분리 추정론(RDRP: Huang 2000a, 2004a)

술어의 논항들은 그들 중 하나가 재귀적으로 표시되지 않는 한, 서로 분리되는 것으로 의도된다.[12)]

이 시점에서 대용어 표현과 그 선행어가 한 술어의 논항들인가 아닌가에 대한 구분에 주의를 기울이는 것이 도움된다. 논항들이라면 Reinhart and Reuland의 용어를 빌리자면 재귀적으로 표시될 수 있다. Huang(2000a: 163-4, 216-18, 2004a)에서 지적한 바와 같이 일반적으로 술어는 세 가지 방식으로 재귀용법을 표시할 수 있다. 첫째, 위 (8.11a)와 아래 (8.34)에서처럼 내재적으로 재귀 동사를 사용하여 어휘적으로 재귀용법을 표시할 수 있다.

12) 지시 분리 추정론(Disjoint Reference Presumption: DRP)은 Farmer and Harnish(1987)에 의해서 처음 제시되었으며, 그 내용은 다음과 같다: 술어의 논항들은 달리 표시되지 않으면 서로 다른 것으로 의도된다.

(8.34) a. On that occasion, the boys behaved (themselves) badly.
b. *On that occasion, the boys behaved the girls badly.

여기서 영어 동사 behave는 내재적으로 재귀 동사이다. 이 동사는 (8.34b)의 비문법성이 보여주는 바와 같이 타동사로 사용될 수 없다는 점에서 이를 확인할 수 있다. (내재적인 재귀동사 용법에 대한 자세한 분석은 Huang 2000a: 216-17 참조.) 둘째, 동사에 재귀 접사를 부착하는 방법을 통해서 술어가 형태론상으로 재귀용법을 표시할 수 있다. 다음 (8.35)가 이런 경우이다.

(8.35) (중국어)
Lao Xie zisha le.
Lao Xie self-kill PAR
'라오시에가 자살했다.'

(8.35)에서 중국어 재귀 접두사 zi는 술어를 재귀적으로 표시한다.

끝으로 위 (8.9a)와 아래 (8.36)에서처럼 재귀 대명사를 사용함으로써, 또는 (8.37)에서처럼 신체 자체를 포함한 인간의 신체 일부를 전형적으로 가리키는 문법화된 혹은 표준화된 어휘소를 사용함으로써 하나의 술어가 통사적으로 재귀용법을 표시할 수 있다.

(8.36) (리투아니아어, Huang 2000)
Jis gerbia save.
he respects self
'그는 자신을 존경한다.'

(8.37) (카부베르디아노어, Schladt 2000)
Manel feri se cabeca.
Manuel hurt 3SG-POSS head
'마뉴엘은 자해했다.'

(8.36)에서 술어는 리투아니아어의 형태론상 단일한 재귀 대명사에 의해서 통사상 재귀적으로 표시되었다. 그리고 (8.37)에서 술어는 카부베르디아노어의 문법화된 어휘소 cabeca에 의해서 재귀적으로 표시되었다. 후자의 장치는 압하스어, 바스크어, 고대 히브리어, 그루지야어, 리수어, 말라가시어, 모하비어, 타마지흐트어 등을 포함한 다양한 언어들에서 발견되지만, 특히 아프리카 언어들에서는 많이 나타나는 것 같다(Huang 2000a: 162-3, 218-19).

게다가 한 언어 내에서 문제의 술어가 지닌 의미론/화용론은 특정 재귀화 전략을 선택하도록 부분적으로 영향을 끼친다. 이미 언급한 바와 같이, 술어의 의미는 여기서 대략 두 유형으로, 즉 자기-지향적과 타자-지향적으로 구분될 수 있다. 자기-지향적이란 술어가 지시하는 행위를 전형적으로 인간 행위자가 자기 자신에게 수행하는 것을 의미한다. 이와 반면에 타자-지향적인 경우, 술어가 지시하는 행위는 전형적으로 다른 사람들에게 방향지워져 있다. 침울해하기, 몸의 자세 변화 등과 같은 사건과, 부끄러워하기, 놀라기, 긍지갖기 등의 감정이 자기-지향적 행위나 태도의 전형적인 예들이다. 이와는 달리 의사소통, 과격한 행위, 그리고 사랑, 미움, 화, 시기, 기쁨 등의 감정은 보통 타자-지향적 행위 내지는 태도의 범주에 들어간다(König and Siemund 2000, Haiman 1985a: 120-30, 168-74).

특정 술어의 의미와 한 언어가 갖는 다양한 재귀화 장치들 간의 관계를 주의깊게 살펴보면, 범언어적인 도상적 관계가 나타난다는 점이 특히 흥미롭다 (König and Siemund 2000):

(8.38) 술어의 의미와 재귀화 전략 간의 상관관계
재귀화 상황이 더 '유표적'일수록(예: 타자-지향적), 그것을 부호화하기 위해서는 더 '유표적인'(즉, 더 복잡한) 재귀화 전략이 사용될 것이다.

(8.38)의 '술어 의미와 재귀화 전략 간의 상관관계(predicate meaning/reflexivizing strategy correlation)'가 기본적으로 기술하고 있는 바는 다음과 같다: 한 언어가 하나 이상의 재귀화 전략이나 형태를 가지고 있다면, 내재적인 재귀 술어와

다른 자기-지향적 상황들에 대해서는 단순한 전략/형태를, 그리고 타자-지향적 상황들에 대해서는 복잡한 전략/형태를 사용할 것으로 기대할 수 있다. 물론 이러한 상관관계에 부합하여 언어들마다 화자들에게 다양한 수단들을 제공하기도 한다. 어떤 언어들(현대 히브리어, 러시아어, 터키어)에서는 동사 또는 명사 사용전략을 제공하며, 다른 언어들(영어, 칸나다어, 스페인어)에서는 영 대용표현 또는 명시적인 대용표현들이 사용되며, 몇몇 언어들(네덜란드어, 노르웨이어, 스웨덴어)에서는 형태상 단일한 재귀사 또는 복잡한 재귀사를, 혹은 프리슬란드어처럼 형태상 단일한 대명사 또는 형태상 복잡한 재귀사를 사용한다. 끝으로 어떤 언어들(레즈지안어, 차후르어, 터키어)에서는 하나의 강조 표현 또는 다수의 강조 표현이 사용되기도 한다(Huang 2000a: 219-20, König and Siemund 2000). 아래는 이런 상관관계를 보여주는 한 예이다. (더 많은 예들은 Huang 2000a, 2004a를 참조.)

(8.39) (노르웨이어)

a. Edward skammer seg.
Edward shames self
'에드워드가 부끄러워한다.'

b. Edward foraktet segselv.
Edward despises self self
'에드워드가 자신을 경멸한다.'

노르웨이어에서 재귀성은 형태상 단순 재귀사 seg 또는 형태상 복잡한 재귀사 segselv에 의해서 표현될 수 있다. 술어가 (8.39a)처럼 자기-지향적 행위를 가리키면 형태상 단순 재귀사 seg이 사용된다. 이와 반면에, (8.39b)처럼 술어가 타인-지향적 행위를 가리키면 형태상 복잡한 재귀사 segselv가 사용된다. 이는 (8.38)에 제시된 술어의 의미와 재귀화 전략 간의 상관관계에 의해서 정확히 예측되는 바이다. 이러한 상관관계는 I-원리와 M-원리 간의 상호작용에 의해서 설명될 수 있다. 즉 무표적 메시지를 전달하기 위해서는 무표적 언어 표현을 사용하고,

유표적 메시지를 전달하기 위해서는 유표적 언어 표현을 사용한다.

☞ 연습문제 4

8.4.3 결속 패턴

앞 절에서 제시한 것들을 가지고서 이제 문장 내의 대용현상을 신그라이스식 수정 화용이론으로 설명할 수 있다. 대용표현과 그 선행어가 동일한 술어의 논항들인 경우들을 가지고 시작하도록 한다. (8.9)(=8.40)에 제시된 전형적인 결속 패턴들을 살펴보자.

(8.40) a. $Bach_1$ adored $himself_1$.
b. $Bach_1$ adored him_2.
c. $Bach_1$ adored $Bach_2$.

(8.40a)에서 재귀성이 표층 통사부에서 재귀사로 표시되기 때문에 RDRP는 적용될 수 없다. 따라서 (8.32a(i))에 의하여 재귀사의 해석은 I-원리('화자는 의미상 일반적인 용어를 사용하고, 청자는 의미상 보다 상세한 해석을 얻는다.')의 적용을 받아, 국지적으로 공지시관계를 갖는 해석을 이끌어낸다.[13] 다음으로 (8.40b)에서 보는 결속 조건 B의 효과는 Q-원리와 RDRP의 작용으로 얻을 수 있다. 지시적으로 보면 재귀사는 재귀성을 입력하는 가장 경제적인 대용 표현이기 때문에, 공지시 관계가 의도되면 (8.31)의 지시성 위계구조와 I-원리에 의해서 재귀사가 선택될 것이다. 이 결과, 재귀사가 채택되지 않고 대신 대명사가 사용되면, Q-함축이 일어날 것이다. 즉 공지시 관계가 의도되지 않는다. 달리 말하면, 여기서 우리는 <재귀사, 대명사>의 혼-등급을 갖게 되고, 그 결과 의미상 보다 약한 대명사를 사용하는 것은 의미상 보다 강

13) 화용론상 덜 급진적인 대안은 Levinson(1991, 2000)에서와 같이 결속조건 A를 하나의 문법상 가정된 규칙으로 계속 유지하는 것이다.

한 재귀사를 실제로 사용할 수 없다는 것을 Q-함축하게 된다. 즉, 재귀사의 사용과 연결되는 공지시 해석이 회피된다(8.31a(ii) 참조). 재귀사는 (i) 통사상 전형적으로 어떤 영역 내에 결속될 필요가 있고, (ii) 의미상 일반적으로 그 지시체가 다른 것에 의존적이라는 점에서 의미상 대명사보다도 더 강하다. 예를 들면, 재귀사는 일반적으로 직시 표현으로 사용될 수 없다. 또한 대명사는 재귀적으로 표시되지 않는 술어의 논항을 부호화하기 때문에 RDRP의 적용을 받는다. 그러므로 I-원리에 의해서 장려되는, 대명사와 국지적 주어 간에 국지적인 공지시 해석은 두 번에 걸쳐, 처음에는 맞수인 Q-원리에 의해서 (Q > I), 그 다음엔 RDRP에 의해서 배제된다. 끝으로 (8.40c)의 경우, 동일한 이유로 해서 재귀사보다도 의미상 더 약한 지시 표현은 Q-원리에 의해서 먼저 해석될 것이고, 다음으로 RDRP에 의해서 국지적 주어와는 다른 지시체를 갖는 것으로 해석될 것이다.

또한 우리의 화용 이론은 촘스키의 결속 조건 B와는 달리 대명사가 그 국지적 결속 영역 내에서 다행히도 결속되는 그런 결속 패턴들을 수용할 수 있다. 위의 (8.12)-(8.15), 그리고 아래의 (8.41)이 그런 경우이다.

(8.41) (프랑스어)

Pierre$_1$	a	honte	de	lui$_1$.
Pierre	has	shame	of	him

'피에르가 부끄러워한다.'

여기서 프랑스어 재귀사 soi는 사용될 수 없다. (8.31)의 지시성 위계구조에 따르면, 대명사 lui가 재귀성을 부호화하는 데 그 다음으로 선호되는 선택항이 된다. 재귀성이 표층 통사부에서 대명사로 표시되기 때문에 RDRP가 여기서는 작용하지 않고, 대신 (8.32a(i))에 의해서 I-원리에 의해 유도된 국지적 공지시 해석이 방해받지 않고 받아들여진다. 정확히 동일한 설명이 위 (8.12)-(8.15)에도 적용될 수 있다. 그러므로 우리의 분석은 촘스키의 결속 조건 B와는 달리 상위에 위치한 (재귀사와 같은) 표현이 사용될 수 없다면 (대명사와 같은) 낮은 순위의 대용 표현에 의해서 재귀성이 표시되도록 허용해 주기 때문에 경험상 보다 정밀한 설명이라고 할 수 있다.

8.4.4 결속 패턴을 넘어서

화용론적 관점에서 더욱 흥미로운 것은 대용표현과 그 선행어가 동일한 술어의 논항들이 아닌 경우들에 대한 해석인데, 촘스키의 결속 이론은 이에 대해 아무런 설명을 하고 있지 않다. 이런 경우들에서 재귀사/대명사의 분포들에 관하여 다음과 같은 세 가지 유형들을 확인할 수 있다: (i) 공지시 해석을 갖는 경우, (8.42)에서처럼 재귀사는 허용하고 대명사는 허용하지 않는 유형, (ii) (8.43)에서처럼 대명사는 허용하지만 재귀사는 허용하지 않는 유형, (iii) 위 (8.17)과 아래 (8.44)에서처럼 재귀사와 대명사 둘 다를 허용하는 유형.

(8.42) (러시아어, Burzio 1996)
On$_1$ dal ej umyt' sebj$_1$/ego$_{*1/2}$.
he let her wash self/him
'그$_1$는 그녀가 그$_{1/2}$를 씻게 했다.'

(8.43) John$_1$ said that *heself$_1$/he$_1$ wanted to further his research in nanotechnology.

(8.44) (아이슬랜드어, Huang 2000)
Jon$_1$ segir að Maria elski sig$_1$/hann$_1$.
John says that Maria loves-SBJV self/him
'마리아가 그$_1$를 사랑한다고 존$_1$이 말한다.'

위 경우들에서 대용표현과 그 선행어가 동일한 한 술어의 논항들이 아니기 때문에 RDRP는 관련 없다. (8.42)의 경우, 재귀사의 해석은 국지적인 공지시 해석을 야기하는 I-원리의 적용을 받는다. 그리고 대명사의 해석은 Q-원리의 작용으로 얻어진다. 의미상 보다 강한 재귀사가 나타날 수 있는 곳에서 의미상 보다 약한 대명사를 사용하는 것은 국지적인 공지시 해석을 이용할 수 없다는 취지의 고전적인 Q-함축을 이끌어낸다. 동일한 설명이 위 (8.18)에서의 소유격 대용어가 나타나는 '재귀사만의' 경우들에도 적용된다. 다음 (8.43)의 경우, 공지시 관계를 표시하기 위한 가능한 후보로서 재귀사가 이용될 수 없기 때문에, 지시성 위계구조 (8.31)에 따라 그 대신 대명사가 사용된다. 따라서 I-원리가 대명사에 적용되지 못하도록 막는 <재귀사, 대명사>의 혼-등급이 존재하지 않고, 그 결과 국지적인 공지시 해석이 일어난다. 동일한 설명이 위 (8.19)에서의 소유격 대용어가 나타나는 '대명사만의' 경우들에도 적용된다.

마지막으로 우리에게 특히 관심 있는 것은 (8.44)인데, 여기서는 재귀사와 대명사 간의 분포적 중첩이 일어난다. 지시성 위계구조 (8.31)에 따르면, 그런 중첩이 왜 존재해야하는가라는 질문이 제기된다. Burzio(1996)에서 제시된 하나의 가능한 견해로서는 이는 재귀사의 사용에 호의를 보이는 (우리 이론의 I-원리에 의해서 야기되는) '대용어 첫 번째' 조건과, 재귀사의 사용에 반대하면서 대명사의 사용을 간접적으로 용이하게 하는 국지성 조건 간의 갈등 결과일 수 있다는 것이다. 이런 설명이 제안된 신그라이스식 수정 화용 체계 내에서 타당한가 아닌가와는 관계없이, (8.44)는 다음 노선을 따라 해석될 수 있다. 지시와 관련하여, 재귀사와 대명사 모두는 I-함축된 공지시 관계가 적용된다. 그러나 문법은 공지시 관계를 부호화하는 데 무표적인 대명사를 사용하도록 허용하기 때문에, 화자는 그런 해석이 의도되면 대명사를 사용할 것이다. 그러면 이 점은 또한 유표적인 재귀사가 왜 사용될 수 있는지와 같은 질문을 제기한다. 달리 말하면, 재귀사와 대명사 간의 어떤 체계적인 의미론적/화용론적 대조가 존재하는가 아닌가에 관한 질문이 제기될 수 있다. 그 대답은 분명 적극적이다. 직관상 그런 위치에서 재귀사를 사용하는 것은 일종의 예상치 못함(unexpectedness)을 가리킨다(Edmondson and Plank 1978). 좀 더 자세하게 조사해보면, 이런 예상치 못함은 주로 (i) 인식성과 (ii) 강조성/대조성의 두 유형으로 나타난다.

☞ 연습문제 5

8.4.5 인식성과 강조성/대조성

[인식성]

인식성(logophoricity)은 어떤 형태적 또는 통사적 수단을 사용하여, 외부에 있는 현재의 화자 관점과는 달리 문장이나 담화의 내부 주인공 관점을 보고하는 현상을 가리킨다. 여기서 '관점'이란 용어는 기술적 의미로 사용되며, 말, 사고, 지식, 정서, 인지, 공간적 위치 등을 포괄하고자 한다(Huang 1994, 2000a, 2001c, 2002b, 2004a). 인식성 개념은 인식자적 대명사들에 대한 별도의 체계를 가지고 있는 아겜어, 에픽어, 투부리어 등과 같은 아프리카어들 분석에서 처음 도입되었다. 설명상 (8.45)를 살펴보자.

(8.45) (도노소어, Culy 1994)

a. Oumar Anta inyemeñ waa be gi.
Oumar Anta LOG-ACC seen AUX said
'안타$_2$가 그$_1$를 보았었다고 오마르$_1$가 말했다.'

b. Oumar Anta woñ waa be gi.
Oumar Anta 3SG-ACC seen AUX said
'안타$_2$가 그$_3$를 보았었다고 오마르$_1$가 말했다.'

(8.45a)에서 Oumar가 말한 바는 내부 주인공인 Oumar 관점에서 보고되어, 도노소어의 인식자적 대명사가 사용되고, 따라서 그 대명사와 주절 주어 Oumar 간의 공지시 관계가 표현된다. 이와는 달리 (8.45b)에서 Oumar의 말은 현재의 외부 화자 관점에서 보고되어, 국지적으로 분리되는 지시체 해석을 가리키는 일반적인 대명사가 사용된다.

범언어적으로 보면, 인식성은 형태상으로 또는 통사적으로 다음 장치에 의해서 표현될 수 있다: (i) (8.45a)와 같은 인식자적 대명사(바붕고어, 문다니어, 유루어), (ii) (8.46)과 같은 인식자적 청자 대명사(앙가스어, 마푼어, 티카어),

(iii) (8.47)과 같은 인식자적 동사 접사 (엑페예어, 고카나어, 이비비오어), (iv) 위 (8.44)와 아래 (8.48)과 같은 원거리 재귀사(한국어, 현대 그리스어, 터키어) (Huang 2000a: 172-204, 2002b; Sells 1987, Zribi-Hertz 1989, Stirling 1993, Kuno 2004).

(8.46) (마푼어, Frajzyngier 1985)

n- sat n-wur taji gwar dim n Kaano.

I say BEN-3SG PROHB ADDR go PREP Kano

'그$_1$가 카노에 가지 않을 것이라고 나는 그$_1$에게 말한다.'

(8.47) (고카나어, Hyman and Comrie 1981)

aè kɔ aè dɔ-ɛ̀.

he said he fell-LOG

'그$_1$가 넘어졌다고 그$_1$는 말했다.'

(8.48) (마라티어, Wali and Subbarao 1991)

Lili$_1$ samajte ki aapan$_1$ libral aahot.

Lili think that self liberal is

'리리$_1$는 자신$_1$이 자유롭다고 생각한다.'

(8.44)와 (8.48)과 같은 예들에서 원거리 재귀사의 사용은 우리가 제시한 M-원리에 의해서 설명될 수 있다. 공지시 관계를 부호화하기 위해서 문법은 무표적인 대명사를 사용하도록 허용하기 때문에, 화자는 그런 해석이 의도되면 대명사를 사용할 것이다. 다른 한편으로 무표적인 대명사가 사용되지 않고 대신 유표적인 원거리 재귀사가 사용되면, M-함축이 허가될 것이고, 따라서 공지시뿐만 아니라 인식성도 의도된다.

[강조성/대조성]

원거리 재귀사의 사용으로부터 나타나는 예상치 못함의 두 번째 차원은 강조성/대조성(emphaticness/contrastiveness)과 관련한다. 강조 표현을 사용하는 것은 Baker(1995)에 의해서 제안된 바와 같은 어떤 의미론적-화용론적 조건들의 적용을 받는다. 강조성은 전형적으로 다음과 같은 다수의 효과를 산출해 낸다: (i) 기대에 상반됨, (ii) '그리고 그 밖의 다른 사람들은 아니다'와 같은 자연스러운 부정적인 해석의 이용 가능성, (iii) 특정한 대용적/지시적 해석의 야기, (iv) 대조적 강세, (v) 특정한 영역 해석의 야기(Edmondson and Plank 1978, Levinson 1991). 예를 들어 (8.49)를 살펴보자.

(8.49) (중국어)

Zhuxi zongshi yiwei ta/ziji/taziji dui, bieren dou bu dui.
chairman always think 3SG/self/3SG-self right other all not right
'그 의장$_1$은 항상 자기$_1$는 옳고, 다른 모든 사람들은 틀렸다고 생각한다.'

중국어 대명사 bieren '다른 사람들'의 사용으로 보아 (8.49)는 어떤 강조적/대조적 메시지를 전달하고 있다는 점을 분명히 알 수 있다. 이는 지표가 가리키는 해석에서 직관상 zij와 tazjji의 사용이 ta 보다도 더 자연스럽게 들린다는 점을 설명해주는 것 같다. 또한 taziji는 직관상 ziji보다도 더 강조적으로 혹은 더 대조적으로 느껴진다. 우리 식으로 설명하면, 원거리 재귀사의 사용과 관련되는 강조성/대조성은 M-원리로부터 자연스럽게 설명된다. 즉 이 문맥에서 재귀사의 사용은 대명사나 공백을 사용하면 전달될 수 없을 그런 강조적/대조적 메시지를 전달하기 때문이다. 그리고 taziji의 사용이 ziji의 사용보다도 더 강조적 혹은 더 대조적이라는 사실은 또한 M-원리로 설명될 수 있다. 이 원리에 의하면, 더 장황한 표현을 사용하는 것은 더 유표적인 메시지를 전달하는 경향이 있다는 점을 예측할 수 있으며, 따라서 taziji 표현은 더 강조적인 또는 더 대조적인 해석을 갖는다.

또 다른 유리한 관점에서 보자면, 도상성 원리가 또한 여기서 작용한다. 즉 부호화 재료가 많으면 많을수록 그 메시지는 보다 더 강조적/대조적이 된다. 이러한 분석은 (8.21)-(8.23)에서 제시된 형태론상 보다 복잡한 강조 표현들과, (8.20)에서 제시된 소유격 대용현상의 '재귀사와 대명사 양자'의 경우들에 대한 용법으로 확장될 수 있다. 또한 (8.25)에서처럼 지시표현의 반복도 '... 그러나 그 밖의 다른 사람들은 아니다'와 같은 대조적이고 강조적인 메시지를 전달하는 것 같기 때문에 동일하게 설명될 수 있다. 이상으로 보아 우리의 신그라이스식 수정 화용 이론은 촘스키의 결속 조건들을 항상 곤혹스럽게 하고 난처하게 만들어 온 문장 내 대용현상과 관련하는 여러 현상들을 설명해줄 수 있다고 볼 수 있다. (담화상의 대용현상에 대한 이 분석의 확장에 대해서는 Huang 2000a, 2000b 참조.)

우리 이론의 또 다른 이점으로는 대화함축이 취소 가능하므로 우리는 세계에 대한 우리의 지식과 가장 잘 조화를 이루는 그런 해석을 항상 얻어낼 수 있다는 점이다. 다음의 예가 이 점을 충분히 설명해준다.

(8.50) (중국어)

a. Bingren shuo yisheng zhidao ∅ mingtian gei ta kaidao.
patient say doctor know tomorrow for 3SG operate
'(나/당신/그$_{2/3}$/우리/그들 ...) 내일 그$_1$를 수술할 것으로 그 외과의사$_2$가 알고 있다고 그 환자$_1$가 말한다.'

b. Yisheng shuo bingren zhidao ∅ mingtian gei ta kaidao.
doctor say patient know tomorrow for 3SG operate
'(나/당신/그$_{1/3}$/우리/그들 ...) 내일 그$_2$를 수술할 것으로 그 환자$_2$가 알고 있다고 그 외과의사$_1$가 말한다.'

(8.32)에 제시된 우리의 화용론 장치들에 의하면 대용 표현의 해석은 I-원리의 적용을 방해하는 Q-대조집합이나 M-대조집합 또는 양자가 존재하지 않는 한 I-원리에 따른다. 여기서 I-원리는 그 대용 표현에 대해 국지적인 공지시 해석을 부과한다. 사실 여기에는 엄격한 I-휴리스틱이 존재하는 것 같다. 즉 국지적 주어가 일반적으로 국지적 목적어보다도 선호되거나, 분리되지 않은 선행어가 일반적으로 분리된 선행어보다도 선호되거나, 성분통어하는 선행어가 일반적으로 성분통어하지 않는 선행어보다도 선호된다. 이런 명사구들

어느 것도 가능한 선행어로 볼 수 없을 것 같으면, 다음 수준의 내포문에서 동일한 순서로 선행어 가능성들이 조사될 것이고, 주절에 이를 때까지 계속 조사될 수 있다. 그리고 문장 내에서 선행어를 찾지 못하면 이전 담화에서 선행어에 대한, 주로 화제에 대한 탐색으로 이어지며, 그렇지 못하면 '자의적인' 해석이 이루어진다. 그러나 우리의 화용론적 장치들에 의해서 생성되는 어떤 대용적 해석도 RDRP, 정보 현저성, 대화함축에 관한 일반적인 일관성 제약들 등과 어긋나서는 안 된다. 일반적인 일관성 제약들로는 (i) 배경 가정들(또는 실세계 지식), (ii) 문맥 정보, (iii) 비자연적 의미, (iv) 의미론적 함의 내용 등이 있다. 달리 말하면, 우리의 설명에서 모든 대용적 해석들은 배경 가정들과의 일관성이라는 요구를 따라야 한다. 만약 실세계 지식과 조화를 이루지 못하면 해석이 일어나지 않을 것이다.

(8.50)으로 돌아가 보면, I-휴리스틱에 따라 (8.50a)에서의 영 대용어나 공백에 대한 선호되는 선행어는 중간 절의 주어 yisheng(외과의)이라고 정확히 예측된다. 그러나 동일한 메커니즘을 사용하면, (8.50b)에서의 영 대용어나 공백은 먼저 중간 절의 주어 bingren(환자)와 공지시 관계를 선호하는 것으로 해석될 수 있다. 그러나 이러한 해석은 환자를 수술하는 사람이 전형적으로 의사이지 그 반대는 아니라는 배경 가정과 분명히 어긋난다. 따라서 그런 해석은 선호되는 해석이 되지 못하고, 그 결과 (8.50b)에서 문제의 영 대용어나 공백은 주절 주어 yisheng(외과의)과 공지시 관계를 갖는 것으로 I-함축한다는 정확한 결과를 얻게 된다(Huang 1991, 1994, 2000a).

☞ 연습문제 6

8.5 이론상의 의의

앞 절에서 우리는 대용현상에 대한 신그라이스식 수정 화용 이론을 제시하였다. 본 절에서는 현재의 언어학적 이론화 작업에 있어서 우리의 화용 이론이 갖는 중요한 의의들을 지적하고자 한다.[14] 중요한 한 가지 의의는 이 이론이 문법 규칙들의 속성에 대한, 그리고 문법 규칙들이 화용론적 원리들과 상호작용하는 방식에 대한 현재의 몇 가지 주장들에 대해 근본적으로 재고해 보도록 한다는 것이다. 첫째로, 촘스키의 결속 조건들과 같이 대용현상의 보편성에 기저를 이루고 있는 많은 문법 규칙들이 절대적이고 예외 없는 제약들이라기보다는 일반적이고 위반 가능한 경향을 보인다는 것이다. 둘째로, 이 규칙들은 어떤 독특한 것이 아니라, 오히려 언어 사용에 그 기원을 두고 있다. 달리 말하면, 이 규칙들은 Levinson(1987a)의 은유적 표현을 빌리자면 '냉동된 화용론', 즉 발화 토큰 의미에서 발화 유형 의미를 거쳐 문장 유형 의미로의 점진적인 통시적 과정 결과물로 보인다. 물론 현재 모습으로서의 이 규칙들이 문법의 일부가 아니라는 것은 아니다. 이와는 반대로 이 규칙들은 그 자체로 문법 내에서 다루어져야 한다. 그러나 요점은 그 규칙들이 역사적인 문법화 과정의 산물이라면 그것들은 생물학적으로 미리 프로그램화된 인간 언어능력에 대한 증거가 될 수 없다는 것이다. 셋째로, 이미 언급한 바와 같이 화용론과 통사론은 언어학적 설명에 대한 상이한 차원이자 방식임에도 불구하고 대용현상과 결속현상을 규정하는 데 있어서 서로 연결되어 있다. 일반적으로 화용론과 통사론의 경계면은 통사론없는 화용론은 공허하고 화용론없는 통사론은 맹목적이라는 칸트식의 경구로 요약될 수 있다. 그리고 화용론과 통사론이 상호작용하는 정도는 언어 유형론적으로 달라진다. (영어, 불어, 독일어 등과 같은) 친숙한 유럽 언어들에서는 지금까지 문법이 해왔다고 주장되던 주된 역할을 화용론이 행하는(중국어, 일본어, 한국어 등과 같은) 일군의 언어들이 있다. 이러한 화용론적 언어들에서는 대용현상에 대한 다수의 제약들이 일차적으로 문법구조에 관한 규칙보다는 언어 사용에 관한 원리에 기인한다. (보다 자세한 논증들에 대해서는 Huang 1994, 2000a 참조.) 통시적 관점에서 보면 언어들은 화용론적인 것에서 보다 통사

14) 최근 이 이론은 대용현상에 대한 화용론적 분석들을 생산해내는 새로운 산업을 창출해왔다. 예를 들어, 한국어에 대한 Kim(1993), 스페인어에 대한 Blackwell(2003), 현대 그리스어에 대한 Chiou(in preparation) 등을 들 수 있다. 또한 터키인의 제 2언어 습득자가 영어 재귀사의 결속현상을 습득하는 것에 대한 Demirci(2001)을 참조하시오.

적인 것으로 변화하는 것 같고, 공시적 관점에서 보면 여러 언어들은 단순히 이런 발달과정상의 상이한 단계에 위치할 수 있다.

우리의 화용 이론이 갖는 두 번째의 주요 결과는 보편성, 내재성, 학습능력 등과 같은 중요한 이슈들에 관한 현재의 생각들과 관련한다. 대용현상에 대한 우리와 같은 화용론적 접근법은 촘스키의 내재성 가설을 전적으로 반박하지 않는다. 그러나 지리적으로, 발생론적으로, 유형론적으로 상이한 언어들에서 나타나는 여러 대용적 과정들이 언어 사용을 기초로 해서 학습가능하다고 설명할 수 있다는 사실은 보편문법의 보편성에 대한 촘스키의 주장을 손상시키며, 또한 그의 내재성 가설에 대해서도 그 개연성을 약화시킨다.[15] 이는 대용현상 그 자체가 인간 정신 원형의 단순한 구현으로 더 이상 간주될 수 없기 때문이다. 대용현상의 보편성들 중에서 분명 문법적 속성을 보이는 면들이 있고, 이와 동등하게 분명 화용론적 속성을 보이는 면들도 있다. 달리 표현하면, 대용현상의 보편성은 본성과 양육 양자의 산물이다. 언어학자들 앞에 놓여있는 과제는 문법적 규칙들은 무엇이고, 화용론적 원리는 무엇인가, 그들 간의 관계는 무엇인가, 그들은 서로 어떻게 상호작용하는가 등을 정밀하게 규명하는 것이다.

생성문법에서의 최근 발전들이 본 장에서 옹호하는 화용-통사 경계면의 견해 쪽으로 향하는 것 같다는 점은 고무적이다. 촘스키의 최소주의 프로그램의 경우, 통사론/연산시스템이 음운 구성소나 의미 구성소가 아니므로 현재의 상당한 통사적 설명들은 논리형태(LF) 경계면과 음운형태(PF) 경계면으로 전환되어야 한다. 그 결과 통사론은 인지라는 정신적 세계와 연결되기 위해서는 보다 광범위하게 필수불가결하게 의미론 그리고 화용론과 상호작용해야 한다(Chomsky 1995: 219-20). 물론 이러한 견해는 대용현상 연구에도 적용된다.[16] 이와 유사하게 최적성 이론(Optimality Theory: OT)의 기본적인

15) 세계 언어들중 대표적으로 약 550 개 언어들에서 가져온 풍부한 자료들을 포함하고 있는 Huang(2000a)를 참조하시오.

16) 촘스키는 대용현상에 대한 어떤 체계적인 화용 이론도 제시하지 않았다. 그러나 결속현상에 대한 그의 연구는 때때로 화용 원리들을 참조하고 있다. '대명사 회피'(avoid pronoun) 원리가 하나의 그런 원리이다(Chomsky 1981: 65). 또 다른 것으로는 일반

개념들도 우리가 여기서 옹호하고 있는 신그라이스식 수정 화용 이론선상에 놓여 있다.[17] 사실, 경쟁, 위계성, 소프트 제약 등과 같은 OT의 통사적 분석에 중심적인 몇가지 아이디어(Legendre, Grimshaw and Viker 2001, Blutner and Zeevat 2004)는 이미 우리의 화용론적 접근법에서 독립적으로 발전되어 온 것들이다. (양방향의 OT에 의해서 우리의 분석을 재분석하려는 시도로서는 Mattausch 2004 참조.) 바라건데, 이 모든 것은 언어연구에 대한 I(내재적이고 내포적인)-모형과 E(외향적이고 외연적인)-모형간의 보다 활발한 상호

담화 원리(Chomsky 1981: 227)를 들 수 있다. 이 원리에 따르면 비록 촘스키가 관련 조건들을 명시하지 않았지만, 어떤 상황 하에서 적절한 문맥이 주어지면 결속 조건 C_1이 무시되는 것을 허용한다.

최소주의 프로그램에 관한 최근 연구에서 Chomsky(1995: 138-43, 145-6, 150)는 도출(derivation)과 표상(representation)은 일종의 '최소 노력'이라는 지침을 따른다고 주장하였다. 즉 도출상에서 잉여적인 단계가 없으며, 표상에서도 잉여적인 기호가 없다는 것이다. 도출과 표상의 경제성은 이동에 관한 최후 수단 제약, 완전 해석 원리 등과 같은 어떤 타고난 문법규칙들의 배후를 연구하게 하는 기능상의 추진력인 것으로 간주된다. 또한 더욱 포괄적인 수준에서 보면, 이런 원리는 보편문법의 원리들, 개별 언어적인 규칙들과 관련하여 비용이라는 개념과 연결된다. 보편문법의 원리들은 개별 언어적 규칙들보다도 비용이 적게 든다. 따라서 그 원리들은 적용될 수 없는 경우에만 개별 언어적 규칙들과 함께 어느 곳에서든지 통용된다. 촘스키는 이런 종류의 최소 노력 원리를 인간의 언어 능력에 특수한 것으로 간주하였다. 그러나 그런 주장이 유지될 수 있기 전에 보다 설득력 있는 증거들이 필요하다. (대용현상에 대한 몇몇 최소주의 분석에 대한 비판으로는 Huang 2000a 참조.)

17) 최적성 이론(OT)은 촘스키의 생성문법에 대한 수정론자 또는 반대론자의 버전이라고 볼 수 있다. 인지적 관점에서 보면, 촘스키의 원리와 매개변항 이론 그리고 그 이후의 최소주의 이론은 주로 포더의 모듈 이론에 근간을 두고 있지만, OT는 적어도 부분적으로는 연결주의와 연관된다(6 장의 주석 11 참조). 또한 원리와 매개변항 이론 그리고 최소주의 이론과는 달리 OT에서는 문법적 규칙성이 본질적으로 유도가능하고 연속적이라기보다는 기본적으로 표상적이고 병렬적이라고 본다. OT에서의 보편문법은 보편적이지만 소프트한 (위반가능한) 일련의 제약들로 구성된다. 그리고 그 문법체계는 (i) 어휘부, (ii) 일련의 제약들, (iii) 제약들 간의 순위, 그리고 (v) 입력에 대해 출력 후보군들을 만들어 내는 생성자(GEN)와, 생성자에 의해 산출된 출력 후보군들로부터 주어진 입력에 최상의 (또는 최적의) 후보자를 선택하는 평가자(EVAL)라는 두 함수들로 구성된다. 그러므로 OT에서 보편성은 보편적이지만 위반 가능한 제약들로 표현된다. 언어 변이는 보편 제약들에 대한 상이한 순위에 의해서 설명되고, 언어 습득은 보편문법에 의해서 설정된 한계 내에서 제약들의 순서 매김과 재순서 매김 과정으로 간주된다 (Prince and Smolensky 1993, 2004, Archangeli and Langendoen 1997, Blutner and Zeevat 2004, Huang 2000a).

간 접근법에 대한 길을 열어줄 것이다(Chomsky 1995: 15-17). 데카르트의 문제를 건드리려고 시도조차 하지 않고서는 Chomsky(1986)가 훔볼트의 문제 그리고 플라톤(-러셀)의 문제라고 지시한 것에 대해 만족스러운 답변을 제공할 수 있을 것으로 보이지 않는다. 달리 말하면, 언어 지식의 속성과 개체 발생학에 대한 완전한 이해는 그 지식의 (창조적) 사용에 대한 더 나은 이해에 부분적으로 의존하는 것 같다.

8.6 요약

본 장에서 우리는 대용현상과 결속현상에 초점을 두고서 화용론과 통사론의 경계면을 논의하였다. 8.1 절에서는 언어와 언어학에 대한 촘스키의 견해를 개관하였고, 8.2 절에서는 촘스키의 결속 조건들을 제시하였으며, 8.3 절에서는 이 조건들이 갖는 문제점들을 지적하였다. 그리고 8.4 절에서는 대용현상에 대한 신그라이스식 수정 화용 이론을 제시하였다. 마지막 8.5 절에서는 현재의 언어학적 이론화 작업에 대한 신그라이스식 화용 이론이 갖는 이론상의 의의들을 고찰해 보았다.

주요 개념들

화용론-통사론 경계면
대용현상
대용표현
선행어
NP-대용현상
N'-대용현상
언어습득의 논리적 문제
본유주의 가설
대용어

대명사류

지시표현

결속조건 A, B, C

결속현상

성분통어

지배범주(GC)

원거리 재귀사

결속조건 C_1, C_2

대용현상의 일반적 패턴

대용현상에 대한 신그라이스식 수정 화용이론

지시성 위계구조

수정된 분리 지시체 추정론(RDRP)

술어의미/재귀화전략 상관관계

인식성

강조성/대조성

연습문제

1. 다음의 문법적인 또는 비문법적인 문장들 중에서 촘스키의 결속조건 A로 설명할 수 있는 것은 어느 것이고, 설명할 수 없는 것은 어느 것인가?

(1) $Susan_1$ hates $herself_1$.

(2) (노르웨이어, Huang 2000a)

*Jon_1 foraktet seg_1.

Jon despises self

'존은 자신을 멸시한다.'

(3) *$Chopin_1$ thought that $Liszt_2$ adored $himself_1$.

(4) (마라타어, Wali and Subbarao 1991)

$Lili_1$ samajate ki $Suši_2$ aaplyaa-laa_1 haste.

Lili thinks that Susi self-to laughs

'수시가 자신$_1$을 비웃는다고 리리$_1$가 생각한다.'

(5) *Chopin$_1$ believed that himself$_1$ was a poet of the piano.

(6) (아이슬랜드어, Huang 2000a)

Hann$_1$ sagði að sig$_1$ vantaði hæfileika.

he said that self lacked-SBJV ability

'그는 자신이 능력이 부족하다고 말했다.'

2. 다음 문법적인 또는 비문법적인 문장들 중에서 특히 성분통어에 주의하면서 촘스키의 결속조건 A로 설명할 수 있는 것은 어느 것이고, 설명할 수 없는 것은 어느 것인가?

(1) Madonna's$_1$ mother$_2$ admired herself$_2$.

(2) *Madonna's$_1$ mother$_2$ admired herself$_1$.

(3) (중국어)

Xiaoming$_1$ de cuxin hai le ziji$_1$.

Xiaoming POSS carelessness harm PFV self

'샤오밍의 부주의함이 그에게 해를 끼쳤다.'

(4) (Zribi-Hertz 1995)

John's$_1$ face turned red despite himself$_1$.

(5) *John's$_1$ fortune saved himself$_1$.

(6) (아이슬랜드어, Huang 2000a)

Skoðun Siggu$_1$ er að sig$_1$ vanti hæfileika.

opinion Sigga's is that self lacks talent

'시가의 견해는 자기가 재능이 부족하다는 것이다.'

3. 다음의 문법적인 또는 비문법적인 문장들 중에서 라스닉의 결속조건 C_1 또는 C_2로 수용될 수 있는 것은 어느 것이고, 수용될 수 없는 것은 어느 것인가?

(1) Blair$_1$ admired Blair$_2$.

(2) *George W. Bush$_1$ thought that Tony Blair admired George W. Bush$_1$.

(3) (베트남어)

Ho Chi Minh$_1$ tin Ho Chi Minh$_1$ sẽ thắng.
Ho Chi Minh thinks Ho Chi Minh will win
'호치민$_1$이 승리할 것이라고 호치민$_1$이 생각한다.'

(4) Mike$_1$'s father disliked Mike$_1$.

(5) Victoria and David Beckham$_1$ have one thing in common: she thinks that David$_1$ is a football genius and he$_1$ thinks that David$_1$ is a football genius.

(6) *He$_1$ admired Charles Darwin$_1$.

4. (a)와 (b) 문장 간의 차이를 술어의미/재귀화 전략 상관관계에 의하여 설명하시오.

(1) (네덜란드어, Reinhart and Reuland 1993)

a. Willem wast zich.
Willem washes self
'빌럼이 세수한다.'

b. Willem bewondert zichzelf.
Willem admires self self
'빌럼이 자신을 존경한다.'

(2) (터키어, König and Siemund 2000, 오류 수정함)

a. yaka-mak
wash
'씻다.'

a'. 'yaka-n-mak
wash-EMPH
'자신을 씻는다.'

b. vur-mak
beat
'때리다.'

b'. (∅) kendi kendi-si-ni vur-du.
3SG self self-3SG-ACC beat-PAST-3SG
'그는 자신을 때렸다.'

5. 다음의 소유격 대용현상들을 신그라이스식 수정 화용이론으로 어떻게 설명할 수 있는가?

(1) (아랍어)

As'ad$_1$	daxala	maktab-hu$_{1/2}$.
Asad	enter-PST-3MSG	office-his

'아사드$_1$는 그$_{1/2}$의 사무실에 들어갔다.'

(2) (텔루구어, Subbarao and Lalitha Murthy 2000)

roojaa-ki$_1$	tana$_1$/atani$_2$	amma	anTee	iSTam.
Roja-DAT	self's/his	mother	means	liking

'로자$_1$는 자신$_1$/그$_2$의 어머니를 좋아한다.'

(3) (드라비다어, Huang 2004a)

raama$_1$	tanna$_1$/avana$_1$	makkaLanna-	hoDedanu.
Rama	self's/his	children-ACC	beat

'라마$_1$가 자기$_1$/그$_1$의 아이들을 때렸다.'

6. 다음 각각의 문장에서 대용현상 패턴에 대하여 신그라이스식 화용 이론으로 분석을 제시하시오.

(1) Kylie$_1$ liked herself$_1$.

(2) Kylie$_1$ liked her$_2$.

(3) Kylie$_1$ liked Kylie$_2$.

(4) Kylie$_1$ liked her$_2$ and she$_1$ gave her$_2$ a silk handkerchief.

(5) Kylie$_1$ liked her$_2$ and the woman$_3$ gave her$_2$ a silk handkerchief.

(6) George W. Bush$_1$ said that he$_1$ would visit France in person.

(7) George W. Bush$_1$ said that the president$_1$ would visit France in person.

(8) (한국어)

이씨$_1$-는 자기$_1$/그$_1$-가 사랑-에 빠졌다-고 말했다.

7. 언어와 언어학에 대한 촘스키의 견해는 무엇인가?

8. 촘스키의 결속조건 A와 B에 의해서 설명되는 대용어와 대명사류 간의 분포적 상보성이 유지될 수 있는가?

9. 술어에 재귀성을 표시하는 공통적인 방식은 무엇인가? 나름의 예들을 가지고 설명하시오!

10. 촘스키의 결속조건들이 어느 정도로 화용론에 축소될 수 있는가?

11. 인식성이란 무엇인가? 인식성은 범언어적으로 어떻게 문법화되는가?

12. 현재의 언어학적 이론화 작업에 신그라이스식 수정 화용이론이 갖는 이론적 의의는 무엇인가?

더 읽을거리

Huang(2000a). 1.2.1, 2.1, 2.3, 3.3, 4.2 절
Huang(2004a).
Levinson(2000). 4 장.

용어집

간접 화행(indirect speech act): 발화수반력과 문장 유형이 직접적으로 상응되지 않는 화행.

개입하는 구문(intrusive construction): 전체의 진리치가 부분들의 대화함축에 부분적으로 의존하는 구문.

고정함축(conventional implicature): 말해진 것의 발화로부터 일반적이고 자연스러운 방식으로 유도되지 않는 비진리조건적 추론으로서, 특정 어휘항목이나 언어적 구문에 부착된 고정적인 자질들로부터만 일어난다.

공간 직시(space deixis): 발화 사건에서 발화시에 참여자들의 위치에 상대적으로 공간상의 위치를 부호화하는 것. 다른 용어들로는 장소 직시, 공간적 직시, 위치 직시, 위치적 직시 등이 있다.

광의의 문맥(broad context): 화자가 명시적으로 의미하고자 하는 바를 계산해내는 작업 및 화행의 성공적이고 적정한 수행에 관련된 어떤 문맥적 정보.

그라이스의 원(Grice's circle): 말해진 것이 대화상 함축된 것을 결정하고 동시에 그것에 의해 결정되는 것 같다면, 대화상 함축된 것이 말해진 것에 기초해서 어떻게 계산될 수 있고 그리고 그것과 대비되어 어떻게 정의될 수 있는가를 설명하는 문제.

담화 직시, 텍스트 직시, 텍스트적 직시(discourse, text, textual deixis): 하나의 동일한 구어체 또는 문어체 담화 상에서 어떤 발화의 언어표현이 현재의, 또는 이전의, 또는 이후의 발화를 가리키는 것.

대용현상(anaphora): 두 개의 언어적 요소들 간의 관계로서, (대용표현으로 불리는) 한 요소의 해석이 (선행어로 불리는) 다른 요소의 해석에 의해서 어떤 식으로 결정된다.

대용현상에 대한 일반적 패턴(general pattern of anaphora): 의미론상 일반적인 축소된 대용표현은 국지적인 공지시 해석을 선호하는 경향이 있는 반면에, 의미론상 특수한 긴 대용표현은 국지적인 비공지시 해석을 선호하는 경향이 있다.

대화격률(maxims of conversation): 그라이스가 협력의 원리에 대하여 질, 양, 관련성, 태도 등의 네 범주로 분류되는 9 개의 하위 원리들에 대해 사용된 용어. 협력의 원리 및 이와 연관된 대화 격률들은 화자로 하여금 의사소통에 명료한 방식으로 근거있는, 적절히 정보적이면서 관련있는 기여를 하도록 한다.

대화내축(conversational impliciture): 바흐가 만들어낸 용어로서, 화자 의미의 세 번째 범주, 즉 말해진 것에서 암시적으로 나타나는 것으로서, 말해진 것과 대화상 함축된 것 사이에 위치하는 범주.

대화함축(conversational implicature): 엄밀한 의미에서 말해진 것의 일부가 아니면서도 의도되는 전달 메시지를 포함하는 비논리적 추론들의 집합. 말해진 것의 발화로부터 협력의 원리와 그 구성소인 대화 격률들을 통해서 유도된다.

명제(proposition): 문장이 진술하는 데 사용될 때, 즉 바깥 세계의 어떤 사태에 대하여 무언가를 (참 또는 거짓을) 말하는 데 사용될 때 그 문장에 의해 표현되는 것.

명제적 근간(propositional radical): 완전한 명제가 되기 위해서 문맥적으로 완성될 필요가 있는 명제적 단편.

문맥(context): 언어적 단위가 체계적으로 사용되는 역동적인 세팅 또는 환경 등과 관련하는 자질들

문장(sentence): 한 언어의 문법적 규칙들에 의해 조합된 단어들의 적정한 연쇄체. 이것은 언어 시스템의 한 단위로서 문법이론 내에서 규정되는 추상적 개체 또는 구성물이다.

발화(utterance): 특정 상황 하에서 특정 화자에 의해 언어의 특정 조각을 -단어, 구, 문장, 또는 문장의 연쇄체- 사용하는 것.

발화 행위(locutionary act): 의미있는 언어 표현을 생성하는 행위.

발화되지 않은 구성성분(unarticulated constituent): 언어적으로 표현되지 않은 명제적 구성성분.

발화수반 행위(illocutionary act): 어떤 언어표현을 발화하면서 그 표현에 연관된 관례적 힘에 의해 화자가 명시적으로 또는 암시적으로 수행하고자 의도하는 행위.

발화영향 행위(perlocutionary act): 어떤 언어표현의 발화를 통해서 발화의 상황에 특수한 결과나 효과 등과 같이, 청중에게 결과나 효과를 만들어내는 행위.

부정 하에서의 일관성(constancy under negation): 어떤 어휘항목이나 통사 구조의 사용으로 인해 생성되는 전제가 그 어휘항목이나 통사구조를 포함하는 문장이 부정되었을 때도 동일하게 남아있다는 내용을 기술하는 전제의 한 속성.

사회 직시(social deixis): 화자의, 청자의 또는 지시된 개체나 제 삼자의 사회적 지위, 그리고 그들 사이의 사회적 관계 등을 부호화하는 것.

상위언어적 부정(metalinguistic negation): 이전 발화의 형태통사적 모습, 음성적 실현 모습, 스타일 또는 사용역, 잠재적 함축 등을 포함한 어떤 근거로 이전 발화를 거부하는 장치.

소극적 체면(negative face): 자유로운 행위에 대한 개인의 권리와, 타인으로부터 강요받지 않을 개인의 권리. 소극적 공손성은 타인의 소극적 체면을 유지하는 쪽으로 방향지워진다. 소극취할 경우, 청자에 대한 경외심을 강조하는 화술을 선택하는 경향이 있다.

수행문(performative): 무언가를 말할 뿐만 아니라 적극적으로 무언가를 행하거나 행위를 수행하는 데 사용되는 발화.

시간 직시(time deixis): 발화 사건에서 발화가 생성되는 시간에 따라 시점과 시간을 부호화하는 것.

언어학적 미결정성(linguistic underdeterminancy): 화자가 어떤 문장을 발화할 때, 그 문장이 갖는 언어적으로 부호화된 의미가 화자가 표현하는 명제를 미결정 상태로 남겨놓는다는 견해.

영역 원리(scope principle): 화용론적으로 결정된 의미 측면이 논리 연산자의 영역 내에 들어가면 -그리고 그런 한에서만- 말해진 것의 일부이라고 (따라서 대화함축이 아니고) 하는 원리.

오캄의 면도날(Occam's razor): 개체들이 필요 이상으로 증폭되어서는 안된다는 상위 이론적 원리.

오캄의 지우개(Occam's eraser), 수정된 오캄의 면도날(modified Occam's razor): 의의나 사전 표제어가 증대되어서는 안된다는 오캄의 면도날에 대한 수정 버전.

외축(explicature): 적합성 이론에서 사용되는 용어로서, 발화에 나타나는 불완전한 개념 표상 또는 논리 형태를 추론적으로 발전시킨 것을 가리킨다. 달리 말하면, 외축은 발화된 문장에 대해 언어학적으로 표현되는 불완전한 논리 형태를 풍부하게 하여 완전한 명제적 내용을 산출하는 기능을 한다.

원거리 재귀사(long-distance reflexive): 자신의 국지적인 통사 영역 밖에서 결속되는 재귀사로서, 종종 문장 경계를 넘어서 담화 상으로까지 넘어간다.

위반된 대화함축(conversational implicature$_F$): 화자가 대화 격률들을 고의적으로 위반함으로써 생성되는 대화함축.

의미적 전이(semantic transfer): 입력 명제에 의해서 글자 그대로 표현된 개념이 다른 개념으로 전이되는 화용론적 과정으로서 이전 개념과 새로운 개념 간에 두드러진 기능적 관계가 존재한다.

인식성(logophoricity): 문장이나 담화에서 현재 외부에 존재하는 화자의 관점과는 달리 내부 주인공의 관점이 어떤 형태론적 또는 통사적 수단에 의해서 보고되는 현상. 여기서 기술적 의미로 사용된 '관점'의 용어는 언어, 생각, 지식, 감정, 지각, 공간 등을 포괄하는 것으로 의도된다.

인칭 직시(person deixis): 발화 사건에서 참여자들을 확인하는 것.

일반 대화함축(generalized conversational implicature): 어떤 특정한 문맥상 조건들 없이도 발생하는 대화 함축.

임시적 개념 형성(*ad hoc* concept construction): 언어학적으로 분해된 논리 형태에서의 어휘적 개념을 화용론적으로 조정하기. 한정시키기 또는 강화하기, 넓히기 또는 약화시키기, 혹은 양자의 결합 식으로 조정한다.

자유로운 강화(free enrichment): 발화된 문장이 갖는, 언어학적으로 분해된 논리 형태가 개념적으로 풍부하게 되는 화용론적 과정.

적극적 체면(positive face): 타인으로부터 받아들여지거나 호감을 얻고자 하는 바램. 적극적 공손성은 타인의 적극적 체면을 유지하는 쪽으로 방향지워진다. 적극적 공손성을 취할 경우, 청자와의 유대감을 강조하는 화술을 택하는 경향이 있다.

(화행에 대한) 적정조건(felicity condition(on speech acts)): 수행문 또는 화행이 적정하기 위해서 세계가 충족시켜야만 하는 조건.

적합성 이론(relevance theory): 스퍼버와 윌슨에 의해 개발된 인지-화용 이론. 인간의 인지에 대한 일반적 견해에 기초하고 있는 이 이론의 중심 테제는 인간의 인지 시스템이 의사소통에 대하여 그 적합성을 최대화하려는 방식으로 작용한다는 것이다.

적합성의 의사소통적 원리(communicative principle of relevance): 모든 현시적 자극은 (예, 발화) 그 나름대로 최적의 적합성을 추정하게 해준다는 화용론상의 원리.

전제(presupposition): 문장의 발화 상에서 그 진리가 당연한 것으로 간주되는 명제나 추론. 전제의 주요 기능은 그 문장의 적절한 사용을 위한 일종의 예비조건으로 작용하는 데 있다. 이러한 배경적 가정은 그 문장이 부정될 때에도 유효하다.

전제 유발자(presupposition trigger): 전제를 야기하는 어휘항목이나 언어적 구문.

전제 투사 문제(presupposition projection problem): ('전체'로서의) 복합문의 전제를 ('부분'으로서의) 그 구성소인 단순문들의 전제들에 의해 기술하고 설명하는 문제.

준수된 대화함축(conversational implicature$_O$): 화자가 대화 격률들을 직접 준수함으로써 얻게 되는 대화함축.

직시(deixis): 발화나 발화사건의 문맥이 갖는 자질들이 한 언어 내에서 어휘적 수단이나 문법적 수단을 통해서 부호화되는 현상.

직시표현(deictic expression): 직시 용법을 기본적인 또는 중심적인 용법으로 갖는 표현. 지시사, 일인칭 대명사, 이인칭 대명사, 시제 표지, 시간/장소 부사, 이동 동사 등이 전형적인 직시표현들이다. 이와는 달리 비직시적 표현이란 직시 용법을 기본적인 또는 중심적인 용법으로 갖지 않는 표현이다. 예를 들면, 영어에서 삼인칭 대명사는 직시표현으로 간주되지 않는다.

직접 화행(direct speech act): 발화수반력과 문장 유형이 직접 대응되는 화행. 그리고 우연히 서술문으로 나타나는 명시적 수행문도 그 문장의 주절 내에 있는 화행동사에 의해서 명시적으로 명명되는 발화수반력을 가지기 때문에 직접 화행으로 간주된다.

진리 조건(truth condition): 어떤 문장이 참이 되기 위해 세계가 만족시켜야하는 조건.

진리치(truth value): 명제와 관련된 개념. 명제는 참 혹은 거짓일 수 있지만, 명제의 참 또는 거짓은 발화 상황에 따라 변할 수 있다. 그러나 특정 상황에서 명제는 특정한 하나의 진리치를 갖는다. 즉 참이거나 거짓이다. 명제가 그 상황 하에서 통용되는 어떤 사태에 부합하는 한에서는 참이고, 그렇지 않는 한 거짓이다.

진술문(constative): 주장이나 진술을 하기 위해 사용되는 발화.

체면(face): 한 사회의 개별 구성원들이 자기 자신에 대해 주장하는 공적인 자기 이미지.

충족(saturation): 언어학적으로 분해된 논리 형태에서 나타나는 슬롯, 위치 또는 변항 등이 문맥상에서 채워지는 화용론적 과정.

취소가능성(defeasibility, cancellability): 어떤 언어적 또는 비언어적 문맥에서 추론이 간단히 사라질 수 있다는 속성.

특정 대화함축(particularized conversational implicature): 생성될 때 특정한 문맥 조건들을 필요로 하는 대화함축.

함의(entailment): 명제들 사이의 또는 명제를 표현하는 문장들 사이의 의미적 관계.

협력의 원리(co-operative principle): 그라이스가 자신의 대화함축 이론에서 제시한 상위의 원리로서, 의사소통에서 이성적인 상호작용을 이루기 위하여 언어가 가장 효율적이면서도 효과적으로 사용될 수 있는 방식을 결정해준다.

협의의 문맥(narrow context): 누가 누구에게 언제 어디서 말했는가 등과 같은 변항들에 의미 값을 할당하거나 그 내용을 결정하는 것과 관련되는 문맥 정보.

혼-척도(Horn-scale, Q-scale): 의미상 강한 언어표현이 의미상 약한 언어표현을 함의하는 의미적 척도. 두 언어표현은 동등하게 어휘화되고, 동일한 품사이며, 동일한 사용역이고, 또한 동일한 의미장에 속한다. 예: <all, most, many, some>, <boiling, hot, warm>, <identical, similar>. 혼-척도에서 의미상 약한 언어표현의 사용은 Q-척도 함축을 유발한다.

화용론(pragmatics): 언어의 사용에 의한, 또는 이에 의존하는 의미에 대한 체계적인 연구. 화용론 연구의 주요 주제로는 함축, 전제, 화행, 직시 등이 있다.

화용론적 개입(pragmatic intrusion): 화용론적으로 추론된 내용이 말해진 것의 관례적, 진리 조건적 내용 안으로 들어오는 현상.

화행(speech act): 언어표현을 발화하는 것으로서, 어떤 것을 말할 뿐만 아니라 적극적으로 어떤 것을 하거나 행위를 수행하는 데 그 기능이 있다.

I-원리(I-principle): 화자가 '...*p*...'라고 말하면서 (그가 알고 있는 바에 비추어보면) '...more than *p* ...'를 대화상 함축한다는 하계적 I-함축을 이끌어내는 데 이용될 수 있는 (그리고 체계적으로 이용되는) 상계적 화용 원리.

M-원리(M-principle): 형태상 대조를 이루는 대안들의 집합에 의해서 일차적으로 작동하는 화용 원리. M-원리의 기본 생각에 따르면, 유표적 언어표현의 사용은

그 대안인 동일집합 내 무표적 언어표현의 사용과 연관된 해석을 부정하는 M-함축을 야기한다.

Q-원리(Q-principle): 화자가 '...*p*...'라고 말하면서 대화상으로는 (그가 아는 바에 따르면) '... at most *p* ...'를 함축하는 상계적 Q-함축을 야기하는 데 이용될 수 있는 (그리고 특히 이용되는) 하계적 화용 원리.

참고문헌

Achiba, Machiko (2003). *Learning to request in a second language: a study of child interlanguage pragmatics*. Clevedon: Multilingual Matters.

Agha, Azif (1996). Schema and superposition in spatial deixis. *Anthropological linguistics* 38: 643-82.

Agyekum, Kofi (2004). The socio-cultural concept of face in Akan communication. *Pragmatics and cognition* 12: 71-92.

Aliseda-Liera, A., Van Glabbeek, R., and Westerstahl, D. (eds.) (1998). *Computing natural language*. Stanford: CSLI.

Allan, Keith (2001). *Natural language semantics*. Oxford: Blackwell.

Allwood, Jens (2000). An activity-based approach to pragmatics. In Bunt, H. and Black, W. (eds.) 47-80.

Alpher, B. (1987). Feminine as the unmarked grammatical gender: buffalo girls are no fools. *Australian Journal of Linguistics* 7: 169-88.

Alston, William (1994). Illocutionary acts and linguistic meaning. In Tsohatzidis, S. L. (ed.) 29-49.

Anderson, Stephen R. and Keenan, Edward L. (1985). Deixis. In Shopen, T. (ed.) 259-308.

Annamalai, E. (2000). Lexical anaphors and pronouns in Tamil. In Lust, B. et al. (eds.) 169-216.

Anscombre, Jean-Claude and Ducrot, Oswald (1977). Deux mais en français? *Lingua* 43: 23 40.

Archangeli, Diana and Langendoen, D. Terence (eds.) (1997). *Optimality theory: an overview*. Oxford: Blackwell.

Ariel, Mira (1990). *Assessing noun-phrase antecedents*. London: Routledge.

Ariel, Mira (2004). Most. *Language* 80: 658-706.

Asher, Nicholas and Lascarides, Alex (1998). The semantics and pragmatics of presupposition. *Journal of Semantics* 15: 215-38.

Atlas, Jay D. (1975). Frege's polymorphous concept of presupposition and its role in a theory of meaning. *Semantikos* 1: 29-44.

Atlas, Jay D. (1977). Negation, ambiguity, and presupposition. *Linguistics and Philosophy* 1: 321-36.

Atlas, Jay D. (1989). *Philosophy without ambiguity: a logico-linguistic essay*. Oxford: Oxford University Press.

Atlas, Jay D. (1993). The importance of being 'only': testing the neo-Gricean versus neo-entailment paradigms. *Journal of Semantics* 10: 301-18.

Atlas, Jay D. (1997). On the modularity of sentence processing: semantic generality and the language of thought. In Nuyts, J. and Pederson, E. (eds.) *language and conceptualization*. Cambridge: Cambridge University Press. 213-28.

Atlas, Jay D. (2004). Presupposition. In Horn, L. R. and Ward, G. (eds.) 29-52.

Atlas, Jay D. (2005). *Logic, meaning, and conversation: semantic underdeterminacy, implicature, and their interface*. Oxford: Oxford University Press.

Atlas, Jay D. and Levinson, Stephen C. (1981). It-clefts, informativeness and logical form: radical pragmatics. In Cole, P. (ed.) 1-61.

Austin, J. L. (1962). *How to do things with words*. Oxford: Oxford University Press.

Austin, J. L. (1975). *How to do things with words*. 2nd edn. Oxford: Oxford University Press.

Austin, Peter (1982). The deictic system of diyari. In Weissenborn, J. and Klein, W. (eds.) 273-84.

Baba, Junko (1999). Interlanguage pragmatics: compliment responses by learners of Japanese and English as a second language. München: Lincom Europa.

Bach, Kent (1987). *Thought and reference*. Oxford: Clarendon Press.

Bach, Kent (1994a). Conversational impliciture. *Mind and Language* 9: 124-62.

Bach, Kent (1994b). Semantic slack: what is said and more. In Tsohatzidis, S.

(ed.) 267-91.

Bach, Kent (1995). Standardization vs. Conventionalization. *Linguistics and Philosophy* 18: 677-86.

Bach, Kent (1999a). The semantics-pragmatics distinction: what it is and why it matters. In Turner, K. (ed.) 65-84.

Bach, Kent (1999b). The myth of conventional implicature. *Linguistics and Philosophy* 22: 327-66.

Bach, Kent (2000). Quantification, qualification and context: a reply to Stanley and Szabó. *Mind and Language* 15: 262-83.

Bach, Kent (2001). You don't say? *Synthèse* 127: 11-31.

Bach, Kent (2002). Seemingly semantic institutions. In Campbell, J. K. et al.. (eds.) 21-33.

Bach, Kent (2004). Pragmatics and the philosophy of language. In Horn, L. R. and Ward, G. (eds.) 463-87.

Bach, Kent (2005). Context ex machina. In Szabó, Z. G. (ed.) 15-44.

Bach, Kent and Harnish, Robert M. (1979). *Linguistic communication and speech acts*. Cambridge, MA: MIT Press.

Baker, C. L. (1995). Contrast, discourse prominence, and intensification, with special reference to locally free reflexives in British English. *Language* 71: 63-101.

Ballmer, Thomas (1975). Einführung und Kontrolle von Diskurswelten. In Wunderlich, D. (ed.) *Linguistische Pragmatik*. Berlin: Athenäum-Verlag. 183-206.

Ballmer, Thomas (1978). *Logical grammar: with special consideration of topics in context change*. Amsterdam: North-Holland.

Bar-Hillel, Yehoshna (1954). Indexical expressions. *Mind* 63: 359-79.

Bar-Hillel, Yehoshua (1971). Out of the pragmatic wastebasket. *Linguistic Inquiry* 2: 401-7.

Barker, Stephen (1991). *Even, still* and counterfactuals. *Linguistics and Philosophy*

14:1-38.

Barker, Stephen (2000). Is value content a component of conventional implicature? *Analysis* 60: 268-79.

Barker, Stephen (2003). Truth and conventional implicature. *Mind* 112: 1-34.

Barron, Anne (2003). *Acquisition in interlanguage pragmatics*. Amsterdam: John Benjamins.

Barsalou, Laurence (1983). Ad hoc categories. *Memory and Cognition* 11: 211-27.

Barton, Ellen (1988). *Base-generated constituents: a theory of grammatical structure and pragmatic interpretation*. Amsterdam: John Benjamins.

Batori, Istvan (1982). On verb deixis in Hungarian. In Weissenborn, J. and Klein, W. (eds.) 155-65.

Bäuerle, R., Reyle, U., and Zimmerman, T. E. (2003). *Presuppositions and discourse: essays offered to Hans Kamp*. Oxford: Elsevier.

Bayraktaroglu, Arin (2001). Advice-giving in Turkish: 'superiority' or 'solidarity'?

Bayraktaroglu, Arin and Sifianou, Maria (eds.) (2001). *Linguistic politeness across boundaries: the case of Greek and Turkish*. Amsterdam: John Benjamins.

Beaver, David I. (1997). Presupposition. In van Benthem, J. and ter Meulen, A. (eds.) *Handbook of logic and language*. Amsterdam: North-Holland. 939-1008.

Beaver, David I. (2001). *Presupposition and assertion in dynamic semantics*. Stanford: CSLI.

Bechtel, William and Abrahamsen, Adele (1991). *Connectionism and the mind: an introduction to parallel processing in networks*. Oxford: Blackwell.

Becker, Angelica and Mary, Carrol (1997). *The acquisition of spatial relations in a second language*. Amsterdam: John Benjamins.

Belnap, Noel (1969). Questions: their presuppositions, and how they can fail to arise. In Lambert, K. (ed.) *The logical way of doing things*. New Haven: Yale University Press.

Benz, Anton, Jäger, Gerhard, and Van Rooy, Robert (2006). *Game theory and pragmatics*. London: Palgrave Macmillan.

Berg, Jonathan (2002). Is semantics still possible? *Journal of Pragmatics* 34: 349-59.

Bergman, Marc L. and Kasper, Gabriele (1993). Perception and performance in native and non-native apology. In Kasper, G. and Blum-Kulka, S. (eds.) 82-107.

Bertolet, Rod (1994). Are there indirect speech acts? In Tsohatzidis, S. (ed.) 335-49.

Bezuidenhout, Anne (2002). Generalized conversational implicatures and default pragmatic inferences. In Campbell, J. K. et al. (eds.) 257-83.

Bezuidenhout, Anne and Cutting. C. (2002). Literal meaning, minimal propositions and pragmatic processing. *Journal of Pragmatics* 34: 433-56.

Bezuidenhout, Anne and Morris, Robin K. (2004). Implicature, relevance and default pragmatic inference. In Noveck, I. and Sperber, D. (eds.) 257-82.

Bhat, Darbhe (2004). *Pronouns*. Oxford: Oxford University Press.

Bianchi, Claudia (2004a). Semantics and pragmatics: the distinction reloaded. In Bianchi, C. (ed.) 1-11.

Bianchi, Claudia (ed.) (2004b). *The semantics/pragmatics distinction*. Stanford: CSLI.

Bird, Graham (1994). Relevance theory and speech acts. In Tsohatzidis, S. (ed.) 292-311.

Bishop, D. (1997). *Uncommon understanding*. Hove: Psychology Press.

Blackwell. Sarah E. (2003). *Implicatures in discourse: the case of Spanish NP anaphora*. Amsterdam: John Benjamins.

Blakemore, Diane (1987). *Semantic constraints on relevance*. Oxford: Blackwell.

Blakemore, Diane (2000). Procedures and indicators: *nevertheless* and *but*. *Journal of Linguistics* 36: 463-86.

Blakemore, Diane (2002). *Relevance and linguistic meaning: the semantics and pragmatics of discourse markers*. Cambridge: Cambridge University Press.

Blakemore, Diane (2004). Discourse markers. In Horn, L. R. and Ward, G. (eds.)

221-40.
Blass, Regina (1990). *Relevance relations in discourse: a study with special reference to Sissala*. Cambridge: Cambridge University Press.
Bloom, Paul (2000). *How children learn the meanings of the words*. Cambridge, MA: MIT Press.
Bloom, Paul (2002). Mindreading, communication and the learning of names for things. *Mind and Language* 17: 37-54.
Bloomfield, Leonard (1962). *The Menomini language*. New Haven: Yale University Press.
Blum-Kulka, Shoshana House, Juliane, and Kasper, Gabriele (eds.) (1989). *Cross-cultural pragmatics: requests and apologies*. Norwood: Ablex.
Blum-Kulka, Shoshana and Olshtain, E. (1984). Requests and apologies: a cross-cultural study of speech act realization patterns (CCSARP). *Applied Linguistics* 5: 196-213
Blutner, Reinhard (1998). Lexical pragmatics. *Journal of Semantics* 15: 115-62.
Blutner, Reinhard (2004). Pragmatics and the lexicon. In Horn, L. R. and Ward, G. (eds.). 488-514.
Blutner, Reinhard and Zeevat, Henk (eds.) (2004). *Optimality theory and pragmatics*. New York: Palgrave Macmillan.
Boër, Steven, E. and Lycan, William G. (1976). *The myth of semantic presupposition*. Bloomington: Indiana University Linguistic Club.
Borg, Emma (2004). *Minimal semantics*. Oxford: Clarendon Press
Botne, Robert (2005). Cognitive schemes and motion verbs: COMING and GOING in Chindali (Eastern Bantu). *Cognitive Linguistics* 16: 43-80.
Bradley, Raymond and Swartz, Norman (1979). *Possible world: an introduction to logic and its philosophy*. Oxford: Blackwell.
Braun, David (1995). What is character? *Journal of Philosophical Logic* 24: 227-40.
Braun, David (1996). Demonstratives and their linguistic meanings. *Noûs* 30:

145-73.

Breheny, Richard, Katsos, Napoleon, and Williams, John (forthcoming). Are scalar implicatures generated by default? *Cognition*.

Bridge, Derek (1991). Computing presuppositions in an incremental natural language processing system. PhD dissertation. University of Cambridge.

Brown, J. K. (1975). Iroquois women: an ethnohistoric note. In Reiter, R. (ed.) *Toward an anthropology of women*. New York: Monthly Review Press. 235-51.

Brown, Penelope and Levinson, Stephen C. (1978). Politeness: some universals in language usage. In Goody, E. N. (ed.) *Questions and politeness*. Cambridge: Cambridge University Press. 56-310.

Brown, Penelope and Levinson, Stephen C. (1987). *Politeness: some universals in language usage*. Cambridge: Cambridge University Press.

Brown, Roger W. and Gilman, Albert (1960). The pronouns of power and solidarity. In Sebeok, T. A. (ed.) *Style in language*. Cambridge, MA: MIT Press. 253-76.

Bühler, Karl (1934). The deictic field of language and deictic words. In Jarvella, R. J. and Klein, W. (eds.) (1982) 9-30.

Bunt, Harry and Black, William (eds.) (2000). *Abduction, belief and context in dialogue: studies in computational pragmatics*. Amsterdam: John Benjamins.

Burquest Donald A. (1986). The pronoun system of some Chadic languages. In Wiesemann, U. (ed.) 70-102.

Burton-Roberts, N.(1989). *The limits to debate*. Cambridge: Cambridge University Press.

Burton-Roberts, N. (1999). Presupposition-cancellation and metalinguistic negation: a reply to Carston. *Journal of Linguistics* 35: 347-64.

Burzio, Luigi (1991). The morphological basis of anaphora. *Journal of Linguistics* 27: 81-105.

Burzio, Luigi (1996). The role of the antecedent in anaphoric relations. In Fredin,

R. (ed.) *Current issues in comparative grammar*. Dordrecht: Kluwer. 1-45.

Campbell, J. K., O'rouilee, M., and Shiet, D. (eds.) *Meaning and truth: investigations in philosophical semantics*. New York: Seven Bridges Press.

Cappelen, Herman and Lepore, Ernie (2005). *Insensitive semantics*. Oxford: Blackwell.

Carnap, Rudolf (1942). *Introduction to semantics*. Cambridge, MA: Harvard University Press.

Carruthers, Peter and Smith, Peter (eds.) (1996). *Theories of theories of mind*. Cambridge: Cambridge University Press.

Carston, Robyn (1988). Implicature, explicature, and truth-theoretic semantics. In Kempson, R. (ed.) *Mental Representations*. Cambridge: Cambridge University Press. 155-81.

Carston, Robyn (1998). Informativeness, relevance and scalar implicatures. In Carston, R. and Uchida, S. (eds.) *Relevance theory: applications and implications*. Amsterdam: John Benjamins. 179-236.

Carston, Robyn (2002). *Thoughts and utterances: the pragmatics of explicit communication*. Oxford: Blackwell.

Carston, Robyn (2004). Relevance theory and the saying/implicating distinction. In Horn, L. R. and Ward, G. (eds.) 633-56.

Ceria, Verónica G. and Sandalo, Filomena (1995). A preliminary reconstruction of Proto-Waikurúan with special reference to pronominals and demonstratives. *Anthropological linguistics* 37: 169-91.

Chalmers, D. (1993). Connectionism and compositionality: why Fodor and Pylyshyn were wrong. *Philosophical Psychology* 6: 305-19.

Chapman, Siobhan (2005). *Paul Grice: philosopher and linguist*. London: Palgrave Macmillan.

Chierchia, Gennaro (2004). Scalar implicatures, polarity phenomena, and the syntax/pragmatics interface. In Belletti, A. (ed.) *Structures and beyond*. Oxford: Oxford University Press. 39-103.

Chierchia, Gennaro and McConnell-Ginet, Sally (2000). *Meaning and grammar*. 2nd edn. Cambridge, MA: MIT Press.

Chiou, Michael (in preparation). NP-anaphora in Modern Greek: a neo-Gricean pragmatic approach. PhD dissertation. University of Reading.

Chomsky, Noam (1981). *Lectures on government and binding*. Dordrecht: Foris.

Chomsky, Noam (1982). *On the generative enterprise*. Dordrecht: Foris.

Chomsky, Noam (1986). *Knowledge of language: its nature, origin and use*. New York: Praeger.

Chomsky, Noam (1995). *The minimalist program*. Cambridge, MA: MIT Press.

Clark, Eve (2003). *First language acquisition*. Cambridge: Cambridge University Press.

Clark, Eve V. (2004). Pragmatics and language acquisition. In Horn, L. R. and Ward, G. (eds.) 562-77.

Clark, Herbert H. (1996). *Using language*. Cambridge: Cambridge University Press.

Cohen, L. Jonathan (1971). Some remarks on Grice's views about the logical particles of natural language. In Bar-Hillel, Y. (ed.) *Pragmatics of natural languages*. Dordrecht: Reidel. 50-68.

Cohen, L. Jonathan (1977). Can the conversationalist hypothesis be defended? *Philosophical Studies* 31: 81-90.

Colarusso, John (1989). East Circassian (Kabardian dialect). In Hewitt, B. G. (ed.) *The indigenous languages of the Caucasus* Vol. 2. New York: Caravan Books. 261-355.

Cole, Peter (ed.) (1978). *Syntax and semantics 9: pragmatics*. London: Academic Press.

Cole, Peter (ed.) (1981). *Radical pragmatics*. London: Academic Press.

Cole, Peter and Morgan, Jerry (eds.) (1975). *Syntax and semantics 3: speech acts*. London: Academic Press.

Comrie, Bernard (1976). Linguistic politeness axes: speaker-addressee, speakerreference, speaker-bystander. Pragmatic microfiche 1.7: A3-B1.

Comrie, Bernard (1985). *Tense*. Cambridge: Cambridge University Press.

Comrie, Bernard (1989). Some general properties of reference-tracking system. In Arnold, D. et al. (eds.) *Essays on grammatical theory and universal grammar*. Oxford: Oxford University Press. 37-51.

Corbett, Greville G. (1991). *Gender*. Cambridge: Cambridge University Press.

Corbett, Greville G. (2000). *Number*. Cambridge: Cambridge University Press.

Coulmas, Florian (1981). Poison to your soul: thanks and apologies contrastively viewed. In Coulmas, F. (ed.) *Conversational routine: explorations in standardized communication situations and prepatterned speech*. The Hague: Mouton. 131-48.

Coulmas, Florian (1982). Some remarks on Japanese deictics. In Weissenborn, J. and Klein, W. (eds.) 209-21.

Croft, Willlam (1994). speech act classification, language typology and cognition. In Tsohatzidis, S. (ed.) 460-77.

Cross-cultural study of speech act realization patterns (CCSARP). *Applied linguistics*: 5: 196-213.

Cruse, D. Allan (2004). *Meaning in language: an introduction to semantics and pragmatics*. 2nd edn. Oxford: Oxford University Press.

Culy, Christopher (1994). Aspects of logophoric marking. *Linguistics* 32: 1055-94.

Cysouw, Michael (2002). 'we' rules: the impact of an inclusive/exclusive opposition on the paradigmatic structure of person marking. In Simon, H. and Wiese, H. (eds.) 41-62.

Cysouw, Michael (2003). *The paradigmatic structure of person marking*. Oxford: Oxford University Press.

Dahl, Östen (1985). *Tense and aspect systems*. Oxford: Blackwell.

Dascal, Marcelo (1981). Contextualism. In Parret, H. et al. (eds.) *Possibilities and limitations of pragmatics*. Amsterdam: John Benjamins. 153-77.

Dascal, Marcelo (1994). Speech act theory and Gricean pragmatics: some differences of detail that make a difference. In Tsohatzidis, S. (ed.).

Davies, Martin and Stone, Tony (eds.) (1995). *Mental simulation: philosophical and psychological essays*. Oxford: Blackwell.

Davis, Wayne A. (1998). *Implicature: intention, convention, and principle in the failure of Gricean theory*. Cambridge: Cambridge University Press.

de Sousa Melo, Candida (2002). Possible directions of fit between mind, language and the world. In Vanderveken, D. and Kubo, S. (eds.) 109-17.

Demirci, Mahide (2001). Acquisition of binding of English reflexives by Turkish L2 learners: a neo-Gricean pragmatic account. *Journal of Pragmatics* 33: 753-75.

Denny, J. P. (1982). Semantics of the Inuktitut (eskimo) spatial deictics. *International Journal of American linguistics* 48: 359-84.

Diessel, Holger (1999). *Demonstratives: form, function and grammaticalization*. Amsterdam: John Benjamins.

Diller, Anthony (1993). Diglossic grammaticality in Thai. In Foley, W. A. (ed.) 393-420.

Dixon, R. M. W. (1972). *The Dyirbal language of North Queensland*. Cambridge: Cambridge University Press.

Dixon, R. M. W. (1977). *A grammar of Yidin*. Cambridge: Cambridge University Press.

Dixon, R. M. W. (1980). *The languages of Australia*. Cambridge: Cambridge University Press.

Dixon, R. M. W. (2003). Demonstratives: a cross-linguistic typology. *Studies in Language* 27: 61-112.

Donnellan, Keith (1966). Reference and definite descriptions. *Philosophical Review* 75: 281-304.

Drew, Paul and Wooton, Anthony (eds.) (1988). *Erving Goffman: exploring the interaction order*. Cambridge: Polity Press.

Ducrot, Oswald (1972). *Dire et ne pas dire*. Paris: Hermann.

DuFon, Margaret A., Kasper, Gabriele, Takahashi, Satomi and Yoshinaga, Naoko (1994). Bibliography on linguistic politeness. *Journal of Pragmatics* 21: 527-78.

Duranti, Alessandro (1992). Language in context and language as context: the Samoan respect vocabulary. In Duranti, A. and Goodwin, C. (eds.).

Duranti, Alessandro (1997). *Linguistic anthropology*. Cambridge: Cambridge University Press.

Duranti, Alessandro and Goodwin, Charles (eds.) (1992). *Rethinking context*. Cambridge: Cambridge University Press.

Edmondson, Jerold A. and Plank, Frans (1978). Great expectations: an intensive self analysis. *Linguistics and Philosophy* 2: 373-413.

Edmondson, Willis and House, Julia (1991). Do learners talk too much? The waffle phenomenon in interlanguage pragmatics. In Philippson, R. et al. (eds.) *Foreign language pedagogy research*. Clevedon: Multilingual Matters.

Eisenstein, Miriam and Bodman, Jean (1993). Expressing gratitude in American English. In Kasper, G. and Blum-Kulka, S. (eds.) 64-81.

Ellis, Rod (1994). *The study of second language acquisition*. Oxford: Oxford University Press.

Evans, Gareth (1980). Pronouns. *Linguistic Inquiry* 11: 337-62.

Evans, Nicholas (1993). Code, inference, placedness and ellipsis. In Foley, W. A. (ed.) 241-80.

Farmer, Ann K. and Harnish, Robert M. (1987). Communicative reference with pronouns. In Verschueren, J. and Bertuccelli-Papi M. (eds.) 547-65.

Farncescotti, R. M. (1995). *Even*: the conventional implicature approach reconsidered. *Linguistics and Philosophy* 18: 153-73.

Fauconnier, Gilles (1985). *Mental spaces*. Cambridge, MA: MIT Press.

Fauconnier, Gilles (2004). Pragmatics and cognitive linguistics. In Horn, L. R. and Ward, G. (eds.) 657-74.

Feng, Guangwu (2006). Pragmatic markers in Chinese and a theory of conventional implicature. PhD dissertation. University of Reading.

Fillmore, Charles J. (1971). *The Santa Cruz lectures on deixis*. Bloomington, IN: Indiana University Linguistic Club.

Fillmore, Charles J. (1982). Towards a descriptive framework for spatial deixis. In Jarvella, R. J. and Klein, W. (eds.) 31-59.

Fillmore, Charles J. (1997). *Lectures on deixis*. Stanford: CSLI

Fodor, Jerry (1983). *The modularity of mind*. Cambridge, MA: MIT Press.

Fodor, Jerry (2001). Language, thought and compositionality. *Mind and Language* 16: 1-15.

Fodor, Jerry and Pylyshyn, Z. (1988). Connectionism and cognitive architecture: a critical analysis. *Cognition* 28: 3-71.

Foley, William A. (ed.) (1993). *The role of theory in language description*. Berlin: Mouton de Gruyter.

Fortescue, Michael (1984). *West Greenlandic Eskimo*. London: Croom Helm.

Frajzyngier, Zygmunt (1985). Logophoric systems in Chadic. *Journal of African Languages and Linguistics* 7: 23-37.

Frajzyngier, Zygmunt and Curl, Traci S. (eds.) (2000). *Reflexives: forms and functions*. Amsterdam: John Benjamins.

Fraser, Bruce (1988). Motor oil is motor oil: an account of English nominal tautologies. *Journal of Pragmatics* 12: 215-20.

Fraser, Bruce (1990). Perspectives on politeness. *Journal of Pragmatics* 14: 219-36.

Frege, Gottlob (1892). Über Sinn and Bedeutung. Zeitschrift für Philosophie and Philosophisch Kritik 100: 25-50. Trans. as On sense and reference. In Geach, P. and Black, M. (eds.) (1952). *Translations from the philosophical writings of Gottlob Frege*. Oxford: Blackwell. 56-78.

Frege, Gottlob (1897). Logic. In Hermes et al. (eds.) (1979), *Gottlob Frege: posthumous writings*. Oxford: Blackwell. 126-51.

Fretheim, Thorstein (1992). The effect of intonation on a type of scalar implicature. *Journal of Pragmatics* 18: 1-30.

Fritz, Thomas A. (2003). 'Look here, what I am saying!': speaker deixis and implicature as the basis of modality and future tense. In Lenz, F. (ed.) 135-51.

Fukushima, Saeko (2002). *Requests and culture: politeness in British English and Japanese*. Bern: Peter Lang.

Gandour, Jackson T. (1978). On the deictic use of verbs of motion *come* and *go* in Thai. *Anthropological Linguistics* 20: 381-94.

Gass, Susan M. and Houck, Noël (2000). *Interlanguage refusals: a cross-cultural study of Japanese-English*. Berlin: Mouton de Gruyter.

Gathercole, Virginia C. (1977). A study of the comings and goings of the speakers of four languages: Spanish, Japanese, English and Turkish. *Kansas Working Papers in linguistics* 2: 61-94.

Gauker, Christopher (2003). *Words without meaning*. Cambridge, MA: MIT Press.

Gazdar, Gerald (1979). *Pragmatics: implicature, presupposition and logical form*. London: Academic Press.

Geurts, Bart (1998). Presuppositions and anaphors in attitude contexts. *Linguistics and Philosophy* 21: 545-601.

Geurts, Bart (1999). *Presuppositions and pronouns*. Oxford: Elsevier Science.

Gibbs, Raymond (1999). Speakers' intentions and pragmatic theory. *Cognition* 69: 355-9.

Gibbs, Raymond (2002). A new look at literal meaning in understanding what is said and what is implicated. *Journal of Pragmatics* 34: 457-86.

Gibbs, Raymond and Moise, Jessica (1997). Pragmatics in understanding what is said. *Cognition* 62: 51-74.

Goddard, Cliff (1998). *Semantic analysis: a practical introduction*. Oxford: Oxford University Press.

Goffman, Erving (1967). *Interaction ritual: essays on face to face behavior*. New York: Anchor Books.

Goffman, Erving (1979). Footing. *Semiotica* 25: 1-29.

Goldberg, Adele E. (1995). *Constructions: a construction grammar approach to*

argument structure. Chicago: University of Chicago Press.
Gordon, David and Lakoff, George (1975). Conversational postulates. In Cole, P. and Morgan, J. (eds.) 83-106.
Green, Georgia M. (1975). How to get people to do things with words: the whimperative question. In Cole, P. and Morgan, J. (eds.) 107-42.
Green, Georgia M. (1996). *Pragmatics and natural language understanding*. 2nd edn. Mahwah, NJ: Lawrence Erlbaum.
Green, Georgia M. (2004). Some interactions of pragmatics and grammar. In Horn, L. R. and Ward, G. (eds.) 407-26.
Green, Mitchell (1995). Quantity, volubility and some varieties of discourse. *Linguistics and Philosophy* 18: 83-112.
Green, Mitchell (1998). Direct reference and implicature. *Philosophical Studies* 91: 61-90.
Greenberg J. H. (1966). *Language universals*. The Hague: Mouton.
Greenberg, J. H. (ed.) (1963). *Universals of language*. Cambridge, MA: MIT Press.
Greenberg, J. H., Ferguson, C. A., and Moravcsik, E. A. (eds.) (1978). *Universals of human language*, 4 Vols. Stanford: Stanford University Press.
Grenoble, L. (1994). Discourse deixis and information tracking. *Proceedings of the Annual Meeting of The Berkeley linguistics Society* 20: 208-19.
Grice, H. P. (1957). Meaning. *Philosophical Review* 66: 377-88.
Grice, H. P. (1961). The causal theory of perception. *The Aristotelian Society: Proceedings*, Supplementary Volume 35: 121-168.
Grice, H. P. (1969). Utterer's meaning and intentions. *Philosophical Review* 78: 147-77.
Grice, H. P. (1975). Logic and conversation. In Cole, P. and Morgan, J. (eds.) 41-58.
Grice, H. P. (1978). Further notes on logic and conversation. In Cole P. (ed.) 113-28.
Grice, H. P. (1981). Presupposition and conversational implicature. In Cole P. (ed.)

183-98.

Grice, H. P. (1989). *Studies in the way of words*. Cambridge, MA: Harvard University Press.

Grundy, Peter (2000). *Doing pragmatics*. 2nd edn. London: Arnold.

Gu, Yueguo (1990). Politeness phenomena in Modern Chinese. *Journal of Pragmatics* 14: 237-57.

Haiman, John (1985a). *Natural syntax*. Cambridge: Cambridge University Press.

Haiman, John (ed.) (1985b). *Iconicity in syntax*. Amsterdam: John Benjamins.

Hamblin, J. L. and Gibbs, R. W. (2003). Processing the meanings of what speakers say and implicate. *Discourse processes* 35: 59-80.

Hanks, W. F. (1992). The indexical ground of deictic reference. In Duranti, A. and Goodwin, C. (eds.) 43-76.

Harley, Heidi and Ritter, Elizabeth (2002). Person and number in pronouns: a feature-geometric analysis. *Language* 78: 482-526.

Harnish, Robert M. (1976). Logical form and implicature. In Beaver, T., Katz, J., and Langendoen, D. T. (eds.) *An integrated theory of linguistic ability*. New York: Crowell. 313-92.

Harris, Randy Allen (1993). *The linguistic wars*. Oxford: Oxford University Press.

Harris, Stephen G. (1984). *Culture and learning: tradition and education in north-east Arnhem Land*. Canberra: Australian Institute Of Aboriginal Studies.

Harrison, S. P. (1976). *Makilese reference grammar*. Honolulu: University Of Hawaii Press.

Hauser, Marc (1996). *The evolution of communication*. Cambridge, MA: MIT Press.

Haviland, John B. (1979). Guugu Yimidhirr brother-in-law language. *Language in Society* 8: 365-93.

Haviland, John B. (1997). Shouts, shrieks, and shots: untruly political conversations in indigenous Chiapas. *Pragmatics* 7: 547-74.

Hawkins, John A. (1991). On (in)definite articles: implicatures and (un)grammaticality prediction. *Journal of Linguistics* 27: 405-42.

Heath, J. (1980). Nunggubuyu deixis, anaphora, and culture. *Papers from the regional meeting of the Chicago linguistics Society*: 151-65.

Heeschen, Volker (1982). Some systems of spatial deixis in Papuan Languages. In Weissenborn, J. and Klein, W. (eds.) 81-109.

Heim, Irene (1983). On the projection problem for presuppositions. *Proceedings of the West Coast Conference on Formal linguistics* 2: 114-25.

Heim, Irene (1992). Presupposition projection and the semantics of attitude verbs. *Journal of Semantics* 9: 183-221.

Helmbrecht, Johannes (2003). Politeness distinctions in second person pronouns. In Lenz, F. (ed.) 185-202.

Herring S. C. (1994). Discourse functions of demonstrative deixis in Tamil. *Proceedings of the annual Meeting of The Berkeley linguistics Society* 20: 246-59.

Hill, Clifford (1982). Up/down, front/back, left/right: a contrastive study of Hausa and English. In Weissenborn, J. and Klein, W. (eds.)

Himmelmann, Nikolaus (1997). *Deiktikon, Artikel, Nominalphrase*. Tübingen: Niemeyer.

Hirschberg, Julia (1991). *A theory of scalar implicature*. New York: Garland.

Hobbs, Jerry R. (2004). Abduction in natural language understanding. In Horn, L. R. and Ward, G. (eds.) 724-41.

Holdcroft, David (1994). Indirect speech acts and propositional content. In Tsohatzidis, S. (ed.) 350-64.

Hong, Wei (1998). *Request patterns in Chinese and German: a cross-cultural study*. München: Lincom Europa.

Hopper, Robin (2002). Deixis and aspect: the Tokelanan directional particles *mai* and *atu*. *Studies in Language* 26: 283-313.

Horgan, Terence and Tienson, John (1996). *Connectionism and the philosophy of psychology*. Cambridge, MA: MIT Press.

Horn, Laurence R. (1972). On the semantic properties of logical operators in

English. Ph.D. dissertation. University of California at Los Angeles.

Horn, Laurence R. (1984). Toward a new taxonomy for pragmatic inference: Q-based and R-based implicature. In Schiffrin, D. (ed.) *Meaning, form, and use in context: linguistic applications*. Washington, DC: Georgetown University Press. 11-42.

Horn, Laurence R. (1985). Metalinguistic negation and pragmatic ambiguity. *Language* 61: 121-74.

Horn, Laurence R. (1988). Pragmatic theory. In Newmeyer, F. J. (ed.) *Linguistics: the Cambridge survey*, Vol. 1: 113-45.

Horn, Laurence R. (1989). *A natural history of negation*. Chicago: University of Chicago Press.

Horn, Laurence R. (1996). Presupposition and implicature. In Lappin, S. (ed.) 299-320.

Horn, Laurence R. (2004). Implicature. In Horn, L. R. and Ward, G. (eds.) 3-28

Horn, Laurence R. and Bayer, Samuel (1984). Short-circuited implicature: a negative contribution. *Linguistics and Philosophy* 7: 397-411.

Horn, Laurence R. and Ward, Gregory (2004). Introduction. In Horn, L. R. and Ward, G. (eds.): xi-xix.

Horn, Laurence R. and Ward, Gregory (eds.) (2004). *The handbook of pragmatics*. Oxford: Blackwell.

Hornstein, Norbert, Nunes, Jairo, and Grohmann, Kleanthes (2005). *Understanding minimalism*. Cambridge: Cambridge University Press.

Hottenroth, Priska-Monika (1982). The system of local deixis in Spanish. In Weissenborn, J. and Klein, W. (eds.) 133-53.

House, Julia (1988). 'Oh excuse me please': apologizing in a foreign language. In Kettemann, B. et al. (eds.) *Englisch als Zweitsprache*. Tübingen: Narr. 303-27.

Hu, Hsien Chin (1944). The Chinese concept of 'face'. *American Anthropologists* 46: 45-64.

Huang, Yan (1987). The preference organization of adjacency pairs in English conversation (written in Chinese). *Xiandai Waiyu* 3: 10-18.

Huang, Yan (1991). A neo-Gricean pragmatic theory of anaphora. *Journal of Linguistics* 27: 301-35.

Huang, Yan (1992). Against Chomsky's typology of empty categories. *Journal of Pragmatics* 17: 1-29.

Huang, Yan (1994). *The syntax and pragmatics of anaphora: a study with special reference to Chinese*. Cambridge: Cambridge University Press.

Huang, Yan (1995). On null subjects and null objects in generative grammar. *linguistics* 33: 1081-123.

Huang, Yan (1996). A note on the head-movement analysis of long-distance reflexives. *Linguistics* 34: 833-40.

Huang, Yan (2000a). *Anaphora: a cross-linguistic study*. Oxford: Oxford University Press.

Huang, Yan (2000b). Discourse anaphora: four theoretical models. *Journal of pragmatics* 32: 151-76.

Huang, Yan (2001a). Reflections on theoretical pragmatics. *Waiguoyu* 131: 2-14.

Huang, Yan (2001b). Anaphora. In Smelser, N. J. and Baltes, P. B. (eds.) *International encyclopedia of the social and behavioral sciences*, 26 Vols. New York: Elsevier Science. Vol. 1: 486-90.

Huang, Yan (2001c). Marking of logophoricity in West African, East and South Asian languages. In *Proceedings of the 6th international conference on the languages of East, Southeast Asia and West Africa*. St Petersburg: University of St Petersburg Oriental Press. 224-38.

Huang, Yan (2001d). Anaphora and word order. In Palek, B. and Fujimura, O. (Eds.) *Item Order*. Prague: Charles University Press. 329-46.

Huang, Yan (2002a). Typology of coreferential anaphora and neo-Gricean pragmatics: implications for a newly defined artificial language. *Journal of Universal Language* 3: 31-56.

Huang, Yan (2002b). Logophoric marking in East Asian languages. In Güldemann,

T. and Van Roncador, M. (eds.) *Reported discourse*. Amsterdam: John Benjamins. 213-24.

Huang, Yan (2003). On neo-Gricean pragmatics. *International Journal of Pragmatics* 13: 87-110.

Huang, Yan (2004a). Anaphora and the pragmatics-syntax interface. In Horn, L. R. and Ward, G. (eds.) 288-314.

Huang, Yan (2004b). Neo-Gricean pragmatic theory: looking back on the past, looking ahead to the future. *Waiguoyu* 149: 2-25.

Huang, Yan (2005). Lexical narrowing in English. In Chen, Y. and Leung, Y. (eds.) *Selected papers from the Fourteenth International Symposium on English Teaching*. Taipei: Crane Publishers. 55-66.

Huang, Yan (2006a). speech acts. In Brown, K. (ed.) *The encyclopedia of language and linguistics*. 2nd edn. 14 Vols. New York: Elsevier Science. Vol. 11: 656-66.

Huang, Yan (2006b). Neo-Gricean pragmatics. In Brown, K. (ed.) *The encyclopedia of language and linguistics*. 2nd edn. 14 Vols. New York: Elsevier Science. Vol. 8: 586-90.

Huang, Yan (2006c). Anaphora, cataphora, exophora, logophoricity. In Brown, K. (ed.) *The encyclopedia of language and linguistics*. 2nd edn. 14 Vols. New York: Elsevier Science. Vol. 1: 231-8.

Huang, Yan (2006d). Coreference: identity and similarity. In Brown, K. (ed.) *The encyclopedia of languages and linguistics*. 2nd edn. 14 Vols. New York: Elsevier Science. Vol. 3: 203-5.

Hudson, Joyce (1985). Selected speech act verbs in Walmutjari. In Hutter, G. and Gregerson, K. (eds.) *Pragmatics in non-western practice*. Dallas: Summer Institute Of Linguistics. 63-83.

Hurford, James R. and Harley, Brendan (1983). *Semantics: a course book*. Cambridge: Cambridge University Press.

Hwang, J. (1990). 'Deference' versus 'politeness' in Korean speech. International

Journal of The Sociology of Language 82: 41-55.

Hyman, Larry and Comrie, Bernard (1981). Logophoric reference in Gokana. *Journal of African Languages and Linguistics* 3: 19-37.

Hyslop, Catriona (1993). Towards a typology of spatial deixis. Honours thesis. The Australian National University.

Ide, Sachiko (1989). Formal forms and discernment: two neglected aspects of universals of linguistic politeness. *Multilingua* 8: 223-48.

Imai, Shingo (2003). Spatial deixis. PhD dissertation. State University of New York at Buffalo.

Ingram, D. (1978). Typology and universals of personal pronouns. In Greenberg et al. (ed.) 213-47.

Ivan, Elinor Ochs (1976). The universality of conversational implicature. *Language in Society* 5: 67-80.

Jackendoff, Ray (1983). *Semantics and cognition*. Cambridge, MA: MIT Press.

Jackendoff, Ray (1990). *Semantic structure*. Cambridge, MA: MIT Press.

Jackendoff, Ray (1992). *Languages of the mind*. Cambridge, MA: MIT Press.

Jackendoff, Ray (1997). *The architecture of the language faculty*. Cambridge, MA: MIT Press.

Jaggar, Philip J. and Buba, Malami (1994). The space and time adverbials NAN/CAN in Hausa: cracking the deictic code. *Language Sciences* 16: 387-421.

Janssen, Theo (1997). Compositionality. In van Benthem, J. and Ter Meulen, A. (Eds.) *Handbook of logic and language*. Amsterdam: North-Holland. 417-73.

Jarvella, Robert and Klein, Wolfgang (eds.) (1982). *Speech, place and action: studies in deixis and related topics*. Chichester: John Wiley and Sons.

Jaszczolt, K. M. (2002). *Semantics and pragmatics: meaning in language and discourse*. London: Pearson Education.

Jaszczolt, K. M. (2005). *Default semantics: foundations of a compositional theory of acts of communication*. Oxford: Oxford University Press.

Jaszczolt, K. M. and Turner, K. (eds.) (1996). *Contrastive semantics and pragmatics*. New York: Elsevier Science.

Johnson, Mark (1992). Philosophical implications of cognitive semantics. *Cognitive Linguistics* 3: 345-66.

Jungbluth Konstanze (2003). Deictics in the conversational dyad: finding in Spanish and some cross-linguistic outlines. In Lenz, F. (ed.) 13-40.

Jurafsky, Daniel (2004). Pragmatics and computational linguistics. In Horn, L. R. and Ward, G. (eds.) 578-604.

Kadmon, Nirit (2001). *Formal pragmatics: semantics, pragmatics, presupposition, and focus*. Oxford: Blackwell.

Kamp, Hans and Reyle, Uwe (1993). *From discourse to logic: introduction to model theoretic semantics of natural languages, formal logic and discourse representation theory*. Dordrecht: Kluwer.

Kaplan, David (1989). Demonstratives: an essay on the semantics, logic, metaphysics, and epistemology of demonstratives and other indexicals. In Almog, J. et al. (eds.) *Themes from Kaplan*. Oxford: Oxford University Press. 481-563.

Karttunen, Lauri (1973). Presuppositions of compound sentences. *Linguistic Inquiry* 4: 169-93.

Karttunen, Lauri (1974). Presupposition and linguistic context. Theoretical *Linuistics* 1: 182-94.

Karttunen, Lauri and Peters, Stanley (1979). Conventional implicature. In Oh, C.-K. and Dineen, A. D. (eds.) *Syntax and semantics 11: presupposition*. London: Academic Press. 1-56.

Kasher, Asa (1976). Conversational maxims and rationality. In Kasher, A. (ed.) *Language in focus: foundations, methods and systems*. Dordrecht: Reidel. 197-216.

Kasher, Asa (ed.) (1998). *Pragmatics: critical concepts*. 6 Vols. London: Routledge.

Kasper, Gabriele and Blum-Kulka, Shoshana (eds.) (1993). *Interlanguage pragmatics*. Oxford: Oxford University Press.

Katz, Jerrold J. (1977). *Propositional structure and illocutionary force*. New York: Crowell.

Kay, Paul (1990). Even. *Linguistics and Philosophy* 13: 59-111.

Kay, Paul (2004). Pragmatic aspects of grammatical constructions. In Horn, L. R. and Ward, G. (eds.) 675-700.

Keating, Elizabeth (1998). Honor and stratification in Pohnpei, Micronesia. *American Ethnologist* 25: 399-411.

Kempson, Rush (1975). *Presupposition and the delimitation of semantics*. Cambridge: Cambridge University Press.

Kim, Sun-Hee (1993). Division of labor between grammar and pragmatics: the distribution and interpretation of anaphora. Ph.D. dissertation. Yale University.

King, Jefrey and Stanley, Jason (2005). Semantics, pragmatics, and the role of semantic content. In Szabó, Z. G. (ed.) 111-64.

König, Ekkehard and Siemund, Peter (2000). Intensifiers and reflexives: a typological perspective. In Frajzyngier, Z. and Curl, T. S. (eds.) 41-74.

Koutlaki, Sophia A. (2002). Offers and expressions of thanks as face enhancing acts: *tœ'arof* in Persian. *Journal of Pragmatics* 34: 1733-56.

Krahmer, Emiel (1998). *Presupposition and anaphora*. Stanford: CSLI

Kripke, Saul (1977). Speaker's reference and semantic reference. *Midwest Studies In Philosophy* 2: 255-76.

Kuno, Susumu (2004). Empathy and direct discourse perspectives. In Horn, L. R. and Ward, G. (eds.) 315-43.

Lakoff, George (1972). Hedges: a study in meaning criteria and the logic of foci concepts. *Papers from the Regional Meeting of the Chicago Linguistics Society* 8: 183-228.

Lakoff, George (1987). *Women, fire, and dangerous things: what categories reveal about the mind*. Chicago: University of Chicago Press.

Lakoff, George and Johnson, Mark (1999). *Philosophy in the flesh: the embodied mind and its challenge to western thought*. New York: Basic Books.

Lalitha Murthy, B. and Subbarao, K. V. (2000). Lexical anaphors and pronominals in Mizo. In Lust, B. et al. (eds.) 777-840.

Landman, Fred (1986). Conflicting presuppositions and modal subordination. *Papers from the regional meeting of the Chicago Linguistics Society* 22: 105-207.

Langacker, Ronald (1987). *Foundations of cognitive grammar*, Vol. 1. Stanford: Stanford University Press.

Langendoen, D. Terence and Savin, Harris (1971). The projection problem for presuppositions. In Fillmore, C. and Langendoen, D.T. (eds.) *Studies in Linguistic semantics*. New York: Holt, Reinhardt and Winston. 373-88.

Lappin, Shalom (ed.) (1996). *The handbook of contemporary semantic theory*. Oxford: Blackwell.

Lasnik, Howard (1989). *Essays on anaphora*. Dordrecht: Kluwer.

le Pair, R. (1996). Spanish request strategies: a cross-cultural analysis from an intercultural perspective. In Jaszczolt, K. M. and Turner, K. (eds.) 651-70.

Leech, Geoffrey N. (1983). *Principles of pragmatics*. London: Longman.

Leech, Geoffrey N. (2003). Towards an anatomy of politeness in communication. *International Journal of Pragmatics* 13: 101-23.

Lee-Wong, Song Mei (2000). *Politeness and face in Chinese culture*. Frankfurt am Main: Peter Lang.

Legendre, Géraldine, Grimshaw, Jane, and Vikener, Sten (2001). *Optimality-theoretic syntax*. Cambridge, MA: MIT Press.

Lenz, Friedrich (ed.) (2003). *Deictic conceptualization of space, time and person*. Amsterdam: John Benjamins.

Levinson, Stephen C. (1983). *Pragmatics*. Cambridge: Cambridge University Press.

Levinson, Stephen C. (1987a). Minimization and conversational inference. In Verschueren, J. and Bertuccelli-Papi, M. (eds.) 61-129.

Levinson, Stephen C. (1987b). Pragmatics and the grammar of anaphora. *Journal of Linguistics* 23: 379-434.

Levinson, Stephen C. (1988). Putting linguistics on a proper footing: explorations in Goffman's concepts of participation. In Drew, P. and Wooton, A. (eds.) 161-293.

Levinson, Stephen C. (1989). A review of *Relevance*. *Journal of Linguistics* 25: 455-472.

Levinson, Stephen C. (1991). Pragmatic reduction of the binding conditions revisited. *Journal of Linguistics* 27: 107-61.

Levinson, Stephen C. (1995). Three levels of meaning. In Palmer, F. (ed.) 90-115.

Levinson, Stephen C. (1996). Frames of reference and Molyneux's question: cross-linguistic evidence. In Bloom, P. et al. (eds.) *Language and space*. Cambridge, MA: MIT Press. 109-69.

Levinson, Stephen C. (2000). *Presumptive meanings: the theory of generalized conversational implicature*. Cambridge, MA: MIT Press.

Levinson, Stephen C. (2003). *Space in language and cognition: explorations in cognitive diversity*. Cambridge: Cambridge University Press.

Levinson, Stephen C. (2004). Deixis and pragmatics. In Horn, L. R. and Ward, G. (eds.) 97-121.

Levnson, Stephen C. (1987a). Minimization and conversational inference. In Verschueren, J. and Bertuccelli-Papi, M. (eds.) 61-129.

Lewis, David (1979). Scorekeeping in a language game. *Journal of Philosophical Logic* 8: 339-59.

Li, Charles N. (ed.) (1976). *Subject and topic*. London: Academic Press.

Li, Charles N. and Thompson, Sandra A. (1976). Subject and topic: a new typology of language. In Li, C. N. (ed.) 457-98.

Locher, Miriam A. (2004). *Power and politeness in action: disagreements in oral communication*. Berlin: Mouton de Gruyter.

Lust, Barbara, Wali, K., Gair, James, and Subbarao, K. V. (eds.) (2000). *Lexical anaphors and pronouns in selected South Asian Languages*. Berlin: Mouton de Gruyter.

Lycan, William G. (1991). *Even* and *even if*. *Linguistics and Philosophy* 14: 115-50.

Lyons, John (1977). *Semantics*. 2 vols. Cambridge: Cambridge University Press.

Lyons, John (1982). Deixis and subjectivity: loquor, ergo sum? In Jarvella, R. and Klein, W. (eds.) 101-24.

Lyons, John (1987). Semantics. In Lyons, J. et al. (eds.) *New Horizons m linguistics 2*. London: Penguin. 152-78.

Lyons, John (1995). *Linguistic semantics*. Cambridge: Cambridge University Press.

MacDonald, L. (1990). *A grammar of Tauya*. Berlin: Mouton de Gruyter.

Majid, A., Bowerman, M., Kita, S., Haun, D., and Levrnson, Stephen C. (2004). Can language restructure cognition? The case for space. *Trends in Cognitive Sciences* 8: 108-14.

Malotki, Eckehart (1982). Hopi person deixis. In Weissenborn, J. and Klein, W. (eds.) 223-52.

Manning, H. Paul (2001). On social deixis. *Anthropological Linguistics* 43: 54-100.

Mao, LuMing Robert (1994). Beyond politeness theory: 'face' revisited and renewed. *Journal of Pragmatics* 21: 451-86.

Marcu, Daniel (1994). A formalisation and an algorithm for computing pragmatic inferences and detecting infelicities. PhD dissertation. University of Toronto.

Marmaridou, Sophia S. A. (2000). *Pragmatic meaning and cognition*. Amsterdam: John Benjamins.

Marquez-Reiter, Rosina (2000). *Linguistic politeness in Britain and Uruguay: a contrastive study of requests and apologies*. Amsterdam: John Benjamins.

Martinet, A. (1962). *A functional view of language*. Oxford: Clarendon Press.

Martinich, A. P. (1984). *Communication and reference*. Berlin: Walter de Gruyter.

Matsui, Tomoko (2000). *Bridging and relevance*. Amsterdam: John Benjamins.

Matsumoto, Yo (1995). The conversational condition on Horn scales. *Linguistics and Philosophy* 18: 21-60.

Matsumoto, Yoshiko (1988). Reexamination of the universality of face: politeness phenomena in Japanese. *Journal of Pragmatics* 12: 403-26.

Matsumoto, Yoshiko (1989). Politeness and conversational universals: observations from Japanese. *Multilingua* 8: 207-21.

Mattausch, Jason (2004). Optimality theory pragmatics and binding phenomena. In Blutner, R. and Zeevat, H. (eds) 63-90.

Mattews, Peter H. (1995). Syntax, semantics, and pragmatics. In Palmer, F. (ed.) 48-60.

Meira, Sérgio (2003). 'Addressee effects' in demonstrative systems: the cases of Tiriyó and Brazilian Portuguese. In Lenz, F. (ed.) 3-11.

Mercer, Robert (1992). Default logic: towards a common logical semantics for presupposition and entailment. *Journal of Semantics* 9: 223-50.

Merin, Arthur (1994). Algebra of elementary social acts. In Tsohatzidis, S. (ed.3 234-66.

Merin, Arthur (1999). Information, relevance, and social decision making: some principles and results of decision-theoretic semantics. In Moss, L. S., Ginzburg, J., and De Rijke, M. (eds.) *Logic, language, and computation*, Vol. 2. Stanford: CSLI 179-221.

Merin, Arthur (2003). Probabilistic and deterministic presuppositions. In Bauerle, R. et al. (eds.).

Mey, Jocob L. (2001). *Pragmatics: an introduction*. 2nd edn. Oxford: Blackwell.

Miller, Roy A. (1967). *The Japanese language*. Chicago: University of Chicago Press.

Milner, G. B. (1961). The Samoan vocabulary of respect. *Journal of the Royal Anthropological Institute* 91.

Mithun, Marianne (1999). *The languages of native north America*. Cambridge: Cambridge University Press.

Mizutani, Osamu and Mizutani, Nobuko (1987). *How to be polite in Japanese.*

Tokyo: Japan Times.

Montalbetti, Mario (2003). Reference transfers and the Giorgione problem. In Barss, A. (ed.) *Anaphora: a reference guide*. Oxford: Blackwell.

Morgan, Jerry L. (1978). Two types of convention in indirect speech acts. In Cole P. (ed.) 261-80.

Morris, Charles (1938). *Foundations of the theory of signs*. Chicago: University of Chicago Press.

Mühlhäusler, Peter and Harré, Rom (1990). *Pronouns and people*. Oxford: Blackwell.

Neale, Stephen (1992). Paul Grice and the philosophy of language. *Linguistics and Philosophy* 15: 509-59.

Nemo, François (1999). The pragmatics of signs, the semantics of relevance, and the semantics-pragmatics interface. In Turner, K. (ed.) 343-417.

Nemo, François and Cadiot, P. (1997). Un problèm insoluble? *Revue de sémtique et pragmatique* 1: 15-22, 2: 9-40.

Nicolle, Steve and Clark, Billy (1999). Experimental pragmatics and what is said: a response to Gibbs and Moise. *Cognition* 69: 337-54.

Noveck, Ira A. (2001). When children are more logical than adults: experimental investigations of scalar implicature. *Cognition* 78: 165-88.

Noveck, Ira A. and Sperber, Dan (eds.) (2004). *Experimental pragmatics*. New York: Palgrave Macmillan.

Nunberg, Geoffrey (1979). The non-uniqueness of semantic solutions: polysemy. *Linguistics and Philosophy* 3: 143-84.

Nunberg, Geoffrey (1993). Indexicality and deixis. *Linguistics and Philosophy* 16: 1-14.

Nunberg, Geoffrey (1995). Transfers of meaning. *Journal of Semantics* 12: 109-32.

Nunberg, Geoffrey (2004). The pragmatics of deferred interpretation. In Horn, L. R. and Ward, G. (eds.) 344-64.

Nwoye, Onuigbo (1989). Linguistic politeness in Igbo. *Multilingua* 8: 259-75.

Nwoye, Onuigbo (1992). Linguistic politeness and socio-cultural variations of the notion of face. *Journal of Pragmatics* 18: 309-28.

Olshtain, Elite and Weinbach, Liora (1993). Interlanguage features of the speech act of complaining. In Kasper, G. and Blum-Kulka, S. (eds.) 108-22.

Palmer, Frank (ed.) (1995). *Grammar and meaning: essays in honour of Sir John Lyons*. Cambridge: Cambridge University Press.

Papafragou, Anna and Musolino, Julien (2003). Scalar implicatures: experiments at the semantics-pragmatics interface. *Cognition* 86: 253-82.

Parker, E. (1986). Mundani pronouns. In Wiesemann, U. (ed.) 131-66.

Peccei, Jean Stilwell (1999). *Pragmatics*. London: Routledge.

Perrault, C. Raymond (1990). An application of default logic to speech act theory. In Cohen, P. (eds) *Intentions in communication*. Cambridge, MA: MIT Press. 161-86.

Perry, John (1993). *The problem of the essential indexical and other essays*. Oxford: Oxford University Press.

Perry, John (1998). Indexicals, contexts and unarticulated constituents. In AlisedaLlera et al.. (eds.).

Popper, Karl (1973). *Objective knowledge*. Oxford: Oxford University Press.

Posner, R. (1980). Semantics and pragmatics of sentence connectives in natural language. In Searle, J. R., Kiefer, F., and Bierwisch, M. (eds.) *Speech act theory and pragmatics*. Dordrecht: Reidel. 169-203.

Potts, Christopher (2005). *The logic of conventional implicatures*. Oxford: Oxford University Press.

Prince, Alan and Smolensky, Paul (1993). Optimality theory: constraint interaction in generative grammar. MS.

Prince, Alan and Smolensky, Paul (2004). *Optimality theory: constraint interaction in generative grammar*. Oxford: Blackwell.

Prucha, J. (1983). *Pragmalinguistics: East European tradition*. Amsterdam: John Benjamins.

Pustejovsky, James (1995). *The generative lexicon*. Cambridge, MA: MIT Press.

Ray, Tapas S. (2000). Lexical anaphors and pronouns in Oriy. In Lust, B. et al. (eds.) 575-636.

Reboul, Anne (2004). Conversational implicatures: nonce or generalized? In Noveck, I. and Sperber, D. (eds.) 322-32.

Recanati, François (1989). The pragmatics of what is said. *Mind and language* 4: 295-329.

Recanati, François (1993). *Direct reference: from language to thought*. Oxford. Blackwell.

Recanati, François (1994). Contextualism and anti-contextualism in the philosophy of language. In Tsohatzidis, S. (ed.) 156-66.

Recanati, François (2000). *Oratio oblique, oratio recta: the semantics of metarepresentations*. Cambridge, MA: MIT Press.

Recanati, François (2001). What is said. *Synthèse* 125: 75-91.

Recanati, François (2002). Does linguistic communication rest on inference? *Mind and Language* 17: 105-26.

Recanati, François (2004a). *Literal meaning*. Cambridge: Cambridge University Press.

Recanati, François (2004b). Pragmatics and semantics. In Horn, L. R. and Ward, G. (eds.) 442-62.

Recanati, François (2005). 'what is said' and the sematics/pragmatics distinction. In Bianchi, C. (ed.) 45-64.

Reesink, G. P. (1987). *Structures and their function in Usan: a Papuan language of Papua New Guinea*. Amsterdam: John Benjamins.

Reinhart, Tanya and Reuland, Eric (1993). Reflexivity. *Linguistic Inquiry* 24: 657-720.

Richard, M. (1990). *Propositional attitudes: an essay on thoughts and how we ascribe them*. Cambridge: Cambridge University Press.

Rieber, Stephen (1997). Conventional implicatures as tacit performatives. *Linguistics and Philosophy* 20: 51-72.

Roberts, Craige (1996). Anaphora in intensional contexts. In Lappin, S. (ed.) 21546.

Roberts, Craige (2004) Context in dynamic interpretation. In Horn, L. and Ward, G. (eds.) 197-220.

Rosaldo, Michelle Z. (1982). The things we do with words: Ilongot speech acts and speech act theory in philosophy. *Language in Society* 11: 203-37.

Ross, John Robert (1970). On declarative sentences. In Jacobs, R. and Rosenbaum, P. S. (eds.) *Readings in English transformational grammar*. Walthm: Ginn. 222-72.

Rundquist, Suellen (1992). Indirectness: a gender study of flouting Grice's maxims. *Journal of Pragmatics* 18: 431-49.

Russell, Bertrand (1905). On denoting. *Mind* 14: 479-93.

Ryle, Gilbert (1954). *Dilemmas*. Cambridge: Cambridge University Press.

Sadock Jerrold M. (1974). *Toward a linguistic theory of speech acts*. New York: Academic Press.

Sadock, Jerrold M. (1978). On testing for conversational implicature. In Cole P. (ed.) 281-98.

Sadock, Jerrold M. and Zwicky, Arnold M. (1985). speech act distinctions in syntax. In Shopen, T. (ed.) Vol. 1: 155-96.

Sadock, Jerrold M. (1994). Toward a grammatically realistic typology of speech acts. In Tsohatzidis, S. (ed.) 391-406.

Sadock, Jerrold M. (2004). Speech acts. In Horn, L. R. and Ward, G. (eds.) 53-73.

Saeed, John I. (2003). *Semantics*. 2nd edn. Oxford: Blackwell.

Salmon, Nathan (1991). The pragmatic fallacy. *Philosophical Studies* 63: 83-97.

Sarangi, Srikant K. and Slembrouck, Stefaan (1992). Non-cooperation in communication: a reassessment of Gricean pragmatics. *Journal of Pragmatics* 17: 117-54.

Saul, Jennifer (2002). What is said and psychological reality: Grice's project and relevance theorists' criticisms. *Linguistics and Philosophy* 25: 347-72.

Schladt, M. (2000). The typology and grammaticalization of reflexives. In Frajzyngier, Z. and Curl, T. S. (eds.) 103-24.

Schöter, Andreas (1995). The computational application of bilattice logic to natural reasoning. PhD dissertation. University of Edinburgh.

Schutz, Alfred (1970). *Reflections on the problems of relevance*. New Haven: Yale University Press.

Scollon, Ronald and Scollon, Suzanne Wong (1995). *Intercultural communication: a discourse approach*. Oxford: Blackwell.

Searle, John R. (1969). *Speech acts: an essay in the philosophy of language*. Cambridge: Cambridge University Press.

Searle, John R. (1975a). A taxonomy of speech acts. In Gunderson, K. (ed.) *Minnesota studies in the philosophy of science 9: language, mind and knowledge*. 344-69.

Searle, John R. (1975b). Indirect speech acts. In Cole, P. and Morgan, J. L. (eds.) 59-82.

Searle, John R. (1979). *Expression and meaning: studies in the theory of speech acts*. Cambridge: Cambridge University Press.

Searle, John R. (1980). The background of meaning. In Searle, J., Klifer, F., and Bierwisch, M. (eds.) *Speech act theory and pragmatics*. Dordrecht: Reidel. 221-32.

Searle, John R. (1983). *Intentionality: an essay in the philosophy of mind*. Cambridge: Cambridge University Press.

Searle, John R. (1992). *The rediscovery of the mind*. Cambridge, MA: MIT Press.

Searle, John R. (1996). *The construction of social reality*. Oxford: Blackwell.

Searle, John R. (2002). *Consciousness and language*. Cambridge: Cambridge University Press.

Searle, John R. and Vanderveken, Daniel (1985). *Foundations of illocutionary logic*. Cambridge: Cambridge University Press.

Sells, Peter (1987). Aspects of logophoricity. *Linguistic Inquiry* 18: 445-79.

Seuren, Peter (2000). Presupposition, negation and trivalence. *Journal of Linguistics* 36: 1-37.

Seuren, Peter (2004). *Chomsky's minimalism.* Oxford: Oxford University Press.

Shibatani, Masayoshi (1990). *The languages of Japan.* Cambridge: Cambridge University Press.

Shibatani, Masayoshi (1999). Honorifics. In Brown, K. and Miller, J. (eds.) *Concise encyclopedia of grammatical categories.* New York: Elsevier Science. 192-201.

Shopen, Tim (ed.) (1985). *Language typology and syntactic description.* 3 Vols. Cambridge: Cambridge University Press.

Siewierska, Anna (2004). *Person.* Cambridge: Cambridge University Press.

Sifianou, Maria (1992). *Politeness phenomena in England and Greece: a cross-cultural perspective.* Oxford: Clarendon Press.

Simon, Horst J. and Wiese, Heike (eds.) (2002). *Pronouns: grammar and representation.* Amsterdam: John Benjamins.

Sinha, Anjani Kumar (1972). On the deictic uses of 'coming' and 'going' in Hindi. *Papers from the regional meeting of the Chicago Linguistic Society* 8: 351-58.

Smith, Barry. (1990). Towards a history of speech act theory. In Burkhardt, A. (ed.) *Speech acts, meaning and interactions: critical approaches to the philosophy of John R. Searle.* Berlin: W. de Gruyter. 29-61.

Smith, Neil (2004). *Chomsky: ideas and ideals.* 2nd edn. Cambridge: Cambridge University Press.

Soames, Scott (1979). A projection problem for speaker presuppositions. *Linguistic Inquiry* 10: 623-66.

Soames, Scott (1982). How presuppositions are inherited: a solution to the projection problem. *Linguistic Inquiry* 13: 483-545.

Soames, Scott (1989). Presupposition. In Gabbay, D. and Guenthner, F. (Eds.)

Handbook of philosophical logic. Vol. 4. Dordrecht: Reidel. 553-616.

Sperber, Dan and Wilson, Derdre (1986). *Relevance: communication and cognition*. Oxford: Blackwell.

Sperber, Dan and Wilson, Derdre (1987). Précis of *Relevance. Behavioral and brain sciences* 10: 697-710.

Sperber, Dan and Wilson, Derdre (1995). *Relevance: communication and cognition*. 2nd edn. Oxford: Blackwell.

Sperber, Dan and Wilson, Derdre (2002). Pragmatics, modularity and mindreading. *Mind and language* 17: 3-23.

Stalnaker, Robert C. (1972). Pragmatics. In Davidson, D. and Harman, G. (eds.) *Semantics of natural language*. Dordrecht: Reidel. 380-97.

Stalnaker, Robert C. (1973). Presuppositions. *Journal of Philosophical Logic* 2: 447-57.

Stalnaker, Robert C. (1974). Pragmatic presupposition. In Munitz, M. and Unger, P. (eds.) *Semantics and philosophy*. New York: New York University Press. 197-214.

Stalnaker, Robert C. (1978). Assertation. In Cole P. (ed.) 315-22.

Stalnaker, Robert C. (1999). *Context and content*. Oxford: Oxford University Press.

Stanley, Jason (2000). Context and logical form. *Linguistics and Philosophy* 23: 391-434.

Stanley, Jason and Szabó, Zoltán G. (2000a). On quantifier domain restriction. *Mind and Language* 15: 219-61.

Stanley, Jason and Szabó, Zoltán G. (2000b). Reply to Bach and Neale. *Mind and Language* 15: 295-8.

Stirling, Lesley (1993). *Switch-reference and discourse representation*. Cambridge: Cambridge University Press.

Strawson, Peter F. (1950). On referring. Mind 59: 320-44.

Strawson, Peter F. (1952). *Introduction to logical theory*. London: Methuen.

Strawson, Peter F. (1964). Intention and convention in speech acts. *Philosophical Review* 73: 290-302.

Strecker, Ivo (1993). Cultural variations in the notion of 'face'. *Multilingua* 12: 119-41.

Subbarao, K. V. and Lalitha Murthy, B. (2000). Lexical anaphors and pronouns in Telugu. In Lust, B. et al. (eds.) 217-76.

Sweetser, Eve (1990). *From etymology to pragmatics: metaphorical and cultural aspects of semantic structure*. Cambridge: Cambridge University Press.

Szabó, Zoltán G. (2005a). Introduction. In Szabó, Z. G. (ed.) 1-14.

Szabó, Zoltán G. (ed.) (2005b). *Semantics versus pragmatics*. Oxford: Clarendon Press.

Taavitsainen, Irma and Jucker, Andreas H. (2003). *Diachronic perspectives on address term systems*. Amsterdam: John Benjamins.

Takahashi, Tomoko and Beebe, Leslie M. (1993). Cross-linguistic influence in the speech act of correction. In Kasper, G. and Blum-Kulka, S. (eds.).

Takahashi, Tomoko and Beebe, Leslie M. (1987). The development of pragmatic competence in Japanese learners of English. *JALT Journal* 8: 131-55.

Taylor, Kenneth (2001). Sex, breakfast, and descriptus interruptus. *Synthèse* 128: 45-61.

Thomas, Jenny (1995). *Meaning in interaction: an introduction to pragmatics*. London: Longman.

Thomason, Richmond H. (1990). Accommodation, meaning, and implicature: interdisciplinary foundations for pragmatics. In Cohen, P. R., Morgan, J., and Pollack, M. E. (eds.) *Intentions in communication*. Cambridge, MA: MIT Press. 325-64.

Tomasello, Michael (2003). *Constructing a language: a usage-based theory of language acquisition*. Cambridge, MA: Harvard University Press.

Traugott, Elizaberh Closs and Dasher, Richard D. (2001). *Regularity in semantic change*. Cambridge: Cambridge University Press.

Traugott, Elizabeth Closs (2004). Historical pragmatics. In Horn, L. R. and Ward, G. (eds.) 538-61.

Travis, Charles (1981). *The true and the false: the domain of the pragmatic*. Amsterdam: John Benjamins.

Travis, Charles (1985). On what is strictly speaking true. *Canadian Journal of Philosophy* 15: 187-229.

Travis, Charles (1991). Annals of analysis: studies in the way of words, by H. P. Grice. *Mind* 100: 237-64.

Travis, Charles (1997). Pragmatics. In Hale, B. and Wright, C. (eds.) *A companion to the philosophy of language*. Oxford: Blackwell 87-107.

Travis, Charles (2001). *Unshadowed thought. Representation in thought and language*. Cambridge, MA: Harvard University Press.

Trosborg, Anna (1995). *Interlanguage pragmatics: requests, complaints, and apologies*. Berlin: Mouton de Gruyter.

Trudgill, Peter (2000). *Sociolinguistics: an introduction to language and society*. 4th edn. London: Penguin.

Tsohatzidis, Savas L. (ed.) (1994). *Foundations of speech act theory: philosophical and linguistic perspectives*. London: Routledge.

Turner, Ken (1997). Semantics vs. Pragmatics. In Verschueren, J. et al. (eds.) *Handbook of pragmatics*. Amsterdam: John Benjamins. 1-23.

Turner, Ken (ed.) (1999). *The semantics-pragmatics interface from different points of view*. New York: Elsevier Science.

Ueda, K. (1974). Sixteen ways to avoid saying 'no' in Japanese. In Condon, J. C. and Saito, M. (eds.) *Intercultural encounters with Japan: communication, contact and conflict*. Tokyo: Simul Press.

Urmson, J. O. (1956). *Philosophical analysis: its development between the two wars*. Oxford: Clarendon Press.

van der Sandt, Rob (1988). *Context and presupposition*. London: Croom Helm.

van der Sandt, Rob (1992). Presupposition projection as anaphora resolution.

Journal of Semantics 9: 333-77.

van Eijk Jan (1997). *The Lillooet language: phonology, morphology, syntax*. Vancouver: University of British Columbia Press.

van Kuppevelt, J. (1996). Inferring from topics: scalar implicatures as topic-dependent inferences. *Linguistics and Philosophy* 19: 393-443.

van Mulken, D. (1996). Politeness markers in French and Dutch requests. In Jaszczolt, K. M. and Turner, K. (eds.) 689-702.

van Rooy, Robert (2004). Relevance in bidirectional Optimality Theory. In Blutner, R. and Zeevat, H. (eds.) 173-210.

van Rooy, Robert (forthcoming). Signalling games select Horn strategies. *Linguistics and Philosophy*.

Vanderveken, Daniel (1990). *Meaning and speech acts Vol. 1: principles of language use*. Cambridge: Cambridge University Press.

Vanderveken, Daniel (1991). *Meaning and speech acts Vol. 2: formal semantics of success and satisfaction*. Cambridge: Cambridge University Press.

Vanderveken, Daniel (1994). A complete formulation of a simple logic of elementary illocutionary acts. In Tsohatzidis, S. (ed.) 99-131.

Vanderveken, Daniel (2002). Universal grammar and speech act theory. In Vanderveken, D. and Kubo, S. (eds.) 25-62.

Vanderveken, Daniel and Kubo, Susumu (eds.) (2002). *Essays in speech act theory*. Amsterdam: John Benjamins.

Verschueren, Jef (1985). *What people say they do with words*. Norwood, NJ: Ablex.

Verschueren, Jef (1999). *Understanding pragmatics*. London: Arnold.

Verschueren, Jef and Bertuccelli-Papi, Maria (eds.). (1987). *The pragmatics perspective*. Amsterdam: John Benjamins.

Vincente, Begoña (2002). What pragmatics can tell us about (literal) meaning: a critical note on Bach's theory of impliciture. *Journal of Pragmatics* 32: 403-21.

Voorhoeve, C. L. (1975). Central and western trans New Guinea Phylum languages. In Wurm, S. A. (ed.) *New Guinea area languages and language study 1*. Canberra: Pacific Linguistics C-38. 345-459.

Wali, Kashi and Subbarao, K. V. (1991). On pronominal classification: evidence from Marathi and Telugu. *Linguistics* 29: 1093-110.

Ward, Gregory L. and Hirschberg, Julia (1991). A pragmatic analysis of tautological utterances. *Journal of Pragmatics* 15: 507-20.

Watkins, L. J. (1984). *A grammar of Kiowa*. Lincoln: University of Nebraska Press.

Watts, Richard J. (2003). *Politeness*. Cambridge: Cambridge University Press.

Webber, Bonne Lynn (1991). Structure and ostension in the interpretation of discourse deixis. *Language and Cognitive Processes* 6: 107-35.

Weissenborn, Jurgen and Klein, Wolfgang (eds.) (1982). *Here and there: cross-linguistic studies on deixis and demonstration*. Amsterdam: John Benjamins.

Weizman, Elda (1993). Interlanguage requestive hints. In Kasper, G. and Blumkulka, S. (eds.) 123-37.

Welker, Katherine (1994). Plans in the common ground: toward a generative account of conversational implicature. PhD dissertation. Ohio State University.

Wierzbicka, Anna (1987). Boys will be boys. *Language* 63: 95-114.

Wierzbicka, Anna (1991). *Cross-cultural pragmatics: the semantics of human interaction*. Berlin: Mouton de Gruyter.

Wiesemann, Ursula (ed.) (1986). *Pronominal systems*. Tübingen, Narr.

Wilkins, David and Hill, Deborah (1995). When 'GO' means 'COME': questioning the basicness of basic motion verbs. *Cognitive Linguistics* 6: 209-59.

Wilson, Deirdre (1975). *Presupposition and non-truth-conditional semantics*. New York: Academic Press.

Wilson, Deirdre and Sperber, Dan (1986). Pragmatics and modularity. *Papers from the Regional Meeting of the Chicago Linguistic Society* 22.2: 68-74.

Wilson, Deirdre and Sperber, Dan (1993). Linguistic form and relevance. *Lingua*

90: 1-25.

Wilson, Deirdre and Sperber, Dan (2004). Relevance theory. In Horn, L. R. and Ward, G. (eds.) 607-32.

Wittgenstein, Ludwig (1953). *Philosophical investigations*. Oxford: Blackwell.

Yule, George (1996). *Pragmatics*. Oxford: Oxford University Press.

Zeitoun, Elizabeth (1997). The pronominal system of Mantauran (Rukai). *Oceanic Linguistics* 36: 114-48.

Zeyrek, Deniz (2001). Politeness in Turkish and its linguistic manifestations: a socio-cultural perspective. In Bayraktaroglu, A. and Sifianou, M. (eds.) 43-74.

Zhu, Hua, Li, Wei, and Qian, Yuan (2000). The sequential organization of gift offering and acceptance in Chinese. *Journal of Pragmatics* 32: 81-103.

Ziff, P. (1960). *Semantic analysis*. Ithaca, NY: Cornell University Press.

Zipf, George K. (1949). *Human behavior and the principle of least effort: on introduction to human ecology*. Cambridge, MA: Addison-Wesley.

Zribi-Hertz, Anne (1989). Anaphor binding and narrative point of view: English reflexive pronouns in sentence and discourse. *Language* 65: 695-727.

Zribi-Hertz, Anne (1995). Emphatic or reflexive? On the endophortic character of French *lui-même* and similar complex pronouns. *Journal of Linguistics* 31: 333-74.

Zwicky, Arnold M. (1974). Hey, whatsyaname! *Papers from the Regional Meeting of the Chicago Linguistic Society* 10: 787-801.

연습문제 풀이

1장

1. THE SHOPKEEPER HAD REDUCED THE PRICES.
2. (1) 예.
   (2) 아니오.
   (3) 아니오.
   (4) 예.
   (5) 예.
   (6) 아니오.
   (7) 예.
   (8) 아니오.

2장

1. 관련성 격률
2. (1) 질
   (2) 양
   (3) 관련성
   (4) 태도
   (5) 태도
   (6) 관련성
   (7) 양
   (8) 질

3. '오크 나무의 벌집에 꿀이 있을 수 있다'는 대화함축을 이끌어내지 못하고 있다. 이는 준수된 대화함축이다.
4. '존이 말한 것은 전혀 맞지 않다'는 내용을 대화상 함축한다. 이는 위반된 대화함축이며, 질 격률과 관련성 격률을 위반한 것이다. 성직자의 답변은 '그에게 말을 건 사람이 루터포드 경이 아니다'라는 내용을 대화상 함축한다. 이 또한 위반된 대화함축이며, 질 격률과 관련성 격률을 위반한 것이다.
5. '케네디 대통령이 서베를린 사람들을 지지한다.'는 내용을 대화상 함축한다. 여기서는 질 격률이 위반되었다.
6. (a) 일반 대화함축
   (b) 특정 대화함축
7. 이 소설의 저자가 사용하는 바와 같이, 이는 죽은 자의 이름을 말하지 말라는 나바호 족의 금기사항 때문이다. 이 예는 그라이스의 양 격률 중 첫 번째 하위 격률에 대한 진정한 반례가 아니다. 이 예로써 우리는 사회언어학적 규칙이 관련 하위 격률보다 우선시됨을 알 수 있다.
8. (1) The man Mary is chatting with is not her husband: $Q_{\text{-scalar}}$ 함축.
   (2) Baird might or might not invent television - the speaker doesn't know which: $Q_{\text{-clausal}}$ 함축.
   (3) They don't teach, for example, Chinese and English here as well: $Q_{\text{-unordered alternate}}$ 함축.
   (4) John does not love/adore Mary: $Q_{\text{-scalar}}$ 함축.
   (5) Her uncle is not the president: $Q_{\text{-ordered alternate}}$ 함축.
   (6) The Smiths have not divorced: $Q_{\text{-ordered alternate}}$ 함축.
   (7) John will send it perhaps as an e-mail, or perhaps not as an e-mail; perhaps as an attachment, or perhaps not as an attachment: $Q_{\text{-clausal}}$ 함축.
   (8) Not most/all people enjoy a cappuccino with breakfast: $Q_{\text{-scalar}}$ 함축.
   (9) It does not the case that none of her colleagues can speak Italian: $Q_{\text{-scalar}}$ 함축.
9. (1) He can't run 100 m in less than 9.9 seconds.
   (2) He hasn't cut down his smoking to less than ten cigarettes a day.
10. 별개로 두 개의 Q-/혼-등급을 형성한다: <boiling, hot, warm>, <freezing, cold, cool, lukewarm>

11. (1) 기술적 부정
(2) 상위언어적 부정
(3) 기술적 부정
(4) 상위언어적 부정
(5) 상위언어적 부정
(6) 기술적 부정
(7) 기술적 부정
(8) 상위언어적 부정
(9) 상위언어적 부정
(10) 상위언어적 부정
(11) 상위언어적 부정
(12) 상위언어적 부정

12. (1) John is reading two modern European languages other than modern English at Oxford.
(2) If and only if you let me see the manuscript will I make a donation to the library.
(3) Mary ate the whole cake after dinner.
(4) His female secretary talked learnedly about the internet.
(5) The police first moved in and then the suspects were arrested.
(6) John and Mary scrubbed the carpet afresh together.
(7) The speaker has no idea if John is in a sexual relationship.

13. (1) John went to a particular university or a particular university campus without doing the things that are socially stereotypically associated with the institution.
(2) John didn't stop the alarm in the normal way.
(3) Mary has a dress whose colour can't be described exactly as pink.
(4) John had the ability to swim the English Channel, but he didn't.
(5) Their new boss is less friendly than what the uttering of (a) sentence would suggest.
(6) That may not be his father; he could be his stepfather.

14. (1) John is going to finish his thesis.
    (2) Although it is hard to believe, the two families live opposite each other.
    (3) Others, besides his sister, belly-danced in a Lebanese restaurant two nights a week; and of those under consideration, his sister was among the least likely to do so.
    (4) Someone other than Mike forgot to ring the client.
    (5) The VIPs' arrival is expected.
    (6) Mary was born in London. By contrast, her husband was from Pakistan.
    (7) It was difficult for John to complete his thesis on virtual reality technology.
    (8) The addressee is socially superior to or distant from the speaker.

3장

1. (1) The burglar had been filmed on closed circuit television
   (2) John ought to have done, or intended to do, the washing up
   (3) John had an accident
   (4) Professor Huang had solved one of the evolution's great mysteries
   (5) John was off cigarettes before
   (6) Someone moved to Spain
   (7) Susan's husband was having an affair
   (8) Mary wasn't emptying the shopping bags before
   (9) John doesn't know how to telnet
   (10) Jane married before
   (11) John missed the interview
   (12) John's brother used all the printer paper
2. (1) John wasn't a professional footballer
   (2) John read mathematics at Harvard
   (3) There are rabbits

(4) John hadn't had a bath for more than three weeks

(5) Susan was wearing a fur coat

3. (1) 아님. 대화함축

(2) 예

(3) 예

(4) 아님. 고정함축

(5) 아님.

(6) 아님. 함의

(7) 아님. 고정함축

(8) 아님. 고정함축

4. (1) >> Manchester United lost the game. 명백한 부정.

(2) >> Dr Smith was promoted to an associated professor. 실세계의 지식.

(3) >> Someone fancies Henry. 축소 논증법.

(4) >> Neil Amstrong was the first man to travel in space. 실세계의 지식.

(5) >> The new was announced. 명시적 유보.

(6) >> There is a tsar of Russia. 명백한 부정.

(7) >> Cambridge wins the boat race. $Q_{\text{-clausal}}$ 함축.

5. (1)이 부정되면 (2), 또는 화법 문맥 내에 놓이면 (3, 4), (1)의 함의는 살아남지 못한다.

(1) The nursery teacher sold nine Christmas raffle tickets.

||- The nursery teacher sold eight Christmas raffle tickets.

(2) The nursery teacher didn't sell nine Christmas raffle tickets.

~||- The nursery teacher sold eight Christmas raffle tickets.

(3) It's possible/there's a chance that the nursery teacher sold nine Christmas raffle tickets.

~||- The nursery teacher sold eight Christmas raffle tickets.

(4) The nursery teacher could/should/ought to sell nine Christmas raffle tickets.

~||- The nursery teacher sold eight Christmas raffle tickets.

이와 반면, 동일한 상황 하에서 전제는 살아남을 것이다. 아래 (5)와 본문의 (3.33), (3.34) 예가 이를 보여준다.

(5) The nursery teacher didn't sell nine Christmas raffle tickets.
>> There is a nursery teacher.

4장

1. (1) 진술문
   (2) 수행문
   (3) 진술문
   (4) 수행문
   (5) 수행문
   (6) 진술문
   (7) 수행문
2. (1) 암시적
   (2) 암시적
   (3) 명시적
   (4) 암시적
   (5) 암시적
   (6) 명시적
3. (1) 예
   (2) 예
   (3) 예
   (4) 아니오
   (5) 아니오
   (6) 예
4. (1) 비수행적
   (2) 수행적
   (3) 수행적
   (4) 비수행적
   (5) 수행적
   (6) 비수행적

5. B(i). 불발.

6. (1) 발화행위: 어머니가 아들에게 '플레이보이 잡지를 나에게 건네주어라'의 의미로 'Give me that *Playboy* magazine' 문장을 발화한다. 이때 *me*는 어머니를 가리킨다.

   발화수반 행위: 어머니는 자기에게 플레이보이 잡지를 줄 것을 아들에게 요구한다. 또는 어머니는 자기에게 플레이보이 잡지를 줄 것을 아들에게 요구하는 화행을 수행한다.

   발화영향 행위: 어머니는 자기에게 플레이보이 잡지를 주도록 아들을 설득한다. 또는 아들은 자기 어머니에게 플레이보이 잡지 주는 것을 거절한다.

   (2) 발화행위: '커피를 드시겠습니까?'를 의미하면서 학장 비서가 그 교수에게 'Coffee?' 단어를 발화한다.

   발화수반 행위: 학장의 비서가 그 교수에게 커피를 제공한다. 또는 학장의 비서가 그 교수에게 커피 제공이라는 화행을 수행한다.

   발화영향 행위: 그 교수는 감사의 마음으로 학장 비서에게서 커피를 제공받는다. 또는 그 교수는 감사를 표현하면서 학장 비서에게 커피를 거절한다.

7. (1) 질문하기

   (i) 명제 내용 조건: 임의의 명제

   (ii) 준비 조건: (a) S는 답변을 모른다. 즉 yes/no 의문문의 경우 그는 p가 참인지 거짓인지 모른다. wh 의문문의 경우 의문시되는 정보를 모른다. (b) 질문을 받지 않고도 H가 그때 정보를 제공할 것이라는 점이 S와 H 양자에게는 명확하지 않다.

   (iii) 성실성 조건: S는 이 정보를 원한다.

   (iv) 본질 조건: e의 발화는 H로부터 이 정보를 끌어내는 시도로 간주된다. (p는 화행에서 표현된 명제를 나타낸다.)

   (2) 감사하기

   (i) 명제 내용 조건: H에 의해서 행해진 과거의 행위 A

   (ii) 준비 조건: A가 S에게 이득을 준다고 S는 믿는다.

   (iii) 성실성 조건: S는 A에 대해 감사의 마음을 느낀다.

   (iv) 본질 조건: e의 발화는 감사의 표현으로 간주된다.

(3) 경고하기

(i) 명제 내용 조건: 미래의 사건 또는 상태 E

(ii) 준비 조건: E가 일어날 예정이고 이는 H에게 도움되지 않는다고 믿는 이유를 S가 가지고 있다.

(iii) 성실성 조건: E가 H에게 최상의 이익이 되지 않으리라고 S는 믿는다.

(iv) 본질 조건: e의 발화는 E가 H에게 최상의 이익이 되지 못한다는 보증으로 간주된다. (E는 사건을 나타낸다.)

8. (1) 지시행위
(2) 표현행위
(3) 지시행위
(4) 언약행위
(5) 선언행위
(6) 선언행위
(7) 단정행위
(8) 표현행위

9. (1) 간접화행
(2) 직접화행
(3) 간접화행
(4) 간접화행
(5) 간접화행
(6) 직접화행

10. (1) 체면 위협 행위를 수행하지 않는다.
(2) 보정행위가 있는 소극적 공손성의 공개전략
(3) 비공개 전략
(4) 보전행위가 없는 공개전략
(5) 보정행위가 있는 적극적 공손성의 공개전략
공손성 순서: (1)-(3)-(2)-(5)-(4)

11. 여기서 화용론적 주요 실수는 영어를 제 2언어로 하는 중국인 학습자가 외국인 방문객의 찬사에 대한 반응으로서 자기 명예 훼손 발언을 한다는 것이다. 이 경우 영어 모국어 화자의 전형적인 반응은 수락이나 감사하기일 것이다. 본문에서 지적한 바와 같이, 이런 실수는 주로 중국어에 나타나는 전형적인

찬사-반응 형식의 영향 때문이다.

5장

1. (1) 예, 기호 용법.
   (2) 예, 몸짓 용법.
   (3) 아니오. You는 비인칭으로 사용됨.
   (4) 예, 몸짓 용법.
   (5) 아니오. He는 대용어로 사용됨.
   (6) There는 대용적으로 그리고 기호용법의 직시용법으로 사용됨. His는 대용어로 사용됨.
2. 유대인 선생은 'your slippers' 대신에 'my slippers'를 사용했어야 한다. 직시용법에서 나의 'I'는 너의 'you'에, 나의 'here'는 너의 'there'에, 나의 'this'는 너의 'that'에 해당한다는 것을 그는 잊고 있다. 'my' 경우도 동일하다. 그의 'my slipper'는 그 부인의 'your slippers'에 해당한다.
3. (1) 아니오.
   (2) 예. 직시 중심이 다음 역으로 투사되었다.
   (3) 아니오.
   (4) 예. 직시 중심이 뉴질랜드로 옮겨갔다. 그래서 next summer는 영국의 다음 여름이 아니라 뉴질랜드의 다음 여름에 해당한다.
   (5) 아니오.
   (6) 예. 직시 중심이 청자에게로 투사되었다.
4. let's의 us는 '포함적'으로 이해되어야 한다는 점이 (1)이 정상이고 (2)가 비정상임을 설명해준다. (1)에서 화자와 청자는 제 삼자를 픽업하기 위해 함께 공항에 갈 수 있지만, (2)에서는 화자와 청자가 그들 중 한명이 이미 공항에 있는 경우 함께 공항에 갈 수 없다.
5. (1) 의사가 환자의 관점을 취하고 있다는 또는 환자와 자신을 동일시하고 있다는 점을 보여주기 위해 we가 사용되었다.
   (2) '업무상'의 we 경우이다. 여기서 we는 관직으로서의 we와 그룹으로서의

we를 표현하는 'I + powerful'을 가리키는데 사용된다.

(3) 여기서 we는 티켓 검사라는 체면 위협 행위를 감소하여 승객의 체면 요구를 만족시키기 위해 사용된다.

6. (1) 가리키는 지역이 화자의 위치에 한정되고, 청자의 위치는 배제한다.
   (2) 가리키는 지역이 넓은 범위이며, 화자와 청자를 포함한다.
   (3) 가리키는 곳이 화자 신체의 일부이다.
   (4) 화자/청자 공통의 지각 영역 내에 있는 지도를 사용하므로 가리키는 지역이 유예된 장소이다.

7. (1) (a) 직시적
   (1) (b) 비직시적
   (2) (a) 비직시적
   (2) (b) 직시적

8. (1) go는 발화시에 화자 위치로부터 멀어져가는 이동을 표시하고, there는 부호화하는 위치가 화자로부터 떨어진 곳이기 때문에 we의 두 해석이 가능하다.
   (2) come 용법들 중의 하나가 도착시에 청자 위치로의 이동이고, there는 도착시에 대화 참여자들 중 한 사람, 즉 청자가 화자로부터 떨어져 있을 것이므로 청자는 we에서 배제된다.

9. (1) I (인칭), here (장소), there (장소)
   (2) Good morning (시간), ladies and gentlemen (인칭, 사회), this (장소)
   (3) We (인칭), this year (시간), that (담화)
   (4) I (인칭), came (장소), you (인칭), last week (시간), there (장소)
   (5) Good afternoon (시간), Sir (인칭, 사회), I (인칭), you (인칭)

6장

1. (1) The speaker has visited the Great Wall in China at some point in his life.
   (2) The thieves have stolen everything that is valuable.

(3) Much of the Walled Garden at the Botanic Garden is made up of approximately rectangular botanical family borders.

(4) 예: The oven is hot enough for cooking the lamb moussaka.

(5) 예: Jane has found a small burrowing insectivore.

(6) 예: Nobody in our class understood the professor's talk on genetic engineering.

(7) The building collapsed a relatively long time after the bomb went off.

(8) heart에 의해 부호화된 어휘개념이 넓히기 (예: 초콜릿으로 만들어진 '심장'을 포함함)와 좁히기 (예: 인간이나 동물의 '심장'은 배제하기)의 '임시 조정' 과정을 거친다.

(9) 예: John told Steve that John had won the prize.

(10) The speaker hasn't shaved this morning.

(11) There was an Italian waiter in the pizza restaurant they went to.

(12) 예: The children are coming from a small town in Russia.

2. (1) The speaker tells frankly that she doesn't fancy him.

(2) a. The father is telling his son to pick up the books which are on the floor.

b. It is moderately desirable to the father that his son pick up the books which are on the floor.

c. The father is requesting his son to pick up the books which are on the floor.

(3) a. The speaker believes that their European patent has been granted.

b. The speaker is glad that their European patent has been granted.

(4) a. John is telling his wife that he will not drink heavily any more.

b. John's wife prefers his not drinking heavily any more.

c. John is promising his wife that he will not drink heavily any more.

3. (1) 함축된 전제: *The Last Emperor* directed by Bernardo Bertolucci is a period epic.

함축된 결론: Mary does not want to go and watch *The Last Emperor.*

(2) 함축된 전제: If the kitchen is closed, dinner will not be served.

함축된 결론: The guest is too late for dinner.

(3) 함축된 전제: If one's paper is one of the best submitted to a conference, it will be accepted for presentation at that conference.

함축된 결론: Steve's paper has been accepted for presentation at the conference.

(4) 함축된 전제: If Lucy has been paying a lot of visits to London lately, she may have a boyfriend there.

함축된 결론: Lucy may have a boyfriend in London these days.

(5) 함축된 전제: If it's snowing heavily outside, it's not possible to play football.

함축된 결론: John (and Mary) can't play football outside.

(6) 함축된 전제: Chinese supermarkets normally sell soy sauce.

함축된 결론: John can buy soy sauce in the small Chinese supermarket just around the corner.

4. 강한 함축:

함축된 전제: A vegetarian does not eat any beef or pork.

함축된 결론: Mary will not have any beef or pork.

약한 함축들:

함축된 전제: A vegetarian does not eat any lamb.

함축된 결론: Mary will not have any lamb.

함축된 전제: People who are vegetarians are also environmentalists.

함축된 결론: Mary is an environmentalist.

7장

1. (1) I haven't been to Australia before (자유로운 강화/확장)

(2) Christmas is a considerable time away (자유로운 강화)

(3) Mary isn't slim enough to be a model (충족/완성)

(4) Roughly speaking, the tram is full (느슨함, 확장)

(5) In all probability John is going to marry the woman who has a pretty

face (의미적 전이)

(6) The university campus is a considerable distance from the rail station (자유로운 강화)

(7) Peter and Susan drove to LA together (확장).

Their car broke down roughly half way (확장).

(8) This laptop is cheaper than that one (충족/완성).

(9) A book written by Confucius is on the top shelf. It is bound in leather (의미적 전이)

(10) She's real beauty with high-functioning brains (자유로운 강화)

(11) The children stood in an approximate circle around the Christmas tree (느슨함, 확장)

(12) The semantics/pragmatics conference starts at nine or a few minutes later (확장)

(13) Susan lost everything that is valuable (자유로운 강화/ 확장)

(14) People say that he owns a painting by van Gogh (의미적 전이)

2. (1) 예. M-함축.

(2) 예. $Q_{\text{-scalar}}$ 함축.

(3) 예. I-함축.

(4) 예. M-함축.

(5) 예. I-함축.

(6) 예. M-함축.

(7) 예. $Q_{\text{-scalar}}$ 함축.

8장

1. (1) 예.

(2) 아니오. 노르웨이어 seg는 촘스키의 의미에서 대용어이다. 결속조건 A에 따라 그 자체로 국지적 영역 내에서 결속될 수 있어야 한다. 그러나 이 경우는 그렇지 못하다.

(3) 예.

(4) 아니오. 마라타어의 aaplyaa-laa는 원거리 방식으로 내포절인 국지적 영역 밖에서 결속된다.

(5) 예.

(6) 아니오. 아이슬란드어의 sig는 원거리 방식으로 내포절인 국지적 영역 밖에서 결속된다.

2. (1) 예

(2) 예

(3) 아니오. Xiaoming은 siji (자신)를 성분통어하지 않는다.

(4) 아니오. John과 himself에도 동일하게 설명된다.

(5) 예

(6) 아니오. 아이슬란드어 예에서 Siggu는 sig (자신)를 성분통어하지 않는다.

3. (1) 예

(2) 예

(3) 결속조건 C_1이 베트남어에 대해서 매개변수적 변이형을 허용한다면 '예'이고, 허용하지 않는다면 '아니오'이다.

(4) 예

(5) 아니오. 라스닉의 결속조건 C_2에 따르면, he와 David는 자유로워야 한다. 그러나 둘은 결속되거나 공지시 관계에 있다.

(6) 예

4. (1) 문장 (a)에서 wash는 자기-지향적 술어이므로 형태상 단순형인 zich (자신)의 사용은 충분하다. 이와는 달리 문장 (b)에서 admire는 타자-지향적 술어이다. 따라서 더 유표적이고 형태상 복잡한 표현인 zichzelf (자신 자신)가 사용되어야 한다.

(2) 터키어에서 wash는 자기-지향적 술어이다. 이 술어가 재귀적으로 표시될 때는 (a')에서처럼 단순 강조 표지가 사용된다. 이와는 달리, beat는 타자-지향적 술어이다. 이 술어가 재귀적으로 표시될 때는 보다 복잡한 표현인 self self가 (b')에서처럼 사용되어야 한다.

5. (1) '대명사만'의 소유격 대용어 경우이다. I-원리에 의하여 Asad와 his간의 공지시 해석이 선호된다.

(2) '재귀사만'의 소유격 대용어 경우이다. I-원리에 의하여 Roja와 self's간의

공지시 해석이 선호된다. 분리된 지시체를 갖는 해석은 Q-원리 (<self's, his>)에 기인한다.

(3) '재귀사와 대명사 양자의' 소유격 대용어 경우이다. Rama와 self's 간의 공지시 해석과, Rama와 his 간의 공지시 해석은 I-원리에 기인한다. self's의 사용으로부터 나오는 강조 해석은 M-원리 ({his, self's})에 기인한다.

6. (1) 공지시 해석은 I-원리에 기인한다. 또 다른 대안으로는 이 해석이 결속조건 A로 인해 기인한다고 말할 수 있다.

(2) 지시체 분리의 해석은 Q-원리 (<himself, him>)와 RDRP에 의한 것이다.

(3) (2)와 동일하다. (<herself, Kylie>)

(4) Kylie와 her간의 지시체 분리의 해석은 herself와 her간의 지시체 분리의 해석처럼 (<herself, her>) Q-원리에 의한 것이다 (<herself, her>). 그리고 선호되는 Kylie와 she 간의 공지시 해석은 I-원리에 의한 것이다.

(5) M-원리 ({she, the woman})에 의하여 Kylie와 the woman 간의 지시체 분리 해석이 나오는 것을 제외하고는 (4)와 동일하다.

(6) 공지시 해석이 I-원리에 의해서 나온다.

(7) (4)와 동일하다. 그 외에 the president의 사용은 M-원리 ({he, the president})의 적용을 받아 a man과 his office 간의 M-함축된 차이를 야기한다.

(8) '이'와 '자기' 간의 공지시 해석은 '이'와 '그' 간의 공지시 해석처럼 I-원리에 기인한다. 유표적인 '자기'의 사용은 M-원리 ({그, 자기})의 적용을 받아, 인식성 해석을 야기한다.

언어명 한영 대조 목록

갈리시아어	Galician
검베인거어	Gumbaynggir
게르만 어족	Germanic languages
저지 서 게르만 어족	Lower West Germanic languages
피진 게르만 어족	Pidgin Germanic languages
고카나어	Gokana
과달루페어	Guadalupe
구구 이미디르어	Guugu Yimidhirr
구다댜어	Gudadja
구아리지오어	Guarijio
구자라크어	Gujarati
군얀디어	Goonyiandi
군하어	Gunha
그루지야어	Georgian
그리스어	Greek
현대 그리스어	Modern Greek
그린란드어	Greenlandic
기미라어	Gimira
나그라어	Nagla
나마어	Nama
나마 호텐토트어	Nama Hottentot
나바호어	Navajo
나우아뜰어	Nahuatl
남아메리카 어족	South American languages
냐와이기어	Nyawaygi
네덜란드어	Dutch
고대 네덜란드어	Old Dutch
중세 네덜란드어	Middle Dutch
노르웨이어	Norwegian
니그로홀란드어	Negerhollands
다가어	Daga
다냥어	Danyang
다니어	Dani
서 다니어	West Dani
데후어	Dehu
덴마크어	Danish
도노소어	Donno Sɔ
독일어	German
중고지 독일어	Middle High German
둘라이어	Dullay
뒤르발어	Dyirbal
드라비다 어족	Dravidian languages
드자루어	Djaru
디야리어	Diyari
디욱시 믹스텍어	Diuxi Mixtec

라르딜어	Lardil
라마어	Rama
라틴어	Latin
라후어	Lahu
락어	Lak
락어의 아라쿨 방언	Arakul dialect of Lak
락호타어	Lakhota
랑고어	Lango
러시아어	Russian
레즈지안어	Lezgian
로망스 어족	Romance languages
롱구어	Longgu
루마니아어	Rumanian
루발레어	Luvale
루부칼리브어	Luvukaleve
리수어	Lisu
리투아니아어	Lithuanian
리히르어	Lihir
릴루엣어	Lillooet
마니푸르어	Manipuri
마두라어	Madurese
마라티어	Marathi
마샬어	Marshallese
마얄리어	Mayali
마푸체어	Mapuche
마푼어	Mapun
만타우란어	Mantauran (Rukai)
말라가시어	Malagasy
말라얄람어	Malayalam
말레이어	Malay
모니어	Moni
모판어	Mopan
모하비어	Mojave
목일러스어	Mokilese
몽골어	Mongolian
무나어	Muna
무릭어	Murik
문다니어	Mundani
미리엄 미르어	Meryam Mir
미스텍어	Mixtec (Fijian)
미조어	Mizo
바밤코어	Babamko
바붕고어	Babungo
바스크어	Basque
발리어	Balinese
밤바라어	Bambara
방갈라어	Bangala
베트남어	Vietnamese
벨하레어	Belhare
벵골어	Bengali
부루샤스키어	Burushaski
북아메리카 인디언 어족	North American Indian languages
브르타뉴어	Breton
블랙풋어	Blackfoot
비슬라마어	Bislama
비아니시어	Byanisi
삐에몬떼어	Piedmontese
사르데냐어	Sardinian
사말어	Samal
사모아어	Samoan
산탈어	Santali

상고어 Sango
서 데저트어 Western Desert
소말리아어 Somali
소토어 Sotho
  남 소토어 Southern Sotho
쇼숀어 Shoshone
  튐피사 쇼숀어 Tümpisa Shoshone
수어 Siouan
스레어 Sre
스와힐리어 Swahili
스웨덴어 Swedish
스칸디나비아 어족 Scandinavian languages
  본토 스칸디나비아 어족 Mainland Scandinavian languages
  섬 스칸디나비아 어족 Insular Scandinavian languages
스페인어 Spanish
  멕시코 스페인어 Mexican Spanish
  반도 스페인어 Peninsular Spanish
  베네수엘라 스페인어 Venezuelan Spanish
  아르헨티나 스페인어 Argentinean Spanish
  에콰도르 스페인어 Ecuadorian Spanish
  우루과이 스페인어 Uruguayan Spanish
  푸에르토리코 스페인어 Puerto Rican Spanish
슬라브 어족 Slavonic languages
  고대 교회의 슬라브 어족 Slavonic languages Old Church
시리어나어 Shiriana
시살라어 Sisaala
  시살라어의 파살 변이형 Paasaal variety of Sisaala
실하어 Shilha
싱할라어 Sinhala, Sinhalese
아겜어 Aghem
아드냐마단하어 Adnyamadhanha
아라와크어 Arawak
아라쿨어 Arakul
아란다어 Aranda
아랍어 Arabic
  고전 아랍어 Classic Arabic
  모로코 아랍어 Morocan Arabic
아렌티어 Arrernte
  음파른뜨웨 아렌티어 Mparntwe Arrernte

아마하우컨어	Amahaucan
아메리카 인디언 어족	American Indian languages
아바자어	Abaza
아비폰어	Abipon
아시아 어족	Asian languages
남 아시아 어족	South Asian languages
동 아시아 어족	East Asian languages
동남 아시아 어족	Southeast Asian languages
아이나어	Aina
아이누어	Ainu
아이슬란드어	Icelandic
아치너즈어	Acehnese
아칸스어	Akans
아칸어	Akan
아코마어	Acoma
아파치어	Apachean
아프리카 어족	African languages
아프리카-아시아 어족	Afro-Asiatic languaguages
알곤킨어	Algonquian
알류트어	Aleut
암불라스어	Ambulas
압하스어	Abkhaz
앙가스어	Angas
앙구룩어	Angguruk
앵글로 노르만어	Anglo-Norman
야구아어	Yagua
야라와라어	Jarawara
얀쿠니탸탸라어	Yankunytjatjara
에스키모어	Eskimo
에원도어	Ewondo
에웨어	Ewe
에포어	Epo
에피나 피디어	Epena Pedee
에피오어	Epio
에픽어	Efik
엑페예어	Ekpeye
영어	English
고대 영어	Old English
뉴질랜드 영어	New Zealand English
미국 영어	American English
스코틀랜드 영어	Scottish English
아일랜드 영어	Irish English
영국 영어	British English
호주 영어	Australian English
예일어	Yale
옐리 드녜어	Yélî Dnye
오리야어	Oriya
오세아니아 어족	Oceanic languages
오스트레일리아 어족	Austalian aboriginal languages
오스트레일리아 아시아 어족	Austro-Asiatic

	languages
오스트로네시아 어족	Austronesian languages
와라이어	Waray
와이쿠르안어	Waikuruan
왈마자리어	Walmajarri
요루바어	Yoruba
요른구어	Yolngu
우르두어	Urdu
델리 우르두어	Dehli Urdu
우산어	Usan
움필라어	Umpila
워와어	Warwa
웨일즈어	Welsh
유럽 어족	European languages
유루어	Yulu
유카텍어	Yukatek
유트어	Ute
유픽어	Yup'ik
은가아냐차라어	Ngaanyatjara
은구부유어	Nunggubuyu
은기얌바어	Ngiyambaa
이그보어	Igbo
이뉴잇어	Inukitut
이디시어	Yiddish
이딘어	Yidiɳ
이로쿼이어	Iroquois
이마스어	Yimas
이몬다어	Imonda
이비비오어	Ibibio
이탈리아어	Italian
이탈리아 토스카나 방언	Tuscan dialect of Italian
인도 아리아 어족	Indo-Aryan languages
인도네시아어	Indonesian
일롱고트어	Ilongot
일본어	Japanese
잉구시어	Ingush
자바어	Javanese
자포텍어	Zapotec
파나마 지협의 자포텍어	Isthmus Zapotec
잠부안궤노어	Zambuangueno
쟈이세어	Zayse
종카어	Dzongkha
줄루어	Zulu
줄호안어	Jul'hoan
중국어	Chinese
고전 중국어	Classical Chinese
쥬앙어	Juang
지왈리어	Jiwarli
쩰탈어	Tzeltal
차모르어	Chamorro
차후르어	Tsakher, Tsaxer
체첸어	Chechen
체코어	Czech
치난텍어	Chinantec
치누크족의 통상어	Chinook Jargon
치벰바어	CiBemba
친달리어	Chindali
카레산어	Keresan
카바디아어	Kabadian

카부베르디아노어	Kabuverdiano
카슈미르어	Kashmiri
카시어	Khasi
카위어	Kawi
카이오와어	Kiowa
카탈로니아어	Catalan
칸나다어	Kannada
칼라 라고 야어	Kala Lagaw Ya
케추아어	Quechua
임바부라 케추아어	Imbabura Quechua
코세이어	Kusaiean
코아사티어	Koasati
코카시아 어족	Causasian languages
콰콰라어	Kwakwa'la
콰키우틀어	Kwakiutl
쿠테나이어	Kutenai
퀼레우트어	Quileute
크갈라가디어	Kgalagadi
크레올	Creol
마르티니크 크레올	Martinique Creol
스페인 크레올	Spanish Creol
크로아티아어	Croatian
자그레브 크로아티아어	Zagreb Croatian
크로어	Crow
크리어	Cree
크리올어	Kriol
크리욜어	Kriyol
키난데어	KiNande
키누비어	KiNubi
키콰라어	Keakwa'la
킬리빌라어	Kilivila
타가리어	Thargari
타갈로그어	Tagalog
타리아나어	Tariana
타마지흐트어	Tamazight
타밀어	Tamil
타우야어	Tauya
타히티어	Tahitian
태국어	Thai
터키어	Turkish
테이 보이어	Tay Boi
테페우안어	Tepehuan
텔루구어	Telugu
토스카나어	Tuscan
토호라발어	Tojolabal
톡 피신어	Tok Pisin
통가어	Tongan
투니카어	Tunica
투부리어	Tuburi
투카노어	Tucano
투키어	Tuki
틀링깃어	Tlingit
티각어	Tigak
티리요어	Tiriyo
티벳어	Tibetan
티위어	Tiwi
티카어	Tikar
파미즈어	Paamese
파사마쿼도 갈리싯어	Passamaquoddy-Maliseet
파쉬토어	Pashito

파푸아 어족	Papuan languages
팍스어	Fox
판칼라어	Parnkalla
팔라우어	Palauan
팔라웅어	Palaung
팔리쿠어	Palikur
팡가시난어	Pangasinan
펀자브어	Punjabi
페루 어족	Peruvian languages
페르시아어	Persian
포나페어	Ponape, Ponapean
포르투갈어	Portuguese
구어체 포르투갈어	Spoken Portuguese
브라질 포르투갈어	Brazilian Portuguese
포모어	Pomo
북 포모어	Northern Pomo
포타와토미어	Potawatomi
폰페이어	Pohnpei
폴란드어	Polish
폴리네시아 어족	proto-Polynesian languages
프랑스어	French
캐나다 프랑스어	Canadian French
프랑스 프랑스어	French French
프로방스어	Provençal
고대 프로방스어	Old Provençal
프리슬란드어	Frisian
고대 프리슬란드어	Old Frisian
현대 프리슬란드어	Modern Frisian
플라망어	Flemish
피라하어	Pirahã
피지어	Fijian
보우마 피지어	Boumaa Fijian
피진	pidgin
피타피타어	Pittapitta
핀란드어	Finnish
하우사어	Hausa
하웨이어	Harway
한국어	Korean
할코메렘어	Halkomelem
해머어	Hamer
헝가리어	Hungarian
호피어	Hopi
후아어	Hua
흐몽 엔쥬야어	Hmong Njua
히다차어	Hidatsa
히브리어	Hebrew
성경 히브리어	Biblical Hebrew
힉스코리나어	Hixkaryana
힌두어	Hindi

색 인

ㄱ

ㅂ

ㅈ

ㅊ

ㅋ

ㅌ

ㅍ

ㅎ